Eilers/Schwahn

Sanierungssteuerrecht

Sanierungs-Steuerrecht

von

Prof. Dr. Stephan Eilers, LL.M. (Tax)
Rechtsanwalt, Fachanwalt für Steuerrecht,
Honorarprofessor an der Universität zu Köln

Dr. Alexander Schwahn, LL.M.
Rechtsanwalt, Steuerberater,
Lehrbeauftragter der Universität Hamburg

unter Mitarbeit von

Annika Tiemann
wissenschaftliche Mitarbeiterin

bei

Freshfields Bruckhaus Deringer

2., völlig überarbeitete und erweiterte Auflage

2020

ottoschmidt

Zitierempfehlung:

Eilers/Schwahn, Sanierungssteuerrecht,
2. Aufl. 2020, Rz. …

Bibliografische Information
der Deutschen Nationalbibliothek

Die Deutsche Nationalbibliothek verzeichnet diese Publikation in der Deutschen Nationalbibliografie; detaillierte bibliografische Daten sind im Internet über http://dnb.d-nb.de abrufbar.

Verlag Dr. Otto Schmidt KG
Gustav-Heinemann-Ufer 58, 50968 Köln
Tel. 02 21/9 37 38-01, Fax 02 21/9 37 38-9 43
info@otto-schmidt.de
www.otto-schmidt.de

ISBN 978-3-504-25077-5

Das verwendete Papier ist aus chlorfrei gebleichten Rohstoffen hergestellt, holz- und säurefrei, alterungsbeständig und umweltfreundlich.

Einbandgestaltung: Lichtenford, Mettmann
Satz: Schäper, Bonn
Druck und Verarbeitung: Stückle, Ettenheim
Printed in Germany

Vorwort zur 2. Auflage

In der Vergangenheit hat das Steuerrecht die Sanierung von Unternehmen oftmals erschwert, nicht erleichtert. Aus verfassungs- und europarechtlichen Gründen hat der deutsche Gesetzgeber Krisenunternehmen wie „normale Steuerpflichtige" behandelt und deren eingeschränkte Leistungsfähigkeit dabei unberücksichtigt gelassen. Es wurde nicht hinreichend gewürdigt, dass Sanierungen auch im Interesse des Fiskus erfolgen und im Mittelpunkt einer sog. Sanierungstransaktion i.d.R. die Rettung des Unternehmens steht, nicht deren steuerliche Optimierung. Diesen Missstand haben wir bereits in der ersten Auflage angeprangert und vom Gesetzgeber sanierungsrechtliche Sondervorschriften gefordert.

Seit dem Erscheinen der ersten Auflage (2012) hat der Gesetzgeber nunmehr reagiert und jedenfalls in Grundzügen ein einheitliches Sanierungssteuerrecht geschaffen. Er ist damit unserer Forderung aus der ersten Auflage (dort Rz. 4.4) gefolgt. Zu nennen sind hier insbesondere die Neuregelungen der §§ 3a, 3c Abs. 4 EStG, § 7b GewStG, die im weiteren Sinne die Steuerbefreiung von Sanierungsgewinnen betreffen und an die Stelle des sog. Sanierungserlasses der Finanzverwaltung getreten sind. Die „Aufhebung" dieses Sanierungserlasses durch den Großen Senat des BFH im Jahre 2016 war der Katalysator, mit dem der Gesetzgeber letztlich gezwungen wurde, die zwischen Finanzverwaltung und Steuerpflichtigen gelebte Sanierungspraxis auch in Gesetzesform zu gießen. Er hat damit die Sanierung von Unternehmen erleichtert und mehr Rechtssicherheit geschaffen, selbst wenn diese aufgrund der beihilferechtlichen Problematik erst etwas später nach dem Gesetzgebungsverfahren und ggf. auch noch nicht vollständig eingetreten ist.

Die Autoren gehen in der zweiten Auflage davon aus, dass der neue § 3a EStG die Sanierungspraxis in Zukunft prägen wird. Deshalb haben wir das Kernkapitel des Buches, das sich bisher mit dem Sanierungserlass beschäftigt hat, neu geschrieben und die Regelung des § 3a EStG in den Mittelpunkt gestellt.

Zudem haben sich – für Sanierungstransaktionen häufig relevant – zwischenzeitlich die Regelungen zur Nutzung von Verlustnutzungspotentialen geändert, und zwar einerseits verschärft (§ 3a Abs. 3 EStG, § 7b Abs. 2 GewStG) und andererseits entschärft. Die Entschärfungen sind erstens darin begründet, dass der Gesetzgeber im Anschluss an den Beschluss des BVerfG vom 29.3.2017 die Schwellenwerte für einen schädlichen Beteiligungserwerb zwischen 25 % und 50 % in § 8c KStG aufgegeben hat. Zweitens wurde mit dem Gesetz zur Weiterentwicklung der steuerlichen Verlustverrechnung bei Körperschaften vom 20.12.2016[1] – als zusätzliche Rückausnahme von der Verlustabzugsbeschränkung des § 8c KStG – der neue § 8d KStG (rückwirkend ab dem 1.1.2016) eingeführt, der den Verlustabzug im Falle einer Fortführung des Geschäftsbetriebes, auch aus Krisensituationen heraus, weiterhin gestattet. Und drittens ist die Sanierungsklausel des § 8c Abs. 1a KStG, die aufgrund des von

1 BGBl. I 2016, 2998.

der EU-Kommission angenommenen Verstoßes gegen das Beihilferecht lange Zeit unanwendbar war, durch den EuGH wieder zu neuem Leben erweckt worden. Die vorherige Auffassung der EU-Kommission, dass § 8c Abs. 1a KStG eine beihilfewidrige Privilegierung von Sanierungsunternehmen darstelle, hat der EuGH in seiner jüngsten Entscheidung vom 28.6.2018 aufgehoben (vgl. Rz. 2.123 ff.).

Diese Entwicklungen allein haben eine fundamentale Neubearbeitung des Werks notwendig werden lassen und wir haben diese Gelegenheit genutzt, um an zahlreichen Stellen auch die vielen kleineren, durch die Rechtsprechung getriebenen Entwicklungen einzuarbeiten. Die Grundkonzeption des Buches haben wir beibehalten: Neben der Darstellung der rechtlichen Vorschriften, die das Sanierungssteuerrecht heute ausmachen, liegt der Fokus auf ihrer praktischen Anwendung in Sanierungssituationen, die wir täglich beraten.

Düsseldorf/Hamburg, im September 2019

Stephan Eilers, Alexander Schwahn, Annika Tiemann

Vorwort zur 1. Auflage

Sanierungstransaktionen sind Transaktionen, mit denen Unternehmen gerettet werden. Die Unternehmensrettung steht im Mittelpunkt, nicht deren steuerliche Optimierung. Die Praxis hat in den letzten vier Jahren eine Vielzahl dieser Transaktionen gesehen. Das Steuerrecht hat viele dieser Transaktionen erschwert, nicht erleichtert.

Woran liegt das? Zwei Überlegungen stehen unseres Erachtens im Mittelpunkt. Die verfassungs- und europarechtlichen Grenzen unseres Steuerrechts verbieten es zum Einen, Unternehmen in Krisen anders als „normale Steuerpflichtige" zu behandeln. Die Krisenunternehmen bleiben steuerpflichtig. Für sie gibt es kein besonderes Steuerrecht, das die geringere Leistungsfähigkeit dieser Unternehmen im Grundsatz berücksichtigt. Neben den genannten Grenzen, ein spezielles Krisensteuerrecht zuzulassen, bestehen auch Befürchtungen auf Seiten der Finanzverwaltung, dass Erleichterungen für Krisenunternehmen leicht auch von „Nicht-Krisenunternehmen" genutzt werden können. Zum anderen greifen die steuerrechtlichen Kriseninstrumente zu spät in Unternehmenskrisen. Sie sind – aus den zuvor genannten Gründen – zu eng an die lebensbedrohliche Krisensituation des betroffenen Unternehmens gebunden; erst in der Nähe zur Insolvenz sind steuerrechtliche Sanierungsinstrumente erreichbar.

Die Finanzmarktkrise hat demgegenüber gezeigt, dass Unternehmen in Krisensituationen besonderen Handlungszwängen und wirtschaftlichen Notwendigkeiten unterliegen, die eben mit der wirtschaftlichen Realität von anderen Unternehmen nicht vergleichbar sind. Deshalb haben das Steuerrecht und der Steuergesetzgeber während und nach der Finanzmarktkrise auch in besonderen, genau definierten Einzelsituationen versucht, dem besonderen Charakter von Krisenunternehmen im Steuerrecht gerecht zu werden. Dieses Spannungsfeld zwischen der Anwendbarkeit des allgemeinen Steuerrechts und der spezifischen Krisenausnahmen hat die tägliche Praxis in den Sanierungsfällen geprägt. Es ist Gegenstand dieses Buches. Es ist für die Praxis geschrieben worden und beruht auf der Vielzahl von Sanierungssituationen, die wir im Steuerrecht bei Freshfields Bruckhaus Deringer gesehen haben.

Frau Prof. Dr. Johanna Hey, die unser dogmatisches Interesse für dieses Rechtsgebiet geweckt hat, sei dafür besonders gedankt.

Köln, im November 2011

Stephan Eilers, Franziska Bühring

Inhaltsverzeichnis

Kapitel 3
Steueroptimierte Sanierung – Steuerliche Würdigung von Sanierungsmaßnahmen

Abkürzungsverzeichnis

a.A.	anderer Ansicht
a.a.O.	am angegebenen Ort
ABl. EG	Amtsblatt der Europäischen Gemeinschaften
ABl. EU	Amtsblatt der Europäischen Union
Abs.	Absatz
a.E.	am Ende
a.F.	alte Fassung
AfA	Absetzung für Abnutzung
AG	Aktiengesellschaft; Die Aktiengesellschaft (Zeitschrift)
AGB	Allgemeine Geschäftsbedingungen
AktG	Aktiengesetz
Alt.	Alternative
Anh.	Anhang
Anm.	Anmerkung
AO	Abgabenordnung
AO-StB	Der AO-Steuer-Berater (Zeitschrift)
Aufl.	Auflage
BAG	Bundesarbeitsgericht
BB	Betriebs-Berater (Zeitschrift)
Bdb.	Brandenburg
Beschl.	Beschluss
BGB	Bürgerliches Gesetzbuch
BGBl.	Bundesgesetzblatt
BGH	Bundesgerichtshof
BGHZ	Entscheidungen des Bundesgerichtshofs in Zivilsachen
BFH	Bundesfinanzhof
BFH/NV	Sammlung der nicht veröffentlichten Entscheidungen des BFH
BKR	Zeitschrift für Bank- und Kapitalmarktrecht
BMF	Bundesfinanzministerium
BRAO	Bundesrechtsanwaltsordnung
BR-Drucks.	Bundesratsdrucksache
bspw.	beispielsweise
BT-Drucks.	Bundestagsdrucksache
BVerfG	Bundesverfassungsgericht
BVerwG	Bundesverwaltungsgericht
BW	Baden-Württemberg
bzgl.	bezüglich
DB	Der Betrieb (Zeitschrift)
DD	Due Diligence
d.h.	das heißt
DStR	Deutsches Steuerrecht (Zeitschrift)

EBITDA	Earnings before Interest, Taxes, Depreciation and Amortization
EFG	Entscheidungen der Finanzgerichte (Zeitschrift)
EG	Europäische Gemeinschaften
Entsch.	Entscheidung
ESUG	Gesetz zur weiteren Erleichterung der Sanierung von Unternehmen
EStG	Einkommensteuergesetz
EuG	Gericht der Europäischen Union
EuGH	Europäischer Gerichtshof
evtl.	eventuell
EWiR	Entscheidungen zum Wirtschaftsrecht (Zeitschrift)
f., ff.	folgende
FG	Finanzgericht
FGO	Finanzgerichtsordnung
Frankfurter-Komm	Frankfurter Kommentar
FM	Finanzministerium
FMS	Finanzmarktstabilisierungsfonds
FMSA	Finanzmarktstabilisierungsanstalt
FMStG	Finanzmarktstabilisierungsgesetz
Fn.	Fußnote
FR	Finanz-Rundschau (Zeitschrift)
FS	Festschrift
GG	Grundgesetz
ggf.	gegebenenfalls
GKG	Gerichtskostengesetz
GmbHG	Gesetz betreffend die Gesellschaften mit beschränkter Haftung
GmbHR	GmbH-Rundschau (Zeitschrift)
GmbH-StB	Der GmbH-Steuer-Berater (Zeitschrift)
GrS	Großer Senat
GVG	Gerichtsverfassungsgesetz
GWR	Gesellschafts- und Wirtschaftsrecht (Zeitschrift)
Hess.	Hessen
HGB	Handelsgesetzbuch
h.M.	herrschende Meinung
Hrsg.	Herausgeber
IAS	International Accounting Standards
IDW	Institut der Wirtschaftsprüfer e.V.
IFRS	International Financial Reporting Standards
INF	Information über Steuer und Wirtschaft (Zeitschrift)
insbes.	insbesondere
InsO	Insolvenzordnung
i.d.R.	in der Regel

i.E.	im Ergebnis
i.S.d.	im Sinne des
i.V.m.	in Verbindung mit
Kap.	Kapitel
KG	Kommanditgesellschaft; Kammergericht
KO	Konkursordnung
KStG	Körperschaftsteuergesetz
KStR	Körperschaftsteuer-Richtlinien
LAG	Landesarbeitsgericht
LG	Landgericht
MDR	Monatsschrift für Deutsches Recht (Zeitschrift)
MittBayNot	Mitteilungen der Bayerischen Notarkammer (Zeitschrift)
MoMiG	Gesetz zur Modernisierung des GmbH-Rechts und zur Bekämpfung von Missbräuchen
MünchKomm	Münchener Kommentar
m.w.N.	mit weiteren Nachweisen
MV	Mecklenburg-Vorpommern
Nds.	Niedersachsen; Niedersächsisches
n.F.	neue Fassung
NJW	Neue Juristische Wochenzeitschrift
NJW-RR	Neue Juristische Wochenzeitschrift – Rechtsprechungs-Report
NV	nicht veröffentlicht
NW	Nordrhein-Westfalen
NWB	Neue Wirtschafts-Briefe (Zeitschrift)
NZA	Neue Zeitschrift für Arbeits- und Sozialrecht
NZG	Neue Zeitschrift für Gesellschaftsrecht
NZI	Neue Zeitschrift für Insolvenz und Sanierung
OFD	Oberfinanzdirektion
o.g.	oben genannt
OLG	Oberlandesgericht
RGZ	Entscheidungen des Reichsgerichts in Zivilsachen
Rh.-Pf.	Rheinland-Pfalz
Rz.	Randziffer
s.	siehe
Sa.-Anh.	Sachsen-Anhalt
Saarl.	Saarland
Sachs.	Sachsen
Schl.-Holst.	Schleswig-Holstein
SGB	Sozialgesetzbuch

Slg.	Sammlung
SoFFin	Sonderfonds Finanzmarktstabilisierung
sog.	sogenannte/r/s
Stbg	Die Steuerberatung (Zeitschrift)
SteuK	Steuerrecht kurzgefasst (Zeitschrift)
StW	Steuer-Warte (Zeitschrift)
StuB	Unternehmensteuern und Bilanzen (Zeitschrift)
StuW	Steuer und Wirtschaft (Zeitschrift)
Thür.	Thüringen
u.a.	unter anderem
u.Ä.	und Ähnliches
Ubg	Unternehmensbesteuerung (Zeitschrift)
u.E.	unseres Erachtens
UmwStG	Umwandlungssteuergesetz
Urt.	Urteil
UStG	Umsatzsteuergesetz
US-GAAP	United States Generally Accepted Accounting Principles
u.U.	unter Umständen
v.	vom
VG	Verwaltungsgericht
VGH	Verwaltungsgerichtshof
VO	Verordnung
VR	Verwaltungsrundschau (Zeitschrift)
VwVG	Verwaltungsvollstreckungsgesetz
WM	Zeitschrift für Wirtschaft- und Bankrecht
Wpg.	Die Wirtschaftsprüfung (Zeitschrift)
z.B.	zum Beispiel
ZFSH SGB	Zeitschrift für die sozialgerichtliche Praxis
ZInsO	Zeitschrift für das gesamte Insolvenzrecht
ZIP	Zeitschrift für Wirtschaftsrecht
ZPO	Zivilprozessordnung
z.T.	zum Teil

Literaturverzeichnis

Baumbach, Adolf/Hopt, Klaus J., HGB, 38. Aufl., München 2018
Baumbach/Hueck, GmbHG, 22. Aufl., München 2019
Bauer, Joachim, Die GmbH in der Krise, 5. Aufl., Münster 2016
Beck, Siegfried/Depré Peter, Praxis der Insolvenz, 3. Aufl., München 2017
Beck'scher Bilanzkommentar, 11. Aufl., München 2018
Beck'sches Handbuch Immobiliensteuerrecht, München 2016
Beermann, Albert/Gosch, Dietmar, Steuerliches Verfahrensrecht, Loseblatt, Bonn
Beisel, Wilhelm/Klumpp, Hans-Hermann, Der Unternehmenskauf, 7. Aufl., München 2016
Birkenfeld, Wolfram/Wäger, Christoph, Das große Umsatzsteuer-Handbuch, Loseblatt, Köln
Blumenberg, Jens, Aktuelle Entwicklungen des EU-Beihilferechts im Bereich der deutschen Unternehmensbesteuerung, ifst-Schrift, Nr. 516, Berlin 2017
Blumenberg, Jens/Kring, Wulf, Europäisches Beihilferecht und Besteuerung, ifst-Schrift, Nr. 473, Berlin 2011
Blümich, Walter, EStG – KStG – GewStG, Loseblatt, München
Boruttau, Ernst Paul, GrEStG, 19. Aufl., München 2019
Braun, Eberhard, InsO, 7. Aufl., München 2017
Bumiller, Ursula/Harders, Dirk/Schwamb, Werner, FamFG, 12. Aufl., München 2019
Bunjes, Johann/Geist, Reinhold, UStG, 18. Aufl., München 2019
Buth, Andrea K./Hermanns, Michael, Restrukturierung, Sanierung, Insolvenz, 4. Aufl., München 2014

Denkhaus, Stefan/Ziegenhagen, Andreas, Unternehmenskauf in Krise und Insolvenz, 3. Aufl., Köln 2016
Dötsch, Ewald/Pung, Alexandra/Möhlenbrock, Rolf, Die Körperschaftsteuer, Loseblatt, Stuttgart
Dorenkamp, Christian, Systemgerechte Neuordnung der Verlustverrechnung, Institut Finanzen und Steuern, ifst-Schrift, Nr. 461, Bonn 2010

Eilers, Stephan/Rödding, Adalbert/Schmalenbach, Dirk, Unternehmensfinanzierung, 2. Aufl., München 2014
Eilers, Stephan/Sieger Jürgen J./Wienands, Hans-Gerd, Die Finanzierung der GmbH durch ihre Gesellschafter, 2. Aufl., Köln 2001

Festschrift für Karl-Heinz Forster, hrsg. von *Moxter, Adolf* u.a., Düsseldorf 1992
Festschrift für Uwe Hüffer, hrsg. von *Kindler, Peter/Koch, Jens/Ulmer, Peter/Winter, Martin*, München 2010
Festschrift für Wienand Meilicke, hrsg. von *Herlinghaus, Andreas/Hirte, Heribert/Hüttemann, Rainer/Heidel, Thomas*, Baden-Baden 2010
Festschrift für Harald Schaumburg zum 65. Geburtstag, Steuerzentrierte Rechtsberatung, hrsg. von *Spindler, Wolfgang/Tipke, Klaus/Rödder, Thomas*, Köln 2009

Festschrift für Michael Streck, hrsg. von *Binnewies, Burkhard/Spatscheck, Rainer*, Köln 2011
Festschrift für Wilhelm Uhlenbruck zum 70. Geburtstag, Insolvenzrecht in Wissenschaft und Praxis, hrsg. von *Prütting, Hanns/Vallender, Heinz*, Köln 2000
Flick, Hans/Wassermeyer, Franz/Baumhoff, Hubertus/Schönfeld, Jens, Außensteuerrecht, Kommentar, Loseblatt, Köln
Frotscher, Gerrit, Besteuerung bei Insolvenz, 8. Aufl., Frankfurt 2014
Frotscher, Gerrit/Geurts, Matthias, EStG, Kommentar, Loseblatt, Freiburg
Frotscher, Gerrit/Drüen, Klaus-Dieter, KStG, Kommentar, Loseblatt, Freiburg

Gless, Sven-Erik, Unternehmenssanierung, Diss. Berlin 1995
Gosch, Dietmar, Körperschaftsteuergesetz, 3. Aufl., München 2015
Gosch, Dietmar/Schwedhelm, Rolf/Spiegelberger, Sebastian, GmbH-Beratung, Gesellschafts- und Steuerrecht, Loseblatt, Köln
Gottwald, Peter, Insolvenzrechts-Handbuch, 5. Aufl., München 2015

Haußleiter, Martin, FamFG, 2. Aufl., München 2017
Henssler, Martin/Strohn, Lutz, Gesellschaftsrecht, 4. Aufl., München 2019
Herrmann, Carl/Heuer, Gerhard/Raupach, Arndt, Kommentar zum Einkommensteuergesetz und Körperschaftsteuergesetz, Loseblatt, Köln
Hölters, Wolfgang, Handbuch Unternehmenskauf, 9. Aufl., Köln 2019
Holzapfel, Hans-Joachim/Pöllath, Reinhard, Unternehmenskauf in Recht und Praxis, 15. Aufl., Köln 2017
Hommel, Ulrich/Knecht, Thomas/Wohlenberg, Holger, Handbuch der Unternehmensrestrukturierung, 2. Aufl., Wiesbaden 2018
Hüffer, Uwe/Koch, Jens, Aktiengesetz, 13. Aufl., München 2018
Hübschmann, Walter/Hepp, Ernst/Spitaler, Armin, Abgabenordnung – Finanzgerichtsordnung, Loseblatt, Köln

Institut der Wirtschaftsprüfer, Wirtschaftsprüfung, Rechnungslegung, Beratung, Band II, 14. Aufl., Düsseldorf 2014

Jacobs, Otto H./Endres, Dieter/Spengel, Christoph, Internationale Unternehmensbesteuerung, 8. Aufl., München 2016
Jaeger, Ernst, Insolvenzordnung, Band 4, Berlin 2008
Jauernig, Othmar, BGB, 17. Aufl., München 2018

Kahlert, Günter/Rühland, Bernd, Sanierungs- und Insolvenzsteuerrecht, 2. Aufl., Köln 2011
Kessler, Wolfgang/Kröner, Michael/Köhler, Stefan, Konzernsteuerrecht, 3. Aufl., München 2018
Kirchhof, Paul, Einkommensteuergesetz, Kommentar, 18. Aufl., Köln 2019
Klein, Franz, AO, 14. Aufl., München 2018
Koenig, Ulrich, Abgabenordnung, Kommentar, 3. Aufl., München 2014
Kühn, Rolf/v. Wedelstädt, Alexander, Abgabenordnung und Finanzgerichtsordnung: Kommentar, 22. Aufl., Stuttgart 2018

Lenski, Edgar/Steinberg, Wilhelm, Kommentar zum Gewerbesteuergesetz, Loseblatt, Köln

Liekenbrock, Bernhard, Management und Bilanzierung von Zinsschrankenrisiken, Diss. Köln, Wiesbaden 2011

Lippross, Otto-Gerd//Seibel, Wolfgang, Basiskommentar Steuerrecht, Loseblatt, Köln

Littmann, Eberhard/Bitz, Horst/Pust, Hartmut, Das Einkommensteuerrecht, Loseblatt, Stuttgart

Lüdicke, Jochen/Sistermann, Christian, Unternehmenssteuerrecht, 2. Aufl., München 2018

Lutter, Markus/Hommelhoff, Peter, GmbHG, 19. Aufl., Köln 2016

Michalski, Lutz/Heidinger, Andreas/Leible, Stefan/Schmidt, Jessica, GmbHG, Kommentar, 3. Aufl., München 2017

Mössner, Jörg-Manfred/Seeger, Siegbert, Körperschaftsteuergesetz, Kommentar, 3. Aufl., Herne 2016

Münchener Handbuch des Gesellschaftsrechts, Band 4: Aktiengesellschaft, 4. Aufl., München 2015

Münchener Kommentar zum AktG, Band 1, 5. Aufl., München 2019

Münchener Kommentar zum AktG, Band 2, 5. Aufl., München 2019

Münchener Kommentar zum AktG, Band 5, 4. Aufl., München 2015

Münchener Kommentar zum BGB, Band 2, 8. Aufl., München 2019

Münchener Kommentar zum BGB, Band 3, 8. Aufl., München 2019

Münchener Kommentar zum BGB, Band 4, 7. Aufl., München 2016

Münchener Kommentar zum FamFG, Band 2, 3. Aufl., München 2019

Münchener Kommentar zum GmbHG, Band 1, 3. Aufl., München 2018

Münchener Kommentar zum GmbHG, Band 2, 3. Aufl., München 2019

Münchener Kommentar zum GmbHG, Band 3, 3. Aufl., München 2018

Münchener Kommentar zum HGB, Band 1, 4. Aufl., München 2016

Münchener Kommentar zum HGB, Band 4, 3. Aufl., München 2013

Münchener Kommentar zur Insolvenzordnung, Band 1, 4. Aufl., München 2019

Münchener Kommentar zur Insolvenzordnung, Band 2, 4. Aufl., München 2019

Münchener Kommentar zur Insolvenzordnung, Band 3, 3. Aufl., München 2014

Münchener Kommentar zur ZPO, Band 2, 5. Aufl., München 2016

Mundfortz, Jochen, Das Realisationsprinzip und die Aufdeckung stiller Lasten, München 2019

Nerlich, Jörg/Römermann, Volker, InsO, Loseblatt, München

Neu, Norbert/Neumann, Ralf/Neumayer, Jochen, Handbuch GmbH-Besteuerung, Köln 1999

Oppenländer, Frank/Tröllitzsch, Thomas, Praxishandbuch der GmbH-Geschäftsführung, 2. Aufl., München 2011

Pahlke, Armin/Franz, Willy, Grunderwerbsteuergesetz, Kommentar, 6. Aufl., München 2018

Palandt, Otto, BGB, 78. Aufl., München 2019

Pape, Gerhard/Uhlenbruck, Wilhelm/Voigt-Salus, Joachim, Insolvenzrecht, 2. Aufl., München 2010
Picot, Gerhard, Handbuch Mergers & Acquisitions, 5. Aufl., Stuttgart 2012

Rau, Günter/Dürrwächter, Erich, UStG, Loseblatt, Köln
Reul, Adolf/Heckschen, Heribert/Wienberg, Rüdiger, Insolvenzrecht in der Gestaltungspraxis, 2. Aufl., München 2018
Richter, Nicholas, Möglichkeiten und Grenzen des Distressed Debt Investing in Deutschland, Wiesbaden 2006, zugl.: Rostock, Univ., Diss., 2006
Rödder, Thomas/Herlinghaus, Andreas/Neumann, Ralf, KStG, Kommentar, Köln 2015
Roth, Jan, Insolvenzsteuerrecht, 2. Aufl., Köln 2016
Roth, Günter H./Altmeppen, Holger, GmbHG, 9. Aufl., München 2019

Schäfer, Carsten, Gesellschaftsrecht, 5. Aufl., München 2018
Schluck-Amend, Alexandra/Meyding, Thomas, Der Unternehmenskauf in Krise und Insolvenz, Stuttgart 2012
Schmidt, Andreas, Hamburger Kommentar zum Insolvenzrecht, 7. Aufl., Köln 2019
Schmidt, Karsten, Gesellschaftsrecht, 4. Aufl., Köln 2002
Schmidt, Karsten, InsO, Kommentar, 19. Aufl., München 2016
Schmidt, Karsten/Uhlenbruck, Wilhelm, Die GmbH in Krise, Sanierung und Insolvenz, 5. Aufl., Köln 2016
Schmidt, Ludwig, EStG, Kommentar, 38. Aufl., München 2019
Schmitt, Joachim/Hörtnagl, Robert/Stratz, Rolf-Christian, UmwG, UmwStG, 8. Aufl., München 2018
Schnitger, Arne/Fehrenbacher, Oliver, KStG, Kommentar, 2. Aufl., Berlin 2018
Scholz, Franz, GmbHG, Band 3, 11. Aufl. Köln 2018
Sonnleitner, Wolfgang, Insolvenzsteuerrecht, München 2017
Steinbrück, Peer, Unterm Strich, Hamburg 2010
Streck, Michael, KStG, Kommentar, 9. Aufl., München 2018
Strunk, Günther/Kaminski, Bert/Köhler, Stefan, Außensteuergesetz – Doppelbesteuerungsabkommen, Loseblatt, Bonn

Theiselmann, Rüdiger, Praxishandbuch des Restrukturierungsrechts, 3. Aufl., Köln 2017
Thierhoff, Michael/Müller, Renate, Unternehmenssanierung, 2. Aufl., Heidelberg 2016
Tipke, Klaus/Kruse, Heinrich Wilhelm, AO/FGO, Kommentar, Loseblatt, Köln
Tipke, Klaus/Lang, Joachim, Steuerrecht, 23. Aufl., Köln 2018
Tschersich, Stephanie, Ertragsbesteuerung der Unternehmenssanierung, Berlin 2014

Uhlenbruck, Wilhelm, Insolvenzordnung, 15. Aufl., München 2019

Waza, Thomas/Uhländer, Christoph/Schmittmann, Jens, Insolvenzen und Steuern, 12. Aufl., Herne 2019
Windbichler, Christine, Gesellschaftsrecht, 24. Aufl., München 2017

Winnefeld, Robert, Bilanz-Handbuch, 5. Aufl., München 2015

Ziegenhagen, Andreas/Thieme, Hauke, Besteuerung in Krise und Insolvenz, Berlin 2010

Zöllner, Wolfgang/Noack, Ulrich, Kölner Kommentar AktG, Band 2/1, 3. Aufl., Köln 2009

Zöllner, Wolfgang/Noack, Ulrich, Kölner Kommentar AktG, Band 4/5, 3. Aufl., Köln 2019

Kapitel 1
Einführung

Ziel dieses Buches ist es, die **Sanierungsvorschriften des Steuerrechts** darzustellen und ihre Wirkungen anhand von **konkreten Sanierungsmaßnahmen und -transaktionen** aufzuzeigen. Das Insolvenzsteuerrecht, also die Darstellung der steuerlichen Konsequenzen der Eröffnung eines Insolvenzverfahrens, ist nur soweit Gegenstand dieses Buches, als es für Sanierungen im Rahmen eines Insolvenzverfahrens relevant ist.[1] 1.1

Der Überblick über das Sanierungssteuerrecht erfolgt im zweiten Kapitel mit einem Fokus auf der neuen Vorschrift des **§ 3a EStG**. Daneben stellen wir im zweiten Kapitel auch die sonstigen steuerrechtlichen Vorschriften, die für Sanierungstransaktionen relevant sind, dar. Es beinhaltet die **Veränderungen in § 8c KStG** und die **Sanierungsausnahme bei Verlustvorträgen** (§ 8c Abs. 1a KStG). Mit dem neuen Sanierungssteuerrecht, das den Gleichlauf der steuerrechtlichen Sanierungsmaßnahmen im Einkommen- und Körperschaftsteuerrecht und dem Gewerbesteuerrecht gewährleisten soll, haben sich die Probleme in dem föderal bzw. regional gegliederten Auskunftsverfahren entschärft. Insbesondere die Problematik der fehlenden Bindungswirkung von Auskunftsverfahren für die lokale Gewerbesteuersituation ist mit § 7b GewStG jetzt einheitlich geregelt worden. Der verfahrensrechtliche Teil ist daher weniger ausführlich dargestellt als noch in der ersten Auflage; das Problem der **Gebührenpflicht für Sanierungsauskünfte** bleibt allerdings erhalten. Hinzugekommen sind die Ausführungen zum Sanierungssteuerrecht bei Personengesellschaften und zu Besonderheiten im Zusammenhang mit Organschaften, die in der ersten Auflage noch nicht bestanden. 1.2

Im dritten Kapitel konzentriert sich das Buch auf die Darstellung und steuerrechtliche Würdigung von **Sanierungstransaktionen** – aus der Sicht der (Alt-)Gesellschafter, der Kreditgeber und der neuen Investoren. Ziel des dritten Kapitels ist es somit, die einzelnen Sanierungsmöglichkeiten, die das deutsche Recht derzeit bietet, aus Sicht der steuerrechtlichen Beratungspraxis zu bewerten. 1.3

Darauf folgt eine zusammenfassende Darstellung der typischen steuerrechtlichen Problemfelder beim **Unternehmenskauf in der Krise und Insolvenz** (Kapitel 4). 1.4

Das Buch endet mit einem **Fazit** zu den sanierungssteuerrechtlichen Vorschriften aus der Transaktionspraxis (Kapitel 5). 1.5

---

1 Die steuerrechtlichen Fragestellungen im Rahmen eines Regelinsolvenzverfahrens werden in diesem Werk nicht umfassend behandelt. Siehe dazu *Roth*, Insolvenzsteuerrecht[2].

Kapitel 2
Überblick über das Sanierungssteuerrecht

A. Allgemeine Grundlagen

I. Ausgangssituation

1. Unternehmenskrise

Der Ausgangspunkt jeder Unternehmenssanierung liegt in der **Krise** eines Unternehmens. In der Betriebswirtschaftslehre wird von einer Unternehmenskrise gesprochen, wenn das Unternehmen substantiell und akut in seiner Lebensfähigkeit bedroht ist.[1] Die Gründe für den Eintritt einer solchen Krise können vielschichtig, von außen kommend oder intern veranlasst sein. Fast immer wird es mehr als eine Krisenursache geben. Wurde die Krise entdeckt, bleiben der Unternehmensleitung, je nach Intensität und Fortschritt der Krise, mehr oder weniger Mittel und Zeit, um auf sie zu reagieren und eine Insolvenz abzuwenden. Das Institut der Wirtschaftsprüfer e.V. (IDW) hat in seinem Standard IDW S 6[2] verschiedene Stadien einer Unternehmenskrise kategorisiert und sich daraus ergebende Anforderungen an eine erfolgversprechende Sanierung definiert. 2.1

Nach dem IDW S 6 lassen sich Unternehmenskrisen in die folgenden Stadien unterteilen: die Stakeholderkrise, die Strategiekrise, die Produkt- und Absatzkrise, die Erfolgskrise, die Liquiditätskrise sowie die Insolvenzlage.[3] Jede Unternehmenskrise verläuft individuell. Aufgrund der Ähnlichkeit von Krisenursachen und -symptomen bieten sich jedoch in der Praxis häufig sehr vergleichbare Handlungsmöglichkeiten an, die in diesem Buch dargestellt und deren steuerrechtliche Konsequenzen aufgezeigt werden sollen. 2.2

2. Besondere Geschäftsleitungspflichten in der Krise

Bereits im Vorfeld einer Krise trifft die Geschäftsleitung **die Pflicht zur Krisenfrüherkennung und -prävention**. Diese ergibt sich aus der allgemeinen Sorgfaltspflicht (§ 76 Abs. 1, § 93 Abs. 1 Satz 1 AktG, § 43 Abs. 1 GmbHG) und aus speziellen Normen wie etwa § 57 AktG, § 30 GmbHG (Kapitalerhaltung), § 91 Abs. 1 AktG, § 41 GmbHG, §§ 238, 264 ff. HGB (Buchführung) oder § 91 Abs. 2 AktG (Krisenfrüherkennung).[4] Die Geschäftsleitung ist zum Erhalt des Gesellschaftsvermögens, zur Beobachtung der Stellung des Unternehmens am Markt und zur kontinuierlichen 2.3

---

1 *Gless*, Unternehmenssanierung, S. 11; *Fleischer*, Stbg 2009, 437.
2 *IDW*, IDW-Standard: Anforderungen an Sanierungskonzepte (IDW S 6) (Stand: 16.5.2018).
3 *IDW*, IDW S 6, Tz. 31, 62.
4 Zu den Einzelheiten s. *Fleischer* in MünchKomm/GmbHG[3], § 43 Rz. 63; *Kleindiek* in Lutter/Hommelhoff[19], § 43 GmbHG Rz. 32.

Kontrolle der finanziellen Lage, insbesondere der ordnungsgemäßen Buchführung, verpflichtet.[1]

2.4 Mit **Eintritt der Krise** ist die Geschäftsleitung zur **Sanierung des Unternehmens** verpflichtet,[2] solange rechtliche Rahmenbedingungen, wie z.B. die Insolvenzantragspflicht gem. § 15a InsO, nicht entgegenstehen. Der Sorgfaltsmaßstab der Geschäftsleitung (§ 76 Abs. 1, § 93 Abs. 1 Satz 1 AktG, § 43 Abs. 1 GmbHG) erfordert einen klar strukturierten sowie die Chancen und Risiken systematisch beurteilenden Versuch zur Überwindung der Krise.[3] Für ein solches Vorgehen ist die Aufstellung eines Sanierungskonzepts zweckmäßig und erforderlich. Zugleich bildet das Sanierungskonzept regelmäßig die Grundlage für die Beurteilung der Fortbestehensprognose und die damit einhergehenden steuerrechtlichen Fragen.

2.5 Für ein den Anforderungen der Rechtsprechung genügendes, insofern „schlüssiges und erfolgsversprechendes“[4] **Sanierungskonzept**, sind mehrere materielle Bestandteile erforderlich, um im Ergebnis eine „Prognose, die nachvollziehbar und vertretbar erscheint“,[5] treffen zu können. Der IDW S 6 n.F. sieht zur Konkretisierung dieser Zielvorgaben einen zweistufigen Aufbau vor. Die erste Stufe bezieht sich auf die Sicherstellung einer positiven Fortführungsprognose, wohingegen die zweite Stufe auf die Herbeiführung der nachhaltigen Fortführungsfähigkeit abzielt.[6]

2.6 Für eine börsennotierte AG kann das Eintreten bestimmter Krisensymptome auch zur Auslösung einer **Ad-hoc-Publizitätspflicht** nach Art. 17 MAR[7] führen. Wird die Mitteilung unterlassen, kommt ein Schadensersatzanspruch der Anleger nach § 97 WpHG in Betracht. Krisensymptome stellen grundsätzlich dann eine zu veröffentlichende Insiderinformation dar, wenn es sich um konkrete Informationen über nicht öffentlich bekannte Umstände hinsichtlich des Emittenten oder der Aktie (oder anderer Insiderpapiere) handelt, die geeignet sind, den Börsen- oder Marktpreis erheblich zu beeinflussen, weil ein verständiger Anleger die Information bei seiner Anlageentscheidung berücksichtigen würde (Art. 7 Abs. 1 MAR). Nach Art. 17 Abs. 4 MAR besteht in Krisensituationen, die Raum für eine Sanierung lassen, jedoch die grundsätzliche Möglichkeit der Befreiung von der Ad-hoc-Publizitätspflicht, solange der Schutz eines berechtigten Interesses dies erfordert, keine Irreführung der Öffentlichkeit zu befürchten ist und die Vertraulichkeit der Insiderinformation gewährleistet werden kann. Im Falle des Wegfalls dieser Voraussetzungen ist die Veröffentlichung der Insiderinformation jedoch unverzüglich nachzuholen, Art. 17 Abs. 7 Unterabs. 1 MAR. Eine Mitteilung ist nur dann entbehrlich, wenn die Krise zwischenzeitlich abgewendet wurde, da in diesem Fall kein Informationsinteresse der Anleger mehr besteht.[8]

1 *Kleindiek* in Lutter/Hommelhoff[19], § 43 GmbHG Rz. 33; *Bork*, ZIP 2011, 101 (102) m.w.N.
2 *Fleischer* in MünchKomm/GmbHG[3], § 43 Rz. 64; *Bork*, ZIP 2011, 101 (106).
3 *Kuss*, WPg 2011, 324 (326).
4 BGH v. 12.5.2016 – IX ZR 65/14, NJW-RR 2016, 1518 Rz. 15.
5 BGH v. 12.5.2016 – IX ZR 65/14, NJW-RR 2016, 1518 Rz. 30.
6 IDW S 6 n.F., Tz. 14, 76 ff.
7 Marktmissbrauchsverordnung, Verordnung (EU) Nr. 596/2014, ABl. EU 2014 Nr. L 173, 1.
8 Siehe auch das Beispiel bei *Assmann* in Assmann/Schneider/Mülbert[7], Art. 17 VO (EU) Nr. 596/2014 Rz. 150.

Ist die Krise soweit fortgeschritten, dass die Krisengesellschaft **die Hälfte ihres Stamm- oder Grundkapitals verloren** hat, hat die Geschäftsleitung zwingend[1] die Gesellschafter- bzw. Hauptversammlung unverzüglich einzuberufen (§ 92 Abs. 1 AktG, § 49 Abs. 3 GmbHG). Eine Ausnahme gilt für die Unternehmergesellschaft, bei welcher die Gesellschafterversammlung abweichend von § 49 Abs. 3 GmbHG schon bei drohender Zahlungsunfähigkeit einberufen werden muss (§ 5a Abs. 4 GmbHG).[2] 2.7

Waren die Sanierungsmaßnahmen nicht erfolgreich und ist **Zahlungsunfähigkeit oder Überschuldung** (§§ 17, 19 InsO; näher zu den Insolvenzgründen unter Rz. 2.31 ff.) eingetreten, müssen die Mitglieder der Geschäftsleitung nach § 15a Abs. 1 InsO ohne schuldhaftes Zögern, aber spätestens drei Wochen nach Eintritt der Zahlungsunfähigkeit oder Überschuldung, einen **Antrag auf Eröffnung des Insolvenzverfahrens** stellen. Die Dreiwochenfrist stellt eine Höchstfrist dar, die nur dann ausgeschöpft werden darf, wenn innerhalb der Frist mit einer Beseitigung der Insolvenzgründe gerechnet werden kann.[3] 2.8

Mit Eintritt der Zahlungsunfähigkeit oder Überschuldung ist die Geschäftsleitung der Gesellschaft zum Ersatz von Zahlungen verpflichtet (§ 92 Abs. 2 Satz 1 AktG, § 64 Satz 1 GmbHG), was einem grundsätzlichen **Zahlungsverbot** gleichkommt und Schmälerungen der Insolvenzmasse im Vorfeld des Insolvenzverfahrens sowie eine ungleiche Behandlung der Gläubiger verhindern soll.[4] Weiterhin vorgenommen werden dürfen solche Zahlungen, die auch nach dem Eintritt von Zahlungsunfähigkeit oder Überschuldung mit der Sorgfalt eines ordentlichen Geschäftsmannes vereinbar sind (§ 92 Abs. 2 Satz 2 AktG, § 64 Satz 2 GmbHG). Erlaubt sind im Grundsatz nur solche Zahlungen, die den unmittelbaren Zusammenbruch des Unternehmens verhindern und ohne die jedwede Sanierungshandlungen von vornherein zum Scheitern verurteilt wären.[5] In diesem Sinne liegen Aufwendungen für Löhne, Gehälter, Versicherungsprämien und Mietzahlungen regelmäßig im wohlverstandenen Interesse der Gesellschaftsgläubiger und unterfallen damit der Ausnahme nach § 64 Satz 2 GmbHG.[6] Darüber hinaus sind Zahlungen, die kraft Gesetzes geleistet werden müssen, wie beispielsweise die Abführung der Lohnsteuer (§ 69 AO) und die der Sozial- 2.9

1 *Steffan* in Oppenländer/Trölitzsch, GmbH-Geschäftsführung[2], § 37 Rz. 120; *Koch* in Hüffer/Koch[13], § 92 AktG Rz. 5.

2 Dem liegt die Vorstellung des Gesetzgebers zugrunde, dass angesichts eines möglicherweise sehr niedrigen Stammkapitals dem Verlust der Hälfte des Stammkapitals keine sinnvolle „Frühwarnfunktion“ gegenüber den Gesellschaftern zukommt. *Rieder* in MünchKomm/GmbHG[3], § 5a Rz. 35.

3 *Klöhn* in MünchKomm/InsO[4], § 15a Rz. 117; *Hirte* in Uhlenbruck[15], § 15a InsO Rz. 16; *Linker* in HambKomm-InsO[7], § 15a Rz. 17.

4 *Müller* in MünchKomm/GmbHG[3], § 64 Rz. 1; *Spindler* in MünchKomm/AktG[5], § 92 Rz. 22.

5 *Wiesner* in MünchHdb/AG[4], § 25 Rz. 120; *d'Avoine* in Buth/Hermanns, Restrukturierung, Sanierung, Insolvenz[3], § 32 Rz. 45; *K. Schmidt* in Scholz[11], § 64 GmbHG Rz. 52; *Müller* in MünchKomm/InsO[4], § 64 Rz. 154.

6 *K. Schmidt* in Scholz[11], § 64 GmbHG Rz. 52 m.w.N.

versicherungsbeiträge (§ 266a StGB) zulässig.[1] Insofern genießen zwingende und strafbewährte Zahlungsgebote Vorrang vor dem allgemeinen Zahlungsverbot des § 64 Satz 1 GmbHG.[2] Altverbindlichkeiten dürfen grundsätzlich nicht erfüllt werden.[3]

2.10 Bei Verstößen gegen die Krisenpflichten drohen der Geschäftsleitung vielfältige persönliche **Haftungsrisiken.**[4] Zunächst haften die Organmitglieder gegenüber ihrer Gesellschaft auf Ersatz des Schadens jeder schuldhaften Pflichtverletzung, die sie bei Ausführung ihrer Tätigkeit als Mitglied des Organs verwirklichen (§ 93 Abs. 2 AktG, § 116 AktG, § 43 Abs. 2 GmbHG). Im Rahmen der genannten Vorschriften haften die Organmitglieder grundsätzlich nur gegenüber der Gesellschaft, hingegen nicht gegenüber den Gesellschaftern sowie den Gläubigern.[5] Dies ist Folge des sog. Innenhaftungsmodells, wonach Gesellschafter und Gläubiger nur mittelbar geschützt sind, indem der Schadensersatz zugunsten der Gesellschaft gleichzeitig den an der Erhaltung des Gesellschaftsvermögens interessierten Personen zugute kommt.[6]

2.11 Eine Weisung der Gesellschafterversammlung bzw. ein gesetzmäßiger Beschluss der Hauptversammlung lassen die Haftung der Geschäftsleitung allerdings grundsätzlich entfallen (§ 93 Abs. 4 AktG, Umkehrschluss aus § 43 Abs. 3 Satz 3 GmbHG). Eine Haftung gegenüber den Gesellschaftern kommt nur im Rahmen einer deliktischen Haftung in Betracht.[7] Eine solche greift bei der schuldhaften Verletzung von Schutzgesetzen i.S.v. § 823 Abs. 2 BGB, wie z.B. der Insolvenzantragspflicht nach § 15a Abs. 1 InsO.[8]

2.12 Im **Außenverhältnis** stellt die Insolvenzverschleppungshaftung nach § 823 Abs. 2 BGB i.V.m. § 15a Abs. 1 InsO zudem die wichtigste Anspruchsgrundlage der Gläubiger dar. Die Geschäftsleiter haften den Altgläubigern danach auf Ersatz des sog. Quotenverschlechterungsschadens. Dies ist die Differenz zwischen der Quote, die der Gläubiger tatsächlich erhält, und der Quote, die er bei rechtzeitiger Stellung des Insolvenzeröffnungsantrags erhalten hätte.[9] Den Neugläubigern gegenüber haften die Geschäftsleiter auf den gesamten Vertrauensschaden, den sie erlitten haben, weil sie mit der Krisengesellschaft einen Vertrag abgeschlossen haben.[10] Darüber hinaus kommt in seltenen Ausnahmefällen für am Vertragsschluss mitwirkende Personen bei Inanspruchnahme eines besonderen persönlichen Vertrauens oder einem wirtschaftlichen Eigeninteresse eine Haftung aus culpa in contrahendo (§ 311 Abs. 3

1 *K. Schmidt* in Scholz[11], § 64 GmbHG Rz. 51.
2 *K. Schmidt* in Scholz[11], § 64 GmbHG Rz. 51.
3 *K. Schmidt* in Scholz[11], § 64 GmbHG Rz. 52, wonach bereits Zahlungen für laufende Aufwendungen nur unter strengen Voraussetzungen getätigt werden dürfen.
4 Vgl. hierzu die Übersicht bei *Bitter*, ZInsO 2018, 557 ff. und *Bitter*, ZInsO 2018, 625 ff.
5 *Spindler* in MünchKomm/AktG[5], § 93 Rz. 302; *Fleischer* in MünchKomm/GmbHG[3], § 43 Rz. 335.
6 *Beurskens* in Baumbach/Hueck[22], § 43 GmbHG Rz. 1.
7 *Mertens/Cahn* in KölnKomm/AktG[3], § 93 Rz. 208 ff.; *Oetker* in Henssler/Strohn[4], § 43 GmbHG Rz. 76.
8 *Fleischer* in MünchKomm/GmbHG[3], § 43 Rz. 337 f.
9 *Klöhn* in MünchKomm/InsO[4], § 15a Rz. 183; *Bitter*, ZInsO 2018, 625 (647 ff.).
10 Vgl. hierzu ausführlich *Schneider*, GmbHR 2010, 57 (61); *Bitter*, ZInsO 2018, 625 (648 f.).

BGB) infrage, welche für den Gläubiger u.a. den Vorteil mit sich bringt, dass nicht nur die in § 15a InsO genannten Personen, sondern alle am Vertragsschluss Beteiligten als Schuldner in Betracht kommen.[1] Machen sich die Geschäftsleiter wegen Betruges, Untreue oder Bankrott strafbar, können die betroffenen Gläubiger außerdem Schadensersatzansprüche gem. § 823 Abs. 2 BGB i.V.m. mit der jeweiligen Strafrechtsnorm geltend machen.[2] Bei vorsätzlicher sittenwidriger Schädigung kommen ferner Ansprüche gem. § 826 BGB in Betracht.[3]

Darüber hinaus droht bei Verletzung der Krisenpflichten eine **strafrechtliche Verfolgung** der Mitglieder der Geschäftsleitung und des Aufsichtsrates. Mit Freiheitsstrafe bis zu vier Jahren oder Geldstrafe wird gem. § 15a Abs. 4 InsO bestraft, wer vorsätzlich die Insolvenzantragspflicht verletzt. Eine fahrlässige Verletzung wird nach Abs. 5 mit einer Freiheitsstrafe bis zu einem Jahr oder Geldstrafe geahndet. Bei Verstößen gegen die Krisenpflichten kommt außerdem eine Strafbarkeit wegen Bankrotts (§§ 283, 283a StGB), Verletzung der Buchführungspflicht (§ 283b StGB), Gläubiger- und Schuldnerbegünstigung (§§ 283c, 283d StGB), (Kredit-)Betruges (§§ 263, 265b StGB) oder Untreue (§ 266 StGB) infrage.[4] 2.13

3. Sanierungsmöglichkeiten im deutschen Recht

Eine Sanierung, die den Erhalt des kriselnden Rechtsträgers zum Ziel hat, kann sowohl im Vorfeld einer Insolvenz als auch im Rahmen eines Insolvenzverfahrens erfolgen. Für eine erfolgreiche Sanierung ist in aller Regel eine Anpassung der Schuldenstruktur sowie die Sicherstellung ausreichender Liquidität erforderlich. Die in der Praxis am häufigsten verwandten Instrumente, um eine solche Sanierung zu erreichen, sind neben operativen, liquiditätswirksamen Maßnahmen und der Zurverfügungstellung frischen Geldes (im Wege der Gesellschafter- oder Drittfinanzierung) eine Stundung (und Kapitalisierung) von Kreditforderungen, eine Rangrücktrittserklärung, ein Verzicht, eine Umwandlung von Fremd- in Eigenkapital mittels Debt-Equity-Swaps, eine (befreiende) Schuldübernahme in Form eines Debt-Push-Ups, ein Debt-Buy-Back, ein Debt/Hybrid-Swap und ein Reverse Debt-Equity-Swap. Diese Maßnahmen werden im dritten Kapitel erläutert und steuerrechtlich analysiert. 2.14

All diese Maßnahmen erfordern im Vorfeld einer Insolvenz aufgrund des damit verbundenen Eingriffs in Rechtspositionen grundsätzlich die Zustimmung aller betroffenen Gläubiger und können daher nur auf **konsensualer Basis** erfolgen.[5] Ein außer- 2.15

---

1 *Bitter*, ZInsO 2018, 625 (637 f.).

2 *Klöhn* in MünchKomm/InsO[4], § 15a Rz. 290 ff.; *Bitter*, ZInsO 2018, 625 (641 ff.).

3 *Bitter*, ZInsO 2018, 625 (638 ff.) mit weiteren Ausführungen zu den von der Rechtsprechung entwickelten Fallgruppen (Sozialwidrige Risikoabwälzung auf Dritte, Täuschung über die Bereitschaft/Fähigkeit der Gesellschaft zur Erfüllung von Verträgen, Unterkapitalisierung/Spekulation auf Kosten der Gläubiger, Vermögensvermischung, Vorsätzliche Insolvenzverschleppung, Einstellung des Geschäftsbetriebs/Existenzvernichtung).

4 Näher zu den strafrechtlichen Konsequenzen: *Köhler* in Beck/Depré, Praxis der Insolvenz[3], § 37.

5 *Uhlenbruck* in K. Schmidt/Uhlenbruck, Die GmbH in Krise, Sanierung und Insolvenz[5], Rz. 2.6.

gerichtlicher Sanierungsvergleich entfaltet seine rechtliche Bindungswirkung nur für die Gläubiger, die ihn geschlossen haben.[1] Diese Erfordernisse werden in der Praxis zumeist auch nicht durch die in Finanzierungsverträgen (wie Konsortialkreditverträgen oder Intercreditor-Vereinbarungen) vorgesehenen Möglichkeiten zur Fassung von Mehrheitsbeschlüssen erleichtert. Denn die oben genannten Maßnahmen sind so weitreichend, dass sie in aller Regel Einstimmigkeit erfordern. Außergerichtliche Sanierungen sind daher derzeit nach deutschem Recht nicht gegen den Willen notwendig Beteiligter durchführbar.

2.16 Hieran wird sich in absehbarer Zukunft etwas ändern. Der Europäische Rat stimmte am 6.6.2019 mit der erforderlichen Mehrheit für die Annahme der **Richtlinie über den präventiven Restrukturierungsrahmen.**[2] Der deutsche Gesetzgeber muss die Richtlinie innerhalb von zwei Jahren in nationales Recht umsetzen. Im Wesentlichen wird hierdurch ein zeitlich vor Eintritt der materiellen Insolvenz ansetzendes Sanierungsinstrument in Form eines **finanziellen Restrukturierungsplans** geschaffen, mit welchem Sanierungsmaßnahmen mit (qualifizierten) Mehrheiten gegen den Willen einer Minderheit mit Bindungswirkung für alle Beteiligten durchgesetzt werden können.[3] Werden einzelne Gläubiger überstimmt, muss der Restrukturierungsplan gerichtlich bestätigt werden, wobei der Umfang der gerichtlichen Kontrolle noch nicht final feststeht. Die gerichtliche Prüfung wird sich voraussichtlich insbesondere an dem Sinn und Zweck der Richtlinie orientieren, nach welchem wirtschaftlich sinnvolle Sanierungen im Interesse aller Gläubiger nicht durch Akkordstörer erschwert werden sollen.

2.17 Kann eine Sanierung aufgrund der Insolvenzantragspflicht nicht im Vorfeld einer Insolvenz erfolgreich umgesetzt werden, so können die oben genannten Maßnahmen auch innerhalb des Insolvenzverfahrens mit Hilfe eines **Insolvenzplanverfahrens** (§§ 217 ff. InsO) durch Mehrheitsentscheidung gegen den Willen einer Minderheit mit Bindungswirkung für alle Beteiligten umgesetzt werden.

2.18 Neben einer Sanierung des kriselnden Unternehmensträgers besteht sowohl vor Eintritt einer materiellen Insolvenz als auch im (vorläufigen) Insolvenzverfahren die Möglichkeit, das Unternehmen als Ganzes im Rahmen eines Asset-Deals an einen solventen Unternehmensträger zu veräußern und den übertragenden Rechtsträger (solvent oder insolvent) zu liquidieren.[4] Die mit solchen **Unternehmenskäufen in der Krise** und im Rahmen eines (vorläufigen) Insolvenzverfahrens verbundenen Probleme werden im vierten Kapital erläutert und steuerrechtlich analysiert.

---

1 *Uhlenbruck* in K. Schmidt/Uhlenbruck, Die GmbH in Krise, Sanierung und Insolvenz[5], Rz. 2.6.

2 Richtlinie (EU) 2019/1023 des Europäischen Parlaments und des Rates über präventive Restrukturierungsrahmen, über Entschuldung und über Tätigkeitsverbote sowie über Maßnahmen zur Steigerung der Effizienz von Restrukturierungs-, Insolvenz- und Entschuldungsverfahren und zur Änderung der Richtlinie 2012/30/EU, ABl. EU 2019 Nr. L 172, 18.

3 Zu Einzelheiten s. *Specovius/von Wilcken*, NZI-Beilage 2017, 24 (25 f.).

4 Ausführlich *Heckschen* in Reul/Heckschen/Wienberg, Insolvenzrecht in der Gestaltungspraxis[2], § 4 Rz. 1350 ff.

II. Verhältnis zwischen Sanierungssteuerrecht und Insolvenzrecht

1. Überschneidungen zwischen Sanierungssteuerrecht und Insolvenzrecht

Das Insolvenzrecht und das Sanierungssteuerrecht sind **nicht aufeinander abgestimmt.**[1] Während sich durch die Einführung des MoMiG[2], des ESUG[3], die Reform der EuInsVO[4] und der Richtlinie für einen präventiven Restrukturierungsrahmen[5] die insolvenzrechtlichen Rahmenbedingungen für Sanierungsmaßnahmen verbessert haben und weiterhin verbessern sollen,[6] gestalten sich Sanierungstransaktionen im Hinblick auf das Steuerrecht weiterhin schwierig. 2.19

Der Gesetzgeber hat es im Rahmen der oben genannten Reformgesetze verpasst, steuerliche Gesichtspunkte der Insolvenz ausreichend zu regeln. Weder im Insolvenzrecht noch im allgemeinen Steuerrecht finden sich ausführliche Regelungen darüber, wie sich die **Eröffnung des Insolvenzverfahrens** über das Vermögen eines Steuerpflichtigen auf die materielle Besteuerung und das Besteuerungsverfahren auswirkt.[7] Dies führt zu erheblichen Unsicherheiten hinsichtlich des Schicksals von Steuerforderungen (hierzu unter Rz. 2.36) bzw. steuerlichen Gestaltungen, wie z.B. Organschaften im (vorläufigen) Insolvenzverfahren (ausführlich dazu unten unter Rz. 4.159 ff.).[8] 2.20

Beispiel: Zwischen der M-GmbH und der T-GmbH besteht eine umsatzsteuerliche Organschaft. Die M-GmbH beantragt die Eröffnung des Insolvenzverfahrens. Das AG eröffnet das Insolvenzverfahren über das Vermögen der M-GmbH. Besteht die umsatzsteuerliche Organschaft zwischen der M-GmbH und der T-GmbH weiter?[9] 2.21

Die umsatzsteuerliche Organschaft führt dazu, dass Organträgerin und Organgesellschaft umsatzsteuerlich wie ein Unternehmen zu behandeln sind, § 2 Abs. 2 Nr. 2 Satz 3 UStG. Im Insolvenzrecht gilt dagegen der Einzelverfahrensgrundsatz. Ein einheitliches Insolvenzverfahren für mehrere Konzerngesellschaften ist (weiterhin) nicht möglich. Führt dieser insolvenzrechtliche Grundsatz zum Entfallen der umsatzsteuerlichen Organschaft im Zeitpunkt der Eröffnung des Insolvenzverfahrens über das Vermögen der Organträgerin? Der BFH hat dies angenommen, da nur der Umsatzsteueranspruch für eine Umsatztätigkeit der Insolvenzmasse

1 *Sonnleitner*, Insolvenzsteuerrecht, Kapitel 1 Rz. 4; *Blumenberg/Neumann*, Ubg 2016, 181.
2 Gesetz zur Modernisierung des GmbH-Rechts und zur Bekämpfung von Missbräuchen (MoMiG) v. 23.10.2008, BGBl. I 2008, 2026.
3 Gesetz zur weiteren Erleichterung der Sanierung von Unternehmen (ESUG) v. 7.12.2011, BGBl. I 2011, 2582.
4 Verordnung (EU) 2015/848 des Europäischen Parlaments und des Rates vom 20.5.2015 über Insolvenzverfahren (EU-InsVO 2017), ABl. EU 2015 Nr. L 141, 19 mit Wirkung zum 26.2.2017, zur Neufassung: *Kindler/Sakka*, EuZW 2015, 460; *Wimmer*, juris-PR-InsR 7/2015 Anm. 1.
5 Richtlinie (EU) 2019/1023 des Europäischen Parlaments und des Rates über präventive Restrukturierungsrahmen, über Entschuldung und über Tätigkeitsverbote sowie über Maßnahmen zur Steigerung der Effizienz von Restrukturierungs-, Insolvenz- und Entschuldungsverfahren und zur Änderung der Richtlinie 2012/30/EU, ABl. EU 2019 Nr. L 172, 18
6 Vgl. *Beutel/Sistermann* in Lüdicke/Sistermann, Unternehmensteuerrecht[2], § 18 Rz. 2; *Schluck-Amend*, ZRP 2017, 6; *Vallender*, IWRZ 2017, 51 (54).
7 *Frotscher*, Besteuerung bei Insolvenz[8], S. 17.
8 *Kahlert*, ZIP 2014, 1101 (1103 ff.); *Seer*, DStR 2014, Beihefter 42, 117.
9 Nach BFH v. 15.12.2016 – V R 14/16, BStBl. II 2017, 600.

nach Insolvenzeröffnung Masseverbindlichkeit nach § 55 Abs. 1 Nr. 1 InsO sei. Zur Insolvenzmasse gehöre jedoch nicht das Vermögen der Organgesellschaft, so dass Umsatzsteueransprüche für Umsatztätigkeiten der Organgesellschaft keine Masseverbindlichkeit begründen. Die Organschaft als Unternehmenseinheit sei damit beendet. Das kann durchaus anders gesehen werden. Es ist unbestritten, dass die umsatzsteuerliche Organschaft die zivilrechtliche Selbständigkeit von Organträgerin und Organgesellschaft unberührt lässt. Zudem erscheint es zweifelhaft, dass die nationale Regelung des Insolvenzrechts das unionsrechtlich geschaffene Institut der mehrwertsteuerlichen Organschaft (Art. 11 MwStSystRL) aushebeln soll.[1] Die Rechtsprechung des BFH hat zur Folge, dass die Umsätze zwischen der M- und T-GmbH nach Eröffnung des Insolvenzverfahrens damit voll umsatzsteuerpflichtig sind.

Die fehlende Abstimmung von Insolvenz- und Steuerrecht soll an anderer Stelle am Anwendungsbereich der Steuerbefreiung für Sanierungserträge verdeutlicht werden (näher zu §§ 3a, 3c Abs. 4 EStG, § 7b GewStG unter Rz. 2.36 ff.).

2.22 Ein Insolvenzverfahren ist zu beantragen, wenn ein **zwingender Eröffnungsgrund** vorliegt (§ 15a Abs. 1 InsO). Zwingende Eröffnungsgründe für Kapitalgesellschaften und andere juristische Personen sind die Zahlungsunfähigkeit (§ 17 InsO) und die Überschuldung (§ 19 InsO). Im Falle der drohenden Zahlungsunfähigkeit (§ 18 InsO) besteht für den Schuldner ein fakultatives Antragsrecht.

2.23 **Zahlungsunfähigkeit** liegt vor, wenn der Schuldner nicht in der Lage ist, die fälligen Zahlungspflichten zu erfüllen (§ 17 Abs. 2 Satz 1 InsO). Dies ist nach der Rechtsprechung grundsätzlich der Fall, wenn Liquiditätslücken nicht innerhalb von 21 Tagen beglichen oder zumindest auf unter 10 % der fälligen Forderungen begrenzt werden können.[2] Nach der Rechtsprechung des BGH muss für eine insolvenzrechtliche Fälligkeit i.S.d. § 17 InsO zu der zivilrechtlichen Fälligkeit ergänzend hinzukommen, dass die jeweiligen Zahlungsforderungen vom Gläubiger „ernsthaft eingefordert" sind.[3] Dies ist grundsätzlich der Fall, wenn eine Gläubigerhandlung feststeht, aus der sich der Wille, vom Schuldner Erfüllung zu verlangen, im Allgemeinen ergibt.[4]

2.24 Von einer **drohenden Zahlungsunfähigkeit** ist auszugehen, wenn die Gesellschaft voraussichtlich nicht in der Lage sein wird, innerhalb des Prognosezeitraums die bestehenden Zahlungsverpflichtungen im Zeitpunkt der Fälligkeit zu erfüllen (§ 18 Abs. 2 InsO).[5] Der Prognosezeitraum ist gesetzlich nicht vorgegeben, erstreckt sich aber in aller Regel auf das laufende und folgende Geschäftsjahr.[6]

2.25 Nach § 19 Abs. 2 InsO liegt eine **Überschuldung** vor, wenn das Vermögen des Schuldners die bestehenden Verbindlichkeiten nicht mehr deckt, es sei denn, die

1 So auch *Wagner/Fuchs*, BB 2017, 2202 (2204 ff.) m.w.N.

2 Ausführlich *Mock* in Uhlenbruck[15], § 17 InsO Rz. 23 ff. m.w.N.; *Eilenberger* in MünchKomm/InsO[4], § 17 Rz. 15 ff.; *Schröder* in HambKomm-InsO[7], § 17 Rz. 4.

3 BGH v. 16.6.2007 – II ZR 3/04, BGHZ 173, 286.

4 *Bitter* in Scholz[11], Vorbem. § 64 GmbHG Rz. 10.

5 Vgl. *Drukarczyk* in MünchKomm/InsO[4], § 18 Rz. 20 ff.; *Mock* in Uhlenbruck[15], § 18 InsO Rz. 18 ff.; *Schröder* in HambKomm-InsO[7], § 18 Rz. 5 ff.

6 *Bitter* in Scholz[11], Vorbem. § 64 GmbHG Rz. 78; *Drukarczyk* in MünchKomm/InsO[4], § 18 Rz. 63; *Mock* in Uhlenbruck[15], § 18 InsO Rz. 22; *Schröder* in HambKomm-InsO[7], § 18 Rz. 13.

Fortführung des Unternehmens ist nach den Umständen überwiegend wahrscheinlich. Damit liegt trotz möglicher rechnerischer Überschuldung keine insolvenzrechtliche Überschuldung und damit kein Insolvenzgrund vor, wenn das betreffende Unternehmen über eine positive Fortführungsprognose verfügt.[1] Demnach kann eine positive Fortführungsprognose für sich allein genommen eine insolvenzrechtliche Überschuldung ausschließen.

Das Gesetz trifft keine Aussage darüber, wann von einer **positiven Fortführungsprognose** ausgegangen werden kann. Nach dem Gesetzeswortlaut muss die Fortführung des Unternehmens zunächst wahrscheinlicher sein als dessen Stilllegung.[2] Bewertungsmaßstab hierfür ist, ob ein ordentlicher Geschäftsleiter sich auf der Grundlage einer gewissenhaften, sachkundigen Prüfung aller am Stichtag erkennbaren wesentlichen Umstände anhand eines Sanierungskonzepts für eine Unternehmensfortführung entscheiden würde.[3] Dies setzt nach dem BGH grundsätzlich eine aus dem Unternehmenskonzept abgeleitete Überlebensfähigkeit des Unternehmens voraus.[4] Die positive Fortführungsprognose hängt hierbei von der antizipierten Zahlungsfähigkeit des Unternehmens ab.[5] Sie stellt eine reine Zahlungsfähigkeitsprognose dar.[6] Der Prognosezeitraum ist gesetzlich nicht vorgegeben, erstreckt sich aber in aller Regel auf das laufende und folgende Geschäftsjahr.[7] 2.26

Die Eröffnungsgründe der InsO wirken sich gleich in zweifacher Hinsicht auf die Anwendung der Steuerbefreiung für Sanierungserträge und damit auf die steuerliche Privilegierung von Sanierungsmaßnahmen aus. Zum Ersten finden § 3a EStG und § 7b GewStG nur dann Anwendung, wenn ein Unternehmen **sanierungsbedürftig** ist. Dieses Kriterium ist nach der Rechtsprechung des BFH grundsätzlich dann erfüllt, wenn das Unternehmen aufgrund von Zahlungsunfähigkeit objektiv von der Insolvenz bedroht ist (die Überschuldung des Krisenunternehmens löst dagegen nur dann Sanierungsbedürftigkeit aus, wenn die übrigen Umstände einen Zusammen- 2.27

1 Vgl. hierzu und zum Folgenden die gelungene und ausführliche Darstellung bei *Bitter* in Scholz[11], Vorbem. § 64 GmbHG Rz. 32–41.

2 *Bitter* in Scholz[11], Vorbem. § 64 GmbHG Rz. 39.

3 *Bitter* in Scholz[11], Vorbem. § 64 GmbHG Rz. 39; *Drukarczyk/Schüler* in MünchKomm/InsO[4], § 19 Rz. 74 ff.; *Mock* in Uhlenbruck[15], § 19 InsO Rz. 228 f.; *Schröder* in HambKomm-InsO[7], § 19 Rz. 16 ff.; zu den Anforderungen an die Fertigung einer Fortbestehensprognose *Goette*, DStR 2016, 1684 ff., 1752 ff.

4 BGH v. 9.10.2006 – II ZR 303/05, NZI 2007, 44 = GmbH-StB 2007, 7.

5 *Bitter* in Scholz[11], Vorbem. § 64 GmbHG Rz. 35; *Drukarczyk/Schüler* in MünchKomm/InsO[4], § 19 Rz. 73; *Mock* in Uhlenbruck[15], § 19 InsO Rz. 228; *Schröder* in HambKomm-InsO[7], § 19 Rz. 18.

6 Hierzu ausführlich *Bitter/Kresser*, ZIP 2012, 1733 ff. mit weiteren Nachweisen. Darüber hinaus wird zum Teil gefordert, dass auch die Wiederherstellung der nachhaltigen Ertragskraft des Unternehmens zu berücksichtigen ist. Vgl. insoweit OLG Schleswig v. 19.10.2000 – 5 U 138/99, NZG 2001, 273 (274); *K. Schmidt* in K. Schmidt/Uhlenbruck, Die GmbH in Krise, Sanierung und Insolvenz[5], Rz. 5.119; *Weller*, DStR 2010, 1046. Kritisch hierzu auch bereits *Aleth/Harlfinger*, NZI 2011, 166 (168).

7 *Bitter* in Scholz[11], Vorbem. § 64 GmbHG Rz. 36; *Drukarczyk/Schüler* in MünchKomm/InsO[4], § 19 Rz. 56; *Mock* in Uhlenbruck[15], § 19 InsO Rz. 224 ff.; *Schröder* in HambKomm-InsO[7], § 19 Rz. 27.

bruch nahelegen; wegen der Einzelheiten der Sanierungsbedürftigkeit vgl. Rz. 2.48 ff.)[1].[2] Dies ist insofern problematisch, als bei einem tatsächlichen Vorliegen einer Zahlungsunfähigkeit unverzüglich ein Insolvenzantrag zu stellen wäre (§§ 15, 15a InsO). Die Steuerbefreiung wäre demnach erst in einem sehr späten Krisenstadium anwendbar, in dem zu befürchten steht, dass die geförderten Sanierungsmaßnahmen keinen Erfolg mehr versprechen.[3] Insbesondere wird der Anreiz der Gläubiger, auf Forderungen zu verzichten um durch die Stärkung des Eigenkapitals den Eintritt einer Überschuldung und ggf. einer Zahlungsunfähigkeit und damit den Eintritt der Insolvenz zu verhindern,[4] erheblich geschmälert. Ein Zusammenfallen der steuerlichen Privilegierung mit der Insolvenzantragspflicht vereitelt daher den Zweck der § 3a EStG und § 7b GewStG, Sanierungen zu fördern. Aus diesem Grund muss unseres Erachtens auch die fehlende Kreditwürdigkeit eines Unternehmens als ausreichend angesehen werden, um die erforderliche Sanierungsbedürftigkeit nachzuweisen (dazu unter Rz. 2.48 ff.).

2.28 Problematisch ist weiterhin, dass die Anwendung der Steuerbefreiung für Sanierungserträge eine **Sanierungsfähigkeit** des Unternehmens voraussetzt (dazu Rz. 2.52 f.). Dieses Kriterium beinhaltet eine **positive Fortführungsprognose** für das Unternehmen.[5] Der Tatbestand der Überschuldung setzt nach § 19 Abs. 2 InsO jedoch gerade eine **negative** Fortführungsprognose voraus. Wie schon unter dem Sanierungserlass, der für die Sanierungsbedürftigkeit explizit an die drohende Insolvenzeröffnung anknüpfte, wäre die Steuerbefreiung des § 3a EStG und § 7b GewStG somit bei Eintritt der Überschuldung nicht mehr anwendbar.[6] Im Ergebnis würde dies zu einer erheblichen Einschränkung der Anwendbarkeit der Steuerbefreiung für Sanierungserträge (von der drohenden Insolvenzeröffnung bis zur Insolvenzreife) führen (s. Rz. 2.49, 2.60 ff.).

2.29 Auslöser der gerade beschriebenen, erheblichen Anwendungsunsicherheiten des § 3a EStG und des § 7b GewStG hinsichtlich der Sanierungsbedürftigkeit und -fähigkeit ist die unzureichende Abstimmung von Insolvenz- und Steuerrecht.[7] Hier sollte der Gesetzgeber noch nachbessern.

2. Insolvenzrechtliche Einordnung von Steuerforderungen

2.30 Ein weiterer wichtiger Aspekt im Verhältnis zwischen Steuerrecht und Insolvenzrecht ist die **insolvenzrechtliche Einordnung von Steuerforderungen.**[8] Je nachdem,

---

1 OFD Niedersachsen v. 12.7.2017 – S 2140-8-St 244, BeckVerw 345616.
2 BFH v. 20.2.1986 – IV R 172/84, BFH/NV 1987, 493; BFH v. 24.4.1986 – IV R 31/85, BFH/NV 1987, 635; OFD Hannover v. 11.2.2009 – S 2140 – 8 – StO 241, DStR 2009, 532; *Buth/Hermanns*, Restrukturierung, Sanierung, Insolvenz[3], § 35 Rz. 83.
3 *Buth/Hermanns*, Restrukturierung, Sanierung, Insolvenz[3], § 35 Rz. 84.
4 Vgl. *Blaas/Schwahn*, DB 2013, 2350 (2353).
5 *Buth/Hermanns*, Restrukturierung, Sanierung, Insolvenz[3], § 35 Rz. 84.
6 BT-Drucks. 18/12128, 31.
7 *Buth/Hermanns*, Restrukturierung, Sanierung, Insolvenz[3], § 35 Rz. 88.
8 Ausführlich zur Zuordnung von Steuerforderungen zu den Insolvenzforderungen, Masseverbindlichkeiten oder Forderungen gegen das insolvenzfreie Vermögen *Roth*, Insolvenzsteuerrecht[2], Rz. 4.169 ff.

ob die Steuerforderung als Masseverbindlichkeit (§ 55 Abs. 1 Nr. 1 InsO) oder als Insolvenzforderung (§ 38 InsO) gewertet wird,[1] wird der Fiskus vorweg oder lediglich entsprechend der Quote befriedigt.[2] Entscheidend für die Einordnung ist, ob die Steuerforderung bereits vor Eröffnung des Insolvenzverfahrens *„begründet"* war (§ 38 InsO).[3] „Begründetsein" i.S.d. § 38 InsO ist ein insolvenzrechtlicher Begriff. Für seine Annahme bedarf es nach allgemeiner Auffassung nicht des Entstehens der Steuerforderung, ausreichend ist vielmehr, dass die Forderung auf vorinsolvenzliche Handlungen des Schuldners zurückgeht.[4]

Steuerforderungen, die durch Handlungen des (vorläufigen) Insolvenzverwalters verursacht werden, begründen regelmäßig **sonstige Masseverbindlichkeiten** i.S.d. § 55 Abs. 1 Nr. 1 InsO (§ 55 Abs. 2, 4 InsO).[5] Als solche sind sie vorrangig vor den Insolvenzforderungen aus der Insolvenzmasse zu bedienen.[6] Dies gilt laut BFH auch für **Steuerforderungen**, die auf einer **Realisierung stiller Reserven** beruhen, unabhängig davon, ob diese stillen Reserven vor der Eröffnung des Insolvenzverfahrens entstanden sind.[7] Dies wird als eine dem Gebot der Gläubigergleichbehandlung[8] widersprechende Bevorzugung des Fiskus zu Recht kritisiert.[9] Denn soweit die stillen Reserven bereits vorinsolvenzlich entstanden sind, liegt ein für die Entstehung der Steuer maßgeblicher Akt, ohne den die Steuer nicht entstehen könnte, bereits vor der Insolvenzeröffnung.[10] Die entsprechende Steuerforderung wäre deshalb nach der Systematik der InsO nicht als Masseforderung, sondern als Insolvenzforderung zu behandeln. 2.31

Besonders bedenklich ist die Einordnung der **Steuerforderung als Masseverbindlichkeit** zudem, wenn der Steueranspruch dadurch entsteht, dass eine insolvenzbegleitende Maßnahme **Haltefristen** im Zusammenhang mit **steuerneutralen Umwandlungen**[11] 2.32

---

1 Daneben können Steuerforderungen Forderungen gegen das insolvenzfreie Vermögen darstellen, dazu *Roth*, Insolvenzsteuerrecht², Rz. 2.135 ff.

2 *Waza/Uhländer/Schmittmann*, Insolvenzen und Steuern¹², Rz. 701.

3 *Waza/Uhländer/Schmittmann*, Insolvenzen und Steuern¹², Rz. 701; *Roth*, Insolvenzsteuerrecht², Rz. 4.171; *Frotscher*, Besteuerung bei Insolvenz⁸, S. 61 ff.

4 BFH v. 13.11.1986 – V R 59/79, BStBl. II 1987, 226; BFH v. 16.11.2004 – VII R 75/03, BStBl. II 2006, 193; BFH v. 1.4.2008 – X B 201/07, BFH/NV 2008, 925; *Fritsch* in Koenig³, § 251 AO Rz. 46; *Frotscher*, Besteuerung bei Insolvenz⁸, S. 62.

5 *Hefermehl* in MünchKomm/InsO⁴, § 55 Rz. 68, 70; *Frotscher*, Besteuerung bei Insolvenz⁸, S. 62.

6 Vgl. *Hefermehl* in MünchKomm/InsO⁴, § 53 Rz. 12; *Sinz* in Uhlenbruck¹⁵, § 53 InsO Rz. 3.

7 BFH v. 16.5.2013 – IV R 23/11, BStBl. II 2013, 759; BFH v. 29.3.1984 – IV R 271/83, BStBl. II 1984, 602; BFH v. 11.11.1993 – XI R 73/92, BFH/NV 1994, 477; BFH v. 18.5.2010 – X R 60/08, BFH/NV 2010, 1685.

8 Dazu *Pape/Uhlenbruck/Voigt-Salus*, Insolvenzrecht, Kapitel 12 Rz. 10.

9 *Herzig/Liekenbrock*, Ubg 2011, 313 (323): „eine Art Fiskusprivileg"; *Roth*, Insolvenzsteuerrecht², Rz. 4.16.

10 *Schüppen/Ruh* in MünchKomm/InsO³, Insolvenzsteuerrecht Rz. 53 f.; *Roth*, Insolvenzsteuerrecht², Rz. 4.17.

11 Bspw. § 6 Abs. 3 und Abs. 5 EStG; § 15 Abs. 2 Sätze 1, 4, 5; § 22 Abs. 1 UmwStG.

verletzt.[1] Die hierdurch anfallenden Belastungen können den Sanierungsplan und die Fortführung des Unternehmens gefährden.[2] Es wird deshalb zu Recht gefordert, „insolvenzplaninduzierte Verletzungen von Haltefristen" generell von der Besteuerung auszunehmen.[3] Diese Forderungen werden sich allerdings schwerlich durchsetzen lassen. Insofern wird es dabei bleiben, dass auch im Insolvenzverfahren die allgemeinen sanierungssteuerrechtlichen Vorschriften anwendbar bleiben.

Exkurs: Umsatzsteuerforderungen in der Insolvenz

2.33 Eine Begünstigung des Fiskus ist auch im Bereich der Einordnung von Umsatzsteuerforderungen festzustellen. Nach der Rechtsprechung des V. und VII. Senates führt die **Vereinnahmung von Entgelten nach Eröffnung des Insolvenzverfahrens** sowohl bei der Ist- als auch bei der Soll-Besteuerung zu **Masseverbindlichkeiten.**[4] Für die Ist-Besteuerung begründet der BFH dies damit, dass der Steuertatbestand nach § 13 Abs. 1 Nr. 1 lit. b UStG nicht schon mit der Leistungserbringung, sondern erst mit der Vereinnahmung des Entgelts verwirklicht werde.[5] Hinsichtlich der Soll-Besteuerung, bei der die Umsatzsteuer unabhängig von der Vereinnahmung von Entgelten bereits mit Ablauf des Voranmeldungszeitraums entsteht, in dem eine Leistung ausgeführt worden ist (§ 13 Abs. 1 Nr. 1 lit. a UStG), bedarf die Annahme einer Masseverbindlichkeit einer aufwendigeren Argumentation. Nach Ansicht des BFH ist bei der Soll-Besteuerung im Zeitpunkt der Insolvenzeröffnung eine Berichtigung gem. § 17 Abs. 2 Nr. 1 UStG auf null vorzunehmen, weil die Forderung für den Leistungserbringer, d.h. den Insolvenzschuldner, wegen des Übergangs der Verwaltungs- und Verfügungsbefugnis auf den Insolvenzverwalter uneinbringlich werde. Mit der Vereinnahmung des Entgelts sei dann eine zweite Berichtigung gem. § 17 Abs. 2 Nr. 1 UStG vorzunehmen, die zum Entstehen einer Masseverbindlichkeit führe.[6] Die Annahme der Uneinbringlichkeit lässt sich durch die Anwendung des traditionellen Auslegungskanons nicht begründen und begegnet insofern verfassungsrechtlichen Bedenken.[7] Im Zusammenspiel mit § 55 Abs. 2 und Abs. 4 InsO, wonach Leistungserbringungen durch einen vorläufigen Insolvenzverwalter Masseverbindlichkeiten begründen, führt diese Rechtsprechung[8] dazu, die Insolvenzmassen zugunsten des Fiskus auszuhöhlen (vgl. auch unter Rz. 4.135 ff.).[9]

1 *Herzig/Liekenbrock*, Ubg 2011, 313 (323).

2 *Herzig/Liekenbrock*, Ubg 2011, 313 (323).

3 Vgl. IDW-Stellungnahme zum Diskussionsentwurf ESUG, 19 f., http://www.idw.33de/idw/download/ESUG.pdf?id=602958&property=Datei; DAV-Stellungnahme vom 10.3.2010, 7, http://anwaltverein.de/downloads/stellungnahmen/SN-10/SN132010.pdf.; differenzierender Vorschlag von *Herzig/Liekenbrock*, Ubg 2011, 313 (323 f.).

4 BFH v. 29.1.2009 – V R 64/07, BStBl. II 2009, 682; BFH v. 9.12.2010 – V R 22/10, BStBl. II 2011, 996; BFH v. 25.7.2012 – VII R 29/11, BStBl. II 2013, 36.

5 BFH v. 29.1.2009 – V R 64/07, BStBl. II 2009, 682; BFH v. 25.4.2018 – VII R 18/16, NZI 2018, 902.

6 BFH v. 9.12.2010 – V R 22/10, BStBl. II 2011, 996, BStBl. II 2011, 996.

7 *Seer*, DStR 2014, Beihefter zu Heft 42, 117 (122); *Kahlert*, DStR 2011, 921 (925); *Schmittmann*, ZIP 2012, 249 (252); *Roth*, ZInsO 2014, 309 (311); *Werres*, NZI 2015, 213.

8 Der BFH wendet seine oben beschriebene Rechtsprechung auch auf § 55 Abs. 4 InsO an: BFH v. 24.9.2014 – V R 48/13, BStBl. II 2015, 506.

9 *Werres*, NZI 2015, 213; *Kahlert*, DStR 2015, 2004 (2005).

III. Überblick

Nachfolgend ist beispielhaft der Verlauf einer Unternehmenskrise skizziert. 2.34

Übersicht zum Verlauf einer Unternehmenskrise

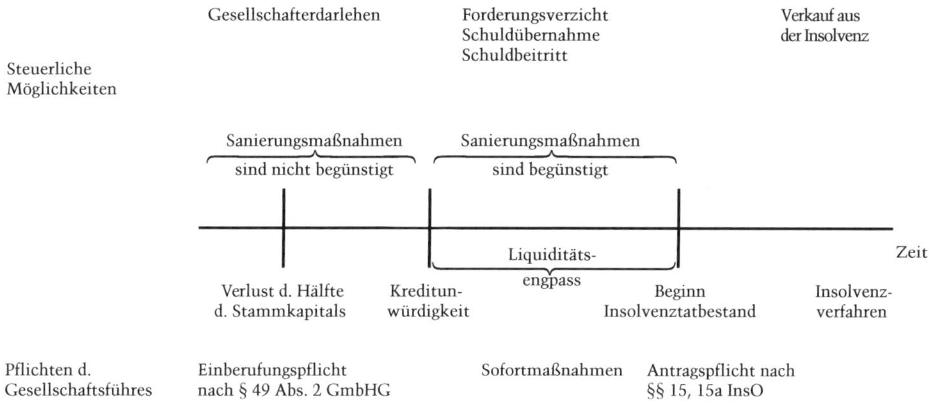

Nach der hier vertretenen Auffassung sind Sanierungsmaßnahmen wie beispielsweise Forderungsverzichte steuerlich begünstigt, sobald das Unternehmen kreditunwürdig ist und nicht erst ab dem Zeitpunkt, in dem eine Insolvenzantragspflicht nach §§ 15, 15a InsO besteht. Auch schon vor der Kreditunwürdigkeit können Sanierungsmaßnahmen (insb. die Ausreichung von Gesellschafterdarlehen) angezeigt sein, die jedoch steuerlich nicht begünstigt sind. Ist das Insolvenzverfahren eröffnet, so ist auch eine Rettung des Unternehmens durch einen Verkauf aus der Insolvenz denkbar (vgl. dazu Kapitel 4).

B. Überblick über die Vorschriften des Sanierungssteuerrechts

I. Fehlende Begriffsbestimmung

Das deutsche Steuerrecht kennt bisher keine systematische Begriffsbestimmung des 2.35
Sanierungssteuerrechts. Aus der gesetzgeberischen Praxis[1] und der Literatur[2] lässt sich aber folgende Definition ableiten:

Sanierungssteuerrecht beschreibt diejenigen steuerrechtlichen Vorschriften, die Regeln für die Unternehmenskrise und ihre Bewältigung enthalten.

Dabei sind spezielle steuerrechtliche Vorschriften (s. dazu II. und III.) und allgemeine steuerrechtliche Vorschriften, die in der Sanierungssituation eine besondere Be-

1 Vgl. Begründung des Gesetzentwurfes zum Finanzmarkt Stabilisierungsgesetz, BT-Drucks. 16/10600, Begründung des Gesetzentwurfes zum Bürgerentlastungsgesetz Krankenversicherung in der Form der Stellungnahme des Bundesrats vom 3.4.2009, BT-Drucks. 16/12674, Begründung des Gesetzentwurfes zum Wachstumsbeschleunigungsgesetz, BT-Drucks. 17/15.

2 Zur Begriffsbildung s.: *Eilers* in FS Meilicke, S. 93 (95).

deutung erhalten (s. dazu IV.) zu unterscheiden. Branchenspezifische Sanierungsvorschriften werden unter V. beschrieben.

II. Steuerfreiheit von Sanierungsgewinnen (§§ 3a, 3c Abs. 4 EStG, § 7b GewStG)

1. Überblick

2.36 **Bis zum VZ 1997** waren Erhöhungen des Betriebsvermögens, die dadurch entstehen, dass Schulden zum Zweck der Sanierung ganz oder teilweise erlassen werden, nach **§ 3 Nr. 66 EStG steuerfrei**. Nachdem zum VZ 1998 der zeitlich unbegrenzte Verlustvortrag eingeführt wurde, trat zum 27.3.2003 der **Sanierungserlass**[1] an die Stelle der aufgehobenen gesetzlichen Regelung des § 3 Nr. 66 EStG. Nach der Entscheidung des Großen Senats des BFH vom 28.11.2016[2] ist auch der Sanierungserlass nunmehr Rechtsgeschichte. Der Große Senat befand den Sanierungserlass entgegen der wohl überwiegenden Auffassung in der finanzgerichtlichen Rechtsprechung[3] und Literatur[4] als Verstoß gegen den verfassungsrechtlich wie einfachgesetzlich normierten Grundsatz der Gesetzmäßigkeit der Verwaltung. Der Gesetzgeber reagierte prompt und führte mit dem „Gesetz gegen schädliche Steuerpraktiken im Zusammenhang mit Rechteüberlassungen“[5] vom 27.6.2017 eine Steuerbefreiung für Sanierungsgewinne ein, §§ 3a, 3c Abs. 4 EStG, § 7b GewStG. Konzeptionell wird die steuerliche Freistellung von Sanierungserträgen damit nach § 3a EStG, wie schon unter § 3 Nr. 66 EStG a.F., durch eine Steuerbefreiung umgesetzt. Die Regelungen zum Untergang von Steuerminderungsposten (§ 3c Abs. 4 EStG u.a.) sind Reaktionen auf die Kritik, die den Gesetzgeber seinerzeit zur Aufhebung von § 3 Nr. 66 EStG a.F. bewogen hatten.[6]

2.37 § 3a Abs. 2 EStG definiert die unternehmensbezogene Sanierung wie folgt:

„Eine unternehmensbezogene Sanierung liegt vor, wenn der Steuerpflichtige für den Zeitpunkt des Schuldenerlasses die Sanierungsbedürftigkeit und die Sanierungsfähigkeit des Unternehmens, die Sanierungseignung des betrieblich begründeten Schuldenerlasses und die Sanierungsabsicht der Gläubiger nachweist.“

Der Gesetzgeber knüpft damit an die Rechtsprechung des BFH zu § 3 Nr. 66 EStG a.F. an, wonach unter einer Sanierung solche Maßnahmen zu verstehen sind, die geeignet sind ein Unternehmen vor dem Zusammenbruch zu bewahren und wieder ertragsfähig zu machen.[7] Aufgrund beihilferechtlicher Bedenken, die bereits ge-

1 BMF v. 27.3.2003 – IV A 6 - S 2140 - 8/03, BStBl. I 2003, 240 = FR 2003, 478.
2 BFH v. 28.11.2016 – GrS 1/15, BStBl. II 2017, 393.
3 BFH v. 25.3.2015 – X R 23/13, BStBl. II 2015, 696; FG Köln v. 24.4.2008 – 6 K 2488/06, EFG 2008, 1555; FG Düsseldorf v. 16.3.2011 – 7 K 3831/10 AO, EFG 2011, 1685.
4 Vgl. statt vieler *Kahlert*, DStR 2012, 943 (944); *Seer*, FR 2010, 306 (308 f.); *Seer*, FR 2014, 721 (727); *Sonnleitner/Strotkemper*, BB 2015, 2395 (2399).
5 BGBl. I 2017, 2074.
6 Vgl. auch *Sistermann/Beutel*, DStR 2017, 1065 (1066).
7 BFH v. 12.10.2005 – X R 20/03, BFH/NV 2006, 713; so auch das BMF v. 27.3.2003 – IV A 6 - S 2140 - 8/03, BStBl. I 2003, 240 = FR 2003, 478, Tz. 1.

gen den Sanierungserlass bestanden,[1] stand die Neuregelung zunächst unter einem Inkrafttretensvorbehalt.[2] Dieser wurde nach einem sog. „Comfort Letter", in dem die Kommission die Steuerbefreiung für Sanierungserträge als Altbeihilfe einstufte, aufgehoben.[3] Obwohl die Rechtslage durch die informelle Entscheidung der Europäischen Kommission nicht endgültig rechtssicher geklärt ist, konzentriert sich die Darstellung im Folgenden auf die geltende Rechtslage, da diese für die Praxis Handlungsgrundlage sein muss (näher zu den Implikationen des „Comfort Letter" s. Rz. 2.103 ff.).

2. Tatbestandsmerkmale

a) Schuldenerlass

2.38 § 3a EStG stellt **Sanierungserträge** steuerfrei. Sanierungserträge sind nach § 3a Abs. 1 Satz 1 EStG Betriebsvermögensmehrungen oder Betriebseinnahmen aus einem **Schuldenerlass** zum Zwecke einer **unternehmensbezogenen Sanierung**. Betriebsvermögensmehrungen entstehen im Rahmen der Gewinnermittlung durch Betriebsvermögensvergleich (§ 4 Abs. 1, § 5 EStG). Durch die zusätzliche Aufnahme von Betriebseinnahmen in den Gesetzeswortlaut im Vergleich zu § 3 Nr. 66 a.F. kann nun auch ein Sanierungsertrag im Rahmen der Gewinnermittlung nach § 4 Abs. 3 EStG möglich sein, jedenfalls wenn sich Verbindlichkeiten (ausnahmsweise) gewinnwirksam auswirken.[4]

2.39 **Ausgangsbeispiel:** Die B-GmbH ist sanierungsbedürftig und sanierungsfähig. Der Anteilseigner hat der B-GmbH ein Gesellschafterdarlehen i.H.v. 100 Mio. Euro gewährt. Die B-Bank hat der B-GmbH ein Darlehen i.H.v. 200 Mio. Euro gewährt. Der Anteilseigner, die B-GmbH und die Bank einigen sich auf ein Restrukturierungskonzept, im Zuge dessen sowohl der Anteilseigner als auch die Bank auf jeweils 100 Mio. Euro verzichten. Der Schuldenerlass stellt sich als sanierungsgeeignete Maßnahme dar. Welche steuerlichen Konsequenzen ergeben sich aus dem Forderungsverzicht?

Durch den Forderungsverzicht entsteht der B-GmbH eine Betriebsvermögensmehrung i.H.v. 200 Mio. Euro. Nach § 3a Abs. 1 Satz 1 EStG (i.V.m. § 8 Abs. 1 Satz 1 KStG) ist diese insgesamt steuerfrei.

2.40 Nach der Gesetzesbegründung kann ein Schuldenerlass u.a. durch einen **Erlassvertrag** (§ 379 Abs. 1 BGB) oder durch ein **negatives Schuldanerkenntnis** (§ 397 Abs. 2 BGB) erfolgen. Ebenfalls begünstigt sind Maßnahmen im Rahmen eines **Insolvenzplanverfahrens** (§§ 217 ff. InsO), wenn es nicht auf die Zerschlagung des Unterneh-

1 Vgl. Rz. 2.52 der Vorauflage.

2 Art. 6 Abs. 2 des Gesetzes über schädliche Steuerpraktiken im Zusammenhang mit Rechteüberlassungen v. 27.6.2017, BGBl. I 2017, 2074.

3 Art. 19 des Gesetzes zur Vermeidung von Umsatzsteuerausfällen beim Handel mit Waren im Internet und zur Änderung weiterer steuerlicher Vorschriften v. 11.12.2018, BGBl. I 2018, 2338.

4 Siehe im Einzelnen *Förster/Hechtner*, DB 2017, 1536 (1537); *Kanzler*, NWB 2017, 2260 (2263); *Kölbl/Neumann*, Ubg 2018, 273 (283).

mens gerichtet ist.[1] Auch der Schuldenerlass unter **Besserungsvorbehalt** wird von § 3a EStG erfasst, vgl. § 3c Abs. 4 Satz 3 EStG.[2]

2.41 Nicht als Schuldenerlass gilt nach der Gesetzesbegründung des Bundesrats[3] und der Rechtsprechung des BFH[4] das Erlöschen von Verbindlichkeiten aufgrund von **Konfusion**, also der Personenidentität von Gläubiger und Schuldner. In der Gesetzesbegründung des Bundestags[5] werden hingegen Konfusionsgewinne nicht mehr ausdrücklich vom Anwendungsbereich des § 3a EStG ausgenommen. Entscheidend sollte u.E. nicht sein, aufgrund welcher Rechtsfigur der Schuldner die Verbindlichkeit nicht mehr tilgen muss, sondern dass der Gläubiger unentgeltlich einen Wert opfert und die Verbindlichkeit den Schuldner nicht mehr belastet.[6] Im Falle eines Rückkaufs von Forderungen durch den Schuldner unter dem Nennwert (sog. **Debt-Buy-Back**) ist daher zu differenzieren: Die Forderung erlischt zwar zivilrechtlich in voller Höhe durch Konfusion, die Differenz zwischen Kaufpreis und Nennwert ergibt sich jedoch wirtschaftlich aus einem (teilweisen) Verzicht des bisherigen Gläubigers. In Höhe dieses Verzichts entsteht u.E. daher ein grundsätzlich begünstigter Sanierungsertrag (näher dazu unter Rz. 3.94).[7]

2.42 Schon unter dem Sanierungserlass wurde der Ertrag aus einem sog. **Debt-Equity-Swap**, also der Einlage einer Forderung oder Verzicht auf diese Forderung gegen Gewährung von Gesellschaftsrechten,[8] als Ertrag aus einem begünstigten Sanierungserlass behandelt.[9] Der Verzicht des bisherigen Gläubigers stellt einen grundsätzlich unter § 3a EStG fallenden Schuldenerlass dar (s. dazu auch Rz. 3.92 f.).[10]

2.43 Auch der Buchgewinn aus einem **Rangrücktritt** kann als begünstigter Schuldenerlass angesehen werden. Überwiegend wird darauf abgestellt, ob die Verbindlichkeit durch den Rangrücktritt weiterhin in der Steuerbilanz passiviert wird. Ist die Verbindlichkeit ertragswirksam aus der Steuerbilanz auszubuchen, kommt eine Steuerbefreiung nach § 3a EStG in Betracht (näher dazu unter Rz. 3.39).[11] Eine solche erfolgswirksame Ausbuchung ergibt sich insbesondere, wenn der Rangrücktritt zur Anwendbarkeit des Passivierungsverbots des § 5 Abs. 2a EStG führt.[12]

---

1 BR-Drucks. 59/17, 15.

2 So auch *Förster/Hechtner*, DB 2017, 1536 (1537); *Pöschke*, NZG 2017, 1408 (1415).

3 BR-Drucks. 59/17, 15.

4 BFH v. 14.10.1987 – I R 381/83, BFH/NV 1989, 141.

5 BT-Drucks. 18/12128, 31.

6 So *Kahlert/Schmidt*, DStR 2017, 1897 (1899).

7 *Desens*, FR 2017, 981, 983; *Kanzler*, NWB 2017, 2260 (2264); *Sistermann/Beutel* in Lüdicke/Sistermann, Unternehmensteuerrecht², § 18 Rz. 84.

8 Eingehend *Tschersich*, Ertragsbesteuerung der Unternehmenssanierung, S. 115 ff.

9 OFD Frankfurt v. 24.1.2018 – S 2140 A-4-St 213.

10 *Desens*, FR 2017, 981 (983); *Förster/Hechtner*, DB 2017, 1536 (1538); *Sistermann/Beutel*, DStR 2017, 1065 (1066).

11 So auch *Desens*, FR 2017, 981 (983); *Kölbl/Neumann*, Ubg 2018, 273 (284); *Pöschke*, NZG 2017,1408 (1419).

12 Die steuerlichen Folgen der Sanierungstransaktionen sind in Kapitel 3 dieses Werks ausführlich dargestellt.

§ 3a Abs. 2 EStG stellt klar, dass nur **betrieblich begründete** Schuldenerlasse begünstigt sind. Der Verzicht des Gläubigers muss aus *eigenbetrieblichen* Gründen erklärt werden. Dass der Forderungsverzicht nicht durch das Gesellschaftsverhältnis veranlasst war, kann durch Drittvergleich nachgewiesen werden. Davon ist insbesondere auszugehen, wenn sich mehrere Gläubiger am Erlass beteiligen (Gläubigerakkord).[1] Wenn sich fremde Gläubiger dagegen nicht am Erlass durch einen Gesellschafter beteiligen, spricht nach der Rechtsprechung des BFH eine Vermutung dafür, dass der Schuldenerlass durch das Gesellschaftsverhältnis und nicht betrieblich veranlasst ist.[2] Eine betriebliche Veranlassung kann jedoch auch im Falle eines Verzichts nur durch den Gesellschafter bestehen, wenn außenstehende Gläubiger aus anderen Gründen kein Interesse an einer Vermeidung der Insolvenz der Gesellschaft haben, wie nachfolgendes Beispiel verdeutlichen soll (für weitere Details s. Rz. 3.54). 2.44

Beispiel: Sachverhalt wie im Ausgangsbeispiel. Der Anteilseigner verzichtet auf eine Forderung gegen die B-GmbH i.H.v. 100 Mio. Euro. Ein anderer Gläubiger, die C-Bank, lehnt den Verzicht auf eine Darlehensforderung i.H.v. 40 Mio. Euro ab, da der Rückzahlungsanspruch durch eine Patronatserklärung der Muttergesellschaft hinreichend besichert ist. 2.45

Der Verzicht durch den Gesellschafter A ist betrieblich veranlasst, auch wenn die C-Bank als außenstehende Gläubigerin auf ihre Forderung nicht verzichtet (kein Gläubigerakkord). Dass die C-Bank an der Verhinderung der Insolvenz der B-GmbH kein Interesse hat, schließt das betriebliche Interesse des A an einer Sanierung jedoch nicht aus. Es entsteht folglich ein Sanierungsertrag i.H.v. 100 Mio. Euro, der nach § 3a Abs. 1 Satz 1 EStG (i.V.m. § 8 Abs. 1 Satz 1 KStG) steuerfrei ist.

b) Unternehmensbezogene Sanierung

§ 3a EStG begünstigt nur **unternehmensbezogene** Sanierungen. Diese sind nunmehr in § 3a Abs. 2 EStG als Maßnahmen, für die der Steuerpflichtige die Sanierungsbedürftigkeit und Sanierungsfähigkeit des Unternehmens, die Sanierungseignung der Maßnahmen und die Sanierungsabsicht der Gläubiger nachweist, definiert. Hiervon abzugrenzen sind ***unternehmerbezogene*** Sanierungen, d.h. Maßnahmen, die dem Unternehmer oder einem Beteiligten einen schuldenfreien Übergang in das Privatleben oder den Aufbau einer neuen Existenz ermöglichen sollen.[3] Maßnahmen dieser Art sind nach § 3a EStG grundsätzlich nicht begünstigt. In Fällen der Restschuldbefreiung (§§ 286 ff. InsO) und der Verbraucherinsolvenz (§§ 304 ff. InsO) sind jedoch auch unternehmerbezogene Sanierungen steuerlich freigestellt (§ 3a Abs. 5 Satz 1 EStG).[4] 2.46

Schon unter dem Sanierungserlass haben sich in der Praxis allerdings kaum Schwierigkeiten ergeben, den Verzicht auf Darlehensforderungen gegenüber der Krisengesellschaft als Sanierungsmaßnahme i.S.d. Sanierungserlasses zu qualifizieren. Schwie- 2.47

---

1 OFD Frankfurt v. 24.1.2018 – S 2140 A-4-St 213, „Sanierungsabsicht".

2 BFH v. 29.7.1997 – VIII R 57/94, BStBl. II 1998, 652.

3 *Kahlert* in Kahlert/Rühland, Sanierungs- und Insolvenzsteuerrecht², S. 8 f.; *Buth/Hermanns*, Restrukturierung, Sanierung, Insolvenz³, § 35 Rz. 74.

4 Das galt bereits unter dem Sanierungserlass, BMF v. 22.12.2009 – IV C 6 - S 2140/07/10001-01, BStBl. I 2010, 18.

riger fiel dies hinsichtlich der in Tz. 4 des Sanierungserlasses genannten Voraussetzungen für einen begünstigten Sanierungsgewinn. Danach konnte der Sanierungserlass unter folgenden vier Voraussetzungen angewandt werden: Das Unternehmen ist **sanierungsbedürftig** und **sanierungsfähig**, der Schuldenerlass ist für die Sanierung **geeignet** und die Gläubiger haben die **Absicht**, das Unternehmen zu sanieren.[1] Diese Kriterien wurden vom Gesetzgeber in § 3a Abs. 2 EStG aufgegriffen. Ausdrücklich muss der Steuerpflichtige das Vorliegen dieser Kriterien nachweisen, wobei die Lage im Zeitpunkt des Schuldenerlasses entscheidend ist.[2] Eine ex-post Betrachtung ist ausgeschlossen. Anders als noch unter dem Sanierungserlass fehlt ein Hinweis darauf, dass ein Sanierungs- oder Insolvenzplan Indiz für das Vorliegen dieser Voraussetzungen sein kann. Dennoch besteht bei Vorliegen eines solchen Plans eine **tatsächliche Vermutung**, so dass regelmäßig von einer Erfüllung dieser Voraussetzungen ausgegangen werden kann.[3]

aa) Sanierungsbedürftigkeit

2.48 Die Sanierungsbedürftigkeit liegt nach der Rechtsprechung und der Finanzverwaltung jedenfalls vor, wenn das Unternehmen **in Folge von Zahlungsunfähigkeit** von der Insolvenz bedroht ist.[4] Die Überschuldung allein soll keinen Grund darstellen, die Sanierungsbedürftigkeit anzunehmen, wenn die übrigen Umstände (eigene Umsätze, Umsatzrendite und Bruttorendite) einen Zusammenbruch des Unternehmens ausschließen und nicht von einer drohenden Zahlungsunfähigkeit auszugehen ist.[5] Bei der Frage, ob eine Gesellschaft sanierungsbedürftig ist, ist auch die Höhe des Privatvermögens natürlicher Personen heranzuziehen, die für Verbindlichkeiten der Gesellschaft haften.[6] Die Finanzverwaltung nennt als Kriterien, nach denen die Sanierungsbedürftigkeit eines Unternehmens beurteilt wird

- seine Ertragslage,
- die Höhe des Betriebsvermögens vor und nach der Sanierung,
- die Kapitalverzinsung durch die Erträge des Unternehmens,
- die Möglichkeiten des Bezahlens von Steuern und sonstigen Schulden,
- die Gesamtleistungsfähigkeit des Unternehmens und
- mit Einschränkungen die Höhe des Privatvermögens.[7]

1 BMF v. 27.3.2003 – IV A 6 - S 2140 - 8/03, BStBl. I 2003, 240, Tz. 4.
2 BFH v. 27.1.1998 – VIII R 64/96, BStBl. II 1998, 537.
3 Ebenso *Desens*, FR 2017, 981 (984); *Sistermann/Beutel*, DStR 2017, 1065 (1066).
4 BFH v. 20.2.1986 – IV R 172/84, BFH/NV 1987, 493; OFD Niedersachsen v. 12.7.2017 – S 2140-8-St 244.
5 BFH v. 14.3.1990 – I R 129/85, BStBl. II 1990, 955; OFD Niedersachsen v. 12.7.2017 – S 2140-8-St 244.
6 *Kahlert* in Kahlert/Rühland, Sanierungs- und Insolvenzsteuerrecht², S. 15.
7 Vgl. OFD Niedersachsen v. 12.7.2017 – S 2140-8-St 244.

Die **Beweislast** für das Vorliegen einer begünstigten Sanierung, also auch der Sanierungsbedürftigkeit, trägt gem. § 3a Abs. 2 EStG der Steuerpflichtige. Entscheidend für die Bewertung der Sanierungsbedürftigkeit ist, wie sich das Unternehmen ohne den Schuldenerlass weiterentwickeln würde.[1] Die Erfahrung der Finanzmarktkrise zeigt, dass Unternehmen Sanierungstransaktionen oftmals vor allem wegen fehlender Liquidität durchführen mussten. Deshalb und weil eine Anknüpfung an die drohende Insolvenz (wie bereits oben unter Rz. 2.33 ausgeführt) zu einer sehr späten Anwendbarkeit des § 3a EStG im Krisenverlauf führt, muss unseres Erachtens die **Kreditunwürdigkeit** des Krisenunternehmens für den Nachweis der Sanierungsbedürftigkeit ausreichen.[2] Diese Auslegung steht auch im Einklang mit den Bemühungen der EU-Kommission,[3] eine *frühzeitige* Restrukturierung von Unternehmen zu ermöglichen und unnötige Liquidationen zu verhindern.[4] Zur Frage der Nachweispflicht durch den Steuerpflichtigen sei auf die Darstellung zur Beweislast unter Rz. 2.74 verwiesen. 2.49

Die Anknüpfung an die fehlende Kreditwürdigkeit entspricht dem vom BGH zu § 32a Abs. 1 Satz 1 GmbHG a.F. entwickelten **Krisenbegriff**.[5] Danach liegt Kreditunwürdigkeit vor, wenn eine Gesellschaft von dritter Seite keinen Kredit mehr zu marktüblichen Bedingungen erhält und ohne Kapitalzufuhr liquidiert werden müsste.[6] 2.50

Die Berücksichtigung des Privatvermögens bei Einzelunternehmern zur Feststellung der Sanierungsbedürftigkeit bedeutet, dass bei **Mitunternehmerschaften** auch das Privatvermögen des (unbeschränkt) haftenden Gesellschafters zu berücksichtigen ist.[7] Handelt es sich nicht um den Erlass einer Schuld im Gesamthandsvermögen der Gesellschaft, sondern einer Schuld im **Sonderbetriebsvermögen** eines Mitunternehmers, ist weiter auf die Sanierungsbedürftigkeit der Gesellschaft abzustellen. Es ist daher nur von einem begünstigten Schuldenerlass auszugehen, wenn die Gesellschaft durch die Schuld im Sonderbetriebsvermögen des Gesellschafters selbst in wirtschaftliche Schwierigkeiten geraten würde.[8] Eine wirtschaftliche Schieflage des Unternehmens kann beispielsweise aus der Haftung der Gesellschaft für die Schuld des Gesellschafters resultieren.[9] Auch kann die Kreditwürdigkeit aufgrund der persönlichen Verhältnisse eines persönlich haftenden Gesellschafters herabgesetzt sein oder eine Vollstreckung in den Gesellschaftsanteil zur Zerschlagung der Gesellschaft führen.[10] 2.51

1 BFH v. 27.1.1998 – VIII R 64/96, BStBl. II 1998, 537.
2 So wohl auch *Kahlert* in Kahlert/Rühland, Sanierungs- und Insolvenzsteuerrecht², Rz. 2.29.
3 Vgl. Richtlinie (EU) 2019/1023 v. 20.6.2019, ABl. EU 2019 Nr. L 172, 18.
4 Vgl. auch BT-Drucks. 18/12128, 31 (Hervorhebung nur hier).
5 Vgl. BGH v. 20.6.2005 – II ZR 18/03, ZInsO 2005, 762; BGH v. 23.2.2004 – II ZR 207/01, BB 2004, 1240; *Maus* in K. Schmidt/Uhlenbruck, Die GmbH in Krise, Sanierung und Insolvenz⁵, Rz. 1.6 ff.; *Tschersich*, Ertragsbesteuerung der Unternehmenssanierung, S. 179 f.
6 BGH v. 2.6.1997 – II ZR 211/95, NJW 1997, 3171 m.w.N.; *Maus* in K. Schmidt/Uhlenbruck, Die GmbH in Krise, Sanierung und Insolvenz⁵, Rz. 1.7; *Haas*, NZI 2001, 1 (6).
7 BFH v. 27.1.1998 – VIII R 64/96, BStBl. II 1998, 537.
8 BFH v. 3.7.1997 – IV R 31/96, BStBl. II 1997, 690.
9 So auch *Kahlert/Schmidt*, DStR 2017, 1897 (1901).
10 BFH v. 27.1.1998 – VIII R 64/96, BStBl. II 1998, 537.

bb) Sanierungsfähigkeit

2.52 Die steuerliche Privilegierung eines Schuldenerlasses ist nur dann gerechtfertigt, wenn das Unternehmen auch sanierungsfähig ist, d.h. wenn es **nach** der **Sanierung wieder ertragsfähig** werden kann.[1] Dies ist anhand aller Umstände zu beurteilen, die die Ertragsaussichten des Unternehmens beeinflussen können. Beispielhaft werden von der Finanzverwaltung die folgenden Punkte genannt:[2]

- die Höhe der Verschuldung,
- die Höhe des Erlasses,
- die Gründe, die die Notlage bewirkt haben und
- die allgemeinen Ertragsaussichten.

2.53 Auch die Sanierungsfähigkeit kann durch das Vorliegen eines **Sanierungsgutachtens** nachgewiesen werden. Bei der Frage, ob das Unternehmen sanierungsfähig ist, handelt es sich um eine Prognoseentscheidung. Hier wird man dem Management der Gesellschaft bzw. ihren Gesellschaftern einen gewissen Beurteilungsspielraum zubilligen müssen. Führt beispielsweise der Forderungserlass zu einer erheblichen Reduzierung der Finanzverbindlichkeiten und damit der Zinslasten des Unternehmens, so wird sich die Ertragslage bei stabil zu prognostizierendem Umsatz signifikant verbessern. Die Einschätzung von Marktrisiken ist demgegenüber aus Sicht der Finanzverwaltung nur schwer nachzuprüfen. Entsprechend dürfen an den Nachweis durch den Steuerpflichtigen keine allzu hohen Anforderungen gestellt werden (s. dazu auch unter Rz. 2.63).

cc) Sanierungseignung

2.54 Der betrieblich begründete Schuldenerlass muss im Zeitpunkt des Forderungsverzichts – allein oder im Zusammenspiel mit weiteren Maßnahmen – **geeignet** sein, das Unternehmen nicht nur vor dem Zusammenbruch zu bewahren sondern auch die Ertragsfähigkeit auf Dauer wiederherzustellen.[3] Es ist nicht erforderlich, dass die verschiedenen Maßnahmen, die für den Sanierungserfolg erforderlich sind, zeitlich unmittelbar aufeinander folgen, sie müssen jedoch auf einem einheitlichen Willensentschluss der Beteiligten beruhen.[4] Insbesondere ist darzulegen, dass die verbliebenen Zins und Tilgungsleistungen durch die zukünftige Geschäftstätigkeit des Unternehmens geleistet werden können.[5]

1 BFH v. 25.2.1972 – VIII R 30/66, BStBl. II 1972, 531.

2 Vgl. OFD Niedersachsen v. 12.7.2017 – S 2140-8-St 244.

3 BFH v. 16.5.2002 – IV R 11/01, BStBl. II 2002, 854; BFH v. 25.2.1972 – VIII R 30/66, BStBl. II 1972, 531; *Kahlert* in Kahlert/Rühland, Sanierungs- und Insolvenzsteuerrecht[2], Rz. 2.31.

4 BFH v. 17.11.2004 – I R 11/04, BFH/NV 2005, 1027; BFH v. 25.2.1972 – VIII R 30/66, BStBl. II 1972, 531.

5 BFH v. 17.2.1999 – IV B 153/97, BFH/NV 1999, 929.

dd) Sanierungsabsicht der Gläubiger

Der Sanierungserlass[1] schien davon auszugehen, dass die Sanierungsabsicht eine gemeinsame Absicht **aller** Gläubiger sein muss; dies scheint tendenziell auch eine Auffassung in manchen Teilen der Finanzverwaltung zu sein.[2] Dieses Verständnis ist aber nicht zwingend. Auch eine Einzelmaßnahme eines Gläubigers kann die Voraussetzungen des Sanierungserlasses erfüllen.[3] Der BFH hat bereits mehrfach ausgesprochen, dass bei dem Verzicht eines einzelnen Gläubigers die Sanierungsabsicht nicht ausgeschlossen sondern anhand weiterer Maßnahmen zu prüfen sei.[4] Man kann unseres Erachtens auch nicht aus der unterschiedlichen wirtschaftlichen Relevanz von Sanierungsbeiträgen auf eine fehlende Sanierungsabsicht der beteiligten Gläubiger schließen. Die Sanierungseignung der Maßnahmen wird allerdings dann nur in einer Zusammenschau der geplanten Sanierungstransaktionen nachzuweisen sein. 2.55

Immer wieder herrscht auch im Hinblick auf die **Sanierungsabsicht des verzichtenden Gesellschafters** Streit. Auch hier wurde die Auffassung vertreten, dass regelmäßig ein solcher Verzicht durch den Gesellschafter-Gläubiger gesellschaftsrechtlich initiiert ist und deshalb die Anwendung des Sanierungserlasses ausgeschlossen war.[5] Da die Sanierungsabsicht auch Voraussetzung der Steuerbefreiung des § 3a EStG ist, ist die Frage weiter virulent. Folgt man der insbesondere von *Pung* vertretenen Auffassung, dass ein Verzicht (nur) durch einen Gesellschafter-Gläubiger regelmäßig gesellschaftsrechtlich determiniert ist, so erscheint in der Praxis die Anwendbarkeit des § 3a EStG auf vom Gesellschafter initiierte Sanierungstransaktionen fast ausgeschlossen. Dies kann nicht die Intention des Sanierungserlassgebers gewesen sein und entspricht auch nicht der Praxis in Sanierungstransaktionen. Bei unternehmensbezogenen Sanierungstransaktionen (diese sind in § 3a Abs. 2 EStG als Maßnahmen definiert, die sich auf die Rettung des Unternehmens beziehen) überlagern sich naturgemäß gesellschaftsrechtliche und betriebsbezogene Interessen. Der Gesellschafter möchte „seine" Gesellschaft gerettet sehen, der Unternehmer „sein" Unternehmen. Deshalb kann nicht aus dem Grund überlagernder Motive der Gesellschafter/Unternehmer heraus die Sanierungsmaßnahme des Gesellschafters von der möglichen steuerlichen Privilegierung ausgeschlossen werden, zumal Forderungsverzichte von Gesellschafter-Gläubigern schnelle und effiziente Sanierungsmaßnahmen darstellen (vgl. Rz. 3.44). Deshalb ist nach unserer Auffassung der sehr restriktiven Auffassung von *Pung* nicht zu folgen. Sie hat sich auch in der Praxis nicht durchgesetzt.[6] 2.56

1 BMF v. 27.3.2003 – IV A 6 - S 2140 - 8/03, BStBl. I 2003, 240, Tz. 4.

2 OFD Hannover v. 11.2.2009 – S 2140–8-StO 241, DStR 2009, 532, 533.

3 Vgl. *Förster*, Ubg 2010, 758 (759); *Ott*, DStZ 2018, 179 (183).

4 Vgl. BFH v. 16.5.2002 – IV R 11/01, BStBl. II 2002, 854; v. 12.10.2005 – X R 20/03, BFH/NV 2006, 713.

5 So am deutlichsten *Pung* in Dötsch/Pung/Möhlenbrock (D/P/M), § 8b KStG Rz. 244 (95. Erg.-Lfg. Februar 2019); *Gragert*, NWB 2013, 2141 (2145 f,); zur Gegenauffassung vgl. *Drews/Götze*, DStR 2009, 945 (948); *Keuthen/Hübner*, FR 2015, 865 (869 f.).

6 Zustimmend auch *Ott*, DStZ 2018, 179 (183); noch zum Sanierungserlass *Förster*, Ubg 2010, 759; *Geist*, BB 2008, 2663; *Drews/Götze*, DStR 2009, 946; *Schmidt/Mielke*, Ubg 2009, 401; *Kohlhaas*, GmbHR 2009, 534; *Schwenker/Fischer*, DStR 2010, 1119; *Wagner*, BB 2010, 2614. Eine andere Literaturauffassung will zwischen dem werthaltigen und nicht-werthal-

2.57 Für die Sanierungsabsicht ist es zudem unerheblich, ob der Erlass für den verzichtenden Gläubiger tatsächlich einen **Verlust** bedeutet. Denkbar sind auch Konstellationen, in denen der ursprüngliche Gläubiger die Forderung weit unter dem Nennwert verkauft hat und der Schuldenerlass nun durch den neuen Gläubiger erklärt wird. Der Verlust entsteht dann hauptsächlich bei dem ursprünglichen Gläubiger. Entscheidend für die Sanierungsabsicht ist jedoch allein, dass der Erlass letztendlich zur Rettung des Unternehmens erklärt wird (vgl. dazu das Beispiel unter Rz. 3.93).

ee) Unternehmerbezogene Sanierung

2.58 **Unternehmerbezogene Sanierungen** werden, wie auch schon unter dem Sanierungserlass, durch § 3a EStG grundsätzlich nicht begünstigt. Lediglich im Falle einer **Restschuldbefreiung** oder im Rahmen eines **Verbraucherinsolvenzverfahrens** ist der Ertrag nach § 3a Abs. 5 EStG steuerfrei.[1]

2.59 ***Exkurs: Übertragende Sanierung***

Nach Auffassung der Finanzverwaltung war der Sanierungserlass auf sog. **übertragende Sanierungen** (näher dazu unten Rz. 4.115 ff.) auch anwendbar, wenn der Schuldenerlass erforderlich war, um das übernehmende Unternehmen (Auffanggesellschaft) von der Inanspruchnahme für Schulden des Vorgängerunternehmens freizustellen.[2] Auch § 3a EStG sollte unseres Erachtens im Falle einer übertragenden Sanierung Anwendung finden. Zu differenzieren ist zwischen der **„Unternehmung" als Sachgesamtheit**, die im Rahmen der übertragenden Sanierung auf die Auffanggesellschaft übergeht, und dem „Unternehmensträger" als zivilrechtlichem Rechtsträger. Werden im Anschluss an eine Übertragung der Unternehmung auf einen neuen Rechtsträger Verbindlichkeiten gegenüber dem alten Rechtsträger erlassen, dient dieser Erlass nicht der Sanierung des alten Rechtsträgers, sondern der Fortführung der Unternehmung unter dem neuen Rechtsträger. Ein nach § 3a Abs. 1 Satz 1 EStG steuerfreier Sanierungsgewinn des alten Rechtsträgers ist daher anzunehmen, wenn die Voraussetzungen des § 3a Abs. 2 EStG, also die Sanierungsbedürftigkeit und -fähigkeit des *Unternehmens* unter dem neuen Rechtsträger zutreffen. Diese Auslegung verstößt auch nicht gegen den Wortlaut des § 3a Abs. 2 EStG, der selbst zwischen dem „Steuerpflichtigen" als zivilrechtlichem Rechtsträger und dem „Unternehmen" unterscheidet. Die Gesetzesbegründung sieht ebenfalls die Rettung des Unternehmens *oder* des Unternehmensträgers als unternehmensbezogene Sanierung an.[3] Zuletzt spricht auch der Sinn und Zweck der Steuerbefreiung, das *Unternehmen*

---

tigen Teil der Forderung differenzieren. Nur in Höhe des werthaltigen Teils der Forderung sei danach eine gesellschaftsrechtliche Veranlassung anzunehmen, im Übrigen handele es sich um eine betriebliche Veranlassung, so dass eine Steuerfreiheit nach § 3a EStG in Betracht komme, *Pöschke*, NZG 2017, 1408 (1416).

1 BR-Drucks. 59/17, 15.

2 BMF v. 27.3.2003 – IV A 6-S 2140-8/03, BStBl. I 2003, 240 Rz. 2.

3 BR-Drucks. 59/17, 15.

in der Krisensituation nach erfolgtem Schuldenerlass nicht erneut in finanzielle Schwierigkeiten zu bringen,[1] für diese Auslegung.

ff) Zeitliche Anwendbarkeit

In der Praxis war die Frage nach der zeitlichen Anwendbarkeit des Sanierungserlasses, genauer die Frage, wann Sanierungsbedürftigkeit eingetreten ist und sich das Unternehmen im **zeitlichen Anwendungskorridor** des Sanierungserlasses befindet, eine Kernfrage. Diese Diskussion wird sich im Rahmen von § 3a EStG, § 7b GewStG fortsetzen. Rechtsprechung und Finanzverwaltung stellen dabei regelmäßig auf die drohende Insolvenz infolge von Zahlungsunfähigkeit ab. Jedenfalls dann soll die erforderliche Sanierungsbedürftigkeit vorliegen.[2] Zu den Voraussetzungen der Sanierungsbedürftigkeit im Einzelnen vgl. Rz. 2.48 ff. 2.60

Betrachtet man den typischen Verlauf der Unternehmenskrise (vgl. Rz. 2.2), so ist eine Anwendung des Sanierungserlasses erst in einem späten Stadium von Sanierungssituationen („wenn sich die Unternehmenskrise schon dramatisch zugespitzt hat") möglich. Diese späte Anwendbarkeit folgt letztlich aus der Anknüpfung der Steuerbefreiung für Sanierungserträge (und anderer steuerrechtlicher Sanierungsvorschriften) an das Insolvenzrecht (Voraussetzung für die zeitliche Anwendbarkeit ist gerade die drohende Insolvenz infolge von Zahlungsunfähigkeit, allgemein zum Verhältnis zwischen Sanierungssteuerrecht und Insolvenzrecht vgl. Rz. 2.26 ff.). Derartige Anknüpfungen des Steuerrechts an zivilrechtliche/insolvenzrechtliche Begriffe bergen immer die Gefahr, dass Rechtsänderungen in diesem Bereich zu steuerrechtlichen Regelungen nicht mehr passen bzw. unklar bleiben.[3] Insoweit besteht ein latentes Risiko, dass Änderungen im Zivil- bzw. Insolvenzrecht, die regelmäßig aus völlig autonomen Gründen erfolgen, unvorhergesehene und ggf. unbeabsichtigte Konsequenzen für das Steuerrecht haben. Ein Beispiel hierfür ist etwa die Änderung des insolvenzrechtlichen Überschuldungsbegriffs durch das Finanzmarktstabilisierungsgesetz.[4] Nach § 19 Abs. 2 Satz 1 InsO ist eine Überschuldung **nicht** anzunehmen, wenn die Fortführung des überschuldeten Unternehmens überwiegend wahrscheinlich ist (positive Fortführungsprognose).[5] Es stellt sich nun die Frage, ob diese positive Fortführungsprognose, die die insolvenzrechtliche Überschuldung aus- 2.61

1 BT-Drucks. 18/12128, 31.

2 BFH v. 20.2.1986 – IV R 172/84, BFH/NV 1987, 493 zu § 3 Nr. 66 a.F.; OFD Niedersachsen v. 12.7.2017 – S 2140-8-St 244.

3 Exemplarisch hierfür ist die Abschaffung des Rechtsinstituts der sog. eigenkapitalersetzenden Darlehen (§ 32a GmbHG a.F.) durch das MoMiG (Gesetz zur Modernisierung des GmbH-Rechts und zur Bekämpfung von Missbräuchen v. 23.10.2008, BGBl. I 2008, 2026). Durch die vorherige Anknüpfung an das Zivilrecht, wonach in den Fällen eigenkapitalersetzender (Gesellschafter-)Darlehen nachträgliche Anschaffungskosten auf die Gesellschaftsanteile anzunehmen waren, war eine relative Rechtssicherheit gegeben. Die sich nun durch die Änderungen des Zivil- und Insolvenzrechts ergebenden Folgerungen für § 17 EStG waren lange unklar (nunmehr: BFH v. 11.7.2017 – IX R 36/15, BFH/NV 2017, 1501; s. auch Rz. 2.144).

4 Finanzmarktstabilisierungsgesetz v. 7.4.2009, BGBl. I 2009, 725.

5 Vgl. hierzu instruktiv *Aleth/Harlfinger*, NZI 2011, 166 ff.

schließt, wegen der Anknüpfung der Steuerbefreiung an eben diese zur Nichtanwendbarkeit von § 3a EStG, § 7b GewStG führt. Das steht im Widerspruch dazu, dass das Erfordernis der Sanierungsfähigkeit regelmäßig gerade eine positive Fortführungsprognose des Unternehmens voraussetzen wird.[1] Der Anwendungsbereich der Steuerbefreiung für Sanierungserträge würde unseres Erachtens zu weitgehend eingeschränkt. Auch wenn das Ergebnis in diesem Fall u.E. eindeutig ausfallen sollte, so zeigt die Frage, dass aus steuerrechtlicher Sicht vor einer allzu engen Anknüpfung an zivilrechtliche bzw. insolvenzrechtliche Kategorien nur gewarnt werden kann. Für Sanierungs- bzw. Krisensituationen, in denen schnell gehandelt werden muss, kommt erschwerend hinzu, dass der zeitliche Anwendungskorridor der Steuerbefreiung im Übrigen nicht – jedenfalls nicht vollständig – mit anderen Vorschriften im Sanierungssteuerrecht deckungsgleich ist. So stellt beispielsweise die Sanierungsklausel des § 8c Abs. 1a KStG auf Maßnahmen ab, die die Zahlungsunfähigkeit oder Überschuldung durch einen Beteiligungserwerb zu verhindern suchen. Nach der Gesetzesbegründung zu § 8c Abs. 1a KStG soll für den maßgeblichen Zeitpunkt, ab dem ein Erwerb begünstigt ist, auf die Grundsätze des Eigenkapitalersatzrechts vor Inkrafttreten des MoMiG zur „Krise" abzustellen sein,[2] der Gesetzeswortlaut verwendet dagegen die insolvenzrechtlichen Begriffe der Zahlungsunfähigkeit und Überschuldung (s. Rz. 2.128). Der zeitliche Anwendungsbereich von Sanierungsklausel (§ 8c Abs. 1a KStG) und Steuerbefreiung für Sanierungserträge unterscheidet sich daher (zumindest begrifflich).

2.62 In der Praxis haben sich diese dogmatischen Anwendungsunsicherheiten der zeitlichen Dimension des Sanierungserlasses kaum ausgewirkt; es bleibt aber die Aufgabe des sich herausbildenden Sanierungssteuerrechts, **eindeutige zeitliche Anwendungskriterien** für steuerrechtliche Sanierungsvorschriften zu entwickeln. Dabei sollte sich ein einheitlicher Krisenbegriff für die Anwendbarkeit steuerrechtlicher Sanierungsvorschriften wie der Steuerbefreiung für Sanierungserträge herausbilden, der den insolvenzrechtlichen Krisenvorschriften vorgelagert ist und im Wesentlichen auf Liquiditätsschwächen der jeweiligen Gesellschaft abstellt. Die Aufarbeitung der Finanzmarktkrise hat gezeigt, dass Liquiditätsschwächen Hauptursachen für das Scheitern von Unternehmen waren.[3] Unseres Erachtens ist eine steuerlich privilegierungswürdige Sanierungssituation gegeben, wenn **Kreditunwürdigkeit** besteht, d.h. wenn die Gesellschaft ihren Bedarf an Fremdkapital nicht mehr aus eigener Kraft zu marktüblichen Konditionen decken kann.[4] Dieser Krisentatbestand ist zumeist einer insolvenzrechtlichen Überschuldung oder einer eingetretenen Zahlungsunfähigkeit **vor-**

---

1 Die Anwendbarkeit der Sanierungsklausel in diesem Fall wird in der Literatur dagegen durchweg bejaht, vgl. *Dötsch/Leibner* in D/P/M, § 8c KStG Rz. 341 (95. Erg.-Lfg. Februar 2019); *Eilers*, StuW 2010, 205 (208); *Ziegenhagen/Thewes*, BB 2009, 2116 (2117); *Sistermann/Brinkmann*, DStR 2009, 1453 (1454); *Ortmann-Babel/Bolik/Gageur*, DStR 2009, 2173 (2178).

2 BT-Drucks. 16/13429, 76.

3 *Steinbrück*, Unterm Strich, S. 227 f.

4 Ebenso *Buth/Hermanns*, Restrukturierung, Sanierung, Insolvenz[3], § 35 Rz. 84; *Bodden* in Korn, § 3a EStG Rz. 47 (Stand: Januar 2019); *Seer* in Kirchhof[18], § 3a EStG Rz. 20; *Förster/Hechtner*, DB 2017, 1536 (1538).

gelagert. In diesem Zeitpunkt ist aber die Einschränkung der Leistungsfähigkeit dieser Gesellschaft bereits gegeben. Dann ist der Rückgriff auf Sanierungsmaßnahmen steuerrechtlich gerechtfertigt. Ein Abstellen auf die Kreditunwürdigkeit des Unternehmens führt außerdem zu einem einheitlichen zeitlichen Anwendungsbereich der Steuerbefreiung für Sanierungserträge (§ 3a EStG, § 7b GewStG) und der Sanierungsklausel des § 8c Abs. 1a KStG.

gg) Beweislast

Nach § 3a Abs. 2 EStG hat der Steuerpflichtige das Vorliegen der Voraussetzungen eines begünstigten Sanierungsertrags zu **beweisen**. Insbesondere der Nachweis der Sanierungsbedürftigkeit und -fähigkeit bereitet dabei Schwierigkeiten. Wie bereits oben deutlich gemacht, verläuft eine Unternehmenskrise nicht linear, sondern durchläuft verschiedene Krisenstadien, die zumeist nicht erkannt werden. Geht man von der Sanierungsbedürftigkeit bereits vor dem Zeitpunkt der Kreditunwürdigkeit aus, stellt sich die Frage, wie nachgewiesen werden soll, dass die Gesellschaft ihren Finanzierungsbedarf durch außenstehende Dritte nicht mehr zu marktüblichen Bedingungen decken kann. Unseres Erachtens kann hierzu die Vorlage von Kreditangeboten von Banken dienen, aus denen ersichtlich wird, dass die Gesellschaft ihren Finanzierungsbedarf nicht mehr zu marktüblichen Konditionen decken kann.[1] Auch die rechnerische Überschuldung, nachgewiesen durch Vorlage einer Überschuldungsbilanz, kann gewichtiges Indiz für die Annahme der Kreditunwürdigkeit sein. Von einer rechnerischen Überschuldung ist auszugehen, wenn das Vermögen der Gesellschaft bei Ansatz zu Liquidationswerten unter Einbeziehung der stillen Reserven die bestehenden Verbindlichkeiten nicht deckt.[2] 2.63

Zum Nachweis der Sanierungsfähigkeit des Unternehmens muss der Steuerpflichtige darlegen, dass das Unternehmen nach der Sanierung wieder ertragsfähig sein kann. Erforderlich ist also eine positive Fortführungsprognose (s. auch schon unter Rz. 2.34). Legt man den im Rahmen des § 19 Abs. 2 InsO geltenden Standard zugrunde, so muss die positive Fortführungsprognose aufgrund eines „aussagekräftigen Unternehmenskonzepts" (sog. Ertrags- und Finanzplanung) nachgewiesen werden.[3] Auch konkrete Sanierungsmaßnahmen sind in den **Sanierungsplan** einzubeziehen, soweit es sich nicht um bloße Erwartungen oder Hoffnungen handelt[4] und ihr Erfolg nicht nur von der Zustimmung eines einzigen Gläubigers abhängt, der die Zustimmung bereits verweigert hat.[5] 2.64

---

1 So zum Nachweis der Kreditunwürdigkeit im Rahmen des § 8c Abs. 1a KStG *Ortmann-Babel/Bolik/Gageur*, DStR 2009, 2173 (2174).

2 Vgl. BGH v. 13.7.1992 – II ZR 269/91, DB 1992, 2022.

3 Im Einzelnen s. *Gundlach* in Gottwald, Insolvenzrechts-Handbuch[5], § 6 Rz. 41 f.; *Mock* in Uhlenbruck[15], § 19 InsO Rz. 219.

4 *K. Schmidt* in K. Schmidt/Uhlenbruck, Die GmbH in Krise, Sanierung und Insolvenz[5], Rz. 5.119; *Mock* in Uhlenbruck[15], § 19 InsO Rz. 219.

5 BGH v. 23.2.2004 – II ZR 207/01, NZI 2005, 284; *Mock* in Uhlenbruck[15], § 19 InsO Rz. 222.

3. Rechtsfolgen

a) Steuerfreiheit des Sanierungsertrags

2.65 § 3a Abs. 1 Satz 1 EStG stellt den **Sanierungsertrag insgesamt steuerfrei.**[1] Die Freistellung von Sanierungserträgen wird nicht mehr durch eine Billigkeitsmaßnahme im Erhebungsverfahren wie unter dem Sanierungserlass, sondern im Wege einer materiellrechtlichen Steuerbefreiung umgesetzt. Die Zuständigkeit der Finanzämter für die gewerbesteuerliche Freistellung bereits im Gewerbesteuer-Messbescheid folgt daher schon aus § 7 Satz 1 GewStG. § 7b Abs. 1 Satz 1 GewStG, der eine entsprechende Anwendung von § 3a und § 3c EStG anordnet, ist insoweit lediglich deklaratorischer Natur.[2]

2.66 Damit ist eine der größten Unsicherheiten im Rahmen der Sanierungspraxis beseitigt worden. Unter dem Sanierungserlass war jede einzelne für das zu sanierende Unternehmen hebeberechtigte Gemeinde (die zudem nicht formell an den Sanierungserlass gebunden war) für Billigkeitsmaßnahmen im Erhebungsverfahren zu involvieren.[3] Die Bündelung der Zuständigkeit auch für Zwecke der Gewerbesteuer ist daher uneingeschränkt zu begrüßen.

2.67 Im Unterschied zum Sanierungserlass stellt § 3a Abs. 1 Satz 1 EStG den Sanierungsertrag insgesamt steuerfrei. Nach dem Sanierungserlass wurde die Steuer auf einen *nach Ausschöpfen der ertragsteuerlichen Verlustverrechnungsmöglichkeiten verbleibenden Sanierungsgewinn* abweichend festgesetzt und mit dem Ziel des späteren Erlasses aus Billigkeitsgründen gestundet. Verluste und negative Einkünfte wurden unbeschadet von Ausgleichs- und Verrechnungsbeschränkungen vorrangig mit dem Sanierungsgewinn verrechnet (totale Verlustverrechnung). Die so zunächst verrechneten Verluste galten (maximal bis zur Höhe des Sanierungsgewinns) als aufgebraucht.[4] Nur der danach verbleibende Sanierungsgewinn wurde zunächst gestundet und dann erlassen.

2.68 § 3a EStG enthält dagegen mehrere nebeneinander stehende, aufeinander abgestimmte Rechtsfolgen. Die vollständige Steuerbefreiung des Sanierungsgewinns nach § 3a Abs. 1 Satz 1 EStG steht neben der Pflicht zur gewinnmindernden Ausübung steuerlicher Wahlrechte (§ 3a Abs. 1 Satz 2 f. EStG) und dem Untergang der Steuerminderungspositionen des zu sanierenden Unternehmens sowie nahestehender Personen nach § 3a Abs. 3 EStG.[5] Die im weiteren Verlauf der Norm folgende Verwendung von Begrifflichkeiten wie dem „geminderten Sanierungsertrag“ (§ 3a Abs. 3 Satz 1 und 3 EStG) sowie dem „verbleibenden Sanierungsertrag“ (§ 3a Abs. 3 Satz 4 EStG) dient lediglich der Verrechnung des Untergangs der Steuerminderungspositionen (dazu unter Rz. 2.79 ff.). Die Steuerbefreiung des Sanierungsgewinns in voller Höhe bleibt davon unberührt.[6]

1 BT-Drucks. 18/12128, 31.
2 *Weiss*, StuB 2017, 581 (586).
3 *Sistermann/Beutel*, DStR 2017, 1065 (1067).
4 BMF v. 27.3.2003 – IV A 6 - S 2140 - 8/03, BStBl. I 2003, 240, Tz. 8.
5 Vgl. auch *Krumm* in Blümich, § 3a EStG Rz. 31 (145. Erg.-Lfg. Dezember 2018).
6 Die Gesetzesbegründung ist insofern missverständlich, wenn sie davon spricht, dass die Steuerbefreiung „auf das erforderliche Maß“ zu begrenzen ist, vgl. BT-Drucks. 18/12128, 31.

2.69 Anders als noch in der Entwurfsfassung des Bundesrats[1] vorgesehen, ist die Anwendung von § 3a EStG **nicht antragsgebunden**. Die Auswirkungen einer Steuerbefreiung des Sanierungsertrags können aufgrund der weitreichenden Minderung von Verlustpositionen auch für „nahestehende Personen" (dazu unter Rz. 2.79 ff.) nachteiliger sein, als es eine Steuerpflicht des Sanierungsertrags wäre. Auch eine Verzichtsoption besteht nicht. Grundsätzlich tritt die Steuerbefreiung gem. § 3a Abs. 1 Satz 1 EStG damit, anders als die Billigkeitsmaßnahmen unter Anwendung des Sanierungserlasses, von Gesetzes wegen ein. Dazu muss jedoch eine unternehmensbezogene Sanierung vorliegen, die nach § 3a Abs. 2 EStG voraussetzt, dass der Steuerpflichtige für den Zeitpunkt des Schuldenerlasses die Sanierungsbedürftigkeit und die Sanierungsfähigkeit des Unternehmens, die Sanierungseignung des betrieblich begründeten Schuldenerlasses und die Sanierungsabsicht der Gläubiger **nachweist**. Teile der Literatur folgern daraus, dass jedenfalls ein faktisches Wahlrecht des Steuerpflichtigen besteht, die Steuerbefreiung in Anspruch zu nehmen.[2] Ein entsprechender Verweis auf das Nachweiserfordernis fehlt in § 3a Abs. 5 EStG. In den Fällen des § 3a Abs. 5 EStG ist die Annahme einer unternehmerbezogenen Sanierung (dazu Rz. 2.58) damit auch ohne Nachweis des Steuerpflichtigen möglich, so dass die Anwendung der §§ 3a, 3c EStG nach § 3a Abs. 5 EStG zwingend ist.[3]

b) Zwingende Ausübung steuerlicher Wahlrechte

2.70 Nach § 3a Abs. 1 Satz 2 EStG sind **steuerliche Wahlrechte** im Sanierungsjahr sowie im folgenden Jahr zwingend gewinnmindernd auszuüben. Das Sanierungsjahr ist das Jahr, in dem ein Sanierungsertrag erzielt wurde (siehe § 3a Abs. 1 Satz 2 EStG). § 3a Abs. 1 Satz 3 EStG nennt als Beispiel für ein solches steuerliches Wahlrecht das Recht zum Ansatz des niedrigeren Teilwerts in der Steuerbilanz nach § 6 Abs. 1 Nr. 1 Satz 2 und Nr. 2 Satz 2 EStG. Nach dem Wortlaut („insbesondere") werden auch weitere steuerliche Wahlrechte erfasst. Sinn und Zweck der Regelung ist es, eine größtmögliche Verlustnutzung sicherzustellen.[4] Unklar bleibt jedoch, welche steuerlichen Wahlrechte im Einzelnen betroffen sind.[5] Es ist zudem misslich, dass in § 3a Abs. 1 Satz 2 EStG keine höhenmäßige Begrenzung der gewinnmindernden Ausübung der steuerlichen Wahlrechte vorgesehen ist. Nach dem Sinn und Zweck sollte die Pflicht auf den „geminderten Sanierungsertrag" i.S.d. § 3a Abs. 3 Satz 1 EStG begrenzt sein, da eine Verlustverrechnung nach § 3a Abs. 3 Satz 2 EStG ebenfalls auf diesen Betrag begrenzt ist.[6]

1 BR-Drucks. 59/17, 16.
2 *Hallerbach* in Hermann/Heuer/Raupach, § 3a EStG Rz. 31 (293. Erg.-Lfg. August 2019); *Desens*, FR 2017, 981 (984). *Krumm* in Blümich, § 3a EStG Rz. 31 (145. Erg.-Lfg. Dezember 2018) hält es für „kaum denkbar", dass § 3a EStG gegen den Willen des Steuerpflichtigen Anwendung findet.
3 Ebenso *Desens*, FR 2017, 981 (984).
4 BT-Drucks. 18/12128, 31.
5 Vgl. auch *Weiss*, StuB 2017, 581 (583).
6 Ebenso *Krumm* in Blümich, § 3a EStG Rz. 34 (145. Erg.-Lfg. Dezember 2018); *Seer* in Kirchhof[18], § 3a EStG Rz. 16.

Im Wortlaut des § 3a Abs. 1 Satz 2 EStG ist diese Auslegung gleichwohl nicht angelegt.[1]

2.71 Es herrscht weitgehend Einigkeit, dass die bilanziellen Ansatz- und Bewertungswahlrechte nach § 5 Abs. 1 Satz 2 EStG und auch die außerbilanziellen Wahlrechte gewinnmindernd auszuüben sind.[2] Auch die Wahl der AfA-Methode nach § 7 EStG, die Sofortabschreibung nach § 6 Abs. 2 EStG und die Poolabschreibung gem. § 6 Abs. 2a EStG sind entsprechend erfasst.[3] Umstritten ist dagegen, ob nur solche Wahlrechte erfasst sind, die sich auch auf den steuerlichen Gewinn auswirken. Dafür spricht die Gesetzesbegründung, die darauf abstellt, dass bestehende steuerliche Wahlrechte „steuermindernd" ausgeübt werden.[4] Dann wärc bspw. die Teilwertabschreibung der Beteiligung einer Kapitalgesellschaft an einer Kapitalgesellschaft wohl nicht erfasst. Ist die Beteiligung (dauerhaft) im Wert gemindert, kann sie nach § 6 Abs. 1 Nr. 1 Satz 2 EStG mit einem niedrigeren Teilwert angesetzt werden. Nach § 8b Abs. 3 Satz 3 KStG sind derartige Gewinnminderungen nicht bei der Ermittlung des Einkommens zu berücksichtigen, also außerbilanziell wieder hinzuzurechnen. Im Ergebnis wirkt sich eine solche Abschreibung daher nicht auf das körperschaftsteuerpflichtige Einkommen aus. Eine spätere Zuschreibung unterläge jedoch der 5%-Schachtelstrafe, § 8b Abs. 3 Satz 1 i.V.m. § 8b Abs. 2 Satz 3 KStG.[5] Auch die Wertminderung einer Darlehensforderung gegenüber einer Kapitalgesellschaft ist nach § 8b Abs. 3 Satz 4 KStG bei der Ermittlung des Einkommens nicht zu berücksichtigen, wenn das Darlehen von einem Gesellschafter gewährt wurde, der zu mehr als einem Viertel unmittelbar oder mittelbar am Grund- oder Stammkapital der Kapitalgesellschaft beteiligt ist.[6] Auch hier wirkt sich der Ansatz eines niedrigeren Teilwerts daher nicht auf das steuerliche Ergebnis aus. Angesichts des Telos der Regelung, das nach § 3a Abs. 3 EStG zu verrechnende Verlustausgleichsvermögen zu maximieren, sollten u.E. daher auch nur solche Teilwertabschreibungen erfasst sein, die tatsächlich Einkommenswirkung haben.[7] In der Praxis hat die Finanzverwaltung allerdings bislang die gegenteilige Auffassung vertreten.

Ebenfalls umstritten ist, ob der Gewinnabzug oder die Bildung einer Rücklage nach § 6b Abs. 1 bzw. Abs. 3 EStG erfasst sind.[8] Gleiches gilt für die Bildung einer Investi-

1 *Hallerbach* in Hermann/Heuer/Raupach, § 3a EStG Rz. 17 (293. Erg.-Lfg. August 2019) und *Desens*, FR 2017, 981 (989) lehnen eine teleologische Reduktion daher ab.

2 *Förster/Hechtner*, DB 2017, 1536 (1542); Kölbl/*Neumann*, Ubg 2018, 273 (284); *Desens*, FR 2017, 981 (989) will nur gesetzliche Wahlrechte gelten lassen.

3 *Förster/Hechtner*, DB 2017, 1536 (1542); *Kölbl/Neumann*, Ubg 2018, 273 (285).

4 BT-Drucks. 18/12128, 31.

5 Darauf weist *Weiss*, StuB 2017, 581 (584) hin.

6 In diesem Fall ist eine spätere Wertaufholung jedoch ebenfalls nicht zu berücksichtigen, § 8b Abs. 3 Satz 8 KStG.

7 So auch *Hallerbach* in Herrmann/Heuer/Raupach, § 3a EStG Rz. 17 (293 Erg. Lfg. August 2019); *Kahlert/Schmidt*, DStR 2017, 1897 (1902); *Weiss*, StuB 2017, 581 (584); a.A. *Krumm* in Blümich, § 3a EStG Rz. 34 (145. Erg. Lfg. Dezember 2018).

8 *Kölbl/Neumann*, Ubg 2018, 273 (285); dafür *Desens*, FR 2017, 981 (989); dagegen *Förster/Hechtner*, DB 2017, 1536 (1542); *Sistermann/Beutel*, DStR 2017, 1065 (1068); offen gelassen von *Weiss*, StuB 2017, 581 (583).

tionsrücklage nach § 7g EStG. Derartige Subventionsregelungen sind meist an weitere Voraussetzungen geknüpft, deren Nichteintritt sich dann auf den steuerlichen Gewinn auswirken kann.[1] Diese und weitere Unsicherheiten werden hoffentlich zeitnah durch eine Verwaltungsanweisung ausgeräumt, um die Sanierungspraxis zu erleichtern.

c) Sanierungskosten, § 3c Abs. 4 EStG

Betriebsvermögensminderungen und Betriebsausgaben, die in einem wirtschaftlichen Zusammenhang mit steuerfreien Sanierungserträgen stehen, sind nicht abziehbar, § 3c Abs. 4 Satz 1 EStG. Dies sind insbesondere Zahlungen auf Besserungsscheine (§ 3c Abs. 4 Satz 3 EStG, siehe dazu auch Rz. 3.72 ff.) und Sanierungskosten. Sanierungskosten können die Kosten für einen Sanierungsplan oder die Sanierungsberatung sein.[2] Auch Kosten zur Erlangung eines Schuldenerlasses im Rahmen eines Vergleichsverfahrens können Sanierungskosten darstellen.[3] 2.72

Mit der Regelung des § 3c Abs. 4 EStG wird das „wirtschaftliche Ergebnis"[4] der unter dem Sanierungserlass geltenden Auffassung zu Sanierungsaufwendungen gesetzlich festgeschrieben. Danach war das Abzugsverbot des § 3c Abs. 1 EStG nicht anwendbar, da es sich bei den Maßnahmen nach dem Sanierungserlass nicht um eine Steuerbefreiung, sondern um Billigkeitsmaßnahmen handelte. § 3a Abs. 1 Satz 1 EStG stellt dagegen nun eine solche Steuerbefreiung dar, sodass Sanierungsaufwendungen schon nach der Grundregel des § 3c Abs. 1 EStG nicht abziehbar sind. § 3c Abs. 4 EStG verdrängt als lex specialis nunmehr das allgemeine Betriebsausgabenabzugsverbot des § 3c Abs. 1 EStG und konkretisiert es näher. Das Betriebsausgabenabzugsverbot gilt unabhängig davon, in welchem Veranlagungszeitraum die Sanierungsaufwendungen angefallen sind. Auch dies hatte die Finanzverwaltung bereits unter dem Sanierungserlass praktiziert.[5] 2.73

Anders als § 3c Abs. 1 EStG („soweit") verhindert § 3c Abs. 4 Satz 1 EStG nach dem Gesetzeswortlaut auch die Berücksichtigung eines Sanierungsverlustes, für den (unwahrscheinlichen)[6] Fall, dass die Sanierungsaufwendungen den Sanierungsertrag übersteigen. Ein insoweit „negativer geminderter Sanierungsertrag" führt jedoch nicht zum Untergang weiterer Verlustpositionen nach § 3a Abs. 3 Satz 2 EStG. Nach der Ausnahmeregelung des § 3c Abs. 4 Satz 4 EStG gilt § 3c Abs. 4 Satz 1 EStG für nachträgliche Sanierungskosten nur insoweit, als noch ein verbleibender Sanierungsertrag vorhanden ist (s. auch das Beispiel unter Rz. 3.74). 2.74

Nach der Gesetzesbegründung sollen die Aufwendungen nicht abziehbar sein, unabhängig davon, ob sie tatsächlich zu einer entsprechenden steuerfreien Betriebsver- 2.75

1 *Förster/Hechtner*, DB 2017, 1536 (1542); *Kölbl/Neumann*, Ubg 2018, 273 (285).
2 BR-Drucks. 59/17, 17.
3 BR-Drucks. 59/17, 17; *Desens*, FR 2017, 981 (985).
4 *Desens*, FR 2017, 981 (984).
5 OFD Niedersachsen v. 12.7.2017 – S 2140-8-St 244.
6 *Beutel/Sistermann* in Lüdicke/Sistermann, Unternehmensteuerrecht², § 17 Rz. 99.

mögensmehrung geführt haben.[1] Ein Abzugsverbot für **vergebliche Aufwendungen** bedarf jedoch einer gesetzlichen Anordnung, wie auch § 3c Abs. 2 Satz 7 EStG zeigt. Der Wortlaut von § 3c Abs. 4 Satz 1 EStG setzt das Vorliegen eines steuerfreien Sanierungsertrags ausdrücklich voraus. Auch der Sinn und Zweck des Abzugsverbots, eine Doppel*begünstigung* zu verhindern, legt eine Erweiterung des Abzugsverbots auf Aufwendungen, die im wirtschaftlichen Zusammenhang mit der *Absicht* zur Erzielung eines steuerfreien Sanierungsertrags stehen, nicht nahe.[2]

2.76 Ein zeitlicher Zusammenhang der Aufwendungen mit dem steuerfreien Sanierungsertrag ist für die Nicht-Abziehbarkeit nicht erforderlich. Um eine Berücksichtigung von Aufwendungen vergangener Veranlagungszeiträume zu ermöglichen, wurde in § 3c Abs. 4 Satz 5 EStG eine besondere **Änderungsvorschrift** geschaffen, die eine Änderung des Steuer- oder Feststellungsbescheides in eben dem Jahr ermöglicht, in dem der Aufwand tatsächlich angefallen ist. Nach § 3c Abs. 4 Satz 6 Halbs. 2 EStG wird außerdem die Festsetzungsfrist an die des Bescheides aus dem Sanierungsjahr geknüpft. Damit ist eine Änderung auch bestandskräftiger Bescheide aus den Vorjahren möglich. Einer solchen Vorschrift bedurfte es unter dem Sanierungserlass nicht, da die Sanierungskosten den im Rahmen der Billigkeitsmaßnahme freigestellten Sanierungsgewinn minderten und sich daher wirtschaftlich nur im Sanierungsjahr auswirkten.

2.77 Auch **Sanierungsaufwendungen, die nach dem Sanierungsjahr entstehen**, sind nicht abziehbar. Dies gilt jedoch nur insoweit, als noch ein verbleibender Sanierungsertrag (§ 3a Abs. 3 Satz 4 EStG) vorhanden ist (siehe hierzu auch das Beispiel unter Rz. 3.74). Ebenfalls von dem Abzugsverbot ausgenommen sind Betriebsausgaben, die zur Erhöhung von Verlustvorträgen geführt haben, die durch die Verrechnung nach § 3a Abs. 3 Satz 2 EStG bereits entfallen. So wird folgerichtig eine systemwidrige Doppelbelastung verhindert, was auch bereits unter dem Sanierungserlass galt.[3]

2.78 **Beispiel:** Sachverhalt wie Ausgangsbeispiel. Die B-GmbH hat einen Gewinn i.H.v. 200 Mio. Euro. Darin enthalten ist ein Sanierungsertrag i.H.v. 100 Mio. Euro. Die B-GmbH hat einen Verlustvortrag i.H.v. 50 Mio. Euro und Sanierungskosten aus Vorjahren i.H.v. 10 Mio. Euro, die nicht im Verlustvortrag enthalten sind.

Der Sanierungsertrag i.H.v. 100 Mio. Euro ist nach § 3a Abs. 1 Satz 1 EStG steuerfrei. Der Verlustvortrag i.H.v. 50 Mio. Euro geht endgültig unter, § 3a Abs. 3 Satz 5 EStG. Die Sanierungskosten i.H.v. 10 Mio. Euro sind nicht abzugsfähig, § 3c Abs. 4 Satz 1 EStG. Die Veranlagung der Vorjahre wird entsprechend rückwirkend geändert, § 3c Abs. 4 Satz 5 EStG.

d) Auswirkungen auf Verluste, Verlustvorträge und andere Steuerminderungspositionen

2.79 Weitere Rechtsfolge der Steuerfreiheit des Sanierungsertrags ist der Untergang der in § 3a Abs. 3 Satz 2 Nr. 1 – 13 EStG aufgeführten Positionen beim Steuerpflichtigen

---

1 BR-Drucks. 59/17, 17.

2 Das steht im Einklang mit der Rechtsprechung des BFH zum Parallelproblem der sog. einnahmelosen Beteiligung, BFH v. 25.6.2009 – IX R 42/08, BStBl. II 2010, 220; ebenso *Desens*, FR 2017, 981 (985); *Förster/Hechtner*, DB 2017, 1536 (1543).

3 OFD Niedersachsen v. 12.7.2017 – S 2140-8-St 244.

sowie nach § 3a Abs. 3 Satz 3 EStG bei „nahestehenden Personen". Sinn und Zweck dieser Regelung ist die Vermeidung einer „sachlich nicht gerechtfertigten Doppelbegünstigung".[1] Die Verrechnung der Positionen erfolgt nacheinander bis zur Höhe des Betrags, um den der Sanierungsertrag die nicht abziehbaren Sanierungsaufwendungen i.S.d. § 3c Abs. 4 EStG aus dem Sanierungsjahr und dem Vorjahr übersteigt („geminderter Sanierungsertrag"), § 3a Abs. 3 Satz 1 EStG. Die Positionen der Nr. 1–8 sind auf das zu sanierende Unternehmen bezogen, die Nr. 9–13 gehen darüber hinaus.[2]

Auch der Sanierungserlass sah bereits eine Verrechnung von Verlustminderungspositionen vor. Nach Tz. 8 des Sanierungserlasses waren die Besteuerungsgrundlagen in der Weise zu ermitteln, dass Verluste/negative Einkünfte unbeschadet von Ausgleichs- und Verrechnungsbeschränkungen für die Anwendung dieses BMF-Schreibens im Steuerfestsetzungsverfahren bis zur Höhe des Sanierungsgewinns vorrangig mit dem Sanierungsgewinn verrechnet wurden. Welche Verlustpositionen davon genau betroffen waren und in welcher Reihenfolge sie verrechnet werden sollten, war jedoch unklar.[3] Erst der so ermittelte Sanierungsgewinn wurde dann gestundet bzw. erlassen. Die §§ 3a EStG, 7b GewStG ordnen hingegen die Steuerbefreiung des gesamten Sanierungsertrags (dazu oben Rz. 2.65 ff.) und den Untergang der Steuerminderungspositionen als nebeneinander stehende Rechtsfolgen an.

Die Neuregelung ist weitaus ausführlicher gestaltet als die diesbezüglichen Ausführungen unter dem Sanierungserlass und sieht eine feste Reihenfolge der Verrechnung vor. Es bleiben dennoch einige Unklarheiten bestehen. Fraglich ist beispielsweise die inhaltliche und personelle Reichweite des § 3a Abs. 3 Satz 2 Nr. 9 und 10 EStG. Danach geht der ausgleichsfähige Verlust aus allen Einkunftsarten des Veranlagungszeitraums, in dem das Sanierungsjahr endet, unter. Die Gesetzesbegründung gibt Aufschluss darüber, dass vor Verrechnung mit dem geminderten Sanierungsertrag ein horizontaler (interner) Verlustausgleich, also der Ausgleich negativer Einkünfte mit positiven Einkünften derselben Einkunftsart, durchgeführt wird.[4] In der Literatur wird daher die Frage aufgeworfen, ob auch ein vertikaler (externer) Verlustausgleich, also eine Verrechnung positiver und negativer Einkünfte unterschiedlicher Einkunftsarten durchgeführt wird, bevor der so entstehende Verlustsaldo untergeht.[5] Für eine solche Vorgehensweise spricht der Wortlaut der Regelung, der den „Verlust" untergehen lässt und nicht „die Verluste". Die wohl überwiegende Meinung nimmt daher an, dass erst der nach horizontalem und vertikalem Verlustausgleich gebildete Verlustsaldo untergeht.[6] 2.80

1 BT-Drucks. 18/1218, 31.
2 Siehe auch *Hallerbach* in Herrmann/Heuer/Raupach, § 3a EStG Rz. 34 (293. Erg. Lfg. August 2019); *Seer* in Kirchhof[18], § 3a EStG Rz. 32.
3 Vgl. auch *Beutel/Sistermann* in Lüdicke/Sistermann, Unternehmenssteuerrecht[2], § 18 Rz. 92.
4 BT-Drucks. 18/12128, 32.
5 Vgl. zur Diskussion bei *Desens*, FR 2017, 981 (986 f.).
6 So *Hallerbach* in Hermann/Heuer/Raupach, § 3a EStG Rz. 37 (293. Erg. Lfg. August 2019); *Krumm* in Blümich, § 3a EStG Rz. 44 (145. Erg. Lfg. Dezember 2018); *Desens*, FR 2017, 981 (987); *Kanzler*, NWB 2017, 2260 (2270). *Seer* in Kirchhof[18], § 3a EStG Rz. 41 leitet

Zudem weist der Hinweis in der Gesetzesbegründung Probleme auf, dass bei zusammenveranlagten Ehegatten (oder eingetragenen Lebenspartnern) auch die laufenden negativen Einkünfte und Verlustvorträge des anderen Ehegatten einzubeziehen sind.[1] Im Wortlaut des § 3a Abs. 3 Satz 2 Nr. 9 und 10 EStG findet dies keine Stütze.[2] Sicher ausgeschlossen ist eine Verrechnung jedenfalls, wenn die Ehegatten die getrennte Veranlagung wählen.[3]

§ 3a Abs. 3 Satz 2 Nr. 11 Buchst. g EStG verlangt zudem die Verrechnung des Sanierungsertrags mit verrechenbaren Verlusten oder negativen Einkünften „nach sonstigen Vorschriften". Für die Vorschriften, die unter diesen Tatbestand fallen sollen, ist die Verrechnungsreihenfolge nicht mehr gesetzlich vorgegeben.[4]

Die **Systematik der Minderungen nach § 3a Abs. 3 EStG** lässt sich schematisch wie folgt darstellen:

	Sanierungsertrag, § 3a Abs. 1 Satz 1 EStG
./.	*nicht-abziehbare Sanierungsaufwendungen gem. § 3c Abs. 4 EStG*
=	*„geminderter Sanierungsertrag", § 3a Abs. 3 Satz 1 EStG*
./.	***nacheinander** die Positionen gem. § 3a Abs. 3 Satz 2 Nr. 1–13 EStG des zu sanierenden Unternehmens*
./.	***nacheinander** verteilt abziehbarer Aufwand, Verluste, negative Einkünfte, Zinsvorträge und EBITDA-Vorträge einer dem Steuerpflichtigen **nahestehenden Person** unter den Voraussetzungen des § 3a Abs. 3 Satz 3 EStG*
=	*„verbleibender Sanierungsertrag", § 3a Abs. 3 Satz 4 EStG*

Im Folgenden soll der Untergang der Steuerminderungspositionen an Beispielsfällen illustriert werden.

2.81 **Beispiel:** Sachverhalt wie Ausgangsbeispiel. Die B-GmbH verfügt neben der Betriebsvermögensmehrung aus den Forderungsverzichten i.H.v. 200 Mio. Euro noch über laufende Erträge i.H.v. 10 Mio. Euro. Darin sind laufende Aufwendungen i.H.v. 100 Mio. Euro enthalten. Verlustvorträge bestehen nicht. Wie mindern sich die Verlustverrechnungspotentiale?

---

dies aus dem objektiven Nettoprinzip ab. *Förster/Hechtner*, DB 2017, 1536 (1541) vertreten dagegen, dass der Wortlaut gegen einen vertikalen Verlustausgleich spricht.

1 BT-Drucks. 18/12128, 32.

2 *Krumm* in Blümich, § 3a EStG Rz. 44 (145. Erg. Lfg. Dezember 2018) weist darauf hin, dass der Wortlaut dem jedoch auch nicht entgegenstehe. *Desens*, FR 2017, 981 (987) differenziert danach, auf welcher Stufe der Ermittlung des Einkommens die jeweils einschlägige Steuerminderungsposition zu berücksichtigen ist. *Seer* in Kirchhof[18], § 3a EStG Rz. 32 lehnt die Berücksichtigung der Verluste des Ehepartners als Verletzung des Subjektsteuerprinzips insgesamt ab.

3 So auch *Krumm* in Blümich, § 3a EStG Rz. 44 (145. Erg. Lfg. Dezember 2018); *Kanzler*, NWB 2017, 2260 (2269).

4 In Betracht kommen bspw. § 20 Abs. 6 EStG und § 22 Nr. 3 Satz 4 EStG, siehe *Seer* in Kirchhof[18], § 3a EStG Rz. 46; *Krumm* in Blümich, § 3a EStG Rz. 46 (145. Erg.-Lfg. Dezember 2018).

Der Sanierungsertrag i.H.v. 200 Mio. Euro ist steuerfrei (§ 3a Abs. 1 Satz 1 EStG i.V.m. § 8 Abs. 1 Satz 1 KStG). Die laufenden Aufwendungen i.H.v. 100 Mio. Euro sind nicht von § 3a Abs. 3 Satz 2 Nr. 8, 9 EStG erfasst, da insgesamt kein Verlust erzielt wurde.

Beispiel: Sachverhalt wie Ausgangsbeispiel. Die 100%ige Muttergesellschaft M-GmbH der B-GmbH hatte den gesamten Geschäftsbetrieb der M-GmbH (einschließlich der nunmehr wegfallenden Verbindlichkeiten) vor drei Jahren im Wege einer Ausgliederung auf die B-GmbH übertragen. Die M-GmbH verfügt über Verlustvorträge i.H.v. 100 Mio. Euro. Hiervon bestanden 50 Mio. Euro bereits im Ausgliederungsjahr. Wie mindern sich die Verlustverrechnungspotentiale? 2.82

Die Verlustvorträge der M-GmbH gehen nach § 3a Abs. 3 Satz 3 EStG unter, da es sich um eine nahestehende Person handelt, die die erlassenen Schulden weniger als fünf Jahre vor dem Schuldenerlass auf die B-GmbH übertragen hat. § 3a Abs. 3 Satz 3 EStG ordnet an, dass sich die Verlustminderungspositionen nahestehender Personen nur insoweit mindern, wie sie zum Ablauf des Wirtschaftsjahres der Übertragung bereits entstanden waren. Die Verlustvorträge der M-GmbH gehen also nur i.H.v. 50 Mio. Euro unter.

Abwandlung: Wie wäre es, wenn die M-GmbH die Anteile an der B-GmbH zwischenzeitlich verkauft hat?

Nach einem Verkauf ist die M-GmbH keine nahestehende Person mehr, so dass ein Untergang des Verlustvortrags nicht zu befürchten ist.

Besonderheiten bei Personengesellschaften 2.83

Personengesellschaften selbst unterliegen nicht der Körperschaft- oder Einkommensteuer. Steuersubjekt sind nur ihre Gesellschafter. Die steuerliche Gewinnermittlung findet jedoch auf Ebene der Personengesellschaft statt und wird den Mitunternehmern (anteilig) steuerlich zugerechnet (Transparenzprinzip). Die Gewinnanteile (und Sondervergütungen) sind Teil der einkommensteuerbaren Einkünfte, wenn es sich bei dem Gesellschafter um eine natürliche Person handelt und gehen in die Ermittlung des körperschaftsteuerlichen Einkommens ein, wenn der Gesellschafter ein Körperschaftsteuersubjekt i.S.d. § 1 KStG ist.[1] Die Steuerbefreiung für Sanierungserträge ist sowohl auf Sanierungsmaßnahmen gegenüber Kapitalgesellschaften als auch gegenüber Personengesellschaften anzuwenden, wenn sie eine unternehmensbezogene Sanierung i.S.d. § 3a Abs. 2 EStG darstellen. Steuerbefreit nach § 3a Abs. 1 EStG ist der auf Ebene der Personengesellschaft entstehende und den Mitunternehmern zuzurechnende Sanierungsertrag. Dementsprechend sind auch die Steuerminderungspotentiale sowohl auf Ebene der Gesellschaft als auch auf Ebene der Mitunternehmer nach § 3a Abs. 3 Satz 2 EStG mit dem auf sie entfallenden Teil des Sanierungsertrags zu verrechnen. Verfahrensrechtlich besteht die Besonderheit, dass sowohl der Sanierungsertrag, als auch die nach § 3a Abs. 3 EStG zu mindernden Beträge einheitlich und gesondert festzustellen sind, § 3a Abs. 4 EStG.

Beispiel: A und B sind an der AB KG jeweils zu 50 % beteiligt. Die AB KG einigt sich mit ihrer Bank auf ein Sanierungskonzept, im Rahmen dessen die Bank auf ihre Forderungen ggü. der AB KG i.H.v. 100 Mio. Euro verzichtet. Die Voraussetzungen i.S.v. § 3a Abs. 2 EStG liegen vor. Die AB KG verfügt über einen Zinsvortrag i.H.v. 120 Mio. Euro. A hat privat gehaltene Immobilien und erzielt mit der Immobilie 1 einen Überschuss i.H.v. 1 Mio. Euro und mit der

1 Vgl. grundlegend auch *Hennrichs* in Tipke/Lang, Steuerrecht[23], § 10 Rz. 1.

Immobilie 2 einen Verlust i.H.v. 1 Mio. Euro. B hat aus zwei anderen KG-Beteiligungen negative Einkünfte aus Gewerbebetrieb i.H.v. jeweils 60 Mio. Euro. Die AB KG macht im Folgejahr einen Verlust i.H.v. 10 Mio. Euro. Wie vermindern sich die Verlustverrechnungspotentiale?

Der Sanierungsertrag i.H.v. 100 Mio. Euro ist steuerfrei, § 3a Abs. 1 Satz 1 EStG. A hat mit seiner Vermietungstätigkeit keinen Verlust erzielt, der verrechnet werden könnte. Die negativen Einkünfte des B aus anderen Beteiligungen werden mit dem auf ihn entfallenden Teil des Sanierungsertrags i.H.v. 50 Mio. Euro verrechnet, § 3a Abs. 3 Satz 2 Nr. 11 lit. c EStG. Der Verlust der AB KG aus dem Folgejahr i.H.v. 10 Mio. Euro ist nach § 3a Abs. 3 Satz 2 Nr. 12 EStG mit den auf A entfallenden 50 Mio. Euro des Sanierungsertrags zu verrechnen und zwar vorrangig vor dem Zinsvortrag (§ 3a Abs. 3 Satz 2 EStG: „nacheinander"). Der Zinsvortrag der AB KG reduziert sich sodann nach § 3a Abs. 3 Satz 2 Nr. 13 lit. a EStG um die verbleibenden 40 Mio. Euro des Sanierungsertrags auf 80 Mio. Euro.

2.84 **Beispiel:** A ist an der A-KG und an der B-KG jeweils als alleiniger am Kapital beteiligter Gesellschafter beteiligt. Im Jahr 01 entsteht ein Sanierungsertrag der A-KG i.H.v. 2,6 Mio. Euro. Aus dem Jahr 01 ergibt sich ein laufender Verlust auf Ebene der A-KG i.H.v. 190.000 €. Im Jahr 00 besteht ein gesondert festgestellter Verlust nach § 15a Abs. 4 EStG auf Ebene der A-KG i.H.v. 800.000 €. Ein Verlustvortrag des A aus dem Jahr 00 besteht i.H.v. 1,2 Mio Euro. Im Jahr 00 besteht ein gesondert festgestellter Verlust nach § 15a Abs. 4 EStG auf Ebene der B-KG i.H.v. 300.000 €. Im Verlustvortrag nach § 15a Abs. 4 EStG auf Ebene der A-KG sind Sanierungskosten aus dem Jahr 00 i.H.v. 5.000 € enthalten. Im Jahr 01 sind zudem Sanierungskosten i.H.v. 10.000 € entstanden.

in Tausend Euro

	Sanierungsertrag A-KG	**nicht-abziehbare Beträge A-KG**		**Lfd. Verlust A-KG**	**Verlustvortrag, § 15a Abs. 4 EStG A-KG**	**§ 10d EStG A**	**§ 15a Abs. 4 EStG B-KG**
	01	**00**	**01**	**01**	**00**	**00**	**00**
	2.600	*5*	*10*	*190*	*800*	*1.200*	*300*
§ 3a Abs. 3 Satz 1	-10	-10					
§ 3a Abs. 3 Satz 2 Nr. 2	-190			-190			
§ 3a Abs. 3 Satz 2 Nr. 3	-800				-800		
§ 3a Abs. 3 Satz 2 Nr. 10	-1.200					-1.200	
§ 3a Abs. 3 Satz 2 Nr. 11 Buchst. a	-300						-300
Verbleibend	*100*			*0*	*0*	*0*	*0*

2.85 ***Besonderheiten bei körperschaftsteuerlicher Organschaft***

Im Falle einer körperschaftsteuerlichen Organschaft sind die §§ 3a, 3c Abs. 4 EStG getrennt auf Organgesellschaft und Organträgerin anzuwenden. Bei Sanierung der Organgesellschaft sind zunächst die „eingefrorenen" (§ 15 Satz 1 Nr. 1 Satz 1 KStG)

Verlustvorträge der Organgesellschaft nach Maßgabe des § 3a Abs. 3 EStG zu mindern, § 15 Satz 1 Nr. 1 Satz 2 KStG. Danach gehen in Höhe des verbleibenden Sanierungsertrags (§ 3a Abs. 3 Satz 4 EStG) auch die Steuerminderungspositionen der Organträgerin unter, § 15 Satz 1 Nr. 1a Satz 1 KStG. Nach § 15 Satz 1 Nr. 1a Satz 3 KStG gilt dies auch, wenn eine körperschaftsteuerliche Organschaft zwar im Sanierungsjahr nicht mehr besteht, aber innerhalb der letzten fünf Jahre vor dem Sanierungsjahr bestand. Die Minderung erfolgt unabhängig davon, ob die entsprechenden Verlustpositionen innerhalb der Organschaft entstanden sind und ob die ehemalige Organgesellschaft noch „nahestehende Person" i.S.v. § 3a Abs. 3 Satz 2 EStG ist oder mittlerweile (mehrfach) an fremde Dritte verkauft wurde. Gegen diese Regelungen werden richtigerweise verfassungsrechtliche Bedenken wegen der Verletzung des objektiven Nettoprinzips erhoben.[1]

In der Beratungspraxis muss diese Rechtsfolge (siehe dazu auch nachfolgendes Beispiel) zukünftig mitbedacht werden. Wird eine Organgesellschaft verkauft und scheidet sie damit aus dem Organkreis aus, droht gleichwohl der Untergang von Steuerminderungspositionen bei der Organträgerin, wenn die ehemalige Organgesellschaft innerhalb von fünf Jahren nach Beendigung der Organschaft steuerbefreite Sanierungserträge erzielt. Unternehmenskaufverträge sollten bei dem Verkauf von Organgesellschaften daher zukünftig eine sog. ***Reverse Indemnity Klausel*** enthalten, die eine Kompensation des Veräußerers für diesen Fall vorsieht.

Beispiel: Sachverhalt wie Ausgangsbeispiel. Die B-GmbH befand sich vor vier Jahren in einer ertragsteuerlichen Organschaft mit ihrer damaligen Muttergesellschaft OT. OT hat die B-GmbH vor vier Jahren veräußert und die Organschaft ordnungsgemäß beendet. Die B-GmbH war während der Organschaft immer profitabel. Die OT verfügt im Sanierungsjahr über laufende Verluste i.H.v. 100 Mio. Euro. Das Verlustverrechnungspotential der B-GmbH beträgt ebenfalls 100 Mio. Euro. Der Sanierungsertrag der B-GmbH beträgt – wie oben – 200 Mio. Euro. Fallen die laufenden Verluste der OT weg? 2.86

Der Sanierungsertrag der B-GmbH i.H.v. 200 Mio. Euro ist steuerfrei, § 3a Abs. 1 Satz 1 EStG (i.V.m. § 8 Abs. 1 Satz 1 KStG). Das Verlustverrechnungspotential der B-GmbH geht i.H.v. 100 Mio. Euro unter, § 15 Satz 1 Nr. 1 Satz 2 KStG i.V.m. § 3a Abs. 3 Satz 2 EStG. Ebenso geht das Verlustverrechnungspotential der OT i.H.v. 100 Mio. Euro unter, auch wenn dieses nicht durch die B-GmbH erhöht wurde, § 15 Satz 1 Nr. 1a Satz 1, 3 KStG i.V.m. § 3a Abs. 3 Satz 2 EStG.

4. Gewerbesteuer, § 7b GewStG

Nach § 7b Abs. 1 GewStG sind die §§ 3a, 3c Abs. 4 EStG bei der **Ermittlung des Gewerbeertrags** entsprechend anzuwenden. Die Minderung der Verlustverrechnungspotentiale wird in § 7b Abs. 2 GewStG für Zwecke der Gewerbesteuer aber angepasst. Danach mindert der nach Anwendung des § 3a Abs. 3 Satz 2 Nr. 1 EStG verbleibende geminderte Sanierungsertrag (§ 3a Abs. 3 Satz 1 EStG)[2] nacheinander die in § 7b Abs. 2 Satz 1 GewStG aufgezählten Steuerminderungspositionen, sie nehmen nicht mehr an der Feststellung der vortragsfähigen Beträge teil, § 7b Abs. 2 2.87

1 Vgl. *Beutel/Sistermann* in Lüdicke/Sistermann, Unternehmensteuerrecht^2, § 18 Rz. 97; *Desens*, FR 2017, 981 (992).

2 Nicht der „verbleibende Sanierungsertrag" i.S.d. § 3a Abs. 3 Satz 3 EStG.

Satz 6 GewStG. Ausgangsgröße ist somit der steuerfreie Sanierungsertrag gem. § 7b Abs. 1 GewStG i.V.m. § 3a Abs. 1 Satz 1 EStG, gekürzt um die nicht abziehbaren Aufwendungen i.S.v. § 3c Abs. 4 EStG und etwaigen Aufwand i.S.v. § 3a Abs. 3 Satz 2 Nr. 1 EStG (gestreckter Aufwand infolge Verpflichtungsübertragung). Im Einzelnen handelt es sich um den laufenden negativen Gewerbeertrag (Gewerbeverlust), § 7b Abs. 2 Satz 1 Nr. 1 GewStG, etwaige vororganschaftliche Fehlbeträge, § 7b Abs. 2 Satz 1 Nr. 2 GewStG, sowie die gesondert festgestellten Fehlbeträge „ungeachtet des § 10a Satz 2" GewStG, § 7b Abs. 2 Satz 1 Nr. 3 GewStG. Laut Gesetzesbegründung soll Nr. 3 die Kürzung „ohne Berücksichtigung der Mindestbesteuerung"[1] anordnen; insoweit ist der Verweis (nur) auf § 10a Satz 2 GewStG unzureichend.[2] Allerdings kann dem gesetzgeberischen Willen wohl durch eine systematische Zusammenschau mit § 3a Abs. 3 Satz 2 Nr. 10 EStG Geltung verschafft werden, der die Mindestbesteuerung komplett ausschließt.[3]

Den genannten Regeln entsprechend werden nach § 7b Abs. 2 Satz 2 GewStG die Fehlbeträge eines anderen Unternehmens durch den verbleibenden Sanierungsertrag gemindert, wenn dieses die erlassenen Schulden innerhalb eines Zeitraums von fünf Jahren vor dem Schuldenerlass auf das zu sanierende Unternehmen übertragen hat und soweit die Beträge zum Abschluss des Wirtschaftsjahrs der Übertragung bereits entstanden waren. Der verbleibende Sanierungsertrag wird jedoch zunächst um den Zins- und EBITDA-Vortrag gekürzt, § 7b Abs. 2 Satz 3 GewStG.

Bei Mitunternehmerschaften erfolgt die Minderung der Fehlbeträge spiegelbildlich zur Zurechnung der Verluste gem. § 10a Satz 4 f. GewStG (§ 7b Abs. 2 Satz 4 GewStG), d.h. nach allgemeinem Gewinnverteilungsschlüssel des Gesellschaftsvertrags. Sonstige Verlustverrechnungspotentiale der Mitunternehmer werden gewerbesteuerlich nicht gemindert, da § 3a Abs. 3 Satz 2 Nr. 2 ff. EStG gem. § 7b Abs. 2 Satz 1 GewStG keine Anwendung finden.

Bei einer Sanierung von Betrieben gewerblicher Art bzw. Kapitalgesellschaften der öffentlichen Hand mit Spartenrechnung ist § 8 Abs. 9 Satz 9 KStG anzuwenden, § 7b Abs. 2 Satz 5 GewStG. Der Verweis (nur) auf § 8 Abs. 9 Satz 9 KStG muss als „missglückt" gelten, führt im Ergebnis wohl aber nur dazu, dass eine steuerfreie Sanierung einzelner Sparten nicht möglich ist bzw. jedenfalls auch Fehlbeträge anderer Sparten gemindert werden.[4] Letzteres stellt auch den gesetzgeberischen Willen sicher, dass es nicht möglich sein soll, den sanierungsbedürftigen Betriebsteil einer dauerdefizitären Sparte vor der Sanierung auf eine andere Sparte zu übertragen und die bisherigen Fehlbeträge der dauerdefizitären Sparte zu erhalten.[5]

---

1 Finanzausschuss des Bundestages, BT-Drucks. 18/12128, 36.

2 Siehe dazu *Desens* in Wendt/Suchanek/Möllmann/Heinemann, GewStG, § 7b Rz. 20; *Drüen* in Blümich, EStG/KStG/GewStG, § 7b GewStG Rz. 20 (146. Erg.-Lfg. Februar 2019); *Roser* in Lenski/Steinberg, GewStG, § 7b Rz. 29 (126. Erg.-Lfg. Februar 2019).

3 Ebenso *Desens* in Wendt/Suchanek/Möllmann/Heinemann, GewStG, § 7b Rz. 20.

4 Siehe *Desens* in Wendt/Suchanek/Möllmann/Heinemann, GewStG, § 7b Rz. 24; *Drüen* in Blümich, EStG/KStG/GewStG, § 7b GewStG Rz. 26 (146. Erg.-Lfg. Februar 2019); *Roser* in Lenski/Steinberg, GewStG, § 7b Rz. 34 (126. Erg.-Lfg. Februar 2019).

5 Siehe Finanzausschuss des Bundestages, BT-Drucks. 18/12128, 34.

Im Falle einer gewerbesteuerlichen Organschaft gilt § 15 Satz 1 Nr. 1a KStG gem. § 7b Abs. 3 Satz 1 GewStG entsprechend, der verbleibende geminderte Sanierungsertrag (gemindert um den Zins- und EBITDA-Vortrag der Organgesellschaft) mindert die Fehlbeträge der (ehemaligen) Organträgerin. Die entsprechende Anwendung des § 15 Satz 1 Nr. 1a Satz 1 KStG führt dazu, dass statt des verbleibenden Sanierungsertrags gem. § 3a Abs. 3 Satz 4 EStG auf den verbleibenden Sanierungsertrag nach Anwendung des § 7b Abs. 2 GewStG als Obergrenze abzustellen ist.[1]

Beispiel: Sachverhalt wie Ausgangsbeispiel. Die B-GmbH befand sich vor vier Jahren in einer ertragsteuerlichen Organschaft mit ihrer damaligen Muttergesellschaft OT. OT hat die B-GmbH vor vier Jahren veräußert und die Organschaft ordnungsgemäß beendet. Die B-GmbH war während der Organschaft immer profitabel. Sie verfügt über einen körperschaftsteuerlichen Verlustvortrag i.H.v. 150 Mio. Euro. Der gewerbesteuerliche Verlustvortrag beträgt 150 Mio. Euro. Die B-GmbH verfügt über einen Zinsvortrag i.H.v. 80 Mio. Euro. Der Sanierungsertrag der B-GmbH beträgt weiter 200 Mio. Euro. In welcher Höhe wird der Zinsvortrag verbraucht? In welcher Höhe werden Verlustverrechnungspotentiale der OT verbraucht? 2.88

Der Sanierungsertrag i.H.v. 200 Mio. Euro ist steuerfrei, § 3a Abs. 1 Satz 1 EStG (i.V.m. § 8 Abs. 1 Satz 1 KStG). Der körperschaftsteuerliche Verlustvortrag der B-GmbH geht vollständig i.H.v. 150 Mio. Euro unter (§ 3a Abs. 3 Satz 2 Nr. 10 EStG). Der Zinsvortrag der B-GmbH geht i.H.v. 50 Mio. Euro unter (§ 3a Abs. 3 Satz 2 Nr. 13 lit. a EStG), damit ist der körperschaftsteuerliche Sanierungsertrag (200 Mio. Euro) vollständig verbraucht. Der gewerbesteuerliche Verlustvortrag wird durch den nach Anwendung des § 3a Abs. 3 Satz 2 Nr. 1 EStG verbleibenden geminderten Sanierungsertrag vollständig aufgebraucht (§ 7b Abs. 2 Satz 1 Nr. 3 GewStG). Es bleibt ein Sanierungsertrag i.H.v. 50 Mio. Euro. Dieser mindert die Verlustverrechnungspotentiale der OT jedoch nicht, da nach § 7b Abs. 3 Satz 2 i.V.m. Abs. 2 Satz 3 GewStG der verbleibende Sanierungsertrag zunächst um den (vollen) Zinsvortrag zu mindern ist und hier damit vollständig verbraucht wird.

5. Verfahrensrechtliche Regelungen

Zudem ist in § 3a Abs. 4 Satz 3, 4 EStG eine **Korrekturvorschrift** normiert. Bereits bestandskräftig festgestellte verrechenbare Verluste oder Verlustvorträge, bei denen die Verlustminderung nach § 3a Abs. 3 Satz 2 EStG bisher nicht oder nicht vollständig berücksichtigt wurde, können danach neu festgesetzt werden. Verändert sich nur die Höhe der nicht-abziehbaren Betriebsausgaben nach § 3c Abs. 4 EStG und führt dies zu Veränderungen der Verlustverrechnungsbeträge findet die Änderungsvorschrift des § 3a Abs. 4 Satz 3 EStG keine Anwendung.[2] Überzeugend erscheint es jedoch, in diesem Fall die Änderungsvorschrift des § 3c Abs. 4 Satz 5, 6 EStG anzuwenden.[3] 2.89

6. Behandlung von Altfällen/Vertrauensschutzregelung

Mit der Entscheidung des Großen Senats des BFH[4] wurde der Sanierungserlass unanwendbar. Für Steuerpflichtige in Sanierungssituationen, die noch keine verbindli- 2.90

1 Siehe *Desens* in Wendt/Suchanek/Möllmann/Heinemann, GewStG, § 7b Rz. 25.
2 *Förster/Hechtner*, DB 2017, 1536 (1544); *Kanzler*, NWB 2017, 2260 (2272).
3 Ebenso *Kanzler*, NWB 2017, 2260 (2272).
4 Großer Senat des BFH, Beschl. v. 28.11.2016 – GrS 1/15, BStBl. II 2017, 393.

che Auskunft erreichen konnten, bedeutete dies eine erhebliche Rechts- und Planungsunsicherheit. Das BMF reagierte daher prompt mit einer **Übergangsregelung**, durch die Rechtssicherheit für Sanierungsfälle bis zu einer gesetzlichen Neuregelung geschaffen werden sollte.[1] Danach ist für Schuldenerlasse, die bis (einschließlich) 8.2.2017 (Tag der Veröffentlichung des Beschlusses des Großen Senats) vollzogen wurden oder als vollzogen gelten, auf den daraus resultierenden Sanierungsgewinn der Sanierungserlass weiterhin uneingeschränkt anzuwenden. Auch eine verbindliche Auskunft, die bereits erteilt wurde, soll weder aufgehoben oder zurückgenommen werden, wenn der Schuldenerlass bis zum Zeitpunkt der Aufhebung oder Rücknahme vollzogen wurde. Verbindliche Auskünfte oder Zusagen, die erst nach dem 8.2.2017 erteilt wurden, sollen dagegen regelmäßig zurückgenommen werden.

2.91 Obwohl eine derartige Übergangsregelung zur Schaffung von Rechtssicherheit in Literatur und Praxis vielfach gefordert und begrüßt wurde,[2] hat der **BFH** auch diese Regelung als Verstoß gegen den Grundsatz der Gesetzmäßigkeit der Verwaltung **verworfen.**[3] Das für die Zulässigkeit einer Übergangsregelung notwendige schützenswerte Vertrauen der Steuerpflichtigen setze eine gesicherte Rechtssauffassung voraus, die sodann geändert werde. Da der Sanierungserlass jedoch von Beginn an verfassungs- wie unionsrechtlichen Zweifeln ausgesetzt war,[4] sei die Rechtslage nie derart gesichert gewesen.[5] Hervorzuheben ist, dass die BFH-Urteile, die die Übergangsregelung verwerfen, gegen den ausdrücklichen Willen des Gesetzgebers ergangen sind.[6] Als dieser prompt eine Neuregelung zur Steuerbefreiung von Sanierungserträgen schuf, stellte er für die Behandlung von Altfällen auf die Übergangsregelung nach dem BMF-Schreiben v. 27.4.2017 ab.[7] Die Neuregelung des § 3a EStG sollte daher erst für Fälle gelten, in denen der Schuldenerlass ganz oder teilweise nach dem 8.2.2017 vollzogen wurde.[8]

2.92 Das BMF hat auf die BFH Urteile vom 23.8.2017[9] mit einem **Nichtanwendungserlass** reagiert.[10] Im Verwaltungsverfahren wäre den Steuerpflichtigen daher wahrscheinlich eine Begünstigung durch den Sanierungserlass möglich gewesen, im finanzgerichtlichen Verfahren hingegen blieb der Sanierungserlass unanwendbar.[11]

1 BMF v. 27.4.2017 – IV C 6 - S 2140/13/10003, BStBl. I 2017, 741.
2 *Desens*, ZIP 2017, 645 (647); *Kahlert/Schmidt*, ZIP 2017, 503; *Sistermann*, DStR 2017, 689 (692).
3 BFH v. 23.8.2017 – I R 52/14, BStBl. II 2018, 232; BFH v. 23.8.2017 – X R 38/15, BStBl. II 2018, 236.
4 Vgl. dazu die Vorauflage Rz. 2.51 f.
5 Diese Bedenken hatte auch schon *Sistermann*, DStR 2017, 689 (693) geäußert; a.A. *Desens*, NZG 2018, 87.
6 Ebenso *Sedlitz*, DStR 2017, 2785.
7 Vgl. BT-Drucks. 18/12128, 33.
8 § 52 Abs. 4a Satz 1 EStG in der Fassung des Gesetzes gegen schädliche Steuerpraktiken im Zusammenhang mit Rechteüberlassungen v. 27.6.2017 (BGBl. I 2017, 2074).
9 BFH v. 23.8.2017 – I R 52/14, BStBl. II 2018, 232; BFH v. 23.8.2017 – X R 38/15, BStBl. II 2018, 236.
10 BMF v. 29.3.2018 – IV C 6 - S 2140/13/10003, BStBl. I 2018, 588.
11 BFH v. 8.5.2018 – VIII B 124/17, BFH/NV 2018, 822.

Auf Betreiben des Bundesrates[1] wurde im Zuge der Aufhebung des beihilfenrechtlichen Inkrafttretensvorbehalts (dazu Rz. 2.102) § 52 Abs. 4a Satz 3 EStG eingefügt, wonach **auf Antrag** des Steuerpflichtigen § 3a EStG auch in den Fällen anzuwenden ist, in denen die Schulden vor dem 9.2.2017 erlassen wurden.

Daraus ergeben sich folgende Anwendungsmöglichkeiten: 2.93

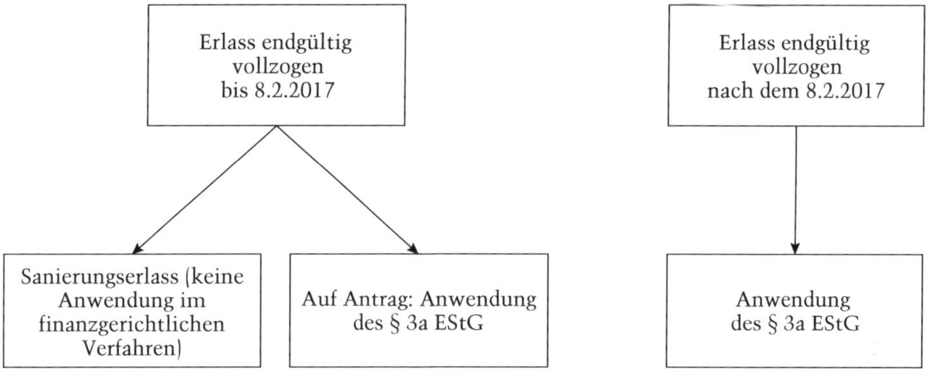

7. Beihilfefestigkeit der Steuerfreiheit von Sanierungsgewinnen

Sowohl die Vereinbarkeit des Sanierungserlass als auch die der Neuregelung der 2.94
Steuerbefreiung für Sanierungsgewinne mit dem europäischen Recht wurde intensiv diskutiert.[2] Eine unzulässige **Beihilfe** liegt jedoch nur vor, wenn die nationale Regelung „selektiv" wirkt, also nur einzelne Unternehmen oder Branchen bevorzugt. Die Steuerbefreiung für Sanierungsgewinne wirkt jedoch für jedes Unternehmen unterschiedslos, wenn die Voraussetzungen für eine begünstigte Sanierungsmaßnahme gegeben sind. Vielfach wird daher in der Literatur die Selektivität der Begünstigung von Sanierungsmaßnahnahmen abgestritten.[3]

Ebenso vertreten wurde die Einordnung des Sanierungserlasses als **Altbeihilfe** 2.95
(Art. 108 Abs. 1 AEUV), da es in Deutschland jahrzehntelange Rechtstradition ist, Sanierungsgewinne steuerlich zu begünstigen. Nach Aufhebung des § 3 Nr. 66 EStG a.F. wurde mit dem Sanierungserlass die vorkonstitutionelle Rechtslage wiederhergestellt.[4] Die Einordnung des Sanierungserlasses als Altbeihilfe ist auch grundsätzlich auf die Neuregelung der §§ 3a, 3c Abs. 4 EStG, § 7b GewStG übertragbar, da sie insoweit lediglich die Rechtstradition fortführt.[5]

1 BR-Drucks. 372/18, 38.
2 Vgl. *Hey*, FR 2017, 453 (455 ff.) m.w.N.
3 Statt vieler *Hey*, FR 2017, 453 (455); *Kahlert*, ZIP 2016, 2107 (2111 ff.); *Kußmaul/Licht*, DB 2017, 1797 (1800 f.).
4 Eingehend *Seer*, FR 2014, 721; so auch *Kahlert*, ZIP 2016, 2107.
5 So auch *Hey*, FR 2017, 453, 455; *Kahlert/Schmidt*, DStR 2017, 1897 (1897 f.).

2.96 Aufgrund der geäußerten Zweifel an der Vereinbarkeit des Sanierungserlasses mit dem EU-Beihilfenrecht (Art. 107 ff. AEUV) wurde die Steuerbefreiung für Sanierungsgewinne unter einen **beihilfenrechtlichen Inkrafttretensvorbehalt** gestellt. Art. 6 Abs. 2 des Gesetzes gegen schädliche Steuerpraktiken im Zusammenhang mit Rechteüberlassungen[1] bestimmte, dass die Steuerbefreiung für Sanierungsgewinne erst an dem Tag in Kraft tritt, an dem die Europäische Kommission durch *Beschluss* feststellt, dass die Neuregelung entweder keine Beihilfe oder eine mit dem Binnenmarkt vereinbare Beihilfe darstellt.

2.97 Die Europäische Kommission fasste jedoch keinen formellen Beschluss, sondern erklärte in einem **sog. „Comfort Letter“** die Neuregelung der Steuerbefreiung für Sanierungserträge für beihilfenrechtlich bedenkenlos.[2] Der genaue Wortlaut dieser informellen Entscheidung ist nicht öffentlich bekannt, mutmaßlich wurden die §§ 3a, 3c Abs. 4 EStG, § 7b GewStG als „bestehende Maßnahme“ eingeordnet, die nicht nach Art. 108 AEUV vorgelegt werden muss und angewandt werden kann. Im Nachgang wurde der beihilferechtliche Inkrafttretensvorbehalt durch Art. 19 des Gesetzes zur Vermeidung von Umsatzsteuerausfällen beim Handel mit Waren im Internet und zur Änderung weiterer steuerlicher Vorschriften[3] aufgehoben.

2.98 Die Frage der Vereinbarkeit nationaler Steuernormen mit dem europäischen Beihilfenrecht hat lange für Verunsicherung gesorgt. Die Entscheidung der EU-Kommission betreffend die Sanierungsklausel des § 8c Abs. 1a KStG und die darauffolgenden Urteile des EuG (näher dazu Rz. 2.128 ff.) trafen vielfach auf Kritik,[4] insb. die Feststellung des Referenzsystems durch die Kommission. Im Zentrum der Diskussion stand die Frage, ob die Sanierungsklausel die (rechtfertigungsbedürftige) Ausnahme darstellt oder nicht vielmehr die Wiederherstellung des „Normalfalls“, also der Verlustabzugsmöglichkeit in Erfüllung des objektiven Nettoprinzips ist. Die Entscheidung des EuGH in dieser Sache vom 28.6.2018[5] lässt insofern aufatmen. Der EuGH hob die Entscheidung der Kommission auf und stellte richtigerweise fest, dass die Sanierungsklausel eine Ausprägung der grundsätzlichen Verlustabzugsmöglichkeit als Rückausnahme zur Beschränkung der Verlustnutzung im Falle eines Beteiligungserwerbs darstellt. Der Druck auf die nationale Steuerrechtsordnung durch die europäischen Beihilfenregelungen lässt damit merklich nach. Dahin deutet auch die Entscheidung des EuGH zur Vereinbarkeit des § 6a GrEStG mit den Art. 107 ff. AEUV.[6]

2.99 Die Entscheidung der Kommission durch den „Comfort Letter“ ist inhaltlich zu begrüßen, die **mangelnde Rechtsförmigkeit** jedoch sorgt für unnötige Unsicherheit. Die Entscheidung der Kommission bindet formal gesehen kein nationales Gericht und ebenso wenig den EuGH. Sollte die Steuerbefreiung für Sanierungsgewinne von

1 Vom 27.6.2017, BGBl. I 2017, 2074.
2 Vgl. BR-Drucks. 372/1/18, 47.
3 Vom 11.12.2018, BGBl. I 2018, 2338.
4 Vgl. nur *Blumenberg/Haisch*, FR 2012, 12; *Drüen*, DStR 2011, 289; *Marquart*, IStR 2011, 445.
5 EuGH v. 28.6.2018 – C-219/16 P, ECLI:EU:C:2018:508 – Lowell Financial Services/Kommission.
6 EuGH v. 19.12.2018 – C-374/17, ECLI:EU:C:2018:1024 – A-Brauerei.

einem nationalen Gericht und nachfolgend durch den EuGH für unvereinbar mit den Art. 117 ff. AEUV erklärt werden, droht möglicherweise die Rückforderung der unrechtmäßig gewährten Beihilfen. Eine solche Prüfung der Entscheidung der Kommission ist insb. auch angesichts der soeben angesprochenen jüngsten EuGH-Rechtsprechung jedoch nicht zu erwarten. Jedenfalls für den Fall einer Prüfung des § 3a EStG und anschließenden Feststellung der Beihilferechtswidrigkeit würde zudem der Comfort Letter einen hinreichenden Vertrauenstatbestand bilden, um eine Rückforderung der Beihilfen auszuschließen.[1]

III. Sanierungsausnahme bei Verlustvorträgen (§ 8c Abs. 1a KStG)

Die Sanierungsklausel des § 8c Abs. 1a KStG stellt eine **Ausnahmeregelung zur Verlustabzugsbeschränkung des § 8c Abs. 1 KStG** dar. Trotz grundsätzlich „schädlichem Beteiligungserwerb" bleibt die Verlustabzugsmöglichkeit im Sanierungsfall bestehen. Die Vorschrift war lange aufgrund eines Beschlusses der EU-Kommission[2] aus beihilferechtlichen Gründen suspendiert und ist erst seit der Entscheidung des EuGH vom 28.6.2018[3] wieder rückwirkend ab dem Veranlagungszeitraum 2008 anwendbar (§ 34 Abs. 6 Satz 3 f. KStG).[4] 2.100

1. Regelungskonzept der §§ 8c, 8d KStG

a) Verlustuntergang nach qualifiziertem Anteilserwerb, § 8c Abs. 1 KStG

Die Nutzung vorhandener Verluste und Verlustvorträge einer Körperschaft wird durch **§ 8c Abs. 1 KStG beschränkt**. Nach dieser Vorschrift gehen im Grundsatz Verluste und Verlustvorträge bei einem schädlichen Beteiligungserwerb von mehr als 50 % innerhalb von fünf Jahren vollständig verloren. Die Regelung erfasst nicht nur körperschaftsteuerliche, sondern auch gewerbesteuerliche Verlustvorträge der Körperschaft bzw. einer der Körperschaft nachgeordneten Mitunternehmerschaft (§ 8c Abs. 1 KStG i.V.m. § 10a GewStG).[5] Darüber hinaus werden von der Vorschrift auch Zinsvorträge nach der Zinsschranke erfasst (§ 4h Abs. 5 Satz 3 EStG).[6] 2.101

Der Begriff des **schädlichen Beteiligungserwerbs** knüpft an die Übertragung von gezeichnetem Kapital, Mitgliedschaftsrechten, Beteiligungsrechten oder Stimmrechten innerhalb einer Fünfjahresfrist an. Ebenfalls erfasst sind vergleichbare Sachverhalte – 2.102

1 Siehe auch *de Weerth*, ZinsO 2018, 1893 (1894).

2 Beschluss der Kommission v. 26.1.2011 (2011/527/EU).

3 EuGH v. 28.6.2018 – C-219/16 P, ECLI:EU:C:2018:508 – Lowell Financial Services/Kommission.

4 Zur Unsicherheit bzgl. der durch das BeitrRLUmsG v. 7.12.2011 (BGBl. I 2011, 2592) eingeführten besonderen Anwendungsvoraussetzung s. *Kessler/Egelhof/Probst*, DStR 2018, 1945 (1948 f.); *Eisendle*, ISR 2018, 315 (318); *Ellenrieder*, IStR 2018, 179 (180); *Kußmaul/Licht*, BB 2018, 1948 (1954). Der Gesetzgeber hat jedenfalls klarstellend mit dem Gesetz zur Vermeidung von Umsatzsteuerausfällen beim Handel mit Waren im Internet und zur Änderung weiterer steuerlicher Vorschriften v. 11.12.2018 (BGBl. I 2018, 2338) die Wiederanwendung des § 8c Abs. 1a KStG in § 34 Abs. 6 Satz 3 f. KStG geregelt.

5 Vgl. auch *Dörr*, NWB 2009, 2050 (2051).

6 Siehe dazu *Schaden/Käshammer*, BB 2007, 2317 (2321).

ein unbestimmter Rechtsbegriff, der in der Literatur zu Recht Kritik hervorgerufen hat.[1] Grundsätzlich erfolgt der schädliche Erwerb durch einen Erwerber. Ein schädlicher Erwerb ist jedoch auch anzunehmen, wenn mehrere Erwerber zu einem sog. Erwerberkreis[2] gehören. Dies führt zu einer erheblichen Ausdehnung des Anwendungsbereichs von § 8c KStG. Ein solcher Erwerberkreis soll nämlich vorliegen, wenn eine Übertragung an nahestehende Personen erfolgt (§ 8c Abs. 1 Satz 1, 2 KStG) oder die Erwerber gleichgerichtete Interessen haben (§ 8c Abs. 1 Satz 3 KStG). Wann gleichgerichtete Interessen vorliegen, ist gesetzlich nicht definiert. Nach der Rechtsprechung des BFH, der sich die Finanzverwaltung angeschlossen hat, sind gleichgerichtete Interessen regelmäßig anzunehmen, wenn eine Abstimmung zwischen den Erwerbern stattfindet, wobei kein Vertrag vorliegen muss, soweit sich die Abstimmung nicht auf Absprachen beschränkt, die sich auf den Erwerb als solchen beziehen (Preisfindungen u.Ä.).[3] Weitere Ausdehnung erfährt der Anwendungsbereich des § 8c KStG dadurch, dass es nicht zwingend erforderlich ist, dass neue Gesellschafter hinzutreten, vielmehr genügt auch eine Veränderung der Beteiligungsverhältnisse z.B. durch Kapitalerhöhungen.[4]

2.103 § 8c Abs. 1 KStG hat kürzlich durch das BVerfG eine umfassende Umgestaltung erfahren. Mit Beschluss vom 29.3.2017[5] erklärte es § 8c Satz 1 KStG a.F.[6], der einen anteiligen Verlustuntergang bei einem Beteiligungserwerb von mehr als 25 % innerhalb von fünf Jahren anordnete, für **mit Art. 3 Abs. 1 GG unvereinbar**.[7] Die Ungleichbehandlung von Sachverhalten mit schädlichem Beteiligungserwerb und Sachverhalten ohne sei nicht durch Missbrauchserwägungen zu rechtfertigen. Eine Anteilsübertragung unter 50 % stelle keinen typischen Missbrauchsfall dar, der Gesetzgeber habe insoweit die Grenzen der zulässigen Typisierung überschritten.[8] Die Entscheidung betrifft den Zeitraum von 2008 bis 2015, also bis zur Einführung des § 8d KStG (dazu Rz. 2.108 ff.). Der Gesetzgeber hat sich entschieden, § 8c Abs. 1 Satz 1 KStG für die Vergangenheit ersatzlos zu streichen.[9] Über die ebenfalls in der verfassungsrechtlichen Kritik stehende Vorschrift des § 8c Abs. 1 Satz 2 KStG a.F. steht eine Entscheidung noch aus.[10]

---

1 Vgl. etwa *Crezelius*, DStR-Beih 2013, 99 (104); *Wiese*, DStR 2007, 741 (742).

2 Zum Begriff s. BMF v. 28.11.2017 – IV C 2-S 2745-a/09/10002:004 Tz. 3 und Tz. 27 f.

3 BFH v. 22.11.2016 – I R 30/15, BStBl. II 2017, 921; BMF v. 28.11.2017 – IV C 2-S 2745-a/09/10002:004 Tz. 28.

4 Zur genauen Reichweite der Vorschrift *Neyer*, BB 2009, 415 (415 ff.); auch *Weitnauer*, BKR 2009, 18 (24); *Olbig* in Streck[9], § 8c KStG Rz. 15.

5 BVerfG v. 29.3.2017 – 2 BvL 6/11, BStBl. II 2017, 1082.

6 Fassung des Unternehmenssteuerreformgesetz 2008 v. 14.8.2007, BGBl. I 2007, 1912.

7 Dies entspricht der überwiegenden Meinung in der Literatur, vgl. *Hey*, Beihefter DStR 2009 (34) 109 (113); *Hey*, BB 2007, 1303 (1309); *Lenz/Ribbrock*, BB 2007, 587 (589); *Suchanek/Herbst*, FR 2007, 863 (89 f.).

8 BVerfG v. 29.3.2017 – 2 BvL 6/11, BStBl. II 2017, 1082, Rz. 128 (juris).

9 Vgl. Art. 6 Nr. 2 des Gesetzes zur Vermeidung von Umsatzsteuerausfällen beim Handel mit Waren im Internet und zur Änderung weiterer steuerlicher Vorschriften v. 11.12.2018, BGBl. I 2018, 2338.

10 Vorlagebeschluss FG Hamburg v. 29.8.2017 – 2 K 245/17 (Az. beim BVerfG 2 BvL 19/17).

§ 8c KStG beschränkt aber nicht nur die Verlustnutzung im Falle eines unmittelbaren Gesellschafterwechsels, sondern ist **grundsätzlich durch die gesamte Beteiligungskette** anzuwenden, ohne dass hierzu einschränkende Regelungen existieren.[1] Nach vielfältiger Kritik in der Literatur und von Seiten der Wirtschaft ist § 8c Abs. 1 KStG aber zumindest um eine – zunächst sehr enge[2] – Konzernklausel (§ 8c Abs. 1 Satz 4 KStG) ergänzt worden,[3] die durch das Steueränderungsgesetz 2015 deutlich erweitert wurde (näher dazu Rz. 2.114), jedoch zeitlich erst für Beteiligungserwerbe nach dem 31.12.2009 anwendbar ist (§ 34 Abs. 6 Satz 2 KStG). In den Jahren 2008 und 2009 konnten daher insbesondere auch Restrukturierungen innerhalb eines Konzerns – selbst wenn sie nach den Vorschriften des UmwStG erfolgsneutral erfolgen – zu einem Verlustuntergang führen.[4] Das seit 2014 lang erwartete BMF-Schreiben wurde am 28.11.2017 veröffentlicht, im Nachgang der Entscheidung des BVerfG zu § 8c Abs. 1 Satz 1 KStG.[5] Es klärt Begrifflichkeiten (Tz. 39 ff.), stellt die Anwendung auf die Verkürzung bzw. Verlängerung von Beteiligungsketten im Konzernverbund (Tz. 43) und die Berücksichtigung der Konzernklausel als Vorfrage bei der Ermittlung der schädlichen Beteiligungsquote (Tz. 47 f.) klar. In jedem Fall greift die Konzernklausel dann nicht, wenn neue Gesellschafter hinzutreten oder wenn an dem Übertragungsgeschäft konzernfremde Gesellschafter beteiligt sind.[6] In Sanierungsfällen ist die Konzernklausel daher zumeist wenig hilfreich. 2.104

Der neu gefasste § 8c Abs. 2 KStG ordnet an, dass eine **Verlustverrechnung nach § 3a Abs. 3 EStG** (dazu Rz. 2.79 ff.) nur solche Verluste betrifft, die sich nach einer Anwendung des § 8c Abs. 1 KStG ergeben. § 8c Abs. 1 KStG ist daher vorrangig vor § 3a EStG zu prüfen. Nach der Gesetzesbegründung soll dies unabhängig davon gelten, ob der schädliche Beteiligungserwerb vor oder nach dem Schuldenerlass durchgeführt wird (Gesamtjahresbetrachtung).[7] 2.105

b) Fortführungsgebundener Verlustvortrag, § 8d KStG

Der noch im Herbst 2016 überraschend vorgeschlagene und am 20.12.2016 verabschiedete § 8d KStG[8] soll die Anwendungsfolgen von § 8c KStG entschärfen und steuerliche Hemmnisse für Unternehmensfinanzierungen bei Neueintritt bzw. dem 2.106

1 Siehe *Dötsch/Leibner* in D/P/M, § 8c KStG Rz. 84 ff. (95. Erg.-Lfg. Februar 2019); kritisch dazu etwa *Breuninger/Schade*, Ubg 2008, 261 (266).

2 Zur Kritik und der möglichen Auslegung der Konzernklausel s. etwa *Herzig/Bohn*, DStR 2009, 2341 (2343); *Dörr*, NWB 2010, 184; *Busch/Spiekermann*, EStB 2010, 260.

3 Durch das Gesetz zur Beschleunigung des Wirtschaftswachstums (Wachstumsbeschleunigungsgesetz) vom 22.12.2009, BGBl. I 2009, 3950, mit dem auch der Verlusterhalt in Höhe der stillen Reserven eingeführt wurde; Reform der Konzernklausel durch das Steueränderungsgesetz 2015 v. 2.11.2015, BGBl. I 2015, 1834.

4 Hiergegen wendet sich die überwiegende Meinung im Schrifttum, vgl. statt vieler *Breuninger/Schade*, Ubg 2008, 261 (266), *Sistermann/Brinkmann*, DStR 2008, 897.

5 BMF v. 28.11.2017 – IV C 2-S 2745-a/09/10002:004 Tz. 28.

6 *Dötsch/Leibner* in D/P/M, § 8c KStG Rz. 100 (93. Erg.-Lfg. Juni 2018).

7 BT-Drucks. 18/12128, 34; s. im Einzelnen auch *Förster/Hechtner*, DB 2019, 10 (15 ff.).

8 Gesetz zur Weiterentwicklung der steuerlichen Verlustverrechnung bei Körperschaften, BGBl. I 2016, 2998.

Wechsel von Anteilseignern beseitigen.[1] Im Falle eines „schädlichen Anteilseignerwechsels“ kann auf Antrag ein Verlust als „fortführungsgebundener Verlustvortrag“ doch noch erhalten bleiben. Damit wird maßgeblich auf die **Fortführung des Geschäftsbetriebs** abgestellt. Die Konzeption des § 8d KStG ist allerdings problembehaftet.[2] Seine Anwendung kann bspw. aufgrund des Fallbeil-Effektes, den § 8d Abs. 2 KStG bei Eintritt eines schädigenden Ereignisses auslöst, sogar zu einer steuerlichen Verschlechterung führen, da der gesamte fortführungsgebundene Verlustvortrag untergeht, auch wenn dieser nach § 8c Abs. 1 Satz 1 KStG möglicherweise nicht untergegangen wäre.

2.107 Auch nach der Einführung des § 8d KStG bleibt damit für die Reform des Verlustnutzungsrechts derzeit vieles noch im Unklaren: Der Gesetzgeber hat sich entschieden, § 8c Abs. 1 Satz 1 KStG a.F. ersatzlos zu streichen. Ob § 8c Abs. 1 Satz 1 KStG n.F. (§ 8c Abs. 1 Satz 2 KStG a.F.) der verfassungsrechtlichen Kontrolle standhält, bleibt abzuwarten, ebenso ob § 8d KStG die verfassungsrechtlichen Zweifel hinreichend ausräumen kann. Das BVerfG hat dies bei der Prüfung des § 8c Abs. 1 Satz 1 KStG a.F. offen lassen können.[3]

2.108 Die Vorschrift des § 8d KStG stellt – ebenso wie die Sanierungsklausel (§ 8c Abs. 1a KStG) – eine Ausnahme der Verlustabzugsbeschränkung des § 8c Abs. 1 KStG dar. Auch gegen § 8d KStG werden daher **beihilferechtliche Bedenken** geäußert.[4] Ein Notifizierungsverfahren wurde nicht eingeleitet, ebenso wenig hat die EU-Kommission einen „Comfort-Letter“ ausgestellt, um die beihilferechtliche Vereinbarkeit der Vorschrift zu bescheinigen.[5] Nach der Entscheidung des EuGH zur Konformität der Sanierungsklausel (§ 8c Abs. 1a KStG) mit den Art. 107 ff. AEUV[6] kann an der Unionsrechtsmäßigkeit des § 8d KStG jedoch auch kein Zweifel mehr bestehen. Der EuGH hat die Verlustabzugsbeschränkung des § 8c Abs. 1 KStG als Aufnahme vom Referenzsystem erkannt, so dass sich § 8d KStG ebenso wie § 8c Abs. 1a KStG als Rückausnahme wieder in dieses Referenzsystem einfügen.[7]

2. Ausnahmen von der Verlustabzugsbeschränkung

2.109 Anders als noch die Vorgängervorschrift des § 8 Abs. 4 KStG a.F. sah § 8c KStG bei seiner Einführung durch URefG 2008 keine Ausnahmen vor. Vielmehr führte jeder Beteiligungserwerb von mehr als 25 % zu einem teilweisen bzw. vollständigen Untergang der Verlustvorträge. Diese harte und kaum gestaltbare Rechtsfolge hat sich in nicht wenigen Fällen als kontraproduktiv erwiesen, da sich die Regelung vom ursprünglichen Gedanken der Missbrauchsvermeidung der alten Mantelkaufrechtspre-

1 *Ferdinand*, BB 2017, 87 (87); *Sonnleitner*, Insolvenzsteuerrecht, Kapitel 9 Rz. 117–139.

2 *Förster/v. Cölln*, DStR 2017, 8 (8).

3 Zweifelnd *Kessler/Egelhof/Probst*, DStR 2017, 1289 (1291 f.); *Moritz/Helios*, BB 2018, 343 (349 f.); *Rode*, FR 2018, 344 (346).

4 *Förster/von Cölln*, DStR 2017, 8 (17 f.); *von Wilcken*, NZI 2016, 996 (998).

5 Vgl. BT-Drucks. 18/10495, 12.

6 EuGH v. 28.6.2018 – C-219/16 P, ECLI:EU:C:2018:508 – Lowell Financial Services/Kommission.

7 So auch *Brandis* in Blümich, § 8d KStG Rz. 33 (146. Erg.-Lfg. Februar 2019) m.w.N.

chung[1] weit entfernt hatte[2] und nunmehr auch Fälle erfasste, in denen der Beteiligungserwerb zum Wohle des Unternehmens erfolgte.[3] Eine grundlegende Novellierung unterblieb dennoch, vielmehr wurde der Anwendungsbereich des § 8c KStG mehrfach eingeschränkt und ergänzt.[4]

a) Ausnahmen zur Stabilisierung des Finanzmarktsektors

Durch das als Reaktion auf die Finanzmarktkrise verabschiedete Finanzmarktstabilisierungsfondsgesetz (FMStFG),[5] das der Stabilisierung des Finanzmarktes durch Überwindung von Liquiditätsengpässen und durch Schaffung der Rahmenbedingungen der Stärkung der Eigenkapitalbasis von Unternehmen dient (§ 2 Abs. 1 FMStFG), wurden neben der Einführung verschiedener Stabilisierungsmaßnahmen für Unternehmen des Finanzmarktsektors unter Einschaltung des Sonderfonds Finanzmarktstabilisierung (SoFFin)[6] auch steuerliche Regelungen getroffen.[7] Die wohl wichtigste unter ihnen ist die Nichtanwendbarkeit von § 8c KStG (und § 10a Satz 10 GewStG) auf **Erwerbe durch den SoFFin** sowie bei **Rückübertragung durch den SoFFin** nach § 14 Abs. 3 FMStFG. Nach der Gesetzesbegründung wird hierdurch „das Ziel des Gesetzes unterstützt, die Finanzmärkte zu stabilisieren".[8] Der Gesetzgeber selbst hat demnach die Verlustabzugsbeschränkung in der Krisensituation als Sanierungshindernis erkannt, diese Erkenntnis zunächst jedoch auf den Finanzmarktsektor beschränkt.[9] Trotz einiger Detailprobleme[10] ist die Regelung notwendig, um Stabilisierungsmaßnahmen durch den SoFFin nicht durch Steuernachteile in ihrer Wirkung zu schmälern. 2.110

Das Bürgerentlastungsgesetz Krankenversicherung[11] hat § 14 Abs. 3 FMStFG um einen Satz 2 ergänzt. Dieser schreibt fest, dass auch **andere inländische Gebietskör-** 2.111

1 Vgl. BFH v. 1.2.2001 – IV R 3/00, BStBl. II 2001, 520 = GmbH-StB 2001, 158.
2 Kritisch etwa *Weitnauer*, GWR 2009, 279613.
3 Dies war bereits im Rahmen des alten § 8 Abs. 4 KStG anhand des Tatbestandsmerkmals der Zuführung überwiegend neuen Betriebsvermögens kritisiert worden, da durch dieses tendenziell wirtschaftlich vernünftige Strategien eher erfasst wurden, vgl. *Dötsch/Leibner* in D/P/M, § 8c KStG Rz. 2 (95. Erg.-Lfg. Februar 2019).
4 Inwiefern § 8c KStG hierdurch (wieder) als Missbrauchsbekämpfungsvorschrift anzusehen ist, ist umstritten, vgl. dazu etwa *Schmitz*, DStZ 2011, 324 (327 f.). *Dohrenkamp*, ifst-Schrift Nr. 461 (2011), S. 26, 76 f.; *Lang*, GmbHR 2012, 57 (58).
5 Eingeführt durch das Finanzmarktstabilisierungsgesetz (FMStG) v. 17.10.2008, BGBl. I 2008, 1982.
6 Vgl. Überblick bei *Eilers/Bühring*, DStR 2009, 137 (139 f.).; s. auch *Horn*, BKR 2008, 452 (453); *Gosch/Gröger/Schuck*, DB 2008, 2668.
7 Vgl. näher *Eilers/Bühring*, DStR 2009, 137 (139 ff.).
8 BT-Drucks. 16/10600, 18.
9 So auch schon *Eilers/Bühring*, DStR 2009, 137 (140); *Korn*, DStR 2008, 2248.
10 Diese sind im Bereich von § 8c KStG insb. der Anwendungsbereich der „Rückübertragung" durch den SoFFin und die Auswirkung der Stabilisierungsmaßnahmen auf den Zinsvortrag; vgl. *Rodewald*, BB 2009, 356 (358 f.).
11 Gesetz zur verbesserten steuerlichen Berücksichtigung von Vorsorgeaufwendungen (Bürgerentlastungsgesetz Krankenversicherung) v. 16.7.2009, BGBl. I 2009, 1959.

perschaften oder von diesen errichtete **mit dem Fonds vergleichbare Einrichtungen** von der Anwendung des § 8c KStG und § 10a letzter Satz GewStG ausgenommen sind. Damit wurde der Kreis der Ausnahmen von § 8c KStG erneut erweitert.

b) Konzernausnahme, § 8c Abs. 1 Satz 4 KStG

2.112 Ein schädlicher Beteiligungserwerb mit der Konsequenz des Untergangs von Verlustvorträgen liegt gem. § 8c Abs. 1 Satz 4 KStG nicht vor, wenn

1. an dem übertragenden Rechtsträger der Erwerber zu 100 % mittelbar oder unmittelbar beteiligt ist und der Erwerber eine natürliche oder juristische Person oder eine Personenhandelsgesellschaft ist,
2. an dem übernehmenden Rechtsträger der Veräußerer zu 100 % mittelbar oder unmittelbar beteiligt ist und der Veräußerer eine natürliche oder juristische Person oder eine Personenhandelsgesellschaft ist oder
3. an dem übertragenden und an dem übernehmenden Rechtsträger dieselbe natürliche oder juristische Person oder dieselbe Personenhandelsgesellschaft zu jeweils 100 % mittelbar oder unmittelbar beteiligt ist.

Die **Konzernklausel** wurde durch das Steueränderungsgesetz 2015 erweitert.[1] Nach der Vorgängerfassung, die inhaltlich im Wesentlichen der heutigen Nr. 3 entsprach, bedurfte es zur Anwendung der Konzernklausel zwingend eines dreistufigen Konzernaufbaus. Auch war ihre Anwendbarkeit auf Personengesellschaften wegen des unklaren Merkmals „dieselbe Person“, das in der aktuellen Fassung konkretisiert wurde, umstritten.[2] Weil die Vorgängerfassung die Finanzverwaltung zu einer sehr restriktiven Anwendung veranlasste und betriebswirtschaftlich sinnvolle Umstrukturierungen innerhalb eines Konzerns in vielen Fällen verhinderte, stieß sie auf breite Kritik in der Literatur.[3] Letztlich erkannte auch der Gesetzgeber, dass eine Reform der Konzernklausel stattfinden musste, um willkürliche Ergebnisse des § 8c KStG auszuschließen und den ursprünglichen Zweck der Konzernklausel, konzerninterne Umstrukturierungsmaßnahmen zu erhalten,[4] umzusetzen.[5]

2.113 Vom Anwendungsbereich des § 8c Abs. 1 Satz 4 Nr. 1 KStG sind Beteiligungserwerbe erfasst, in denen eine Muttergesellschaft die Anteile an einer nachgeordneten Gesellschaft erwirbt, an der sie mittelbar oder unmittelbar zu 100 % beteiligt ist. In Spiegelung zu Nr. 1 nimmt Nr. 2 Veräußerungen der Muttergesellschaft an nachgeordnete Gesellschaften, an der sie mittelbar oder unmittelbar zu 100 % beteiligt ist, vom Verlustuntergang nach § 8c KStG aus. Von diesen Regelungen werden Konstellationen erfasst, die nach altem Recht mangels 100%iger Beteiligung derselben Person

1 Steueränderungsgesetz 2015 v. 2.11.2015, BGBl. I 2015, 1834.
2 *Adrian*, Ubg 2015, 288; *Gläser/Zöller*, BB 2015, 1117; *Hinder/Hentschel*, GmbHR 2015, 742.
3 *Bolik/Zöller/Kindler*, BB 2014, 2974 (2975); vgl. auch BR-Drucks. 432/14, 52 f.
4 BT-Drucks. 17/15, 19.
5 BR-Drucks. 432/14, 52 f.

nicht zum Ausschluss des Verlustuntergangs führten. Die Einführung war notwendig, um Veräußerungsvorgänge mit unmittelbarer Beteiligung der Muttergesellschaft zu erfassen, weil an einer solchen fast immer mehr als ein Gesellschafter beteiligt sein wird.[1] Von Nr. 3 werden Anteilsübertragungen zwischen nachgeordneten Gesellschaften erfasst, vorausgesetzt es besteht eine gemeinsame unmittelbar oder mittelbar zu 100 % beteiligte Konzernmutter. Letztere kann seit der Reform der Konzernklausel auch eine Personenhandelsgesellschaft sein.[2] Die Finanzverwaltung hat mittlerweile außerdem klargestellt, dass die Konzernklausel nicht auf entgeltliche Übertragungsvorgänge beschränkt, sondern auf alle Rechtsgeschäfte anwendbar ist, die einen schädlichen Beteiligungserwerb realisieren können.[3]

Auch wenn die Erweiterung des Anwendungsbereichs der Konzernklausel zu begrüßen ist, wird der Gesetzgeber seinem Ziel, rein konzerninterne Beteiligungserwerbe von dem Verlustuntergang des § 8c KStG auszunehmen, nicht vollends gerecht. So werden Konzerne mit Personengesellschaften an der Konzernspitze, die nicht Personenhandelsgesellschaften sind, weiterhin von der Anwendung der Konzernklausel ausgeschlossen.[4] Überdies erscheint uns das Erfordernis einer 100%igen Beteiligungsquote zu streng.[5] Der Gesetzgeber vernachlässigt die im Steuerrecht übliche Zurechnungsfiktion beherrschender Beteiligungen bei mehr als 95 %.[6] Eine folgerichtige Umsetzung dieser Fiktion, erfordert, dass auch im Rahmen der Konzernklausel eine Beteiligung von mehr als 95 % ausreichen muss. Die Bedeutung der Konzernklausel für das Sanierungssteuerrecht ist im Ergebnis jedoch so oder so beschränkt, da in Sanierungsfällen der Eintritt neuer Gesellschafter typisch ist, welcher von § 8c Abs. 1 Satz 4 KStG jedoch in keinem Fall erfasst wird. 2.114

c) Stille-Reserven-Klausel in § 8c Abs. 1 Sätze 5–8 KStG

Für Sanierungstransaktionen kann die Verschonungsregelung für inländische stille Reserven eine signifikante Bedeutung erlangen (§ 8c Abs. 1 Sätze 5–8 KStG).[7] Danach bleiben nicht genutzte Verluste erhalten, soweit sie zum Zeitpunkt des schädlichen Beteiligungserwerbs auf vorhandene stille Reserven, deren Realisierung im In- 2.115

---

1 Vgl. *Bolik/Zöller/Kindler*, BB 2014, 2974 (2975).

2 Nach Auffassung der Finanzverwaltung ist dieser Begriff rein handelsrechtlich zu verstehen. Umfasst sind danach Kommanditgesellschaften, offene Handelsgesellschaften und ausländische Personenhandelsgesellschaften, die Qualifikation des § 15 EStG soll wohl unerheblich sein, vgl. BMF v. 28.11.2017 – IV C 2-S 2745-a/09/10002:004 Tz. 42 mit Bezugnahme auf BT-Drucks. 18/4902, 47; so auch *Brandis* in Blümich, § 8c KStG Rz. 47c (146. Erg.-Lfg. Februar 2019); *Adrian/Hahn*, StuB 2018, 121 (127); *Neumann/Heuser*, GmbHR 2018, 21 (29).

3 BMF v. 28.11.2017 – IV C 2-S 2745-a/09/10002:004 Tz. 40; vgl. auch *Sommer/Sediqi*, FR 2018, 67 (71).

4 *Adrian*, Ubg 2015, 288 (294); *Gläser/Zöller*, BB 2015, 1117 (1118); *Roser* in Gosch[3], § 8c KStG Rz. 137a.

5 Ebenso *Roser* in Gosch[3], § 8c KStG Rz. 137a; *Adrian*, Ubg 2015, 288 (289).

6 *Roser* in Gosch[3], § 8c KStG Rz. 137a.

7 Eingeführt durch Wachstumsbeschleunigungsgesetz v. 22.12.2009, BGBl. I 2009, 3950.

land steuerpflichtig ist, entfallen.[1] Demnach könnte in Sanierungstransaktionen der Eintritt des neuen Investors dann keinen schädlichen Beteiligungserwerb darstellen, wenn **ausreichende inländische stille Reserven** vorhanden sind. Dies widerspricht nur scheinbar dem Begriff einer Sanierungstransaktion. Es kann durchaus sein, dass Konzernteile oder eine Konzernobergesellschaft in unternehmerische Schwierigkeiten gerät und es nicht mehr möglich ist, vorhandene inländische stille Reserven in nachgelagerte Konzerngesellschaften zu heben oder in diesen zu verwerten. In einem solchen Fall besteht aber das Problem, dass sich die nach der Stille-Reserven-Klausel „zu verschonenden" stillen Reserven nicht in der Verlustgesellschaft wie beispielsweise der Konzernholding befinden. Es muss dann erreicht werden, dass die Wirtschaftsgüter mit zu verschonenden stillen Reserven steuerneutral auf die Ebene der Krisengesellschaft mit den nicht genutzten Verlusten und Zinsvorträgen – also die zu erwerbende Obergesellschaft – transferiert werden. Eine Konzernbetrachtung im Hinblick auf die stillen Reserven hat sich bei der Anwendung des § 8c Abs. 1 Sätze 5–8 KStG bisher nicht durchgesetzt.[2] Dies mag in Organschaftsfällen anders sein. Hier wird herrschend die Zurechnung von stillen Reserven auf die Ebene des Organträgers vertreten.[3] In Nicht-Organschaftsfällen bedeutet dies, dass das zu sanierende Unternehmen sich **vor** einem **Neueintritt des Investors** so strukturieren muss, dass die **Wirtschaftsgüter mit stillen Reserven** auf die Ebene der zu veräußernden Konzernobergesellschaft **bewegt** werden. Dies bedeutet in der Praxis neben einer erheblichen zeitlichen Verzögerung eine Vielzahl von technischen Schwierigkeiten, die vor allem in der notwendigen Koordination zwischen Käufer und Verkäufer vor Closing der Sanierungstransaktion begründet sind.[4] Gelingt der Transfer von stillen Reserven auf das Krisenunternehmen, könnte sich ein nicht zu unterschätzender steuerlicher Vorteil ergeben, da die Mindestbesteuerung bei wörtlicher Auslegung der Klausel im Geltungsbereich des § 8c Abs. 1 Sätze 5–8 KStG keine Rolle spielt, so dass auch Verluste von mehr als 1 Mio. Euro abziehbar wären, soweit stille Reserven vorhanden sind.[5]

d) Zeitlicher Anwendungsbereich bei laufenden Verlusten

2.116 Schließlich stellt sich die Frage, inwieweit bei einer Sanierungstransaktion ggf. **laufende Verluste aus dem Jahr der Transaktion** steuerlich optimal verwertet werden können. Die grundsätzlich einfache Regel des § 8c KStG lautet, dass Verluste, die **vor**

---

1 Vgl. dazu *Sistermann/Brinkmann*, DStR 2009, 2633; *Bien/Wagner*, BB 2009, 2627 (2627 ff.).

2 Vgl. *Eilers/Schwahn*, DB 2011, 837 (842).

3 Vgl. *Sistermann/Brinkmann*, DStR 2009, 2636; *Kortes/Bruckherr*, DB 2010, 734 (739); *Rödder/van Freden*, Ubg 2010, 551 (552); *Eisgruber/Schaden*, Ubg 2010, 73 (84); *Orth*, Ubg 2010, 169 (177); *Schnitger/Rometzki*, Ubg 2013, 1 (3); *Adrian/Weiler*, BB 2014, 1303 (1311); a.A.: BMF v. 28.11.2017 – IV C 2-S 2745-a/09/10002:004, Tz. 59; *Fuhrmann/Hoffmann*, DB 2014, 738 (741); *Dötsch/Leibner* in D/P/M, § 8c KStG Rz. 188 (93. Erg.-Lfg. Juni 2018); *Frotscher* in Frotscher/Drüen, § 8c KStG Rz. 140c (122. Erg.-Lfg. Januar 2014); *Neumann* in Rödder/Herlinghaus/Neumann, § 8c KStG Rz. 253.

4 Vgl. zu Einzelheiten *Eilers/Schwahn*, DB 2011, 837 (843).

5 So: *Neumann* in Rödder/Herlinghaus/Neumann, § 8c KStG Rz. 232; a.A.: *Dötsch/Leibner* in D/P/M, § 8c KStG Rz. 163 (93. Erg.-Lfg. Juni 2018).

dem Zeitpunkt des schädlichen Beteiligungserwerbs entstanden sind, untergehen und daher mit später entstehenden Einnahmen nicht verrechnet werden können, wohingegen Verluste, die **nach** dem schädlichen Beteiligungserwerb entstehen, uneingeschränkt zur Verfügung stehen. Die zeitliche Zuordnung der Verluste bereitet keine Schwierigkeiten, wenn der schädliche Beteiligungserwerb zu Beginn eines neuen Wirtschaftsjahres erfolgt. Der bisherige BMF-Erlass ordnete für den unterjährigen Beteiligungserwerb eine zeitanteilige Aufteilung an, wenn das Verlustverwertungspotential des neuen Investors nicht durch eine Aufteilung nachgewiesen werden sollte.[1] Eine solche zeitanteilige Aufteilung unterstellt eine lineare Verlustentstehung während des gesamten Wirtschaftsjahres.[2] Im Entwurf des BMF-Schreibens zu § 8c KStG vom 15.4.2014 ging die Finanzverwaltung von einer abweichenden Prüfreihenfolge aus: Für den Fall, dass auf den Tag der Übertragung ein Zwischenabschluss erstellt wird, soll dieser maßgebend für den Verlustuntergang sein. Wird kein Zwischenabschluss erstellt, soll im Wege der Schätzung eine Aufteilung nach wirtschaftlichen Kriterien vorgenommen werden. Erst für den Fall, dass keine sachgerechte Schätzung möglich ist, ordnete der BMF-Entwurf eine zeitanteilige Aufteilung an.[3] Der aktuell geltende BMF-Erlass übernimmt in diesem Punkt die Entwurfsfassung.[4] Die Prüfreihenfolge des neuen BMF-Schreibens ist zu begrüßen, da sie eine exakte Erfassung der Betriebsergebnisse bewirkt und somit eine unrichtige Zuweisung der Verluste weitgehend verhindert.[5] Ob ein Wahlrecht des Steuerpflichtigen für die für ihn günstigste Ermittlungsmethode der Verlustzuordnung besteht (bspw. durch den Verzicht auf einen Zwischenabschluss), bleibt umstritten und wird von der herrschenden Literatur unter Verweis auf den Vorrang der richtigen Einkünfteermittlung abgelehnt.[6] Auch die Finanzverwaltung wendet sich mit dem Erlass zu § 8c KStG von dem Wahlrecht zwischen zeitanteiliger und verursachungsgerechter Zuteilung ab.[7]

Entgegen dem BMF, Schr. v. 4.7.2008 hat der BFH am 30.11.2011 entschieden, dass 2.117 im Falle eines unterjährigen Beteiligungserwerbs ein bis zum Zeitpunkt des Erwerbs erzielter Gewinn mit dem bisher noch nicht genutzten Verlust verrechnet werden kann.[8] Der BFH argumentiert, dass § 8c KStG der Gedanke zugrunde liege, dass sich die wirtschaftliche Identität einer Gesellschaft durch das wirtschaftliche Engagement eines anderen Anteilseigners ändere. Verluste, die vor dem schädlichen Beteiligungserwerb erwirtschaftet wurden, sollten für das neue wirtschaftliche Engagement unberücksichtigt bleiben. Einer Verrechnung von Gewinnen und Verlusten innerhalb derselben wirtschaftlichen Identität stehe dies nicht entgegen. Eine Entscheidung

1 BMF v. 4.7.2008 – IV C 7 - S 2745 a/08/10001, BStBl. I 2008, 736 = FR 2008, 839, Rz. 32.
2 *Benz*, Ubg 2011, 772 (773); *M. Frotscher* in Frotscher/Drüen, § 8c KStG Rz. 79 (147. Erg.-Lfg. Januar 2019).
3 BMF-Entwurf v. 15.4.2014 – IV C 2 - S 2745 - a/0910002:004 Tz. 32.
4 BMF v. 28.11.2017 – IV C 2-S 2745-a/09/10002:004 Tz. 35.
5 *Schulz*, DB 2014, 2736 (2737).
6 Vgl. *Sommer/Sediqi*, FR 2018, 67 (69); *Suchanek/Rüsch*, Ubg 2018, 10 (14).
7 *Sommer/Sediqi*, FR 2018, 67 (69).
8 BFH v. 30.11.2011 – I R 14/11, BStBl. II 2012, 360; vgl. BMF-Erlass v. 4.7.2008 – IV C - S 2745-a/08/10001, BStBl. I 2008, 736 Tz. 31.

zum umgekehrten Fall, der Möglichkeit eines Verlustrücktrags von unterjährigen Verlusten auf Gewinne aus Vorjahren steht noch aus. Die Argumentation derselben wirtschaftlichen Identität greift jedoch auch hier.[1] Das neue BMF Schreiben zu § 8c KStG setzt diese Vorgaben teilweise um. Der Entwurf des BMF-Schreibens zu § 8c KStG vom 15.4.2014 sah noch vor, dass ein unterjähriger Gewinn nur unter Beachtung der Mindestbesteuerung mit noch nicht genutzten Verlusten verrechnet werden konnte, und außerdem nur dann mit noch nicht genutzten Verlusten verrechnet werden konnte, wenn das Ergebnis des Wirtschaftsjahres, in dem der schädliche Beteiligungserwerb erfolgte, insgesamt positiv war. Sind vor dem schädlichen Beteiligungserwerb Gewinne und danach Verluste entstanden, waren diese Ergebnisse nach Auffassung der Finanzverwaltung zunächst zu saldieren. Nur ein danach verbleibender Gewinn konnte unter Beachtung der Mindestbesteuerung mit noch nicht genutzten Verlusten verrechnet werden. Auf die danach verbleibenden nicht genutzten Verlustvorträge war § 8c KStG anzuwenden.[2] Nach dem aktuellen BMF-Schreiben reicht es nunmehr aus, dass **bis zum** unterjährigen relevanten Stichtag des schädlichen Beteiligungserwerbs der Gesamtbetrag der Einkünfte positiv ist.[3] Eine Saldierung wird nicht mehr vorgenommen. Auch die Regelungen zur Mindestgewinnbesteuerung werden nicht angewandt.

2.118 Aufgrund der Rechtsprechung des BFH und der teilweisen Umsetzung durch die Finanzverwaltung ist eine Optimierung der Nutzung laufender Verluste bei Sanierungstransaktionen **durch** die **Brechung des Wirtschaftsjahres,** d.h. die Beendigung des Wirtschaftsjahres der Krisenkörperschaft auf einen Zeitpunkt vor dem schädlichen Beteiligungserwerb und die Vorverlagerung von Gewinnrealisierungen in diesen Zeitraum, aus steuerlichen Gesichtspunkten grundsätzlich überflüssig jedoch gleichwohl möglich.[4] So kann beispielsweise ein Darlehensverzicht des Gesellschafters im laufenden Wirtschaftsjahr ausgesprochen werden, der dann Verlustvorträge der Gesellschaft in Anspruch nimmt. Erst nach erfolgtem Darlehensverzicht wird das Wirtschaftsjahr der Gesellschaft gebrochen und der schädliche Beteiligungserwerb findet statt. In diesem Fall erfasst die Sanktion des § 8c Abs. 1 KStG lediglich den nach dem Darlehensverzicht verbleibenden Restverlustvortrag. Eine solche Gestaltung ist oftmals wirtschaftlich gefordert, da der neue Investor, jedenfalls in Sanierungstransaktionen auf die Ablösung der alten Gesellschafterfremdfinanzierung bestehen wird. Ein Missbrauchsvorwurf kann deshalb Erwerbsgestaltungen, die hier mit der Brechung des Wirtschaftsjahres arbeiten, nicht gemacht werden.

---

1 *M. Frotscher* in Frotscher/Drüen, § 8c KStG Rz. 80a (147. Erg.-Lfg. Januar 2019); *Dötsch/Leibner* in D/P/M, § 8c KStG Rz. 226, 234 (93. Erg.-Lfg. Juni 2018).

2 BMF-Entwurf v. 15.4.2014 – IV C 2 - S 2745 – a/0910002:004 Tz. 31 f. Diese Auffassung wurde in der Literatur zu Recht kritisiert, da sie mit der Rechtsprechung des BFH nicht vereinbar ist, vgl. *Ritzer/Stangl*, DStR 2014, 977 (977 f.); *Adrian/Weiler*, BB 2014, 1303 (1303 f.); *Schneider/Sommer*, FR 2014, 537 (538); *Roth*, StBW 2014, 704 (704); *Heurung/Fröhr/Thimm*, StB 2014, 308 (309).

3 BMF v. 28.11.2017 – IV C 2-S 2745-a/09/10002:004 Tz. 34.

4 *M. Frotscher* in Frotscher/Drüen, § 8c KStG Rz. 78e (147. Erg.-Lfg. Januar 2019).

e) Allgemeine Sanierungsklausel

Im Rahmen des Bürgerentlastungsgesetzes Krankenversicherung wurde § 8c KStG zudem um eine **allgemeine Sanierungsklausel** ergänzt.[1] Dazu wurde der Norm ein neuer Abs. 1a hinzugefügt, nach dem die Anwendung von § 8c Abs. 1 KStG dann ausgeschlossen ist, wenn der Beteiligungserwerb zum Zwecke der Sanierung erfolgt, was nach § 8 Abs. 1a Satz 2 KStG der Fall ist, wenn die Maßnahme darauf gerichtet ist, die Zahlungsunfähigkeit oder Überschuldung zu verhindern oder zu beseitigen und die wesentlichen Betriebsstrukturen zu erhalten. § 8c Abs. 1a KStG findet erstmals für den Veranlagungszeitraum 2008 und auf Anteilsübertragungen ab dem 31.12.2007 Anwendung (§ 34 Abs. 6 Satz 3 KStG).[2] 2.119

Durch die Einführung einer allgemeinen Sanierungsklausel erkennt der Gesetzgeber die krisenverschärfende Wirkung von § 8c KStG erstmals explizit an, ebenso dass diese nicht auf den Bankensektor und dort auf Rettungsmaßnahmen mit staatlichen Geldern beschränkt ist.[3] Treffender als in der Stellungnahme des Bundesrates[4] hätte man die krisenverschärfende Wirkung von § 8c KStG dabei kaum zum Ausdruck bringen können: 2.120

„Wenn der Verlustvortrag nur in den Fällen erhalten bleibt, in denen der Alteigentümer seine Anteile behält und ggf. weiter versucht, aus eigener Kraft die Situation zu meistern, verschleppt dies rechtzeitige und effiziente Sanierungsbemühungen unter neuer Führung. Gelingt der Anteilseignerwechsel trotzdem und beginnen sich erste Sanierungserfolge einzustellen, entziehen die Steuerzahlungen wegen des Verlustwegfalls sofort wieder die Liquidität in der beginnenden Gewinnphase, die dann nicht mehr für die abschließenden Sanierungsbemühungen zur Verfügung steht. Diese Liquidität benötigen Unternehmen vielfach dringend, um die in der Verlustphase aufgenommenen Kredite zu befriedigen."

Als **Folge** dessen wäre eine **weitere Kreditaufnahme** notwendig, die nicht nur die Ertragssituation des immer noch angeschlagenen Unternehmens schwächt, sondern darüber hinaus auch eine zusätzliche steuerliche Belastung aufgrund der Zinsschranke zur Folge haben kann.[5] Die Einführung einer allgemeinen Sanierungsausnahme ist also grundsätzlich sehr zu begrüßen, auch wenn eine nähere Betrachtung zeigen wird (dazu sogleich), dass hier ein „Nadelöhr" geschaffen wurde, dass nur in wenigen Sanierungsfällen eine steuerlich sichere Sanierungsgestaltung ermöglichen wird. 2.121

---

1 Siehe BT-Drucks. 16/13429, 40 ff.

2 Die Anwendungsregel wurde rückwirkend durch das Gesetz zur Vermeidung von Umsatzsteuerausfällen beim Handel mit Waren im Internet und zur Änderung weiterer steuerlicher Vorschriften vom 11.12.2018 (BGBl. I 2018, 2338) eingeführt, nachdem der EuGH die Entscheidung der Kommission zur beihilferechtlichen Unvereinbarkeit der Sanierungsklausel aufgehoben hat, EuGH v. 28.6.2018 – C-219/16 P, ECLI:EU:C:2018:508 – Lowell Financial Services/Kommission; dazu Rz. 2.130.

3 BR-Drucks. 168/09 (Beschluss), 30.

4 BR-Drucks. 168/09 (Beschluss), 29 f.

5 So auch *Dörr*, NWB 2009, 2050 (2052).

3. Die Sanierungsausnahme im Einzelnen

a) Beihilferechtliche Zweifel ausgeräumt

2.122 Die Anwendung der Sanierungsklausel war **lange suspendiert**. Das beruhte zunächst auf einem Schreiben der Finanzverwaltung[1], welches in Reaktion darauf erging, dass die EU-Kommission Zweifel an der Vereinbarkeit der Sanierungsklausel mit europäischem Primärrecht mitgeteilt und die Sanierungsklausel schließlich als unzulässige Beihilfe qualifiziert hatte.[2] Zwischenzeitlich fand die Nichtanwendungsregel in § 34 Abs. 6 KStG a.F.[3] eine gesetzliche Grundlage, nach dem § 8c Abs. 1a KStG nur Anwendung finden sollte, wenn eine rechtskräftige gerichtliche Entscheidung des EuG oder des EuGH den Beschluss der EU-Kommission für nichtig erklärt und feststellt, dass dieser keine staatliche Beihilfe darstellt oder die EU-Kommission ihren Beschluss entsprechend ändert.

2.123 Die Bundesregierung hat gegen den Beschluss der EU-Kommission Nichtigkeitsklage eingereicht, die jedoch wegen Verfristung durch das EuG für unzulässig erklärt wurde.[4] Auch das dagegen eingelegte Rechtsmittel wies der EuGH zurück.[5] Zusätzlich haben jedoch auch betroffene Unternehmen vor dem EuG gegen den Beschluss der Kommission geklagt und vor dem EuGH schlussendlich obsiegt.[6] Der EuGH greift die Kritik an der Feststellung des Referenzsystems aus der Literatur auf. § 8c Abs. 1a KStG stellt nicht die Ausnahmeregelung dar, wie vom EuG vertreten, sondern stellt die Grundregel des § 10d EStG wieder her.[7] Es handelt sich vielmehr um eine Rückausnahme vom Grundsatz des interperiodischen Verlustausgleichs nach § 10d Abs. 2 EStG.[8] Aus dieser Perspektive liegt die Beihilfenkonformität auf der Hand. Ein fehlerhaft festgestelltes Referenzsystem wirkt sich automatisch auf die Prüfung der Selektivität einer Maßnahme aus. Der **Beschluss der Kommission** wurde daher für **nichtig** erklärt.

2.124 Die Entscheidung des EuGH ist zu begrüßen. Zusammen mit der Entscheidung zur Vereinbarkeit der grunderwerbsteuerlichen Konzernklausel des § 6a GrEStG mit dem europäischen Beihilferecht,[9] zeigt sie eine **Neuausrichtung der Beihilfenkontrolle** durch den EuGH. Zeiten einer „uferlosen“[10] Ausweitung des Selektivitäts-

---

1 BMF v. 30.4.2010 – IV C 2-S 2745-a/08/10005, BStBl. I 2010, 488.
2 Beschluss der Kommission v. 26.1.2011 – C-7/10, ABl. EU Nr. L 235, 26.
3 Fassung v. 25.7.2014, BGBl. I 2014, 1266.
4 EuG v. 18.12.2012 – T-205/11, ECLI:EU:T:2012:704 – Deutschland/Kommission, IStR 2013, 101.
5 EuGH v. 3.7.2014 – C-102/13 P, ECLI:EU:C:2014:2054 – Deutschland/Kommission, BB 2014, 1878.
6 EuGH v. 28.6.2018 – C-219/16 P, ECLI:EU:C:2018:508 – Lowell Financial Services/Kommission, DStR 2018, 1434.
7 Zur anderen Ansicht, dass mit der Schaffung des § 8c Abs. 1 KStG auch dieser Teil des Referenzsystems geworden ist, bspw. *Ehrmann*, DStR 2011, 5 (8).
8 Ebenso *Suchanek* in Herrmann/Heuer/Raupach, § 8c KStG Rz. 8 (291. Erg.-Lfg. April 2019); *Blumenberg*, ifst-Schrift 516 (2017), S. 41.
9 EuGH v. 19.12.2018 – C-374/17, ECLI:EU:C:2018:1024 – A-Brauerei.
10 Vgl. *Eisendle*, ISR 2017, 50 (53).

begriffs liegen nunmehr hinter uns, was hoffentlich zukünftig mehr Rechts- und Planungssicherheit für den Steuerpflichtigen bereithält.

Die Entscheidung des EuGH zur Sanierungsklausel führte jedoch nicht unmittelbar zu vollständiger Rechtssicherheit. Der EuGH erklärte zwar den Beschluss der Kommission für nichtig, stellte jedoch nicht ausdrücklich fest, dass es sich bei § 8c Abs. 1a KStG *nicht* um eine verbotene Beihilfe handelt. Dies war nach § 34 Abs. 6 KStG a.F. jedoch für die Anwendbarkeit des § 8c Abs. 1a KStG erforderlich. Aus der Feststellung des richtigen Referenzsystems folgt dieser Schluss jedoch zwingend. Eine primärrechtswidrige Beihilfe wäre nur dann anzunehmen, wenn man die steuerliche Berücksichtigung von Verlustvorträgen immer als staatliche Beihilfe einordnen würde.[1] Die Änderung des § 34 Abs. 6 Satz 3 KStG durch das Gesetz zur Vermeidung von Umsatzsteuerausfällen beim Handel mit Waren im Internet und zur Änderung weiterer steuerlicher Vorschriften vom 11.12.2018[2] ist daher lediglich klarstellend. 2.125

b) Grundsatz: Beteiligungserwerb zum Zweck der Sanierung

Die Sanierungsklausel soll dann greifen, wenn der Beteiligungserwerb zum Zwecke der Sanierung erfolgt. Dies setzt in Analogie zu § 3a EStG[3] die **Sanierungsabsicht** der Körperschaft bzw. des neuen Gesellschafters und die **Sanierungsbedürftigkeit** des erworbenen Unternehmens voraus. Weiterhin muss die Körperschaft nach der pflichtgemäßen Einschätzung eines objektiven Dritten im Zeitpunkt des Anteilserwerbs **sanierungsfähig** sein und die getroffene **Maßnahme** muss **objektiv geeignet** sein, die Körperschaft in absehbarer Zeit und nachhaltig aus der Krise zu führen.[4] Diese beiden Voraussetzungen sollten i.d.R. mit einem Sanierungsplan nachgewiesen werden.[5] Gemäß § 8c Abs. 1a Satz 4 KStG liegt keine Sanierung vor, wenn die Körperschaft ihren Geschäftsbetrieb im Zeitpunkt des Beteiligungserwerbs im Wesentlichen eingestellt hat, oder innerhalb von fünf Jahren nach dem Beteiligungserwerb ein Branchenwechsel erfolgt. 2.126

c) Verhinderung oder Beseitigung der Zahlungsunfähigkeit oder Überschuldung

Nach § 8c Abs. 1a Satz 2 KStG muss die Maßnahme mit dem Zweck der Verhinderung oder Beseitigung der Zahlungsunfähigkeit oder Überschuldung erfolgen. Dies setzt nach der Gesetzesbegründung voraus, dass der Erwerb **zum Zeitpunkt der drohenden oder eingetretenen Zahlungsunfähigkeit oder Überschuldung** stattfindet. Dieser Zeitpunkt entspreche dem Eintritt der Krise nach dem Eigenkapitalersatz- 2.127

1 Ebenso *Müller*, DB 2018, 1630 (1632).
2 BGBl. I 2018, 2338.
3 Dazu unter Geltung des Sanierungserlasses *Dörr*, NWB 2009, 2050 (2053).
4 BT-Drucks. 16/13429, 76; *Dötsch/Leibner* in D/P/M, § 8c KStG Rz. 333 (95. Erg.-Lfg. Februar 2019).
5 OFD NRW v. 20.12.2018 – S 2745 a- 2015/0011 - St 135, GmbH-StB 2019, 101 Tz. 5. Zu den Anforderungen an den Sanierungsplan vgl. *Dörr*, NWB 2009, 2050 (2054).

recht vor MoMiG.[1] Danach wurde eine Krise bei Eintritt der Kreditunwürdigkeit angenommen.[2] Mit § 8c Abs. 1a Satz 2 KStG sind Unsicherheiten verbunden, da die Sanierungsausnahme nach dem Gesetzeswortlaut nur bei Erwerb zum Zeitpunkt des Kriseneintritts, nicht dagegen davor oder danach, greift.[3] Diesen Zeitpunkt sicher zu erkennen, bereitet in der Praxis Schwierigkeiten. Die Unsicherheiten werden durch die Abweichung zwischen Gesetzesbegründung und Gesetzeswortlaut noch verstärkt. Ob tatsächlich bereits, wie in der Gesetzesbegründung ausgeführt, die Kreditunwürdigkeit des Krisenunternehmens ausreicht, oder doch, entsprechend dem Gesetzeswortlaut, erst der Tatbestand der drohenden Zahlungsunfähigkeit i.S.d. § 18 InsO verwirklicht sein muss, um § 8c Abs. 1a KStG anzuwenden, kann nicht mit Sicherheit beantwortet werden.[4] Dies kann zur Hinauszögerung eines wirtschaftlich notwendigen Einstiegs eines Investors und damit zu einer weiteren Verschlechterung der wirtschaftlichen Situation des Krisenunternehmens führen. Es kommt hinzu, dass die insolvenzrechtliche Überschuldung nach § 19 Abs. 2 InsO vorliegt, wenn das Vermögen des Schuldners die bestehenden Verbindlichkeiten nicht mehr deckt, es sei denn die Fortführung des Unternehmens ist sicher (vgl. oben Rz. 2.25). Bei Anwendung des Überschuldungsbegriffs des § 19 InsO auf § 8c Abs. 1a KStG ergäben sich daher nicht auflösbare Widersprüche zwischen den Tatbestandsmerkmalen der Sanierungsfähigkeit (positive Fortführungsprognose) zum Zeitpunkt der eingetretenen Überschuldung (negative Fortführungsprognose).[5] Aus diesem Grund ist die Sanierungsklausel u.E. auch anzuwenden, wenn eine positive Fortführungsprognose besteht.[6] § 8c Abs. 1a KStG knüpft an den Begriff der Überschuldung und nicht an den Wortlaut von § 19 InsO an, weshalb auch ein überschuldetes Unternehmen mit positiver Prognose in den Genuss der Sanierungsklausel kommen muss. Andernfalls wäre die positive Fortführungsprognose evtl. wegen des Untergangs der Verlustvorträge obsolet.[7]

d) Erhalt der wesentlichen Betriebsstrukturen

2.128 Schließlich müssen die wesentlichen Betriebsstrukturen des Unternehmens erhalten werden. Durch dieses Erfordernis soll die Privilegierung von Gestaltungen verhindert werden, bei denen es um den Erhalt steuerlicher Verlustvorträge und nicht um die Sanierung des Krisenunternehmens geht.[8] Das Tatbestandsmerkmal wird in Satz 3

1 Siehe BT-Drucks. 16/13429, 50.

2 BGH v. 28.9.1987 – II ZR 28/87, NJW 1988, 824; BGH v. 14.12.1992 – II ZR 298/91, DStR 1993, 107; BGH v. 28.11.1994 – II ZR 77/93, NJW1995, 459; *Tschersich*, Ertragsbesteuerung der Unternehmenssanierung, S. 180 ff.

3 *Dötsch/Leibner* in D/P/M, § 8c KStG Rz. 337 (95. Erg.-Lfg. Februar 2019) m.w.N.

4 Vgl. *Dötsch/Leibner* in D/P/M, § 8c KStG Rz. 337 ff. (95. Erg.-Lfg. Februar 2019); *Suchanek* in Herrmann/Heuer/Raupach, § 8c KStG Rz. 75; *Ortmann-Babel/Bolik/Gageur*, DStR 2009, 2173 (2174 f.); kritisch auch *Eilers*, StuW 2010, 205 (207 f.).

5 *Ortmann-Babel/Bolik/Gageur*, DStR 2009, 2173 (2174).

6 Ebenso *Sistermann/Brinkmann*, DStR 2009, 1453 (1454); *Lang*, DStZ 2009, 751 (753).

7 *Lang*, DStZ 2009, 751 (753).

8 *Dötsch/Leibner* in D/P/M, § 8c KStG Rz. 345 (95. Erg.-Lfg. Februar 2019); *Dörr*, NWB 2009, 2050 (2059).

Nr. 1–3 abschließend definiert.[1] Die Körperschaft muss alternativ entweder eine geschlossene Betriebsvereinbarung mit einer Arbeitsplatzregelung befolgen (Nr. 1), die Lohnsumme innerhalb der nächsten fünf Jahre weitgehend erhalten (Nr. 2) oder der Körperschaft muss wesentliches Betriebsvermögen zugeführt werden (Nr. 3).

- **Betriebsvereinbarung:** Eine Möglichkeit, die wesentlichen Betriebsstrukturen zu erhalten, ist der Abschluss und die Befolgung einer Betriebsvereinbarung zwischen Krisengesellschaft und deren Betriebsrat mit einer Arbeitsplatzregelung. Sofern im Krisenunternehmen kein Betriebsrat existiert, können alternativ individuelle Vereinbarungen zwischen der Krisengesellschaft und ihren Arbeitnehmern getroffen werden. Solche Vereinbarungen sollen den Anforderungen des § 8c Abs. 1a Satz 3 Nr. 1 KStG dann genügen, wenn sie mit mehr als der Hälfte der sozialversicherungspflichtigen Arbeitnehmer getroffen werden.[2] Neben der Regelung zum teilweisen Erhalt von Arbeitsplätzen, die auch zum Umfang und zur Vorgehensweise im Falle eines erforderlichen Stellenabbaus Stellung nehmen kann, bestehen keine inhaltlichen Vorgaben für die Vereinbarung.[3] Diese muss vor dem Beteiligungserwerb erfolgen, so dass in dem Fall, in dem sich die Sanierung als härter und mehr Zeit in Anspruch nehmend als ursprünglich gedacht herausstellt und deshalb die vorher geschlossene Betriebsvereinbarung nicht gehalten werden kann, die Verlustvorträge nach Abs. 1 untergehen. Zeitlich ist ein Zusammenhang zwischen dem Beteiligungserwerb und dem Abschluss der Betriebsvereinbarung erforderlich.[4] Im Fall eines zeitlich **gestreckten Anteilserwerbs**, stellt sich die Frage, bei welchem der Anteilserwerbe die Betriebsvereinbarung, die nur einmal abgeschlossen werden kann, vorliegen muss. U.E. genügt es, wenn die Betriebsvereinbarung erst bei erstmaligem Überschreiten der Schädlichkeitsgrenze des § 8c Abs. 1 KStG abgeschlossen wird, da die Rechtsfolge des Verlustuntergangs erst mit diesem Anteilserwerb begründet wird.[5]
- **80 % der Lohnsumme über die nächsten fünf Jahre:** Eine weitere in der Sanierungsklausel vorgesehene Möglichkeit zum Nachweis des Erhalts der wesentlichen Betriebsstrukturen besteht darin, dass in den nächsten fünf Jahren nach dem Beteiligungserwerb die durchschnittliche jährliche Lohnsumme 80 % der Ausgangslohnsumme nicht unterschreitet, wobei gem. § 8c Abs. 1a Satz 3 Nr. 3 Satz 2 KStG die Regeln des Erbschaft- und Schenkungsteuergesetzes sinngemäß gelten sollen.
- Diese Variante stellt Investoren vor ein großes Problem. Grundsätzlich und richtigerweise ist die Sanierungsklausel des § 8c Abs. 1a KStG **erfolgsunabhängig** ausgestaltet.[6] Diese Erfolgsunabhängigkeit wird jedoch durch Satz 3 Nr. 2 in Frage ge-

1 So auch *Dörr*, NWB 2009, 2050 (2055).
2 OFD NRW v. 20.12.2018 – S 2745 a- 2015/0011 - St 135, GmbH-StB 2019, 101 Tz. 14.
3 *Hackemann* in Mössner/Seeger³, § 8c KStG Rz. 533 f.
4 *Hackemann* in Mössner/Seeger³, § 8c KStG Rz. 536 f.; auch: OFD NRW v. 20.12.2018 – S 2745 a- 2015/0011 - St 135, GmbH-StB 2019, 101 Tz. 15; *Tschersich*, Ertragsbesteuerung der Unternehmenssanierung, S. 186.
5 Ebenso *Hackemann* in Mössner/Seeger³, § 8c KStG Rz. 537; *Fey/Neyer*, DB 2009, 1368 (1374).
6 Siehe BR-Drucks. 168/1/09, 34; *Altrichter-Herzberg*, GmbHR 2009, 466 (468).

stellt. Denn im Sanierungsfall wird sich häufig ein Personalabbau um mehr als 20 % nicht vermeiden lassen und insbesondere wird sich dies durch einen potentiellen Erwerber nicht vor der Vornahme der Investition mit Sicherheit ausschließen lassen.[1] Insofern ist die Situation eines notleidenden Unternehmens eben meist eine andere als die von ererbten Unternehmen. Es kommt hinzu, dass bei Ermittlung der Ausgangslohnsumme auch solche Beteiligungen oder Unternehmensteile – zeitanteilig – berücksichtigt werden, die innerhalb von fünf Jahren vor dem Beteiligungserwerb veräußert oder stillgelegt wurden, so dass der von Nr. 2 vorgeschriebene Vergleichsmaßstab deutlich über dem Lohnniveau zum Zeitpunkt des Anteilserwerbs liegen kann.[2] Überdies führt die Erstreckung der Vorschrift über fünf Jahre dazu, dass der Erwerber erst fünf Jahre nach Erwerb Rechtssicherheit darüber erlangen kann, ob er die Verlustvorträge des Unternehmens geltend machen kann oder nicht.

- **Zuführung wesentlichen Betriebsvermögens:** Die dritte Variante der Erhaltung wesentlicher Betriebsstrukturen ist die Zuführung von wenigsten 25 % des Werts des in der Steuerbilanz zum Schluss des vorangehenden Wirtschaftsjahrs enthaltenen Aktivvermögens der Körperschaft.[3] Wird nur ein Anteil an der Körperschaft erworben, so senkt sich die Höhe des zuzuführenden Aktivvermögens entsprechend. Die Zuführung muss im Wege der Einlage gem. § 4 Abs. 1 Satz 7 EStG i.V.m. § 8 Abs. 1 KStG durch den Erwerber oder eine diesem nahestehenden Person erfolgen, womit gewisse Formen der Zuführung von Betriebsvermögen, etwa die Verschmelzung einer anderen Gesellschaft auf die Verlustgesellschaft, ausgeschlossen sind. Der Erlass von Verbindlichkeiten wird nur insoweit berücksichtigt, als die betreffenden Forderungen werthaltig sind.

e) Untergang des Verlustvortrags bei nicht sanierungsbedürftigen Tochtergesellschaften?

2.129 In der Literatur wird diskutiert, ob nach dem Beteiligungskauf an einer Muttergesellschaft, die 100 % an ihrer nicht sanierungsbedürftigen Tochter hält, auch die Verlustvorträge der Tochtergesellschaft erhalten bleiben.[4] Im Gesetzgebungsverfahren wurden teilweise Äußerungen gemacht, die auf eine Verneinung dieser Frage hindeuten.[5] Allerdings lässt sich die betreffende Passage auch so interpretieren, dass die Verlustvorträge der Tochtergesellschaft dann verloren gehen, wenn deren Betrieb eingestellt wird. Möglich erscheint damit auch eine **einheitliche Betrachtung**. Erfolgt der Kauf der Muttergesellschaft zum Zwecke der Sanierung und werden die wesentlichen Betriebsstrukturen erhalten, so müssen auch die Verlustvorträge der Tochter, deren wesentliche Betriebsstrukturen fortgeführt werden, erhalten bleiben. Dieses Er-

---

1 Kritisch auch *Altrichter-Herzberg*, GmbHR 2009, 466 (468); *Tschersich*, Ertragsbesteuerung der Unternehmenssanierung, S. 185.

2 *Tschersich*, Ertragsbesteuerung der Unternehmenssanierung, S. 185; *Sistermann/Brinkmann*, DStR 2009, 1453 (1455); *Scholten/Korezkij*, DStR 2009, 253 (255).

3 Dabei sollte i.S.d. Praxistauglichkeit der Vorschrift der Buchwert zugrunde gelegt werden, *Altrichter-Herzberg*, GmbHR 2009, 466 (469).

4 Siehe dazu *Altrichter-Herzberg*, GmbHR 2009, 466 (469); *Mückl*, GWR 2009, 284 (249).

5 BT-Drucks. 16/13429, 77.

gebnis würde dem Telos der Vorschrift, die Sanierung von Gesellschaften zu erleichtern, besser gerecht.

IV. Allgemeine steuerrechtliche Vorschriften mit Relevanz in Sanierungsfällen

1. Mindestbesteuerung (§ 10d EStG/§ 10a GewStG)

Neben Regelungen, die unmittelbar einen Bezug zu Sanierungssituationen haben, 2.130
existieren Normen, die nicht auf solche Situationen beschränkt sind, aber gerade auch in diesen eine besondere Bedeutung entfalten.

Die Regelungen über die **Mindestbesteuerung** (§ 10d Abs. 2 Satz 1 EStG ggf. i.V.m. 2.131
§ 8 Abs. 1 KStG, § 10a Sätze 1–3 GewStG) haben sich zu einem der einschneidendsten steuerlichen Hindernisse für erfolgreiche Sanierungsfälle entwickelt. Bei der Schaffung dieser Regelung hatte der Gesetzgeber Sanierungsfälle **nicht** im Blick.[1] Seit dem VZ 2004 sind Verlustvorträge nur noch bis zu einem Gesamtbetrag der Einkünfte i.H.v. 1 Mio. Euro unbeschränkt, darüber hinaus nur bis zu 60 % des 1 Mio. übersteigenden Gesamtbetrags der Einkünfte abziehbar. Im Ergebnis werden damit 40 % der Einkünfte, die den Betrag von 1 Mio. Euro übersteigen, von der Verlustverrechnung ausgeschlossen und der Besteuerung unterworfen. In der Praxis[2] führt die Mindestbesteuerung dazu, dass Unternehmen Verluste, die sie in einer Krisensituation erleiden, in dem VZ, in dem sie zu einer wenn auch geringen Ertragsfähigkeit zurückkehren, nicht voll ausnutzen können. Der **Liquiditätszugriff des Fiskus** erfolgt im Regelfall **zu früh**; oft ist die Leistungsfähigkeit des betroffenen Unternehmens noch nicht wiederhergestellt. Die im Zuge des Übergangs in die Gewinnzone erwirtschaftete Liquidität kann nicht für unternehmerische Zwecke, wie die Bedienung verbleibender Kredite oder die weitere Konsolidierung, genutzt werden.[3] Regelmäßig wird das Krisenunternehmen sogar gezwungen sein, neue Kredite für die Zahlung der Steuerschuld aufzunehmen.[4] Diese wird es aufgrund seiner angespannten wirtschaftlichen Situation jedoch nur zu ungünstigen Bedingungen beziehen können, so dass dem Krisenunternehmen durch die Mindestbesteuerung neben der fehlenden Nutzungsmöglichkeit der erwirtschafteten Liquidität erhebliche Kosten entstehen.[5] Die Regeln der Mindestbesteuerung sind für viele Unternehmen damit ein erhebliches Hindernis bei der Krisenüberwindung, insbesondere in der ersten Erholungsphase nach Durchlaufen der Krise.[6]

---

1 Vgl. *Hey* in Tipke/Lang, Steuerrecht[23], § 8 Rz. 67, m.w.N. Zur Bedeutung von § 10d EStG in der Insolvenz des Unternehmens vgl. *Roth*, Insolvenzsteuerrecht[2], Rz. 4.198.

2 Vgl. ausführlich *Dorenkamp*, ifst-Schrift Nr. 461 (2010); *Hey* in Tipke/Lang, Steuerrecht[23], § 8 Rz. 67; *Herzig/Wagner*, DStR 2003, 225 (226).

3 *Herzig/Wagner*, DStR 2003, 225 (226); *Tschersich*, Ertragsbesteuerung der Unternehmenssanierung, S. 212; *Lang/Englisch*, StuW 2005, 3 (24).

4 *Herzig/Wagner*, DStR 2003, 225 (226); *Tschersich*, Ertragsbesteuerung der Unternehmenssanierung, S. 212.

5 *Lang/Englisch*, StuW 2005, 3 (24).

6 *Lang/Englisch*, StuW 2005, 3 (24); *Tschersich*, Ertragsbesteuerung der Unternehmenssanierung, S. 212 ff. Auch in der Insolvenz eines Unternehmens kann die Mindestbesteuerung zu einer nicht leistungsfähigkeitsgerechten Besteuerung führen, vgl. *Gilz/Kuth*, DStR 2005, 184 (184 f.).

2.132 Die Meinungen zur Verfassungsmäßigkeit der Mindestbesteuerung gehen auseinander. In der Literatur finden sich von der umfassenden Verfassungswidrigkeit der Mindestbesteuerung[1] über eine begrenzte Verfassungsmäßigkeit unter Ausnahme von Definitiveffekten (d.h. dem endgültigen Untergang der Verlustvortagsmöglichkeit)[2] bis hin zu einer umfassenden Verfassungsmäßigkeit der Mindestbesteuerung[3] alle Auffassungen. Auch der BFH hatte sich bereits vermehrt mit der Mindestbesteuerung zu befassen. In seiner Entscheidung vom 22.8.2012 entschied der I. Senat, dass die Mindestbesteuerung in ihrer Grundkonzeption nicht gegen Verfassungsrecht verstoße.[4] Eine Verlust**streckung** sei verfassungsrechtlich nicht zu beanstanden solange damit kein Definitiveffekt verbunden sei, da das Leistungsfähigkeitsprinzip (Art. 3 Abs. 1 GG), welches sich auf das Lebenseinkommen des Steuerpflichtigen beziehe, lediglich die spätere Möglichkeit zum Verlustausgleich schütze. In seiner Entscheidung vom 20.9.2012 entschied der IV. Senat dagegen für § 10a GewStG, dass die geltende Mindestbesteuerung verfassungsgemäß sei und zwar auch, soweit es wegen der Verrechnungsbegrenzung zu einem endgültig nicht mehr verrechenbaren Verlust komme.[5] Denn ein etwaiger Verstoß der Definitiveffekte gegen Art. 3 Abs. 1 GG sei in jedem Fall gerechtfertigt. So sei der Gesetzgeber der verfassungswidrigen Definitivbesteuerung im Wege der Typisierung durch Erhöhung des Sockelbetrags und des Restbetragsprozentsatzes begegnet. Dies sei für die Rechtfertigung ausreichend, da sich keine andere Regelung erkennen lasse, mit der die Entstehung von Definitiveffekten effektiver hätte ausgeschlossen werden können. Insbesondere sei eine steuerliche Berücksichtigung der Definitiveffekte nicht möglich, da eine solche einem Verlustrücktrag gleichkommen würde, welcher im System der Gewerbesteuer jedoch nicht vorgesehen sei. Zuletzt beschloss der I. Senat am 26.2.2014 dem BVerfG die Frage der Verfassungsmäßigkeit der Mindestbesteuerung bei Definitiveffekten vorzulegen.[6] Er kommt zu dem Ergebnis, dass eine **Verluststreckung** verfassungsgemäß sei, ein **Verlustausschluss** hingegen einen Verstoß gegen das objektive Nettoprinzip und das Folgerichtigkeitsgebot darstelle, der – entgegen der Ansicht des IV. Senates auch für die Gewerbesteuer – nicht gerechtfertigt werden könne. Eine Begegnung der Definitiveffekte über Billigkeitsmaßnahmen sei ausgeschlossen, da eine solche Vorgehensweise eine unzulässige Gesetzeskorrektur darstellen würde.[7] Das Verfahren ist unter dem Az. 2 BvL 19/14 beim BVerfG anhängig.[8]

---

1 *Lang/Englisch*, StuW 2005, 3 (5 ff.); *Hey*, StuW 2011, 131 (140 ff.); *Töben*, FR 2010, 249 (250 f.); *Dorenkamp*, ifst-Schrift Nr. 461 (2010), S. 34 f. sowie 69 ff. m.w.N. in Fn. 199.

2 *Hallerbach* in Herrmann/Heuer/Raupach, § 10d EStG Rz. 13; eingeschränkt *Ernst*, BB 2014, 2529 (2536).

3 *Gassen* in Littmann/Bitz/Pust, § 10d EStG Rz. 6 (99. Erg.-Lfg. Mai 2013).

4 BFH v. 22.8.2012 – I R 9/11, BStBl. II 2013, 512.

5 BFH v. 20.9.2012 – IV R 36/10, BStBl. II 2013, 498; BFH v. 20.9.2012 – IV R 60/11, BFH/NV 2013, 410.

6 BFH v. 26.2.2014 – I R 59/12, BStBl. II 2014, 1016.

7 Ebenso *Hey* in Tipke/Lang, Steuerrecht[23], § 8 Rz. 68, die eine Verluststreckung als weniger eingriffsintensiv, aber mangels legitimen Regelungsinteresses für ebenfalls unzulässig befindet.

8 Ebenfalls anhängig beim BVerfG ist eine Verfassungsbeschwerde gegen die Mindestbesteuerung, Az: 2 BvR 2998/12.

U.E. ist die Mindestbesteuerung, jedenfalls für den Fall, dass sie, z.B. wegen Todes des Steuerpflichtigen oder der Liquidation einer Gesellschaft, zum endgültigen Ausschluss der Verlustvortragsmöglichkeit führt, verfassungswidrig. Unabhängig davon, ob sich das objektive Nettoprinzip aus der Verfassung ergibt, ist der Gesetzgeber aufgrund des Folgerichtigkeitsgebots nämlich zur konsequenten und widerspruchsfreien Umsetzung des § 2 Abs. 2 EStG (als einfachgesetzliche Anordnung des objektiven Nettoprinzips) verpflichtet.[1] Dieser setzt die Möglichkeit des inner- und interperiodischen Verlustausgleichs zwingend voraus.[2] Doch auch ohne den Eintritt von Definitiveffekten stößt die Mindestbesteuerung auf erhebliche Bedenken. Indem die Mindestbesteuerung einen Steuerzugriff ohne umfassende Berücksichtigung zuvor erlittener Verluste bewirkt, führt sie zu einer Besteuerung tatsächlich nicht vorhandener Gewinne und damit zu einem zumindest vorübergehenden Zugriff auf die Vermögenssubstanz.[3] Mit § 2 EStG, der eindeutig auf das Ist-Einkommen des Steuerpflichtigen abstellt, ist diese Substanzbesteuerung nur schwerlich vereinbar.[4] 2.133

2. § 8b Abs. 3 Satz 4 ff. KStG; § 17 EStG bei Finanzierungsmaßnahmen von Gesellschaftern

a) § 8b Abs. 3 Satz 4 ff. KStG

Auch die Regelungen des § 8b Abs. 3 Satz 4 ff. KStG und des § 17 EStG haben keinen unmittelbaren Sanierungsbezug, stehen aber im Kern der steuerlichen Regelung der **Gesellschafterfinanzierung** und haben deshalb höchste Relevanz in Sanierungsfällen. Denn die Finanzierungsmaßnahmen des Gesellschafters sind häufig die effektivsten und kurzfristigsten Sanierungsmaßnahmen, die ergriffen werden können. Ob sich die Gesellschafter zur Durchführung von Sanierungsmaßnahmen entscheiden, hängt jedoch gerade auch davon ab, ob sie im Zusammenhang mit der Sanierung getätigte Aufwendungen sowie bereits eingetretene Verluste im Zusammenhang mit der Beteiligung steuerlich geltend machen können.[5] Hinsichtlich der Voraussetzungen und der steuerlichen Auswirkungen des Forderungsverzichts durch die Gesellschafter s. Rz. 3.56 ff. 2.134

§ 8b KStG gehört zu den allgemeinen Vorschriften über die Einkommensermittlung. Die Norm regelt die sachliche Steuerbefreiung bestimmter Bezüge und Gewinne im Zusammenhang mit Gesellschaftsbeteiligungen (Abs. 1 und 2) sowie die Nichtabzugsfähigkeit einzelner Gewinnminderungen (Abs. 3 und 5). **Bis** zum **VZ 2007** (§ 8b Abs. 3 Satz 3 KStG a.F.) beschränkte sich das Abzugsverbot auf solche Gewinnminderungen, die im Zusammenhang mit den in § 8b Abs. 2 KStG genannten Anteilen entstehen. Hierunter fielen ausschließlich substanzbezogene Wertminderungen 2.135

1 BVerfG v. 23.1.1990 – 1 BvL 4, 5, 6, 7/87, BVerfGE 81, 228 (237); BVerfG v. 4.12.2002 – 2 BvR 400/98, 1735/00, BVerfGE 107, 27 (48) m.w.N.

2 *Hey*, StuW 2011, 131 (140); *Dorenkamp*, ifst-Schrift Nr. 461 (2010), S. 9 ff.; BFH v. 26.8.2010 – I B 49/10, BStBl. II 2011, 826.

3 *Eilers/Bühring*, StuW 2009, 246 (254); *Lang/Englisch*, StuW 2005, 3 (7); *Brinkmann* in Lüdicke/Sistermann, Unternehmensteuerrecht², § 17 Rz. 27.

4 *Lang/Englisch*, StuW 2005, 3 (7).

5 *Rühland* in Kahlert/Rühland, Sanierungs- und Insolvenzsteuerrecht², Rz. 4.

von Anteilen, die sich aus der ertragsteuerlichen Behandlung des Anteils selbst ergaben.[1] Nicht erfasst waren insbesondere Darlehen, auch nicht, soweit diese eigenkapitalersetzenden Charakter hatten.[2] **Eigenkapitalersetzende Darlehen**, d.h. wirtschaftliche Krisenfinanzierungen des Gesellschafters, wurden bis zum VZ 2007 von der Beteiligung als eigenständig zu trennende Wirtschaftsgüter behandelt. Wurden auf solche Darlehen Teilwertabschreibungen vorgenommen oder fiel der Gesellschafter mit seiner eigenkapitalersetzenden Gesellschafterdarlehensforderung aus, dann realisierte er bis zum VZ 2007 einen steuerlich wirksamen Verlust. Damit wurden risikoreiche Finanzierungen des Gesellschafters steuerlich – jedenfalls dann, wenn sie scheiterten – als Aufwand anerkannt.

2.136 Diese Rechtslage wurde durch das JStG 2008[3] mit Wirkung **ab** dem **VZ 2008** geändert. Der Steuergesetzgeber erkennt solche Finanzierungsrisiken im Bereich der Gesellschafterdarlehen nicht mehr an.[4] Nach der neuen Rechtslage sind **Gewinnminderungen** aus Gesellschafterfinanzierungen und der Inanspruchnahme von Sicherheiten im Körperschaftsteuerrecht **nicht** mehr **abzugsfähig**, wenn sie von einem wesentlich beteiligten (zu mehr als $^1/_4$) Gesellschafter oder einer dem wesentlich beteiligten Gesellschafter nahestehenden Person gewährt worden sind.[5] Dabei sieht die Regelung nach der Rechtsprechung des BFH keinerlei zeitliche Beschränkung vor. Es sei unerheblich, zu welchem Zeitpunkt die Wesentlichkeitsschwelle der Beteiligung überschritten wurde und ob sie noch immer überschritten ist, entscheidend sei nur, dass der Gesellschafter zu irgendeinem Zeitpunkt während der Darlehenslaufzeit zu mehr als einem Viertel am Grund- oder Stammkapital der Körperschaft beteiligt ist oder war.[6] Die Nichtanerkennung solcher Finanzierungsverluste gilt gem. § 8b Abs. 3 Satz 6 EStG nur dann nicht, wenn der finanzierende Gesellschafter darlegen und beweisen kann, dass auch ein fremder Dritter das ausgefallene Darlehen gewährt und in der Krisensituation nicht zurückgefordert hätte.[7] Dieser Nachweis wird jedoch in der Praxis nur äußerst selten gelingen, da ein fremder Dritter in einer sich abzeichnenden Krise der Gesellschaft kein Darlehen gewährt hätte.[8] Im Ergebnis wird damit die steuerliche Anerkennung von Finanzierungsrisiken in Krisensituationen erheblich erschwert.

---

1 BFH v. 14.1.2009 – I R 52/08, BStBl. II 2009, 674 = GmbH-StB 2009, 91 = EStB 2009, 122.

2 BFH v. 14.1.2009 – I R 52/08, BStBl. II 2009, 674 = GmbH-StB 2009, 91 = EStB 2009, 122; vgl. auch *Pung* in D/P/M, § 8b KStG Rz. 215 (95. Erg.-Lfg. Februar 2019) m.w.N.; *Eilers/Schmidt*, GmbHR 2003, 613 (624).

3 v. 20.12.2007, BGBl. I 2007, 3150.

4 Vgl. zu früheren Tendenzen, Finanzierungsrisiken nicht mehr steuerlich anzuerkennen *Eilers*, FR 2004, 337 (337 ff.).

5 *Neumann/Watermeyer*, Ubg 2008, 748 (748 f.); *Watermeyer* in Herrmann/Heuer/Raupach, § 8b KStG Rz. 110.

6 BFH v. 12.3.2014 – I R 87/12, GmbHR 2014, 764.

7 Mit dem Zollkodexanpassungsgesetz wurde für nicht fremdübliche Gesellschafterdarlehen bei Personengesellschaften mit § 3c Abs. 2 EStG eine Parallelregelung zu § 8b Abs. 3 Sätze 4 ff. KStG eingeführt, vgl. auch Rz. 3.59.

8 Vgl. *Kellermann/Pannewig*, Ubg 2009, 848 (857); zur Möglichkeit des Steuererlasses aus Billigkeitsgründen vgl. BT-Drucks. 16/6290, 74.

Die Verfassungsmäßigkeit des § 8b Abs. 3 Sätze 4 ff. KStG ist jedenfalls fragwürdig.[1] Bemängelt wird die Inkonsistenz der Regelung:[2] Grundsätzlich behandelt das Steuerrecht Einkünfte aus Beteiligungen an Kapitalgesellschaften und aus Darlehen unterschiedlich. Dividenden und Veräußerungsgewinne sind bei Körperschaften i.d.R. zu 95 % steuerfrei (§ 8b Abs. 2, 3, 6 KStG). Korrespondierend hierzu sind Gewinnminderungen aus solchen Anteilen nicht abzugsfähig (§ 8b Abs. 3 Sätze 1, 2 KStG). Im Gegensatz dazu sind Zinsen aus Darlehen voll steuerpflichtig. Entsprechend können mit ihnen korrespondierende Verluste grundsätzlich in voller Höhe steuerlich geltend gemacht werden.[3] Durch das Abzugsverbot des § 8b Abs. 3 Sätze 4 ff. KStG wird der Zusammenhang zwischen Abzugsfähigkeit von Aufwendungen und Steuerbarkeit von Einnahmen systemwidrig durchbrochen. Der BFH hat dem jedoch eine Absage erteilt.[4] Selbst wenn man das Abzugsverbot des § 8b Abs. 3 Sätze 4 ff. KStG in Anbetracht der 95%igen Steuerfreistellung von Veräußerungsgewinnen grundsätzlich als gerechtfertigt ansieht, kann dies nicht für Krisensituationen gelten. Hier bieten sich für den Gesellschafter allein Finanzierungsrisiken und keinerlei Finanzierungschancen. Es kommt hinzu, dass die Regelung im Fall des Forderungsverzichts zu einer Doppelbesteuerung führt, da der Gesellschafter seinen Aufwand aus dem Verzicht auf das Darlehen steuerlich nicht geltend machen kann und die Gesellschaft in Höhe des nicht werthaltigen Teils der Forderung einen Ertrag erzielt.[5] Auch der Verweis der Gesetzesbegründung auf die Anwendung des Sanierungserlasses[6] für Fälle, in denen durch den Darlehensverzicht des Gesellschafters bei der Gesellschaft ein steuerwirksamer Ertrag entsteht,[7] kann die tiefgreifenden Zweifel an der Verfassungsmäßigkeit des § 8b Abs. 3 Sätze 4 ff. KStG nicht ausräumen, da er die Problematik auf ein BMF-Schreiben verlagert, dessen Rechtsgrundlage umstritten war, durch den BFH verworfen wurde (vgl. Rz. 2.36) und das für die Besteuerung des Gesellschafters, welche ja gerade in Rede steht, keine Aussagen enthielt.[8] Auch die gesetzliche Neuregelung in § 3a EStG verspricht hier keine Abhilfe, da lediglich der Sanierungsertrag der Gesellschaft steuerfrei gestellt wird. 2.137

b) § 17 EStG

§ 17 EStG regelt die einkommensteuerliche Behandlung der Veräußerung von Beteiligungen für natürliche Personen und Personengesellschaften. In diesem Zusammenhang lautet die **sanierungsrelevante** Fragestellung, ob sich die Anschaffungskosten von Beteiligungen durch fehlgeschlagene Finanzierungsmaßnahmen des Gesellschafters nachträglich erhöhen (zum Verzicht durch Gesellschafter vgl. Rz. 3.45 ff.). Auch 2.138

1 Vgl. Übersicht bei *Lechner*, Ubg 2013, 162 (163) m.w.N.; a.A.: BFH v. 12.3.2014 – I R 87/12, BStBl. II 2014, 859; BFH v. 13.10.2010 – I R 79/09, BStBl. II 2014, 943.

2 *Gosch* in Gosch, § 8b KStG Rz. 278b; *Lechner*, Ubg 2013, 162 (163); *Watermeyer*, GmbH-StB 2008, 81; *Eilers/Bühring*, DStR 2009, 137 (138).

3 *Lechner*, Ubg 2013, 162.

4 BFH v. 12.3.2014 – I R 87/12, BStBl. II 2014, 859.

5 *Letzgus*, BB 2010, 92 (92 f.).

6 BMF v. 27.3.2003 – IV A 6 - S 2140 - 8/03, BStBl. I 2003, 240.

7 BR-Drucks. 544/07, 94 ff.

8 Vgl. *Gosch* in Gosch, § 8b KStG Rz. 279h.

hier hat sich die Rechtslage in den gesellschaftsrechtlichen Grundlagen, nämlich durch die Abschaffung des Eigenkapitalersatzrechts durch das MoMiG tiefgreifend geändert. Bis dahin konnte der an einer Gesellschaft i.S.d. § 17 EStG beteiligte Gesellschafter einen steuerlich relevanten Verlust erleiden, wenn er mit einem eigenkapitalersetzenden Darlehen oder einer ähnlichen Finanzierungsmaßnahme ausfiel. Solche nachträglichen Anschaffungskosten hatte die Finanzverwaltung anerkannt.[1] Dabei hatte sie im Wesentlichen an das Vorliegen eines **eigenkapitalersetzenden Gesellschafterdarlehens** angeknüpft. Lag kein eigenkapitalersetzendes Gesellschafterdarlehen vor, weil auch ein Dritter das Darlehen gewährt oder stehen gelassen hätte, war (und ist) eine Berücksichtigung der ausgefallenen Darlehensforderung als nachträgliche Anschaffungskosten im Rahmen des § 17 EStG hingegen nicht möglich, da das Darlehen des Beteiligten dann dem Bereich der Einkünfte aus Kapitalvermögen zuzuordnen ist.[2]

2.139 Durch das MoMiG wurde das Rechtsinstitut des eigenkapitalersetzenden Darlehens abgeschafft. Die Neuregelungen des MoMiG führten dazu, dass eine gesetzliche **Nachrangigkeit aller Rückzahlungsansprüche aus Gesellschafterdarlehen** in der Insolvenz eingeführt wurde.[3] Nachdem die herrschende Meinung und auch Teile der Rechtsprechung davon ausgegangen waren, dass die bisherigen Grundsätze übertragen würden,[4] hat der BFH sich nunmehr von ihnen verabschiedet.[5] Als (nachträgliche) Anschaffungskosten der Beteiligung können nur solche Aufwendungen angesehen werden, die **nach handels- oder bilanzsteuerrechtlichen Grundsätzen zu einer offenen oder verdeckten Einlage führen**. Das sind insb. Nachschüsse i.S.d. §§ 26 ff. GmbHG, Einzahlungen in die Kapitalrücklage, Barzuschüsse und der Verzicht auf eine noch werthaltige Forderung. Fremdkapitalhilfen wie der Ausfall eines ehemals „eigenkapitalersetzenden" Darlehens können dagegen nicht mehr den nachträglichen Anschaffungskosten zugerechnet werden. Etwas anderes soll dann gelten, wenn die gewährte Fremdkapitalhilfe aufgrund der vertraglichen Abreden (bspw. der Vereinbarung eines Rangrücktritts) mit der Zuführung einer Einlage in das Gesellschaftsvermögen wirtschaftlich vergleichbar ist. Aus Gründen des Vertrauensschutzes sind die bisherigen Grundsätze noch anwendbar, wenn der Gesellschafter die Finanzierungshilfe bis zum Tag der Veröffentlichung dieses Urteils geleistet hat.[6]

1 BMF v. 8.6.1999 – IV C 2 - S 2244 - 12/99, BStBl. I 1999, 545 = FR 1999, 827 = IStR 1999, 1151.
2 BFH v. 24.2.1997 – VIII R 23/93, BStBl. II 1999, 342; *Eilers/Schmidt* in Herrmann/Heuer/Raupach, § 17 EStG Rz. 201.
3 § 39 Abs. 1 Nr. 5, § 44a, § 135, § 143 Abs. 3 InsO. Vgl. *Bayer/Graff*, DStR 2006, 1654 (1657); *Bork*, ZGR 2007, 250 (250 ff.); *Altmeppen*, NJW 2008, 3601 (3601 ff.); *Hirte* in Uhlenbruck[15], § 39 InsO Rz. 32 ff.
4 BMF v. 21.10.2010 – IV C 6 - S 2244/08/10001, BStBl. I 2010, 832 = FR 2010, 1058 = DStR 2010, 291; *Eilers/Schmidt* in Herrmann/Heuer/Raupach, § 17 EStG Rz. 201b.
5 BFH v. 11.7.2017 – IX R 36/15, BFH/NV 2017, 1501.
6 Dies war der 27.9.2017; vgl. auch BMF v. 5.4.2019 – IV C 6-S 2244/17/10001, BStBl. I 2019, 257.

3. Die Zinsschranke bei Sanierungssituationen

a) Grundregel

Die Einführung der Zinsschranke durch die Unternehmenssteuerreform von 2008 hat die steuerliche Abzugsfähigkeit von Finanzierungsaufwendungen massiv eingeschränkt. Schon im Gesetzgebungsverfahren 2007 wurde erkannt, dass diese Regelung in Krisensituationen zu erheblichen Schwierigkeiten führt. Die Implementierung der Zinsschranke erfolgte noch in Zeiten einer stabilen fortgesetzten Hochkonjunkturphase in Europa. Warnende Stimmen hatten allerdings damals schon hervorgehoben, dass es sich bei der Zinsschranke um einen Akt des Steuergesetzgebers handelt, der systematisch finanzstarke Unternehmen bevorzugt und der in Krisenzeiten Unternehmen und Steuerpflichtige vor unüberwindbare Schwierigkeiten stellen würde. Gerade in Krisenzeiten[1] sind Unternehmen auf eine sichere Versorgung mit liquiden Mitteln angewiesen: Führt die **erhöhte Mittelaufnahme in Krisenzeiten** zu **Steuerzahllasten**, denen keine wirtschaftliche Leistungsfähigkeit gegenübersteht, wird die Zinsschranke zu einem Sanierungshindernis. Diese Wirkung der Zinsschranke ist in der Finanzkrise besonders deutlich hervorgetreten und hat den Gesetzgeber zu einigen Modifikationen der gesetzlichen Regelung veranlasst. Durch das Wachstumsbeschleunigungsgesetz[2] wurden die Freigrenze des § 4h Abs. 2 Satz 1 lit. a EStG[3] sowie der Toleranzrahmen beim Eigenkapitalvergleich nach § 4h Abs. 2 Satz 1 lit. c EStG erhöht. Zudem wurde ein EBITDA-Vortrag eingeführt.[4] Trotz dieser Änderungen führt die Zinsschranke in bestimmten Situationen nach wie vor zu Ergebnissen, die mit einer Besteuerung nach der wirtschaftlichen Leistungsfähigkeit nicht vereinbar sind.[5] 2.140

Nach der **Grundregel** des § 4h Abs. 1 EStG sind Nettozinsaufwendungen eines Wirtschaftsjahres, d.h. der Überschuss der Zinsaufwendungen über die Zinserträge, nur bis zu 30 % des maßgeblichen Gewinns vor Zinsaufwendungen und Zinserträgen und regulären Abschreibungen (steuerliches EBITDA) abziehbar.[6] Nicht abziehbare Zinsaufwendungen sind vorzutragen und erhöhen die Zinsaufwendungen (nicht jedoch den maßgeblichen Gewinn) der entsprechenden künftigen Wirtschaftsjahre, § 4h Abs. 1 Sätze 2, 3 EStG. Greift die Zinsschranke, so führt sie zu einer Doppelbelastung, da auf der einen Seite die empfangenen Zinserträge im Regelfall zu versteuern sind, während auf der anderen Seite der Zinsaufwand (jedenfalls teilweise) vom 2.141

1 Vgl. *Eilers*, FR 2007, 733 (735); *Eilers* in FS Schaumburg, S. 275 (276).

2 v. 22.12.2009, BGBl. I 2009, 3950.

3 Die Freigrenze war zeitlich befristet bereits durch das BürgEntlG (v. 16.7.2009, BGBl. I 2009, 1959) auf 3 Mio. Euro erhöht worden. Durch das Wachstumsbeschleunigungsgesetz wurde diese Erhöhung dauerhaft festgeschrieben.

4 Zu den Einzelheiten der Zinsschranke sogleich.

5 Vgl. etwa das Fallbeispiel unter f).

6 Die Anwendungsschwierigkeiten der Zinsschranke beginnen bereits bei der Auslegung der Begriffe der Zinserträge und -aufwendungen. Zu den Begriffen vgl. *Loewens* in Blümich, § 4h EStG Rz. 30 ff. (148. Erg.-Lfg. Juli 2019); *Hoffmann* in Littmann/Bitz/Pust, § 4h EStG Rz. 50 ff. (78. Erg.-Lfg. Februar 2008); bei Kapitalgesellschaften werden für die Ermittlung des steuerlichen EBITDA zusätzlich der Verlustabzug nach § 10d EStG und der Spendenabzug nach § 9 Abs. 1 Nr. 2 KStG addiert (§ 8a Abs. 1 Satz 2 KStG).

Betriebsausgabenabzug ausgeschlossen ist. Brisanz erhält die Zinsschranke für Sanierungssituationen, weil nicht nur Gesellschafterfremdfinanzierungen, sondern auch Bankdarlehen von ihr erfasst werden. Selbst wenn Dritte die Gesellschaft mit neuem Fremdkapital unterstützen wollen, ist der damit einhergehende Zinsaufwand mithin nur in Abhängigkeit zum EBITDA steuerlich abziehbar. Dies ist deshalb heikel, weil das EBITDA gerade in der Unternehmenskrise, in der das Unternehmen regelmäßig keinen Gewinn erzielt, niedrig ausfällt. Im Falle des Gesellschafterdarlehens führt die Zinsschranke sogar zu einer Doppelbesteuerung, da auf der einen Seite die Zinserträge zu versteuern und auf der anderen Seite die Zinsaufwendungen nicht abziehbar sind.

b) Ausnahmen

aa) Freigrenze

2.142 § 4h Abs. 2 EStG sieht drei Ausnahmen von der Zinsschranke vor. Die in § 4h Abs. 2 Satz 1 lit. b und c EStG genannten Ausnahmen finden bei Kapitalgesellschaften nur Anwendung, wenn die zusätzlichen Voraussetzungen des § 8a Abs. 2, 3 KStG erfüllt sind, mithin **keine schädliche Gesellschafterfremdfinanzierung** vorliegt.

2.143 Zur Schonung kleinerer und mittlerer Betriebe nimmt § 4h Abs. 2 Satz 1 lit. a EStG **Nettozinsaufwendungen von bis zu drei Mio. Euro** von der Zinsschranke aus. Die ursprüngliche Freigrenze von einer Mio. Euro wurde in Reaktion auf die Finanzmarktkrise durch das Wachstumsbeschleunigungsgesetz auf nunmehr 3 Mio. Euro erhöht.[1] Bei – auch nur geringfügigem – Überschreiten der Grenze unterliegen die Zinsaufwendungen allerdings in vollem Umfang der Zinsabzugsbeschränkung (kein Freibetrag, sondern Freigrenze).[2] Die Freigrenze gilt aufgrund der Verweisung in § 8a Abs. 1 Satz 1 KStG auch für Körperschaften. Bei einem unterstellten Zinssatz von 5 % bleiben Fremdfinanzierungen bis zu 60 Mio. Euro voll steuerwirksam.

bb) Stand-alone-Klausel

2.144 **Bei nicht** oder nur anteilig **konzernzugehörigen Betrieben** greift die Zinsschranke gem. § 4h Abs. 2 Satz 1 lit. b EStG nicht ein (sog. „stand-alone-Klausel"). Abweichend vom Zivilrecht gilt für die Anwendung der Konzernklausel ein sog. erweiterter Konzernbegriff. Als konzernangehörig gelten danach nicht nur Betriebe, die entsprechend dem anzuwendenden Rechnungslegungsstandard tatsächlich konsolidiert werden, sondern auch solche Betriebe, die konsolidiert werden könnten. Es sind auch solche Betriebe konzernangehörig, deren Geschäfts- und Finanzpolitik durch einen anderen Betrieb einheitlich bestimmt werden kann. Die Zinsschranke greift folglich im größtmöglichen Konsolidierungskreis ein. Gemäß § 4h Abs. 2 Satz 8 ff. EStG

1 Die Freigrenze war zunächst durch das BürgEntlG (v. 16.7.2009, BGBl. I 2009, 1959) rückwirkend zeitlich befristet auf 3 Mio. Euro erhöht worden. Das Wachstumsbeschleunigungsgesetz (v. 22.12.2009, BGBl. I 2009, 3950) hat diese Erhöhung dauerhaft festgeschrieben.

2 *Hoffmann/Rüsch*, DStR 2007, 2079; *Reiche/Kroschewski*, DStR 2007, 1330 (1331).

richtet sich die Konsolidierungsobliegenheit grundsätzlich nach IFRS. Subsidiär ist das deutsche Bilanzrecht, das eines EU-Staates oder wiederum subsidiär die US-GAAP maßgeblich.

cc) Escape-Klausel

Im Rahmen der Escape-Klausel, die einen konzernweiten Eigenkapitalquotenvergleich vornimmt, kommt es gem. § 4h Abs. 2 Satz 1 lit. c EStG nicht zur Zinsabzugsbeschränkung, wenn die **Eigenkapitalquote** des inländischen Steuerpflichtigen **nicht** bzw. **nur um zwei**[1] **Prozentpunkte schlechter** ist als die Eigenkapitalquote des Konzerns. Anwendung findet diese Vorschrift somit nur auf konzernzugehörige Betriebe. Die Eigenkapitalquoten des Betriebs und des Konzerns sind dabei aus den für den jeweiligen Betrieb und den Konzern aufzustellenden Jahresabschlüssen in dem anzuwendenden Vergleichsrechnungslegungsstandard zu ermitteln. Aufgrund des erweiterten Konzernbegriffs und dem zugrunde zu legenden Betriebsbegriff ist es möglich, dass neben den bilanzrechtlich vorgeschriebenen Jahresabschlüssen zusätzliche, auf die für die Zinsschranke geltenden Begriffe angepasste Jahresabschlüsse erstellt werden müssen. 2.145

Für den Eigenkapitalvergleich ist es erforderlich, auf Ebene der Gesellschaft, die die **Konzernspitze** bildet, die **konsolidierte Eigenkapitalquote** als Vergleichsgrundlage zu ermitteln. Konzernspitze ist gem. § 4h Abs. 3 EStG der Betrieb, auf dessen Ebene eine Konsolidierung nach IFRS stattfindet oder stattfinden könnte.[2] 2.146

Für Personengesellschaften muss beachtet werden, dass nach § 4h Abs. 2 lit. c Satz 7 EStG das Sonderbetriebsvermögen dem Betrieb der Mitunternehmerschaft zuzuordnen ist, soweit es im (konsolidierten) Konzernvermögen enthalten ist. Im Ergebnis erhöht positives Sonderbetriebsvermögen mithin das Eigenkapital des Betriebs, wohingegen Fremdverbindlichkeiten des Gesellschafters (auch zur Finanzierung seiner Beteiligung) es mindern.[3] 2.147

dd) Rückausnahme für Kapitalgesellschaften

Selbst wenn eine Kapitalgesellschaft die Bedingungen der Stand-alone- oder Escape-Klausel erfüllt, kommt die Zinsschranke nur unter der weiteren Voraussetzung nicht zur Anwendung, dass **keine schädliche Gesellschafterfremdfinanzierung** vorliegt. Nach § 8a Abs. 2, 3 KStG ist eine schädliche Fremdfinanzierung dann gegeben, wenn mehr als 10 % des Zinssaldos des Betriebes einem Anteilseigner zufließen, der zu 2.148

---

1 Ursprünglich war bereits eine Abweichung von mehr als einem Prozentpunkt schädlich. Diese Grenze wurde durch das Wachstumsbeschleunigungsgesetz (v. 22.12.2009, BGBl. I 2009, 3950) auf zwei Prozentpunkte angehoben.

2 BMF v. 4.7.2008 – IV C 7 - S 2742-a/07/10001 BStBl. I 2008, 718 = FR 2008, 778 = EStB 2008, 316 Tz. 59, Zinsschrankenerlass; *Rödding/Brinkmann/Fischer* in Lüdicke/Sistermann, Unternehmensteuerrecht[2], § 14 Rz. 10.

3 *Seiler* in Kirchhof[18], § 4h EStG Rz. 48; *Köhler*, DStR 2007, 597 (602); vertiefend zu Folgeproblemen: *Wagner/Fischer*, BB 2007, 1811 (1814 ff.).

mehr als 25 % unmittelbar oder mittelbar am Grund- oder Stammkapital beteiligt ist, einer diesem nahestehenden Person oder einem Dritten, der auf den Anteilseigner oder die nahestehende Person zurückgreifen kann. Problematisch ist die **weite Auslegung des Begriffs des „Rückgreifens"** durch die Finanzverwaltung. Ein konkreter rechtlich durchsetzbarer Anspruch wie eine Garantie oder eine Patronatserklärung ist zur Erfüllung des Rückgrifftatbestandes nicht erforderlich. Es genügt vielmehr, dass der Anteilseigner oder eine ihm nahestehende Person faktisch für die Erfüllung der Schuld einsteht. Ausdrücklich werden die in der Praxis üblichen Back-to-Back-Finanzierungen als Beispiel genannt.[1] Eine konzernangehörige Gesellschaft muss darüber hinaus nachweisen, dass außer ihr selbst keine andere (auch ausländische) konzernangehörige Gesellschaft eine schädliche Gesellschafterfremdfinanzierung aufweist, § 8a Abs. 3 Satz 1 KStG.[2]

ee) Förderdarlehen

2.149 Nach dem Anwendungsschreiben des BMF zur Zinsschranke vom 4.7.2008 sind Vergütungen für Darlehen, die aufgrund von allgemeinen Förderbedingungen vergeben werden, keine Zinsaufwendungen im Sinne der Zinsschranke, vorausgesetzt es handelt sich um aus öffentlichen Haushalten gewährte Mittel der Europäischen Union, des Bundes, der Länder und Gemeinden oder Mittel anderer öffentlich-rechtlicher Körperschaften oder einer nach § 5 Abs. 1 Nr. 2, 17 oder 18 KStG steuerbefreiten Einrichtung. Hierzu zählen insbesondere Förderdarlehen, öffentliche und nichtöffentliche Baudarlehen, Wohnungsfürsorgemittel und Mittel, die mit Auflagen (etwa Belegungsrechten oder Mietpreisbindungen) verbunden sind.[3] In der Literatur trifft diese Ausnahme mangels erkennbarer Rechtsgrundlage und wegen ihrer Zweifelhaftigkeit hinsichtlich Art. 3 Abs. 1 GG auf Kritik.[4]

c) Besonderheiten bei Personengesellschaften

2.150 Zinszahlungen einer Personengesellschaft an einen darlehensgewährenden Gesellschafter stellen gem. § 15 Abs. 1 Satz 1 Nr. 2 Satz 1 EStG Sondervergütungen zu den Einkünften aus Gewerbebetrieb des Gesellschafters dar. Mithin sind sie nicht als

---

1 BMF v. 4.7.2008 – IV C 7 - S 2742-a/07/10001, BStBl. I 2008, 718 = FR 2008, 778 = EStB 2008, 316 Tz. 83; kritisch zur Auffassung des BMF, die weit über die zivilrechtliche Auslegung des Begriffs des Rückgriffs hinausgeht *Kreft/Schmitt-Homann*, BB 2008, 2099 (2099 ff.).

2 BMF v. 4.7.2008 – IV C 7 - S 2742-a/07/10001, BStBl. I 2008, 718 = FR 2008, 778 = EStB 2008, 316 Tz. 80; *Rödder*, DStR-Beihefter Heft 40, 10; *Kreft/Schmitt-Homann*, BB 2008, 2099 (2100); *Reiche/Kroschewski*, DStR 2007, 1330 (1333); *Scheunemann/Socher*, BB 2007, 1144 (1150). Ein nachvollziehbarer Grund für die Einbeziehung sämtlicher konzernangehöriger Gesellschaften ist nicht ersichtlich, so auch *Hey* in Tipke/Lang[23], Steuerrecht, § 11 Rz. 53.

3 BMF v. 4.7.2008 – IV C 7-S 2742-a/07/10001, BStBl. I 2008, 781 Tz. 94.

4 *Förster* in Gosch[3], § 8a KStG Rz. 270; *Frotscher* in Frotscher/Drüen, § 8a KStG Rz. 200 f. (138. Erg.-Lfg. April 2017); *Tschersich*, Ertragsbesteuerung der Unternehmenssanierung, S. 231.

Zinsaufwendungen i.S.d. § 4h EStG zu erfassen. Dies gilt auch bei mehrstöckigen Personengesellschaften (§ 15 Abs. 1 Satz 1 Nr. 2 Satz 2 EStG). Ist die Personengesellschaft, die das Darlehen erhalten hat, einer Körperschaft unmittelbar oder mittelbar nachgeordnet, gilt für die Gesellschaft § 8a Abs. 2 und Abs. 3 KStG entsprechend (§ 4h Abs. 2 Satz 2 EStG). Dadurch soll verhindert werden, dass § 8a KStG umgangen wird, indem das schädliche Darlehen einer Personengesellschaft gewährt wird, an der die Kapitalgesellschaft beteiligt ist.[1]

d) Zinsvortrag

Zinsen, die die Abzugsgrenze von 30 % in einem Veranlagungszeitraum übersteigen, 2.151
sollen nach der gesetzlichen Konzeption gem. § 4h Abs. 1 Satz 2 EStG nur vorläufig nicht gewinnmindernd berücksichtigt werden können. Sie sind **wie ein Verlustvortrag** unbeschränkt auf die Folgejahre **vorzutragen**. Sie können in Veranlagungszeiträumen, in denen die 30 %-Grenze nicht ausgenutzt wird, verrechnet werden. Der Zinsvortrag ist gem. § 4h Abs. 4 Satz 1 EStG gesondert festzustellen. Veränderungen in der Beteiligungsstruktur eines Betriebes können zum vollständigen oder teilweisen Untergang des Zinsvortrages führen, § 4h Abs. 5 EStG.[2] Bei Körperschaften folgt das Schicksal des Zinsvortrages dem des Verlustvortrages, da beide gleichermaßen unter den Voraussetzungen des neu gefassten § 8c KStG untergehen, § 8a Abs. 3 KStG.[3] Hinreichend für den vollständigen Verlust des Zins- bzw. des Verlustvortrages ist allein eine unmittelbare oder mittelbare Änderung des Gesellschafterbestandes um mehr als 50 %, ohne dass es noch auf eine Zuführung überwiegend neuen Betriebsvermögens wie in § 8 Abs. 4 KStG a.F. ankäme. Damit ist bei Umstrukturierungen neben dem Verlustvortrag immer auch der Zinsvortrag gefährdet.[4]

e) EBITDA-Vortrag

Ist das verrechenbare EBITDA eines Betriebs in einem Wirtschaftsjahr größer als der 2.152
nach § 4h Abs. 1 Satz 1 Halbs. 1 EStG ermittelte Zinssaldo, so kann der Steuerpflichtige gem. § 4h Abs. 1 Satz 3 Halbs. 1 EStG den nicht ausgeschöpften Betrag in spätere Wirtschaftsjahre vortragen. Es gilt: **Verrechenbares EBITDA + Zinsertrag ./. Zinsaufwendungen = EBITDA-Vortrag**.[5] Der Vortrag ist auf die folgenden fünf Wirt-

1 BT-Drucks. 16/4841, 48. Vgl. zu Einzelheiten dieser Regelung *Hoffmann*, GmbHR 2008, 183 (184 ff.); *Schmitz-Herscheidt*, BB 2008, 699.

2 *Schaden/Käshammer*, BB 2007, 2317 (2320 f.); *Eilers* in Lüdicke/Sistermann, Unternehmensteuerrecht², § 9 Rz. 62.

3 Zu § 8c KStG n.F. *Klemt*, DB 2008, 2100; *Rolf/Pankoke*, BB 2008, 2274; *Herbst/Suchanek*, GmbHR 2008, 862; *Korn*, DStR 2008, 2248. Inzwischen ist auch ein neues Anwendungsschreiben des BMF zu § 8c KStG ergangen, BMF v. 28.11.2017 – IV C 7 - S 2745-a/09/10002, BStBl. I 2017, 1645 = FR 2017, 1158. Zum Anwendungsschreiben *Neumann/Heuser*, GmbHR 2018, 21; *Schneider/Bleifeld/Butler*, DB 2018, 464; *Suchanek/Rüsch*, Ubg 2018, 10.

4 Für eine teleologische Reduktion des § 8c KStG bei Umstrukturierungen innerhalb von Konzernen *Schick/Franz*, DB 2008, 1987 (1989 f.).

5 *Loschelder* in Schmidt³⁸, § 4h EStG Rz. 12; *Herzig/Liekenbrock*, DB 2010, 690.

schaftsjahre beschränkt. Er gilt erstmals für Wirtschaftsjahre, die nach dem 31.12.2009 enden, wobei vor diesem Zeitpunkt angefallene (fiktive) EBITDA-Vorträge der Jahre 2007 bis 2009 auf Antrag des Steuerpflichtigen berücksichtigt werden. Die Verwendungsreihenfolge der EBITDA-Vorträge regelt § 4h Abs. 1 Satz 4 EStG.

f) Beispielsfall

2.153 Die Zinsschrankenregelung ist unter dem Eindruck der Finanzmarktkrise im Wachstumsbeschleunigungsgesetz[1] leicht modifiziert worden, u.a. wurde die **Freigrenze auf 3 Mio. Euro erhöht** (dazu Rz. 2.148). Trotzdem kann die Zinsschranke in bestimmten Situationen zu Steuerzahllasten führen, obwohl keine wirtschaftliche Leistungsfähigkeit besteht.

2.154 **Beispielsfall:** Die Krisen-KG erwirtschaftet im VZ 1 einen Verlust i.H.v. 40 Mio. Euro. Darin enthalten sind Zinsaufwendungen i.H.v. 80 Mio. Euro, Abschreibungen i.H.v. 30 Mio. Euro und ein Zinsertrag i.H.v. 10 Mio. Euro. Eine Anwendung der Zinsschranke führt zu folgendem Ergebnis:

Berechnung des EBITDA:

	maßgeblicher Gewinn	-40 Mio. Euro
+	Zinsaufwand	80 Mio. Euro
./.	Zinsertrag	10 Mio. Euro
+	Abschreibungen	30 Mio. Euro
=	**steuerliches EBITDA**	**60 Mio. Euro**

Berechnung der abziehbaren Zinsaufwendungen:

	Zinsertrag	10 Mio. Euro
+	30 % EBITDA	18 Mio. Euro
=	**abziehbare Zinsaufwendungen**	**28 Mio. Euro**

Berechnung des nichtabziehbaren Zinsaufwands:

	Zinsaufwand	80 Mio. Euro
./.	abziehbarer Zinsaufwand	28 Mio. Euro
=	**nichtabziehbarer Zinsaufwand**	**52 Mio. Euro**

Berechnung des ertragsteuerlichen Gewinns nach Anwendung § 4h EStG

	maßgeblicher Gewinn	-40 Mio. Euro
+	nichtabzugsfähiger Zinsaufwand	52 Mio Euro
=	**ertragsteuerlicher Gewinn nach § 4h EStG**	**12 Mio Euro**

Der Beispielsfall zeigt, dass die Zinsschranke in einer krisenähnlichen Situation zu einer Steuerzahllast des betroffenen Unternehmens führt, obwohl (eigentlich) kein steuerpflichtiger Ertrag erzielt wurde.

1 BGBl. I 2009, 3950.

Im Ergebnis erweist sich die **Zinsschranke** damit tatsächlich als ein **krisenbeschleunigendes Instrument**. Dies hat sich auch schon in der Praxis so erwiesen. Vielfach kommt es nämlich in Unternehmenskrisen zu einer Erhöhung der Fremdfinanzierungskosten, weil sich das Rating bzw. die Bonitätskriterien des betroffenen Unternehmens verschlechtern und das dann ohnehin „geschwächte" Unternehmen damit nach den häufig variabel vereinbarten Zinskonditionen eine höhere Zinslast trifft. Die steigenden Zinsaufwendungen gehen mit einem wegen der schlechten Ertragslage sinkenden EBITDA und damit einer fallenden Zinsvortragsmöglichkeit einher. In solchen Krisensituationen sind viele Strategien zur Vermeidung einer Anwendung der Zinsschranke, wie z.B. die Verlagerung von inländischen Zinslasten auf ausländische Tochtergesellschaften oder eine Erhöhung des steuerlichen EBITDA durch die Gründung nachgeschalteter, mehrstöckiger Personengesellschaften, nicht mehr umzusetzen, weil es schon an den notwendigen Gestaltungsspielräumen fehlt – sei es aufgrund der Restriktionen der Finanzierungsverträge oder von gesellschaftsrechtlichen Restriktionen, bzw. mangelnder Zeit.[1] Im Fall von Gesellschafterdarlehen führt die Zinsschranke sogar zu einer Doppelbelastung, da die empfangenen Zinsen zumeist versteuert werden müssen, der Zinsaufwand ist jedoch (teilweise) nicht abziehbar.[2] 2.155

g) Verfassungsmäßigkeit der Zinsschranke

Schon seit ihrer Einführung werden in der Literatur und FG-Rechtsprechung Zweifel an der Verfassungsmäßigkeit der Zinsschranke geäußert.[3] Bedenken lösen insbesondere die zumeist in Krisensituationen verursachte **Substanzbesteuerung** und die **Aussetzung des objektiven Nettoprinzips** aus. Mit Beschluss vom 14.10.2015 hat nun der BFH dem BVerfG die Frage vorgelegt, ob die Zinsschranke gegen Art. 3 Abs. 1 GG verstößt.[4] Nach Auffassung des Gerichts durchbricht die Zinsschranke das Folgerichtigkeitsgebot und verstößt damit gegen den Allgemeinen Gleichheitssatz, weil die Zinsschranke betrieblichen Zinsaufwand als zur Einkommensermittlung nicht abziehbar qualifiziert und sich die Besteuerung in der Folge nicht auf das Nettoeinkommen begrenzt, so dass es zu einem Verstoß gegen das objektive Nettoprinzip komme, welches eine Grundentscheidung des Gesetzgebers zur Besteuerung nach der wirtschaftlichen Leistungsfähigkeit darstelle. 2.156

---

1 Ausführlich zu Zinsschrankenrisiken *Liekenbrock*, Management und Bilanzierung von Zinsschrankenrisiken, Diss. Köln 2011, unter Bezugnahme auf Praktikerumfragen zu der Zinsschranke.

2 *Depré/Dobler* in Beck/Depré, Praxis der Insolvenz[3], § 35 Rz. 168 ff.

3 FG Berlin-Brandenburg v. 13.10.2011 – 12 V 12089/11, EFG 2012, 358; FG Münster v. 29.4.2013 – 9 V 2400/12 K, EFG 2013, 1147; *Eilers*, FR 2007, 733 (734); *Eilers/Bühring*, StuW 2009, 246 (248); *Prinz* in Herrmann/Heuer/Raupach, § 8a KStG Rz. 4 m.w.N.; *Tschersich*, Ertragsbesteuerung der Unternehmenssanierung, S. 231 m.w.N.; *Hick*, FR 2014, 564 (564 ff.); *München/Mückl*, DStR 2014, 1469 (1469 ff.); *München/Mückl*, DB 2016, 497 (497 ff.).

4 BFH v. 14.10.2015 – I R 20/15, BStBl. II 2017, 1240; vgl. auch bereits: BFH v. 18.12.2013 – I B 85/13, BStBl. II 2014, 947.

2.157 Die Durchbrechung des objektiven Nettoprinzips könne nicht gerechtfertigt werden. Insbesondere scheide eine Rechtfertigung als Missbrauchsvermeidungsvorschrift aus, weil der Tatbestand der Zinsschranke, der regelmäßig auch Finanzierungsgestaltungen erfasst, die marktüblich, betriebswirtschaftlich sinnvoll und üblicherweise nicht missbräuchlich sind, überschießend sei. Auch scheide eine Rechtfertigung durch einen sog. qualifizierten Finanzierungszweck aus, da die Zinsschranke nicht zur Verstetigung des Steueraufkommens infolge der Dämpfung der Steuerauswirkungen konjunktureller Schwankungen geboten sei. Auch eine Rechtfertigung durch das allgemeine Ziel der Sicherung des inländischen Steuersubstrats scheide aus, da es durch die Zinsschranke zu einer gegen das Leistungsfähigkeitsprinzip verstoßenden Soll-Besteuerung komme. Im Unterschied zur Mindestbesteuerung, die der BFH grundsätzlich für verfassungsmäßig hält, komme der Zinsschranke keine zeitliche Öffnung des objektiven Nettoprinzips über das strenge Periodizitätsprinzip hinaus, sondern allein eine betragsmäßige Begrenzung der Abzugsmöglichkeit zu, so dass ein Verweis auf die verfassungsrechtliche Billigung der Mindestbesteuerung leer liefe.

2.158 Die Entscheidung des BFH ist zu begrüßen. Die vorgetragenen Argumente überzeugen. Zu kurz greift der Beschluss u.E. jedoch hinsichtlich eines Verstoßes gegen das Übermaßverbot des Art. 14 GG. Der BFH verneint einen Verstoß der Zinsschranke gegen Art. 14 GG. Wie im Beispielsfall oben gezeigt (s. Rz. 2.154 f.), kann die Zinsschranke bei Unternehmen in Krisensituationen jedoch schnell zu einer Besteuerung der Unternehmenssubstanz führen, wenn die Zinszahlungen handelsrechtlich die verbleibenden Gewinne aufzehren, während steuerrechtlich aufgrund der Nichtabziehbarkeit der Zinsaufwendungen ein steuerpflichtiger Gewinn verbleibt. In solchen Fällen kann die Zinsschranke existenzgefährdend wirken. Jedenfalls im Rahmen dieser Wirkung ist ein unverhältnismäßiger Eingriff in die Eigentumsfreiheit (Art. 14 Abs. 1 GG) anzunehmen.[1]

h) Europarechtskonformität der Zinsschranke

2.159 Auch an der Europarechtskonformität der Zinsschranke werden Zweifel geäußert. Aufgrund der Anknüpfung an die Organschaft wird insbesondere kritisiert, dass die **Zinsschranke gegen die Niederlassungsfreiheit des Art. 49 AEUV verstoße**. Während inländische Unternehmen die Möglichkeit hätten, eine Organschaft und damit einen einzigen Betrieb i.S.d. § 4h EStG, § 15 Satz 1 Nr. 3 KStG zu bilden, schließe § 14 KStG dies für grenzüberschreitend verbundene Unternehmen aus.[2] Ferner wird auch ein Verstoß gegen die Kapitalverkehrsfreiheit (Art. 63 AEUV) angenommen, denn es sei erklärtes Ziel der Regelung, zu verhindern, „dass Konzerne mittels grenzüberschreitender konzerninterner Fremdkapitalfinanzierung in Deutschland erwirtschaftete Erträge ins Ausland transferieren".[3] Dem wird man zustimmen müssen.

1 Vgl. auch *Seiler* in Kirchhof[18], § 4h EStG Rz. 5; *Frotscher* in Frotscher/Drüen, § 8a KStG Rz. 25 (138. Erg.-Lfg. April 2017).

2 *Musil/Volmering*, DB 2008, 12 (15 f.); *Knopf/Bron*, BB 2009, 1222 (1223); *Kraft/Bron*, EWS 2007, 487 (488 ff.); *Loschelder* in Schmidt[38], § 4h EStG Rz. 4; *Führich*, IStR 2007, 341 (345); a.A. *Loewens* in Blümich, § 4h EStG Rz. 24 (148. Erg.-Lfg. Juli 2019).

3 BT-Drucks. 16/4841, 57.

Trotz der zur Zinsschranke geäußerten europarechtlichen Bedenken, ist jedoch darauf hinzuweisen, dass die deutsche Zinsschranke in Europa einigen Erfolg zu verbuchen hat. Zum Schutze ihres Steuersubstrats begrenzen mittlerweile immer mehr Länder die Abzugsfähigkeit von Zinsaufwendungen mit ähnlichen Vorschriften.[1] Spanien besitzt z.B. bereits heute eine vergleichbare Regelung zur deutschen Zinsschranke. So beschränkt die spanische Zinsschrankenregelung den Abzug von Zinsaufwand auf 30 % des EBITDA bzw. auf einen Höchstbetrag i.H.v. 1 Mio. Euro.[2] Darüber hinaus enthält auch die am 12.7.2016 beschlossene **Anti-BEPS-Richtlinie**[3] (vgl. hierzu auch **Aktionspunkt 4 des OECD BEPS-Maßnahmepakets**) eine dem deutschen Recht nahezu identische Zinsschrankenregelung. Vor diesem Hintergrund ist anzuzweifeln, dass die Zinsschranke tatsächlich als europarechtswidrig eingestuft werden könnte. Darüber hinaus bleibt abzuwarten, ob der europäische Erfolg der Zinsschranke auf eine Entscheidung des BVerfG zur Frage der Verfassungsmäßigkeit der Zinsschranke Einfluss haben wird.[4] 2.160

Exkurs: Gewerbesteuerliche Hinzurechnung § 8 Nr. 1 GewStG

Deutlich krisenverschärfend wirkt auch § 8 Nr. 1 GewStG, nach welchem dem Gewerbeertrag 25 % der Entgelte für Schulden, d.h. Verbindlichkeiten und der ihnen kraft Fiktionen gleichgestellte Aufwand hinzugerechnet werden, soweit diese bei der Ermittlung des Gewinns nach EStG oder KStG berücksichtigt wurden und den Freibetrag von 100.000 € übersteigen. Durch die Norm kommt es im Ergebnis zu einer Verschärfung der per se bereits sanierungsfeindlichen Zinsschranke. Die in der Krisensituation häufig teure Fremdkapitalaufnahme, scheidet wegen der deutlich begrenzten Abzugsfähigkeit der Zinsaufwendungen als Sanierungsmaßnahme faktisch aus. Sale-and-lease-back-Gestaltungen, bei denen das Krisenunternehmen Wirtschaftsgüter veräußert, jedoch gegen Zahlung weiter verwendet, verlieren durch die Norm an Effektivität.[5] 2.161

Vor dem Hintergrund des objektiven Nettoprinzips ist die **Verfassungsmäßigkeit** der gewerbesteuerlichen Hinzurechnung problematisch. Bislang war die Rechtsprechung aufgrund des Objektsteuercharakters der Gewerbesteuer und dem Äquivalenzprinzip jedoch immer von einer Verfassungsmäßigkeit der gewerbesteuerlichen Hinzurechnung ausgegangen.[6] Mit Beschluss vom 29.2.2012 hat das FG Hamburg 2.162

---

1 *Ehlermann/Nakhai*, ISR 2012, 29 (30); *Herzig/Bohn*, IStR 2009, 253 (254 ff.).

2 Siehe auch die Übersicht bei *Jacobs/Endres/Spengel*, Internationale Unternehmensbesteuerung, S. 1021 ff.

3 Richtlinie (EU) 2016/1164 des Rates vom 12.7.2016 mit Vorschriften zur Bekämpfung von Steuervermeidungspraktiken mit unmittelbaren Auswirkungen auf das Funktionieren des Binnenmarkts.

4 Kritisch hierzu *Glahe*, ISR 2016, 86, 88f.; vgl. zu der Frage, ob eine etwaige Verfassungswidrigkeit durch eine europäische Anti-BEPS-Richtlinie bzw. Überlegungen auf Ebene der OECD „geheilt" werden kann *Mitschke*, FR 2016, 412 (415 f.) m.w.N.

5 *Eickhorst*, BB 2007, 1707 (1710); *Tschersich*, Ertragsbesteuerung der Unternehmenskrise, S. 226 f.

6 BVerfG v. 13.5.1969 – 1 BvR 25/65, BVerfGE 26, 1; BVerfG v. 25.10.1977 – 1 BvR 15/75, BVerfGE 46, 224; BVerfG v. 12.10.1976 – 1 BvR 197/73, BVerfGE 42, 374; BVerfG v. 15.1.2008 – 1 BvL 2/04, BVerfGE 120, 1.

die Frage der Verfassungsmäßigkeit dem BVerfG vorgelegt.[1] Es ist der Auffassung, dass die gewerbesteuerliche Hinzurechnung gegen das Folgerichtigkeitsgebot aus Art. 3 Abs. 1 GG verstoße, indem es wegen der Hinzurechnung zu einer Besteuerung des Soll-Einkommens statt wie verfassungsrechtlich vorgegeben des Ist-Einkommens komme. Der Objektsteuercharakter der Gewerbesteuer, das Äquivalenzprinzip und die Vermeidung einer Auslagerung von Erträgen ins Ausland würden den Eingriff in Art. 3 Abs. 1 GG nicht rechtfertigen.

2.163 Das BVerfG hat die **Vorlage** jedoch ohne Ausführungen zur Verfassungsmäßigkeit als unzulässig **abgewiesen**.[2] Der I. Senat des BFH ist zudem überzeugt, dass keine ernstlichen Zweifel an der Verfassungsmäßigkeit der gewerbesteuerlichen Hinzurechnung bestehen.[3] Somit bleibt abzuwarten, ob das BVerfG (z.B. aufgrund eines neuen Vorlagebegehrens eines FG) in der Zukunft eine materielle Entscheidung über die Verfassungsmäßigkeit der Regelung treffen wird.

Exkurs: § 6a GrEStG-Konzernausnahme bei der Grunderwerbsteuer

2.164 Ein nicht zu unterschätzendes Steuerrisiko besteht bei Umstrukturierungen auch in der möglicherweise anfallenden **Grunderwerbsteuer bei Anteilsübertragungen** gem. § 1 Abs. 2a und 3 GrEStG. Dies gilt umso mehr, als der Grunderwerbsteuersatz von den meisten Bundesländern auf 4,5 %, 5 % und in einigen Ländern auf bis zu 6,5 % erhöht wurde.[4] Nach § 1 Abs. 2a, 3 GrEStG fällt Grunderwerbsteuer an, wenn sich der Gesellschafterbestand des das Grundstück haltenden Unternehmens innerhalb von fünf Jahren unmittelbar oder mittelbar um mindestens 95 % ändert oder sich mindestens 95 % der Anteile rechtlich vereinigen.[5] Das Wachstumsbeschleunigungsgesetz[6] hat für die Grunderwerbsteuer eine Privilegierung für Umstrukturierungen im Konzern eingeführt (§ 6a GrEStG).[7] Auch diese Vorschrift hat – ähnlich wie § 8c Abs. 1 Satz 4 KStG – keinen speziellen Bezug zu Sanierungs- und Krisensituationen. Sie könnte aber die Bewältigung von unternehmerischen Krisensituationen erleichtern, wenn sie beispielsweise die Übernahme von Krisenunternehmen

1 FG Hamburg v. 29.2.2012 – 1 K 138/10, EFG 2012, 960.

2 BVerfG v. 15.2.2016 – 1 BvL 8/12, BStBl. II 2016, 557.

3 BFH v. 16.10.2012 – I B 128/12, BStBl. II 2013, 13; BFH v. 16.10.2012 – I B 125/12, BFH/NV 2013, 249.

4 Vgl. die Übersicht bei *Viskorf* in Boruttau, § 11 GrEStG Rz. 19.

5 Aktuell wird eine Verschärfung dieser Vorschriften angestrebt, um Share-Deal Gestaltungen einzudämmen bzw. zu verhindern. Nach dem aktuellen Entwurfsstand (Regierungsentwurf v. 31.7.2019, abrufbar unter https://www.bundesfinanzministerium.de/Content/DE/Gesetzestexte/Gesetze_Gesetzesvorhaben/Abteilungen/Abteilung_IV/19_Legislaturperiode/Gesetze_Verordnungen/G-Aenderung-Grunderwerbsteuergesetz/2-Regierungsentwurf.pdf?__blob=publicationFile&v=2) reicht zukünftig ein Wechsel im Gesellschafterbestand um mindestens 90 % innerhalb von 10 Jahren.

6 V. 22.12.2009, BGBl. I 2009, 3950; zuletzt geändert durch das StÄG-AnpG-Kroatien v. 24.7.2014, BGBl. I 2014, 1266.

7 Vgl. dazu u.a. *Schanko*, Ubg 2011, 73 (73 ff.); *Behrens*, Ubg 2010, 845 (845 ff.); gleichlautende Erlasse der obersten Finanzbehörden der Länder zur Anwendung des § 6a Grunderwerbsteuergesetz v. 1.12.2010, BStBl. I 2010, 1321, erste Kommentierung von *Pahlke* in Pahlke/Franz, § 6a GrEStG Rz. 1 ff.

durch Neuinvestoren privilegieren würde. Dies ist aber nicht der Fall. Voraussetzung für die Verschonung nach § 6a GrEStG ist, dass an dem privilegierten Umwandlungs-, Einbringungs- oder Erwerbsvorgang ausschließlich das herrschende und abhängige Unternehmen oder abhängige Gesellschaften allein beteiligt sind (§ 6a Satz 3 GrEStG), es handelt sich also um eine Konzernausnahme.[1] Lediglich eine geringfügige Drittbeteiligung bis zu 5 % ist unschädlich im Hinblick auf die Definition des herrschenden und beherrschten Unternehmens. In klassischen Sanierungs- und Übernahmesituationen kann es, jedenfalls bei einer mehr als 95%igen Übernahme von Anteilen, immer wieder zum Anfall von Grunderwerbsteuer kommen. Die Verwertung von Immobilienvermögen in Krisen- und Insolvenztransaktionen löst regelmäßig Grunderwerbsteuer aus. Auch hier fehlt es an einer systematisch gebotenen Befreiungsvorschrift für grundstücksrelevante Transaktionen von Krisenunternehmen.

Etwaige Bedenken zur Beihilfenkonformität der Konzernausnahme des § 6a GrEStG 2.165
sind nunmehr ausgeräumt. Der EuGH stellte mit Urteil vom 19.12.2018[2] nach einem Vorabentscheidungsersuchen durch den BFH[3] fest, dass § 6a GrEStG mangels Selektivität keine Beihilfe darstellt. Zwar erkennt der EuGH in der Konzernklausel *prima facie* eine selektive Maßnahme, da lediglich solche Unternehmen von ihr profitieren, die eine qualifizierte Beteiligung aufweisen und die gesetzlichen Haltefristen einhalten. Sie ist jedoch dadurch gerechtfertigt, dass durch die Konzernklausel eine übermäßige Besteuerung verhindert wird. Die Einbringung der Gesellschaft, die das Grundstück hält, in den Konzern löst bereits Grunderwerbsteuer aus, wenn die Beteiligung mindestens 95 %[4] beträgt. Der erneute Anfall von Grunderwerbsteuer bei einer konzerninternen Umwandlung würde zu einer ungerechtfertigten Doppelbelastung führen, da ein besteuerungswürdiger Rechtsträgerwechsel nicht vorliegt. Zudem führen die Haltefristen dazu, ungewollte Mitnahmeeffekte und Missbrauch zu verhindern, was ebenfalls einen tauglichen Rechtfertigungsgrund darstellt.

4. Mögliche Auslösung von Schenkungssteuer § 7 ErbStG

Weiterhin besteht die Möglichkeit, dass durch Sanierungstransaktionen **Schenkungsteuer** ausgelöst wird. Nach **§ 7 Abs. 1 Nr. 1 ErbStG** gilt als Schenkung jede freigebige Zuwendung unter Lebenden, soweit der Bedachte durch sie auf Kosten des Zuwendenden bereichert wird. Der BFH hat am 27.8.2014 entschieden, dass eine freigebige Zuwendung der Altgesellschafter an den Dritten vorliegen kann, wenn im Zuge einer Kapitalerhöhung einer GmbH der Dritte zur Übernahme des neuen Ge- 2.166

1 Vgl. auch BT-Drucks. 17/147, 10; zu Kritik an der Klausel vgl.: *Ziegenhagen/Thieme*, Besteuerung in Krise und Insolvenz, S. 166 f.

2 EuGH v. 19.12.2018 – C-374/17, ECLI:EU:C:2018:1024 – A-Brauerei.

3 BFH v. 30.3.2017 – II R 62/14, BStBl. II 2017, 916.

4 So die (noch) aktuelle Rechtslage. Aktuell wird eine Verschärfung dieser Vorschriften angestrebt, um Share-Deal Gestaltungen einzudämmen bzw. zu verhindern. Nach dem aktuellen Entwurfsstand (Regierungsentwurf v. 31.7.2019, abrufbar unter https://www.bundesfinanzministerium.de/Content/DE/Gesetzestexte/Gesetze_Gesetzesvorhaben/Abteilungen/Abteilung_IV/19_Legislaturperiode/Gesetze_Verordnungen/G-Aenderung-Grunderwerbsteuergesetz/2-Regierungsentwurf.pdf?__blob=publicationFile&v=2) reicht zukünftig ein Wechsel im Gesellschafterbestand um mindestens 90 % innerhalb von 10 Jahren.

schäftsanteils zugelassen wird und der Wert des Anteils die zu leistende Einlage übersteigt.[1] In diesem Zusammenhang ist gerade im Rahmen von Debt-Equity-Swaps darauf zu achten, dass ein ausgewogener Leistungsaustausch erfolgt (näher dazu unter Rz. 3.80 ff.). Selbst für den Fall, dass ein Ungleichgewicht zwischen Einlageleistung und Wert des Anteils besteht, sind die Auswirkungen der Rechtsprechung des BFH jedoch wohl begrenzt, da der einzulegende werthaltige Teil der Forderung und der Wert eines Anteils an einem Krisenunternehmen nicht sonderlich hoch ausfallen dürften. Ungeklärt ist die Frage, ob die Finanzverwaltung die Steuer bei Verwirklichung des § 7 Abs. 1 Nr. 1 ErbStG durch einen Debt-Equity-Swap in (analoger) Anwendung des Erlasses der OFD Frankfurt/M. vom 23.12.2014[2] stunden und erlassen würde.

2.167 Weitaus mehr Bedeutung kommt der Frage zu, ob durch den Forderungsverzicht der Tatbestand des **§ 7 Abs. 8 ErbStG verwirklicht wird**. Danach gilt als Schenkung auch die Werterhöhung von Anteilen an einer Kapitalgesellschaft, die eine an der Gesellschaft unmittelbar oder mittelbar beteiligte natürliche Person oder Stiftung (Bedachte) durch die Leistung einer anderen Person (Zuwendender) an die Gesellschaft erlangt. Freigebig sind auch Zuwendungen zwischen Kapitalgesellschaften, soweit sie in der Absicht getätigt werden, Gesellschafter zu bereichern und soweit an diesen Gesellschaften nicht unmittelbar oder mittelbar dieselben Gesellschafter zu gleichen Anteilen beteiligt sind. Nach Auffassung der **Finanzverwaltung** kann der Forderungsverzicht eines Gesellschafters als Leistung i.S.d. § 7 Abs. 8 ErbStG angesehen werden. Bemessungsgrundlage ist die Werterhöhung, die sich für die Anteile der übrigen Gesellschafter aus dem Forderungsverzicht ergibt. **Unbedenklich** seien lediglich ein **beteiligungsproportionaler Verzicht** und ein **Verzicht gegen Besserungsschein**. Letzteres weil ein Gläubiger einer wertlosen Forderung nichts aus seinem Vermögen hergebe, sondern lediglich uneinbringbare Werte gegen Erwerbsaussichten umschichte. Es mangele insoweit an einer Vermögensverschiebung von dem Verzichtenden an die Mitgesellschafter.[3]

2.168 Auch der Gesetzgeber hat die „Gefahr" erkannt, dass Sanierungsfälle vom Tatbestand der Norm umfasst werden. Statt den weit gefassten Wortlaut der Norm entsprechend seinem Zweck, missbräuchliche Umgehungen der Schenkungssteuer zu verhindern, einzuschränken, beschränkt er sich jedoch darauf, diese Gefahr zukünftig zu „beobachten".[4]

2.169 Die herrschende Ansicht in der **Literatur** lehnt die Auslösung von Schenkungssteuer durch Sanierungstransaktionen unter Hinweis auf den Gesetzeszweck des § 7 Abs. 8 ErbStG ab.[5] Der in Tz. 3.3.7 der gleichlautenden Ländererlasse vom 20.4.2018 formu-

---

1 BFH v. 27.8.2014 – II R 43/12, BStBl. II 2015, 241.

2 OFD Frankfurt/M. v. 24.1.2018 – S 2140 A-4-St 213, ofix HE EStG/3/45.

3 Gleich lautende Erlasse der obersten Finanzbehörden der Länder vom 20.4.2018, BStBl. I 2018, 632 Tz. 3.3.6 f.

4 BT-Drucks. 17/7524, 6.

5 *Seer*, Beihefter zu DStR 2014, 117 (136) unter Verweis auf RFH v. 26.2.1942 – IIIe 15/41, RStBl. 1942, 803; *Schulte/Petschulat*, BB 2013, 471 (473); *Kahlert/Schmidt*, DStR 2012, 1208 (1210 f.); *Ebbinghaus/Osenroth/Hinz*, BB 2013, 1374 (1379 ff.).

lierte Gedanke müsse verallgemeinert werden. Werde nur zum Zwecke der Sanierung auf eine Forderung durch Dritte oder einen Gesellschafter verzichtet, so fehle es nicht nur an der Zuwendungsabsicht des Leistenden, sondern auch an der Vermögenshingabe, da für eine solche Vermögensdisposition rein geschäftliche Gründe maßgebend seien.[1] Solange die obersten Finanzbehörden der Länder keine Klarstellung in diesem Sinne vornehmen, ist in der Praxis trotz zutreffender Ansicht der Literatur zu empfehlen, die von der Finanzverwaltung ausdrücklich als nicht steuerbar eingestuften Gestaltungsalternativen (beteiligungsproportionaler Forderungsverzicht oder Forderungsverzicht mit Besserungsabrede) zu wählen.

V. Branchenspezifische Sondervorschriften des Sanierungs-(steuer)rechts/ Insolvenzrechts

1. Finanzmarktstabilisierungsfondsgesetz (FMStFG)

a) Überblick über die Stabilisierungsmaßnahmen des Finanzmarktstabilisierungsfondsgesetzes

Im Allgemeinen fehlt es an einer gesetzgeberischen Koordinierung zwischen Insolvenz- und Steuerrecht (s. schon Rz. 2.19 ff.). Eine Ausnahme dazu stellt das Finanzmarktstabilisierungsfondsgesetz (FMStFG)[2] aus dem Jahr 2008 dar, das ausdrücklich steuerliche Vorschriften enthält. 2.170

Zur Stabilisierung der von der Krise betroffenen Unternehmen des Finanzsektors[3] ist mit dem FMStFG der Finanzmarktstabilisierungsfonds (FMS oder SoFFin) bei der neu installierten Finanzmarktstabilisierungsanstalt (FMSA) eingerichtet worden. §§ 2, 6–8 FMStFG benennen verschiedene Maßnahmen des Fonds zur Stabilisierung. Durch diese sollen Liquiditätsengpässe überwunden und die Eigenkapitalbasis der Unternehmen gestärkt werden.[4] Voraussetzung für die Gewährung aller Stabilisierungsmaßnahmen ist, dass das begünstigte Unternehmen die Gewähr für eine solide und umsichtige Geschäftspolitik bietet. Zudem sieht § 10 Abs. 2 FMStFG vor, dass den Unternehmen verschiedene Auflagen gemacht werden können, insbesondere hinsichtlich der Geschäftspolitik, der Verwendung der aufgenommenen Mittel, der Vergütung der Organe und Angestellten, der Eigenmittelausstattung, der Ausschüttung der Dividenden und der Maßnahmen zur Vermeidung von Wettbewerbsverzerrungen sowie der Rechenschaftslegung.[5] Die Stabilisierungsmaßnahmen im Einzelnen sind: 2.171

- **Garantieübernahme:** Im Rahmen von § 6 FMStFG i.V.m. § 2 Finanzmarktstabilisierungsfonds-Verordnung (FMStFV) kann der FMS auf Antrag **Garantien für Unternehmen** übernehmen. Damit sollen Liquiditätsengpässe behoben und die

1 *Seer*, Beih. zu DStR 2014, 117 (136).
2 Eingeführt durch das Finanzmarktstabilisierungsfondsgesetz (FMStG) v. 17.10.2008, BGBl. I 2008, 1982, zuletzt geändert durch das Gesetz zur Ausübung von Optionen der EU-Prospektverordnung und zur Anpassung weiterer Finanzmarktgesetze v. 10.7.2018, BGBl. I 2018, 1102.
3 Zum persönlichen Anwendungsbereich s. § 2 Abs. 1 FMStFG.
4 Begr. RegE, BT-Drucks. 16/10600, 16.
5 *Horn*, BKR 2008, 452 (455).

Refinanzierung von Unternehmen am Kapitalmarkt unterstützt werden. Das Instrument der Garantieübernahme ist flexibel ausgestaltet; auch sonstige Gewährleistungen in jeder geeigneten Form (z.B. Bürgschaften) kommen als Hilfe für die Unternehmen in der Krise in Betracht. Diese Möglichkeiten der Stabilisierung sind gem. § 2 Abs. 2 FMStFV vorrangig zu prüfen. Die anderen Stabilisierungsmaßnahmen, Beteiligungen nach § 7 FMStFG sowie der Erwerb von Risikopositionen, sind damit nachrangig. Nach § 6 Abs. 1 Satz 3 FMStFG ist für die Übernahme von Garantien durch den FMS ein angemessenes jährliches Entgelt zu entrichten. Zudem darf die Laufzeit der abzusichernden Schuldtitel und Verbindlichkeiten 84 Monate nicht überschreiten. Grundlage der Garantieübernahme können Schuldtitel (d.h. insbesondere Anleihen) und sonst begründete Verbindlichkeiten von Unternehmen des Finanzsektors sein, die bis zum 31.12.2015 begeben bzw. begründet wurden.

- **Rekapitalisierung:** Daneben kommt gem. § 7 FMStFG i.V.m. § 3 FMStFV eine **Beteiligung des FMS an der Rekapitalisierung** von betroffenen Unternehmen in Betracht. Die Beteiligung des FMS an der Rekapitalisierung des Unternehmens ist die am weitesten reichende Stabilisierungsmaßnahme und ein entscheidender Bestandteil des Stabilisierungsplans der Regierung. Ziel dieser Maßnahme ist es, auf absehbare Zeit eine angemessene Eigenkapitalausstattung des Finanzinstituts zu erreichen, um dann – in einem zweiten Schritt – mittels Garantieerklärungen einen „Schutzschirm“ über das entsprechende Unternehmen spannen zu können.[1] Die Beteiligung des FMS am Unternehmen kann in jeder geeigneten Form erfolgen, insbesondere durch den Erwerb von Aktien des Unternehmens, durch eine stille Beteiligung oder durch die Übernahme sonstiger Bestandteile der Eigenmittel.[2] Für seine Beteiligung erhält der Fonds eine marktgerechte Vergütung. Die Kapitalbeteiligung des Fonds ist dabei aber nicht als dauerhafte Staatsbeteiligung, sondern als vorübergehende Maßnahme gedacht.[3] Voraussetzung einer Rekapitalisierung durch den FMS ist, (1) dass ein wichtiges Interesse des Bundes vorliegt und (2) sich der vom Bund angestrebte Zweck nicht besser und wirtschaftlicher auf andere Weise erreichen lässt. Dadurch soll sichergestellt werden, dass der Grundsatz des effektiven Einsatzes von Fondsmitteln gewährleistet wird.[4]
- **Risikoübernahme:** Nach § 8 FMStFG i.V.m. § 4 FMStFV ist darüber hinaus die **Absicherung** von vor dem 1.6.2014 **von** den Unternehmen **erworbenen Risiko-**

1 *Mann*, DZWiR 2008, 496; *Goksch/Gröger/Schuck*, DB 2008, 2668.

2 *Horn*, BKR 2008, 452 (453).

3 Um den Erwerb von Anteilen durch den Fonds zu vereinfachen, wurde parallel zum FMStFG das Gesetz zur Beschleunigung und Vereinfachung des Erwerbs von Anteilen an sowie Risikopositionen von Unternehmen des Finanzsektors durch den Finanzmarktstabilisierungsfonds erlassen. Hauptinstrumente der Vereinfachung, insbesondere der Beseitigung aktienrechtlicher Hürden sind (i) die rasche Kapitalerhöhung durch die Schaffung eines gesetzlich genehmigten Kapitals, (ii) alternativ eine reguläre Kapitalerhöhung mit vereinfachter Einberufung der Hauptversammlung, (iii) die vereinfachte Schaffung von Genussrechten und stillen Beteiligungen sowie (iv) die entsprechende Anwendung auf andere Rechtsformen; vgl. *Horn*, BKR 2008, 452 (454).

4 *Mann*, DZWiR 2008, 496; BT-Drucks. 16/10600, 16.

positionen durch den FMS möglich. Dabei werden risikobehaftete Vermögensgegenstände wie etwa Forderungen und Rechte, deren Durchsetzbarkeit unsicher ist, sowie „Schrottanleihen" und ähnliche derivative Finanzinstrumente zum bilanzierten Buchwert oder zu einem niedrigeren Wert gegen Schuldtitel des Bundes getauscht.[1] Das Gesetz bedient sich hier eines allgemeinen, im deutschen (Steuer-) Recht bislang noch nicht verwandten Begriffs der „Risikopositionen". Auch die dazugehörigen Sicherheiten sollen unter diesen Begriff fallen, § 8 Abs. 1 Satz 1 FMStFG. Das Gesetz differenziert hier nicht nach Eigen- oder Fremdkapitalpositionen, sondern allein nach Risikopotential.[2] Voraussetzung für diese Risikoübernahme ist gem. § 4 Abs. 2 Nr. 3 FMStFV grundsätzlich eine angemessene Eigenmittelausstattung des begünstigten Unternehmens. Mit dieser Regelung soll den Unternehmen vor allem die Möglichkeit gegeben werden, die Risiken, die zu ihrer prekären Lage geführt haben, auszugliedern oder absichern zu lassen. Durch den FMS können diese belasteten Positionen, anders als von privaten Marktteilnehmern, mit der gebotenen Ruhe verwaltet und später verwertet werden, ohne dass der FMS selbst einer Bilanzierung und Bewertung unterliegt, die in einer kritischen Marktsituation Panik auslösen würde.[3]

b) Steuerliche Aspekte bei der Inanspruchnahme von Rettungsmaßnahmen des FMStFG

Neben den genannten Stabilisierungsmaßnahmen ergeben sich unmittelbar aus dem Gesetz Regelungen zur steuerlichen Behandlung des FMS (§ 14 Abs. 1, 2 FMStFG) sowie zur Nichtanwendung bestimmter steuerlicher Regelungen für diejenigen Unternehmen, die die Hilfe des Fonds in Anspruch nehmen (§ 14 Abs. 3, 4 FMStFG). Das FMStFG kann – jedenfalls im Hinblick auf die Behandlung der Krisenunternehmen – damit auch als Wegweiser für das Steuerrecht im Krisenfall verstanden werden. Die relevanten Regelungen betreffen: 2.172

- **Verlustvorträge:** Um die steuerlichen Verlustvorträge der rekapitalisierenden Gesellschaft sowie deren Tochtergesellschaften zu erhalten, schließt § 14 Abs. 3 FMStFG die Anwendung von § 8c KStG und § 10a Satz 10 GewStG beim Erwerb von Anteilen durch den FMS oder bei Rückübertragung durch den FMS aus. Die Unternehmen müssen somit nicht befürchten, durch die Beteiligung des FMS ihre Verlustvorträge zu verlieren.
- **Zinsvorträge:** Die Regelung des § 14 Abs. 3 FMStFG nimmt nur auf § 8c KStG sowie auf § 10a letzter Satz GewStG, nicht jedoch auf § 4h Abs. 5 EStG und § 8a Abs. 1 Satz 3 KStG Bezug. Damit könnte ein möglicher Zinsvortrag des Unternehmens im Falle der Beteiligung des Fonds quotal oder vollständig untergehen. Es wäre zu erwägen, die entsprechenden Vorschriften in den Anwendungsbereich des § 14 Abs. 3 FMStFG aufzunehmen.

---

1 *Mann*, DZWiR 2008, 496.
2 *Spindler*, DStR 2008, 2268 (2270).
3 *Spindler*, DStR 2008, 2268 (2270).

- **Grunderwerbsteuer:** Die Transaktionen des Fonds sollen darüber hinaus auch von weiteren steuerlichen Wirkungen befreit werden, die als Hemmnis für die Durchführung von Rettungstransaktionen aufgefasst werden können. Deshalb sind gem. § 14 Abs. 4 FMStFG Rechtsakte, die der FMS zur Wahrnehmung der ihm zugewiesenen Aufgaben als Erwerber übernimmt, von der Grunderwerbsteuer befreit. Diese Regelung bezieht sich allein auf den Erwerb durch den FMS. Bei der Rückübertragung oder der Veräußerung von Gesellschaftsanteilen kann daher Grunderwerbsteuer anfallen. Im Ergebnis ist also der Erwerb durch den Fonds geschützt; soll nach Stabilisierung der Wirtschaftslage indes möglicherweise eine Rückübertragung an den sanierten ursprünglichen Eigentümer erfolgen, so ist dies (außerhalb der engen Grenzen von § 16 Abs. 2 Nr. 1 GrEStG) steuerpflichtig, weshalb eine Rückführung in den ursprünglichen Zustand mit zusätzlichen Kosten für den zukünftigen Erwerber verbunden ist. Diese Regelung ist jedenfalls bedenklich.

2.173 Kritik an § 14 Abs. 3 FMStFG wird immer wieder auch von unionsrechtlicher Seite geäußert. Die Beschränkung der steuerlichen Verschonung auf vom FMS geförderte Unternehmen verstoße gegen die Niederlassungsfreiheit aus Art. 49 ff. AEUV, da im Inland steuerpflichtige Finanzunternehmen, deren ausländische Muttergesellschaft in ihrem Heimatstaat durch mit dem FMStG vergleichbaren Stabilisierungsmaßnahmen gefördert werden, von der steuerlichen Verschonung nicht profitieren könnten.[1] Die Vorschläge des Bundesrates[2] zur Ergänzung des Tatbestandes um eine Verschonung von Unternehmen, die durch vergleichbare Stabilisierungsmaßnahmen einer ausländischen Gebietskörperschaft stabilisiert werden, wurden nicht umgesetzt.

2. Restrukturierungsgesetz (RStruktG)

2.174 Das Restrukturierungsgesetz (RStruktG)[3] enthält weitreichende Vorschriften auf der gesellschaftsrechtlichen Ebene zur **Restrukturierung von systemrelevanten Banken**. Es etabliert für Kreditinstitute ein zweistufiges Sanierungs- (§§ 2–6 KredReorgG) und Reorganisationsverfahren (§§ 7–23 KredReorgG). Jedoch fehlen in diesem Gesetz – im Gegensatz zum Finanzmarktstabilisierungsgesetz – jegliche steuerliche Vorschriften, so dass die nach dem RStruktG vorgesehenen Transaktionen, insbesondere die Maßnahmen zur Sanierung und Reorganisation von Kreditinstituten, in die allgemeinen steuerrechtlichen Sanierungsvorschriften „eingepasst" werden müssen.[4] Dies gilt beispielsweise für den Forderungsverzicht mit oder ohne Bes-

---

1 *Blumenberg/Kring*, ifst-Schrift Nr. 473 (2011), S. 52; *Berg*, IStR 2009, 156 (158 f.); *Berg*, IStR 2009, 459 (461).

2 BR-Beschluss v. 6.3.2009, BR-Drucks. 160/09, 2; Empfehlung v. 25.3.2009, BR-Drucks. 244/1/09, 2.

3 Gesetz zur Restrukturierung und geordneten Abwicklung von Kreditinstituten, zur Errichtung eines Restrukturierungsfonds für Kreditinstitute und zur Verlängerung der Verjährungsfrist der aktienrechtlichen Organhaftung (Restrukturierungsgesetz) v. 9.12.2010, BGBl. I 2010, 1900; dazu *Schuster/Westphal*, DB 2011, 282 ff.; *Müller-Eising/Brandi/Sinhart/Lorenz/Löw*, BB 2011, 66 ff.; *Stengel*, DB 2011, Heft 13 Beilage 4, 11, sowie *Feyerabend/Behnes/Helios*, Ubg 2010, 795 ff.

4 Dazu insbesondere *Feyerabend/Behnes/Helios*, Ubg 2010, 795 (796).

serungsabrede (dazu Rz. 3.47 ff.; zur Besserungsabrede vgl. Rz. 3.70 ff.); die Umwandlung eines Darlehens in Gesellschaftsanteile (Debt-Equity-Swap) (dazu Rz. 3.80 ff.) und auch für Vereinbarungen zum Rangrücktritt bzw. zur Nachrangigkeit von Verbindlichkeiten (vgl. Rz. 3.25 ff.). Bei einem Forderungserlass ist davon auszugehen, dass mit Eröffnung des Sanierungsverfahrens i.S.d. §§ 2 ff. KredReorgG die Voraussetzungen der Steuerbefreiung für Sanierungserträge ausreichend dokumentiert sind.[1] Jedoch sind die Sanierungsvoraussetzungen nach §§ 2 ff. KredReorgG und die Voraussetzungen der steuerrechtlichen Sanierungsvorschriften – leider – nicht deckungsgleich. Diese Schwierigkeit wird im Bereich des § 3a EStG durch den von dem KredReorgG geforderten Sanierungsplan überbrückt. Größere Schwierigkeiten ergeben sich aber durch die fehlende Abstimmung zu § 8c Abs. 1a KStG.

Auch die im KredReorgG vorgesehenen **umwandlungsrechtlichen Maßnahmen**, 2.175
nämlich die Ausgliederung des Vermögens der systemrelevanten Bank auf einen neuen Rechtsträger, kann nur nach den allgemeinen steuerrechtlichen Vorschriften beurteilt werden. So würde eine solche Ausgliederung, wenn sie nicht in umwandlungsrechtlich privilegierter Form erfolgt, grundsätzlich zu einer Aufdeckung der stillen Reserven führen und ggf. auch vorhandene Verlustvorträge „verbrauchen". Deshalb stellt sich auch hier letztlich die Frage nach einer **Sanierungsausnahme**, d.h. nach der möglichen steuerrechtlichen Privilegierung von derartigen Ausgliederungen. Nach Feststellung der europarechtlichen Zulässigkeit der Sanierungsausnahme in § 8c Abs. 1a KStG durch den EuGH (dazu schon Rz. 2.123 ff.), würden ihr auch weniger europarechtliche Bedenken entgegenstehen.

C. Sanierungsmaßnahmen im Verfahrensrecht

I. Verbindliche Auskünfte in Sanierungsfällen (§ 89 Abs. 2 AO)

Verbindliche Auskünfte gem. § 89 Abs. 2 AO, die Bindungswirkung für die Finanz- 2.176
behörden entfalten, dienen der Planungs- und Entscheidungssicherheit des Steuerpflichtigen.[2] Der Steuerpflichtige soll Steuerlasten vorhersehen können, um die Möglichkeit zu haben, seine Dispositionen danach auszurichten.[3] Sanierungstransaktionen brauchen verbindliche Auskünfte wie kaum eine andere Transaktionsform im Steuerrecht. Dies liegt an folgenden strukturellen Merkmalen von Sanierungstransaktionen:

- Das Sanierungssteuerrecht ist eine lückenhafte, unübersichtliche Rechtsmaterie.[4] Die betroffenen Unternehmen sehen sich in Sanierungsfällen **erheblichen steuerlichen Risiken** ausgesetzt, da viele Sanierungsmaßnahmen unter hohem Zeitdruck und hohem wirtschaftlichen Druck durchgeführt werden bzw. worden sind.

---

1 Zur Situation unter Geltung des Sanierungserlasses *Feyerabend/Behnes/Helios*, Ubg 2010, 795 (796); *Schuster/Westphal*, DB 2011, 282 ff.

2 *Söhn* in Hübschmann/Hepp/Spitaler, § 89 AO Rz. 179 (239. Erg.-Lfg. August 2016); *Seer* in Tipke/Kruse, § 89 AO Rz. 23 (151. Erg.-Lfg. Februar 2018) m.w.N.

3 *Seer* in Tipke/Kruse, § 89 AO Rz. 23 (151. Erg.-Lfg. Februar 2018).

4 Vgl. *Eilers/Bühring*, DStR 2009, 137 ff.

– Die Notwendigkeit verbindlicher Auskünfte ergibt sich auch daraus, dass in der Rechtsprechung die allgemeine Tendenz besteht, die **Bindungswirkung** anderer informeller Absprachen zwischen Steuerpflichtigen und Finanzverwaltung **nur noch in Ausnahmefällen** anzuerkennen.[1]

2.177 Nach § 89 Abs. 2 Satz 1 AO setzt die Erteilung einer verbindlichen Auskunft voraus, dass es um die Beurteilung eines genau bestimmten, **noch nicht verwirklichten Sachverhalts** geht. Der Sachverhalt darf also nicht schon im Wesentlichen verwirklicht sein. Allenfalls vorbereitende Maßnahmen dürfen bereits umgesetzt worden sein.[2] Maßgeblicher Zeitpunkt für die Prüfung, ob der Sachverhalt bereits verwirklicht ist, ist der Zeitpunkt der Erteilung der verbindlichen Auskunft, nicht schon der Antrag auf die Erteilung der Auskunft.[3] Darüber hinaus erfordert eine verbindliche Auskunft nach § 89 Abs. 2 Satz 1 AO ein besonderes Interesse des Steuerpflichtigen an der Auskunft (sog. **Dispositionsinteresse**). Ein solches wird angenommen, wenn die finanziellen Folgen, die bei Besteuerung des vorgetragenen Sachverhalts eintreten, für den Steuerpflichtigen beträchtlich sind, d.h. jedenfalls dann, wenn der Steuerpflichtige die Vornahme der Disposition von deren steuerlichen Auswirkungen abhängig macht.[4] Eine verbindliche Auskunft für Bagatellfälle wird damit ausgeschlossen.

2.178 Eine verbindliche Auskunft ist antragsbedürftig (§ 89 Abs. 2 Satz 1 AO). Der Antrag muss ausdrücklich auf die Erteilung einer **verbindlichen** Auskunft lauten.[5] Anforderungen an den Inhalt des Antrages ergeben sich aus § 1 Abs. 1 Nr. 1–7 StAuskV. Danach muss der Antrag die genaue Bezeichnung des Antragstellers, eine umfassende und in sich abgeschlossene Darstellung des noch nicht verwirklichten Sachverhalts, eine Darlegung des besonderen steuerlichen Interesses des Antragstellers, eine ausführliche Darlegung des Rechtsproblems mit eingehender Begründung des eigenen Rechtsstandpunktes und die Formulierung konkreter Rechtsfragen, beinhalten. Zuständig für die verbindliche Auskunft ist gem. § 89 Abs. 2 Satz 2 AO das für die spätere Sachentscheidung zuständige Finanzamt.

II. Die Gebührenpflicht verbindlicher Auskünfte in Sanierungsfällen

1. Späte Einführung der Gebührenpflicht

2.179 Mit dem JStG 2007[6] vom 13.12.2006, welches mit Wirkung zum 19.12.2006 in Kraft getreten ist, wurde § 89 AO um die Abs. 3 bis 5 erweitert, welche die Erhebung einer **gesonderten Gebühr** für die Bearbeitung von verbindlichen Auskünften zum Inhalt

1 BFH v. 13.2.2008 – I R 63/06, EStB 2008, 194 = GmbH-StB 2008, 166 = DStR 2008, 1025 (1027 f.); *Seer* in Tipke/Kruse, § 89 AO Rz. 117 (151. Erg.-Lfg. Februar 2018).

2 *Rätke* in Klein[14], § 89 AO Rz. 17.

3 *Rätke* in Klein[14], § 89 AO Rz. 17.

4 *Seer* in Tipke/Kruse, § 89 AO Rz. 32 (151. Erg.-Lfg. Februar 2018); *Söhn* in Hübschmann/Hepp/Spitaler, § 89 AO Rz. 202 (239. Erg.-Lfg. August 2016); *Rätke* in Klein[14], § 89 AO Rz. 19.

5 *Söhn* in Hübschmann/Hepp/Spitaler, § 89 AO Rz. 183 (239. Erg.-Lfg. August 2016).

6 JStG 2007 v. 13.12.2006, BGBl. I 2006, 2878 = BStBl. I 2007, 28.

haben. Die somit kodifizierte Gebührenpflicht wurde zunächst weder im Gesetzgebungsverfahren des Föderalismusreform-Begleitgesetzes thematisiert, noch war sie Gegenstand der frühen Phasen des Gesetzgebungsverfahrens zum JStG 2007.[1] Erst auf die Empfehlung des Bundesrates in seiner Stellungnahme zum Entwurf des JStG 2007[2] nahm der Finanzausschuss[3] einen Gebührentatbestand für die Bearbeitung von verbindlichen Auskünften in den Gesetzesentwurf auf.[4] Die nähere Ausgestaltung regelte schließlich das BMF durch die Änderung des Anwendungserlasses zur Abgabenordnung (AEAO).[5] Mit dem Steuervereinfachungsgesetz 2011[6] vom 1.11.2011 wurden die Abs. 6 und 7 zur näheren Ausgestaltung der Gebührenpflicht eingeführt und die Abs. 4 und 5 neu gefasst.

2. Gebührenhöhe

Die Gebühr für die verbindliche Auskunft berechnet sich in analoger Anwendung 2.180
des Gerichtskostengesetzes (GKG) nach dem **Gegenstandswert**, § 89 Abs. 3 Satz 1, Abs. 4 Satz 1 AO, welcher jedoch gem. § 89 Abs. 5 Satz 3 AO mindestens 10 000 € zu betragen hat. In die andere Richtung ist der Gegenstandswert in analoger Anwendung des § 39 Abs. 2 GKG auf maximal 30 Mio. Euro begrenzt. Aufgrund dieser Begrenzungen bewegt sich die Gebühr für eine verbindliche Auskunft zwischen der Mindestgebühr i.H.v. 121 € und der Maximalgebühr i.H.v. 91 456 €.[7] Hingegen ist die Gebührenberechnung nach dem tatsächlichen **Zeitaufwand** nur subsidiär in den Fällen möglich, in denen der Gegenstandswert auch nicht durch Schätzung zu bestimmen ist, § 89 Abs. 6 Satz 1 AO. Bei der Gebührenrechnung nach dem tatsächlichen Zeitaufwand fallen pro angefangener halber Stunde 50 € an. Dauert die Bearbeitung **weniger als zwei Stunden**, fällt **keine Gebühr** an, § 89 Abs. 6 Satz 2 AO. Es steht dem Gesetzgeber frei, eine am Gegenstandswert orientierte Pauschalierung zu verwenden, die unabhängig von der konkreten Arbeitslast anfällt.[8] Ihre Grenze erfährt eine solche grundsätzlich zulässige Pauschalierung erst dann, wenn die Höhe der Gebühr völlig unabhängig von der mit ihr abgegoltenen Leistung ist und damit in einem „groben Missverhältnis“ zu den verfolgten Gebührenzwecken steht.[9]

---

1 Vgl. Referentenentwurf zum JStG 2007 v. 10.7.2006 und Gesetzesentwurf der Bundesregierung zum JStG 2007 v. 23.8.2006.

2 BT-Drucks. 16/3036, Nr. 25, zu Art. 10 nach Nr. 8 (§ 89 Abs. 3 AO).

3 BT-Drucks. 16/3325.

4 BT-Drucks. 16/3325, 68.

5 BMF v. 11.12.2007 – IV A 4 - S 0062/07/0003, BStBl. I 2007, 894; Neufassung des gesamten AO-Anwendungserlasses vgl. BStBl. I 2008, 26 ff. = DStR 2008, 99.

6 Steuervereinfachungsgesetz 2011 v. 1.11.2011, BGBl. I 2011, 2131.

7 Tz. 4.2.4 des AEAO zu § 89.

8 BVerfG v. 12.2.1992 – 1 BvL 1/89, BVerfGE 85, 337 = NJW 1992, 1673; vgl. auch *Birk* in Transaktionen, Vermögen, Pro Bono, FS zum zehnjährigen Bestehen von Pöllath+Partners, 2008, S. 161 (171).

9 BVerfG v. 19.3.2003 – 2 BvL 9/98, NVwZ 2003, 715 (717); BVerwG v. 30.4.2003 – 6 C 4.02, MMR 2003, 613, 614; *Lahme/Reiser*, BB 2007, 408 (413).

3. Gesetzgeberische Rechtfertigung der Gebührenpflicht

2.181 Der Bundesrat[1] und der Finanzausschuss des Bundestages[2] begründeten die Notwendigkeit einer Gebühr für die Erteilung einer verbindlichen Auskunft damit, dass nach der gesetzlichen Normierung des Anspruchs auf Erteilung einer verbindlichen Auskunft zu erwarten sei, dass die Anzahl der Anträge im Hinblick auf die Kompliziertheit des Steuerrechts stark ansteigen würde, was beispielsweise vermehrt bei größeren Investitionen gelten solle, da insoweit die steuerlichen Auswirkungen für den Antragsteller von besonderem Interesse seien. Ferner wurde ins Feld geführt, dass die vermehrte Erteilung verbindlicher Auskünfte bei den zuständigen Finanzbehörden voraussichtlich zu einem erheblichen zusätzlichen Arbeitsaufwand führen würde.[3] Außerdem sei vor dem Hintergrund, dass die verbindliche Auskunft vor allem bei Dauersachverhalten (z.B. Vermietung und Verpachtung) die Finanzverwaltung für viele Jahre binden könne, eine sehr intensive Prüfung unerlässlich.[4] Da es sich um eine Aufgabe handele, die nicht mehr im Bereich der Steuerfestsetzung und -erhebung liege, sondern eine Dienstleistung gegenüber dem Steuerpflichtigen darstelle, sei es sachgerecht, für die Erteilung einer verbindlichen Auskunft nach § 89 Abs. 2 AO eine Gebühr zu erheben.[5] Schließlich sei die Erhebung von Gebühren für besondere Inanspruchnahme oder Leistungen in § 178 AO bereits für Behörden der Bundeszollverwaltung geregelt und deshalb dem steuerlichen Verfahrensrecht nicht fremd.[6] Durch die Erhebung von Gebühren sei der Steuerpflichtige auch nicht übermäßig belastet, weil die Höhe der Gebühr sehr moderat ausfalle und keine zusätzlichen Kosten für den Steuerpflichtigen anfielen.[7]

2.182 Diese Position modifizierte der Bundesrat in seiner Stellungnahme vom 6.3.2009 zum Entwurf des Finanzmarktstabilisierungsergänzungsgesetzes.[8] Seinen Vorschlag, einen neuen Satz 5 in den § 89 Abs. 3 AO einzufügen, der eine Befreiung von der Gebührenpflicht bei Fragen vorsah, die sich auf die Anwendbarkeit von § 8c KStG beziehen, begründete der Bundesrat damit, dass neben der Notwendigkeit der Normierung einer „echten Sanierungsklausel" mit einer Änderung der Abgabenordnung daneben auch sichergestellt werden soll, „dass die Finanzverwaltung verbindliche Auskünfte zu diesen Fragen ausnahmsweise kostenfrei bearbeitet, um dieses Instrument hier zu befördern und die Anzahl möglicher Streitfälle vor Gericht zu reduzieren". Doch weder durch das Finanzmarktstabilisierungsergänzungsgesetz noch im Rahmen des mit Wirkung vom 22.7.2009 geltenden Bürgerentlastungsgesetzes,[9] mit dem in § 8c Abs. 1a KStG das Sanierungsprivileg normiert wurde, ist die vom Bundesrat vorgeschlagene Ausnahme von der Gebührenpflicht in Sanierungsfällen berücksichtigt worden.

1 Vgl. BR-Drucks. 622/1/06, 32 f.
2 Vgl. BT-Drucks. 16/3368, 24.
3 Stellungnahme des Finanzausschusses, BT-Drucks. 16/3368, 24.
4 BR-Drucks. 622/1/06, 32.
5 Stellungnahme des Finanzausschusses, BT-Drucks. 16/3368, 24.
6 BR-Drucks. 622/1/06, 32 f.
7 Vgl. Stellungnahme des Finanzausschusses, BT-Drucks. 16/3368, 25.
8 Vgl. BR-Drucks. 160/09, 8 f.
9 Bürgerentlastungsgesetz Krankenversicherung, BGBl. I 2009, 1959.

Die allgemeine Diskussion um die **Verfassungsmäßigkeit der Auskunftsgebühr** gem. § 89 Abs. 3 bis 7 AO[1] ist durch die Entscheidungen des BFH vom 30.3.2011[2] zumindest vorläufig beendet worden. Der BFH hat in beiden Entscheidungen die Gebührenpflicht von Anträgen auf verbindliche Auskunft verfassungsrechtlich passieren lassen. Dies gilt sowohl hinsichtlich der Zeitgebühr als auch der Wertgebühr. Eine **Ausnahmeregelung** für verbindliche Auskünfte in Sanierungsfällen erscheint damit verfahrensrechtlich **nur noch auf dem Billigkeitswege** erreichbar. Angesichts der zum Teil hohen Bewertungen und der sich daraus ergebenden Maximalgebühr von 91 456 €, die ggf. in komplexen Sanierungstransaktionen mehrfach anfallen kann, ist diese verfahrensrechtliche Absicherung des Sanierungssteuerrechts rechtspolitisch weiterhin zu fordern. 2.183

III. Abzugsfähigkeit der Gebühr als Betriebsausgabe

Die Abzugsfähigkeit der Kosten für eine verbindliche Auskunft hängt nach Auffassung der Finanzverwaltung entscheidend von der Frage ab, ob die verbindliche Auskunft Steuern betrifft, die selbst als Betriebsausgabe abzugsfähig sind. Die Kosten für eine verbindliche Auskunft, die nichtabzugsfähige Positionen wie die Gewerbe- oder Körperschaftsteuer betrifft, sind somit **nicht** als **Betriebsausgabe** abzugsfähig.[3] 2.184

Die Frage, ob dieses Abzugsverbot gegen das aus dem objektiven Nettoprinzip hergeleitete Gebot der Besteuerung nach der Leistungsfähigkeit verstößt, könnte mit der Begründung verneint werden, dass es in Fällen einer verbindlichen Auskunft regelmäßig bereits tatbestandlich an einer „Steuer" fehlt. Andererseits gehört die Gebühr zu den Kosten des Steuerpflichtigen, die er für seine Einkünfte erzielende Tätigkeit, häufig als Kosten für Strukturierungs- und Gestaltungszwecke, aufwendet. In derartigen Fällen liegt ein Vergleich mit Steuerberatungskosten, die vom BMF den Betriebsausgaben zugeordnet werden,[4] nahe. Denn genau wie bei einer Steuerberatung ist der Gegenstand der verbindlichen Auskunft zwar die steuerliche Auswirkung, der **Anlass** jedoch ist in beiden Fällen **die beabsichtigte betriebliche oder berufliche Aktivität**.[5] Eine Abzugsfähigkeit der Gebühr in Bezug auf einkommensteuerliche oder körperschaftsteuerliche Folgen betrieblicher Umstrukturierungen wäre somit angezeigt und entspräche dem Prinzip der Besteuerung nach der Leistungsfähigkeit. Daher ist die gesetzliche Regelung der Nichtabziehbarkeit gem. § 12 Nr. 3 EStG i.V.m. § 3 Abs. 4 AO bedenklich. 2.185

1 Vgl. ausführlich dazu *Eilers* in FS Streck, S. 305 (309); *Kess/Zillmer*, DStR 2008, 1466; *Blömer*, DStR 2008, 1867 ff.; *Wienbracke*, NVwZ 2007, 749 ff.

2 BFH v. 30.3.2011 – I R 61/10, BStBl. II 2011, 536 = DStR 2011, 858 und BFH v. 30.3.2011 – I B 136/10, DStRE 2011, 775.

3 *Simon*, DStR 2007, 557 (558); *Roser* in Beermann/Gosch, § 89 AO Rz. 78 (148. Erg.-Lfg. August 2018).

4 BMF v. 21.12.2007 – IV B 2 - S 2144/07/0002 – DOK 2007/0586772, BStBl. I 2008, 256 = FR 2008, 150.

5 *Birk*, NJW 2007, 1325 (1327).

Kapitel 3
Steueroptimierte Sanierung – Steuerliche Würdigung von Sanierungsmaßnahmen

Im Rahmen von Unternehmenssanierungen werden i.d.R. bestehende Schuldverhältnisse (vornehmlich Kredit- und Darlehensverhältnisse) verändert. Dies kann bedeuten, dass eine Reduzierung des Schuldenbetrags ***(De-Leverage)*** vorgesehen ist. Die Veränderung kann aber auch in einem bloßen Rangrücktritt oder einer Stundung von Forderungen bestehen, um eine Zahlungsunfähigkeit oder Überschuldung der Schuldnergesellschaft im insolvenzrechtlichen Sinne zu vermeiden. Schließlich sehen konsensuale Restrukturierungskonzepte häufig vor, dass ggf. über die Neubegründung von Schuldverhältnissen der in der Krise befindlichen Unternehmung neue liquide Mittel ***(Fresh Money)*** zur Verfügung gestellt werden. 3.1

Wenn in der Krise befindliche Unternehmen saniert werden sollen, wird es immer erforderlich sein, die in Betracht gezogenen Sanierungsmaßnahmen auch steuerlich zu prüfen. Denn die Geeignetheit eines Sanierungskonzepts hängt entscheidend davon ab, ob die einzelnen Sanierungsmaßnahmen auch steuerneutral oder zumindest steuerschonend für die Schuldnergesellschaft durchgeführt werden können. Das Steuerrecht kann durchaus ökonomisch sinnvollen Sanierungskonzepten im Wege stehen. Besonders problematisch sind Sanierungsmaßnahmen, die zu einem (steuer)bilanziellen Wegfall von Verbindlichkeiten beim Schuldnerunternehmen führen (z.B. Forderungsverzicht, Debt/Equity Swap, Borrower Buy Back). Denn hier werden grundsätzlich Steuern auf bloße Buchgewinne erhoben, die nur unter bestimmten Voraussetzungen steuerfrei gestellt sind. Dies kann es erforderlich machen, allein aus steuerlichen Gründen auf alternative Sanierungstransaktionen auszuweichen. 3.2

Nachfolgend werden Sanierungsmaßnahmen außerhalb eines Insolvenzverfahrens dargestellt. Außergerichtliche Sanierungen können i.d.R. nur konsensual erfolgen, erfordern also ein Einvernehmen zwischen dem zu sanierenden Unternehmen, den Gläubigern und ggf. auch den Gesellschaftern des Schuldnerunternehmens. Die Gläubiger und Gesellschafter sind in der Praxis zu einer Beteiligung an einer konsensualen Sanierung häufig bereit, weil sie sich im Rahmen eines durch sie kontrollierten Restrukturierungsprozesses ein besseres Ergebnis versprechen als von einem durch einen Insolvenzverwalter beherrschten Insolvenzverfahren. Teilweise werden die Gläubiger (oder bestimmte Gläubigergruppen) und die Gesellschafter zur Teilnahme an bestimmten Restrukturierungsmaßnahmen auch nach den Kreditverträgen bzw. den entsprechenden Konsortialvereinbarungen ***(Intercreditor Agreement)*** und Sicherheitenverträgen gezwungen. 3.3

A. Stundung und Kapitalisierung von Kreditforderungen

I. Grafische Darstellung

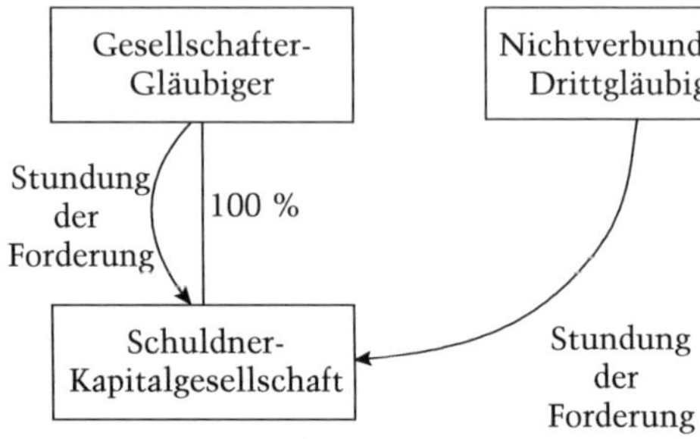

II. Allgemein

3.4 In Restrukturierungssituationen werden – neben der Neuverhandlung oder Aussetzung der sog. Financial Covenants ***(Reset Financial Covenants)*** und der Bereitstellung neuer liquider Mittel durch eine Erhöhung des Kreditvolumens – häufig Regelungen über eine Stundung von Zins- und Tilgungsforderungen getroffen. Hierdurch kann zumindest eine vorübergehende Liquiditätskrise des Schuldnerunternehmens bewältigt werden.

3.5 Stundung bedeutet das Hinausschieben der Fälligkeit einer (Kredit)Forderung bei Bestehenbleiben der Erfüllbarkeit.[1] Die Stundung von Zinsen wird überwiegend als Vergabe eines Neukredits bzgl. des geminderten Zinsbetrages angesehen.[2] Häufig wird eine Kapitalisierung der anwachsenden Zinsen vereinbart, d.h. am Ende jeder Zinsperiode oder in regelmäßigen Zeitabständen werden die aufgelaufenen Zinsen in ein Darlehen umgewandelt, das die bereits geschuldete (und zinstragende) Darlehensvaluta erhöht ***(Payment In Kind – PIK)***. Teilweise wird dem Kreditnehmer auch nur das Recht eingeräumt, solche Zinsen zu kapitalisieren, die er nicht ohne Liquidationsunterdeckung in bar bezahlen kann ***(Pay If You Can – PIYC)***.

3.6 Anstelle einer Stundung kann auch vorgesehen werden, dass der Kreditgeber sich gegenüber dem Kreditnehmer lediglich dazu verpflichtet, seine fällige Forderung nicht ernstlich einzufordern. Diese Verpflichtung begründet keine Stundung, weil die zivilrechtliche Fälligkeit der Forderung i.S.d. § 271 BGB erhalten bleibt.[3] Gleichwohl genügt eine solche Verpflichtung des Kreditnehmers, um eine Zahlungsunfähigkeit des Schuldners i.S.d. § 17 InsO (nicht aber eine mögliche Überschuldung i.S.d. § 19 InsO) abzuwenden.[4]

---

1 Die Stundung erfolgt durch Abschluss einer Stundungsvereinbarung (sog. Forbearance Agreement).

2 *Theiselmann*, Praxishandbuch des Restrukturierungsrechts, 2017, Kapitel 11 Rz. 43.

3 *Krüger* in MünchKomm/BGB[8], § 271 Rz. 18.

4 *Theiselmann*, Praxishandbuch des Restrukturierungsrechts, 2017, Kapitel 11, Rz. 42.

III. Ertragsteuerliche Konsequenzen

1. Stundung vs. Zinsfreistellung

Eine Stundungs- oder Kapitalisierungsregelung hat auf die laufende Besteuerung des Schuldnerunternehmens grundsätzlich keinen Einfluss. Zumindest bei Kapitalgesellschaften, die ihren Gewinn periodengerecht auf Basis eines Betriebsvermögensvergleichs ermitteln, ist ein Zinsabzug im Entstehungszeitpunkt unabhängig vom Auszahlungszeitpunkt vorzunehmen.[1] Damit sind gestundete oder kapitalisierte Zinsen beim Schuldner weiterhin im Rahmen der allgemeinen Regelungen abzugsfähig. Es ist allerdings im Einzelfall zu prüfen, ob gestundete und beim Schuldner als Zahlungsverbindlichkeit zu passivierende Zinsen nach allgemeinen Grundsätzen abzuzinsen sind, wenn diese selbst nicht zinstragend sind (vgl. § 6 Abs. 1 Nr. 3 EStG). Letzteres ist zumindest im Falle einer wirksamen Kapitalisierung der Zinsen nicht der Fall. Werden die gestundeten Zinsen selbst nicht verzinst, kann argumentiert werden, dass eine Verzinsung der gestundeten Zinsverbindlichkeiten nach dem Willen der Parteien über die Verzinsung der Darlehensvaluta mit abgegolten sein soll.[2] 3.7

Von der Stundung der Zinsen ist die Zinsfreistellung des zugrunde liegenden Darlehens zu unterscheiden. Eine Zinsfreistellung führt zu einer Abzinsung der Darlehensverbindlichkeit selbst. Dies gilt dann, wenn auf eine zukünftige Verzinsung der zugrunde liegenden Darlehensverbindlichkeit für einen Zeitraum von mehr als 12 Monaten verzichtet wird (§ 6 Abs. 1 Nr. 3 Satz 2 EStG). 3.8

Der sich aus der Abzinsung ergebende steuerpflichtige Gewinn auf Ebene der Schuldnergesellschaft kann in der Krisensituation durchaus bewusst in Kauf genommen werden und sogar steuerlich vorteilhaft sein. Dies ist denkbar, wenn der Abzinsungsgewinn aufgrund des laufenden Verlusts der in der Krise befindlichen Schuldnergesellschaft nicht zu einer Steuerzahlung führt und die in den Folgejahren nach der Krisenbewältigung erfolgende steueraufwandswirksame Hinzuschreibung der Darlehensverbindlichkeit zu tatsächlich nutzbarem steuerlichen Aufwand führt. Diese Gestaltung kann insbesondere auch im Zusammenhang mit den Regelungen über die sog. Mindestbesteuerung (§ 10d EStG) und dem potentiellen Untergang von nicht genutzten Verlusten und/oder Zinsvorträgen im Falle eines schädlichen Beteiligungserwerbs (§ 8c KStG, § 10a Satz 10 GewStG, § 4h Abs. 5 Satz 3 EStG) interessant sein. 3.9

Ist eine Abzinsung hingegen nicht gewollt, kann diese nach Auffassung der Finanzverwaltung bereits über die Etablierung einer Niedrigverzinsung vermieden werden.[3] 3.10

1 *Häuselmann*, BB 2007, 931 (933).

2 So *Häuselmann*, BB 2007, 931 (933), zumindest für die Abzinsung von Zinsverbindlichkeiten nach Ausübung einer sog. Interest Deferral Option bei Perpetuals (Hybridanleihen).

3 Vgl. BMF v. 23.8.1999 – IV C 2-S 2175-25/99, BStBl. I 1999, 818.

2. Stundung und Kapitalertragsteuer

3.11 Eine Stundung von Zinsen führt grundsätzlich nicht zu einer Quellensteuerpflichtigkeit von festverzinslichen Darlehen.[1] Dies ist allerdings nach der BFH Rechtsprechung nicht mehr zweifelsfrei, wenn eine Stundung bzw. Kapitalisierung der Zinsen im Rahmen eines PIYC *(Pay If You Can)* erfolgt. Der BFH hat vertreten, dass bereits die Verknüpfung der Fälligkeit der vereinbarten Zinsen (Stundung) mit der Liquidität der Darlehensnehmerin zu einer erfolgsabhängigen Vergütungsvereinbarung und damit zu einer Kapitalertragsteuerpflicht hinsichtlich der auflaufenden Zinsen nach § 43 Abs. 1 Satz 1 Nr. 3 EStG führen kann.[2]

3.12 Diese Rechtsprechung wird in der Literatur zu Recht heftig kritisiert.[3] Nach allgemeinen Verständnis ist für eine Erfolgsabhängigkeit eines Darlehens kennzeichnend, dass die Vergütung bzw. Verzinsung nicht oder nicht nur in einem festen periodischen Betrag besteht, sondern sich zumindest teilweise an dem vom Schuldnerunternehmen erwirtschafteten Erfolg orientiert.[4] Dies ist beispielsweise der Fall, wenn sich die Höhe der Verzinsung an dem handelsrechtlichen Jahresüberschuss oder – so zumindest die Rechtsprechung des BFH – dem Umsatz des Schuldnerunternehmens bemisst.[5] Im Falle einer Stundung bzw. Kapitalisierung der Zinsen im Rahmen eines PIYC bleibt die Höhe der Verzinsung aber vom Erfolg des Schuldnerunternehmens völlig unberührt. Es wird lediglich eine Verknüpfung zwischen der Liquidität des Schuldnerunternehmens und der Fälligkeit der fest verzinsten Kreditverbindlichkeit hergestellt. Selbst wenn man annehmen würde, dass eine Liquiditätsabhängigkeit mit einer Erfolgsabhängigkeit gleichzusetzen ist, läge im Falle eines PIYC letztlich nur eine erfolgsabhängige Stundungsregelung vor. Eine erfolgsabhängige Stundung führt aber per se nicht zu einer Erfolgsabhängigkeit der Vergütung selbst. Aus einer Liquiditätsabhängigkeit auf ein partiarisches Darlehen zu schließen, erscheint damit jedenfalls dann nicht überzeugend, wenn das Vorhandensein von Liquidität nicht für die Höhe der Verzinsung, sondern – wie bei einem klassischen PIYC – nur für die Fälligkeit der im Übrigen festen Verzinsung maßgebend ist.

3.13 Es bleibt zu hoffen, dass der BFH sich in dieser Hinsicht nur missverständlich ausgedrückt hat und seine in dem o.g. Urteil deutlich zu weit gefassten Aussagen revidieren wird.[6] Bis dahin wird sich die Beratungspraxis je nach Lage des Einzel-

---

1 Festverzinsliche Darlehen unterfallen grundsätzlich nur der KapESt, wenn die Zinszahlung auf Forderungen beruht, die in ein öffentliches Schuldbuch eingetragen sind oder wenn sie von einem inländischen Kreditinstitut gezahlt werden (vgl. ausführlicher § 43 Abs. 1 Satz 1 Nr. 7 EStG).

2 BFH v. 22.6.2010 – I R 78/09, BFH/NV 2011, 12 (14).

3 Vgl. zur berechtigten Kritik: *Rödding/Dann*, DStR 2011, 342 (343); *Helios/Birker*, BB 2011, 2327 (2329 f.); Anm. zu BFH v. 22.6.2010 von *Süß/Mayer*, DStR 2010, 2448 (2449); *Weidmann*, BB 2012, 1059 (1059 ff.).

4 BFH v. 13.9.2000 – I R 61/99, BStBl. II 2001, 67 = DB 2001, 124; BFH v. 25.3.1992 – I R 41/91, BStBl. II 1992, 889.

5 BFH v. 13.9.2000 – I R 61/99, BStBl. II 2001, 67 = DB 2001, 124.

6 *Weidmann*, BB 2012, 1059 (1060). Dies scheint (bislang) jedoch nicht der Fall zu sein: So wurde in BFH v. 7.2.2018 – X R 10/16, BStBl. II 2018, 630 die Entscheidung vom

falls mit verbindlichen Auskünften oder anderweitigen Gestaltungen behelfen müssen.[1]

3. Bilanzausweis der Verbindlichkeit in der Krise

Der Bilanzausweis der Verbindlichkeit des Schuldnerunternehmens wird durch den Umstand, dass der Schuldner die Verbindlichkeit nicht bedienen kann oder der Gläubiger möglicherweise eine Teilwertabschreibung auf die korrespondierende Forderung vorgenommen hat, im Grundsatz nicht berührt.[2] Dies gilt auch, wenn die Zahlungsunfähigkeit des Schuldners dauerhaft besteht.[3] 3.14

Eine Ausbuchung der Verbindlichkeit hat nach der Rechtsprechung des BFH allerdings dann zu erfolgen, wenn die Verbindlichkeit keine wirtschaftliche Belastung mehr für den Schuldner darstellt. Hiervon ist nur in Ausnahmefällen auszugehen, z.B. dann, wenn der Schuldner mit an Sicherheit grenzender Wahrscheinlichkeit nicht mehr mit einer Inanspruchnahme zu rechnen hat.[4] 3.15

4. Novation (Schuldumwandlung) vs. Vertragsänderung (Schuldänderung)

Werden in einer Restrukturierungssituation Regelungen über eine Stundung von Zins- und Tilgungsforderungen getroffen oder werden andere punktuelle Anpassungen vorgenommen, so liegt grundsätzlich eine Vertrags- bzw. Schuldänderung und keine Schuldumwandlung ***(Novation)*** vor.[5] Von einer Novation ist hingegen auszugehen, wenn – unabhängig von der zivilrechtlichen Einordnung – die ursprüngliche und die modifizierte Finanzverbindlichkeit nicht „wirtschaftlich identisch" sind ***(Novation im bilanziellen Sinne)***.[6] 3.16

Ist von einer bloßen Vertragsänderung (Schuldänderung) auszugehen, ergeben sich grundsätzlich keine (steuer)bilanziellen Auswirkungen bei der Schuldnergesellschaft. Die ursprüngliche Verbindlichkeit ist dem Grunde nach unverändert zu passivieren. Wird ein Kreditvertrag jedoch so abgeändert, dass der Betrag fortan auf Basis eines neuen Rechtsgrundes geschuldet wird (Novation bzw. Schuldumwandlung), ist dies (steuer)bilanziell als Passivtausch bzw. als Rückzahlung der alten Darlehensverbindlichkeit und Entstehung einer neuen Darlehensverbindlichkeit zu behandeln.[7] Wenn 3.17

22.6.2010 zumindest insoweit bestätigt, als eine Verlustbeteiligung das Vorliegen einer erfolgsabhängigen Vergütung und damit auch das Vorliegen eines partiarischen Darlehens ausschließe.

1 *Rödding/Dann*, DStR 2011, 342 (344 f.).

2 BFH v. 29.6.2009 – I B 57/09, BFH/NV 2009, 1804.

3 BFH v. 6.11.2007 – I B 50/07, BFH/NV 2008, 616.

4 BFH v. 22.11.1988 – VIII R 62/85, BStBl. II 1989, 359.

5 Zur Abgrenzung allgemein: BFH v. 14.2.1984 – VIII R 221/80, BStBl. II 1984, 480; BFH v. 7.12.1999 – VIII R 8/98, BFH/NV 2000, 825; *Emmerich* in MünchKomm/BGB[8], § 311 Rz. 16 f.

6 *Häuselmann*, BB 2010, 944 (944 ff.).

7 *Schindler* in Kirchhof[18], § 6 EStG Rz. 145; *Winnefeld*, Bilanz-Handbuch, Kapitel D Rz. 1510.

der Rückzahlungsbetrag der alten und der neuen (novierten) Darlehensverbindlichkeit identisch ist, wirkt sich die Unterscheidung grundsätzlich nicht aus. Dies gilt unabhängig von der Werthaltigkeit der korrespondierenden Forderung, weil Verbindlichkeiten (vorbehaltlich einer Abzinsung) mit dem vollen Rückzahlungsbetrag zu passivieren sind.

3.18 Besonderheiten sind aber bei Fremdwährungsverbindlichkeiten zu beachten.[1] Dem liegt zugrunde, dass Kursschwankungen grundsätzlich nicht zu einer steuerbilanziell zu erfassenden Wertveränderung der zu passivierenden Darlehensverbindlichkeit führen. Etwas anderes gilt aber im Fall einer Novation bzw. Schuldumwandlung. Hier ist der im Zeitpunkt der Novation bzw. Schuldumwandlung bestehende aktuelle Wechselkurs bei der Bewertung der Fremdwährungsverbindlichkeit zu berücksichtigen und einzubuchen. Dies kann (auch abhängig von einem Hedging) zu steuerrelevanten Ergebnisauswirkungen führen. Eine bloße Vertragsanpassung würde hingegen nicht als Realisationsvorgang qualifizieren und wäre daher (steuer)neutral.

IV. Vor- und Nachteile einer Stundung bzw. Kapitalisierung von Zinsen

3.19

Vorteile	Nachteile
– Bewältigung von vorübergehender Liquiditätskrise möglich	– Keine Entschuldung bzw. Stärkung des Eigenkapitals
– Vermeidung der Insolvenzantragspflicht wegen Zahlungsunfähigkeit	– Je nach Ausgestaltung (PIYC) besteht nach BFH-Rechtsprechung ein Quellensteuerrisiko
– Grundsätzlich steuerneutral; verbindliche Auskunft ggf. entbehrlich	

B. Rangrücktrittserklärungen

I. Grafische Darstellung

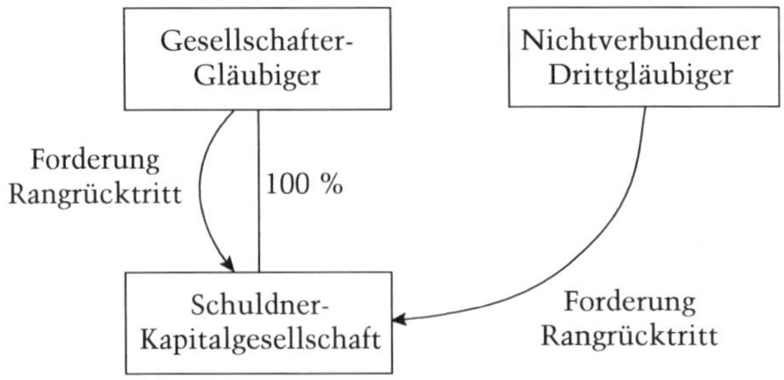

1 BMF v. 12.8.2002 – IV A 6-S 2175-7/02, BStBl. I 2002, 793; BFH v. 23.4.2009 – IV R 62/06, BStBl. II 2009, 778. Dazu auch: *Schindler* in Kirchhof[18], § 6 EStG Rz. 153; *Rzepka/Scholze*, StuW 2011, 92; *Hübner/Leyh*, DStR 2010, 1951 (1955); *Kulosa* in Schmidt[38], § 6 EStG Rz. 22.

II. Allgemein

Der Rangrücktritt ist ein häufig gewähltes Instrument, um eine Insolvenzantragspflicht des Schuldners aufgrund Überschuldung zu verhindern (vgl. § 19 InsO). Zwar wurde im Finanzmarktstabilisierungsgesetz vom 17.10.2008 geregelt, dass eine Überschuldung im insolvenzrechtlichen Sinne dann nicht vorliegt, wenn die Fortführung des Unternehmens nach den Umständen überwiegend wahrscheinlich ist.[1] Ein Rangrücktritt kann jedoch im Hinblick auf möglicherweise bestehende Unsicherheiten hinsichtlich des Vorliegens einer positiven Fortführungsprognose und deren Nachweisbarkeit im Einzelfall weiterhin sinnvoll sein, nicht zuletzt um die Haftungsrisiken für die Geschäftsführung der Schuldnergesellschaft zu reduzieren. 3.20

Der Rangrücktritt hat zur Folge, dass die im Rang zurückgetretenen Verbindlichkeiten nicht mehr in die insolvenzrechtliche Überschuldungsbilanz einzubeziehen sind (§ 19 Abs. 2 InsO i.V.m. § 39 Abs. 2 InsO).[2] 3.21

Zur Begründung eines Rangrücktritts ist es seit dem Inkrafttreten des MoMiG[3] erforderlich und nach dem Gesetzwortlaut auch ausreichend, wenn Gläubiger und Schuldner vereinbaren, dass die betreffende Forderung des Gläubigers im Rang hinter sämtliche in §§ 38, 39 Abs. 1 Nr. 1-5 InsO bezeichneten Forderungen zurücktritt. Das Erfordernis eines qualifizierten Rangrücktritts nach alten Grundsätzen[4] existiert damit nicht mehr.[5] In der Rangrücktrittsvereinbarung muss also keine Gleichstellung mit den Einlagerückgewähransprüchen der Gesellschafter mehr geregelt werden.[6] Allerdings muss nach den Grundsätzen des BGH-Urteils vom 5.3.2015 sichergestellt sein, dass der Rangrücktritt für eine vorinsolvenzrechtliche **Durchsetzungssperre** sorgt. Konkret darf eine Tilgung der Forderung nach den vom BGH aufgestellten Grundsätzen nur aus **ungebundenem Vermögen** erfolgen. Dies ist nur dann der Fall, wenn die Rückzahlung der Verbindlichkeit weder zu einer Zahlungsunfähigkeit noch zu einer Überschuldung des Schuldners führt (bzw. eine solche verstärkt). Die 3.22

---

1 Gesetz zur Umsetzung eines Maßnahmenpakets zur Stabilisierung des Finanzmarktes (Finanzmarktstabilisierungsgesetz – FMStG) vom 17.10.2008, BGBl. I 2008, 1982.

2 *Heerma*, BB 2005, 537 (538).

3 Gesetz zur Modernisierung des GmbH-Rechts und zur Bekämpfung von Missbräuchen vom 23.10.2008, BGBl. I 2008, 2026.

4 Vgl. grundlegend BGH v. 8.1.2001 – II ZR 88/99, BGHZ 146, 264 (271). Der BGH verwendet den Begriff des qualifizierten Rangrücktritts auch nach der Gesetzesänderung in seiner Rechtsprechung weiter (vgl. bspw. BGH v. 16.5.2017 – VI ZR 266/16, juris Rz. 14). Dies ist u.E. derart zu verstehen, dass dem Rangrücktritt insolvenzverhindernde Funktion im vorgenannten Sinne zukommt.

5 Der Wortlaut von § 19 Abs. 2 Satz 2 InsO betrifft zwar unmittelbar nur Gesellschafterdarlehen. Die weit überwiegende Meinung in der Literatur will allerdings die Anforderungen des § 19 Abs. 2 InsO darüber hinaus auch auf Verbindlichkeiten gegenüber Gläubigern anwenden, welche nicht Gesellschafter des Schuldners sind. *Kirchhof* in HK-InsO[9], § 19 Rz. 26; *Schröder* in HambKomm-InsO[7], § 19 Rz. 43; *Müller* in FS Hüffer, S. 701 (710); *Kahlert/Gehrke*, DStR 2010, 227 (230); *Leithaus/Schäfer*, NZI 2010, 844 (846); *Wälzholz*, GmbH-StB 2009, 75 (78); am qualifizierten Rangrücktritt festhalten wollen insoweit *Bußhardt* in Braun[7], § 19 InsO Rz. 14; *Weitnauer*, GWR 2012, 193 (193 ff.).

6 BGH v. 5.3.2015 – IX ZR 133/14, BGHZ 204, 231.

vom BGH verlangte Durchsetzungssperre führt also nicht dazu, dass die Verbindlichkeit überhaupt nicht mehr getilgt werden darf.

III. Zivilrechtliche Beurteilung

3.23 Aus zivilrechtlicher Sicht handelt es sich bei dem Rangrücktritt um einen schuldändernden Vertrag i.S.d. § 311 Abs. 1 BGB zwischen der Gesellschaft und dem jeweiligen Gläubiger.[1] In Anbetracht der neueren BGH-Rechtsprechung[2] ist der Rangrücktritt nicht mehr als bloßes Leistungsverweigerungsrecht im Sinne eines „pactum de non petendo“ (= Stundungsvereinbarung) einzustufen.[3] Stattdessen sieht der BGH seit seiner Grundsatzentscheidung vom 5.3.2015 den Rangrücktritt als einen Vertrag zugunsten Dritter (der Gläubigergesamtheit) i.S.d. § 328 BGB an, der – solange sich der Schuldner in der Krise befindet – nur mit Zustimmung aller Gläubiger (einvernehmlich) aufgehoben werden kann.[4] Bis zur Abwendung der Krise ist die Forderung damit nicht erfüllbar. Gleichwohl während der Insolvenzreife auf eine im Rang zurückgetretene Forderung erfolgte Zahlungen sind nach § 812 Abs. 1 Satz 1 Var. 1 BGB kondizierbar[5] bzw. können nach § 134 InsO[6] angefochten werden.

3.24 Die **Forderung besteht** jedoch auch nach Vereinbarung des Rangrücktritts **weiterhin fort**, so dass es nicht zu einem Erlöschen der Forderung bzw. der Verbindlichkeit kommt.[7] Durch den Rangrücktritt wird nur die Rangfolge, nicht aber der Bestand der Forderung geändert. Dementsprechend bleiben auch Sicherungsrechte unberührt.[8] Darin zeigt sich ein wesentlicher Unterschied zum Forderungsverzicht mit Besserungsvereinbarung, weil in diesem Fall (akzessorische) Sicherungsrechte untergehen.

IV. Ertragsteuerliche Konsequenzen

1. Fortlaufende Passivierung einer Rangrücktrittsverbindlichkeit

3.25 Die Vereinbarung eines Rangrücktritts hat u.E. keinen Einfluss auf die Passivierung der Verbindlichkeit in der Handels- und Steuerbilanz, sondern wirkt sich nur auf die Überschuldungsbilanz aus. Dies folgt aus dem Umstand, dass sich durch einen Rangrücktritt lediglich die Rangfolge der Tilgung ändert, der Bestand der Forderung bzw. der Verbindlichkeit im Übrigen aber unberührt bleibt.

---

1 *Lang*, DStZ 2006, 789.

2 So zuletzt etwa BGH v. 5.3.2015 – IX ZR 133/14, BGHZ 204, 231.

3 *Oser*, BC 2017, 123 (127); a.A. *Schmidt*, GmbHR 1999, 9 (13).

4 BGH v. 5.3.2015 – IX ZR 133/14, BGHZ 204, 231, Rz. 35. Nicht ausreichend ist in jedem Fall, wenn der Nachrang nur zwischen den unterschiedlichen Gläubigern vereinbart wird (sog. relativer Rangrücktritt).

5 BGH v. 5.3.2015 – IX ZR 133/14, BGHZ 204, 231 Rz. 27 ff.

6 BGH v. 5.3.2015 – IX ZR 133/14, BGHZ 204, 231 Rz. 46 ff.

7 *Hirte* in Uhlenbruck[15], § 39 InsO Rz. 53.

8 BGH v. 5.3.2015 – IX ZR 133/14, BGHZ 204, 231 Rz. 32.

a) Handelsrechtliche Bilanzierung

Die handelsrechtliche Passivierung einer von einem wirksamen Rangrücktritt erfassten Verbindlichkeit wird allerdings während der Krise der Schuldnergesellschaft seit dem BGH, Urt. vom 5.3.2015 teilweise in Zweifel gezogen.[1] Dies hängt mit der vom BGH geforderten vorinsolvenzrechtlichen Durchsetzungssperre zusammen (vgl. hierzu oben unter Rz. 3.22). Hieraus folgern die Vertreter dieser Ansicht, dass die subordinierte Verbindlichkeit während der Krise aufschiebend bedingt (bzw. so zu behandeln) sei. Nach dieser Auffassung geht die Rangrücktrittsverbindlichkeit in der Krise des Schuldnerunternehmens wegen des Vorbehalts der Durchsetzungssperre zunächst unter und deren Wiederentstehung steht unter der Bedingung der Abwendung der Krise. Eine Bilanzierung der subordinierten Verbindlichkeit könne demnach erst (wieder) nach Eintritt der Bedingung, d.h. nach Überwindung der Krise (wenn also der Besserungsfall eingetreten ist und die Durchsetzungssperre entfällt) erfolgen. 3.26

Dieser Ansicht kann u.E. nicht gefolgt werden. Die Verbindlichkeit ist rechtlich entstanden und geht in Folge einer Rangrücktrittsvereinbarung nicht unter. Ein Rangrücktritt unterscheidet sich in seinem dogmatischen Gehalt von einem Forderungsverzicht mit Besserungsabrede, weil ein (bedingter) Verzicht von den Partien gerade nicht gewollt ist. Die Schuldnergesellschaft soll vielmehr durch den Rangrücktritt trotz Fortbestand der Verbindlichkeit die Möglichkeit erhalten, die Krise zu überwinden, um eine spätere Erfüllung der Verbindlichkeit zu ermöglichen.[2] Insofern erscheint es auch nicht überzeugend, die von dem BGH geforderte vorinsolvenzrechtliche Durchsetzungssperre als eine auf den Bestand der Forderung/Verbindlichkeit bezogene Bedingung zu begreifen. Dies ginge über den Begriff einer Durchsetzungssperre hinaus. Vielmehr lässt der Umstand, dass die im Rang zurückgetretene Forderung während der Krise nicht durchgesetzt werden kann, ihren (zivilrechtlichen) Bestand und den der korrespondierenden Verbindlichkeit völlig unberührt. 3.27

Auch die Finanzverwaltung und der BFH scheinen an einer handelsrechtlichen Bilanzierungspflicht (jedenfalls vorerst) keine Zweifel zu hegen.[3] So wird beispielsweise in der Verfügung der OFD Frankfurt/M. vom 3.8.2018 die handelsrechtliche Bilanzierungspflicht nicht in Zweifel gezogen.[4] Auch das Institut der Wirtschaftsprüfer (IDW) sieht nach dem BGH-Urteil die Voraussetzungen für eine Bilanzierung weiterhin als gegeben an.[5] 3.28

b) Steuerliche Bilanzierung

Die Steuerbilanz folgt im Grundsatz der Handelsbilanz (sog. Maßgeblichkeitsgrundsatz). Demnach hängt die Frage, ob eine Rangrücktrittsverbindlichkeit steuerlich zu 3.29

1 Vgl. hierzu *Müller*, BB 2016, 491 (493); *Frystatzki*, DStR 2016, 2479 (2485); *Blumenberg/Neumann*, Ubg 2016, 181 (184); *Oser*, DStR 2017, 1889 (1892).
2 *Schiffers*, GmbH-StB 2018, 17 (22).
3 Vgl. *Oser*, DStR 2017, 2835 (2836) m.w.N.
4 OFD Frankfurt/M. v. 3.8.2018 – S 2743 A -12-St 525 = DStR 2019, 560; so auch bereits BMF v. 8.9.2006 – IV B 2-S 2133-10/06, BStBl. I 2006, 497.
5 HFA, IDW Life 2016, 1000 (1000 f.).

passivieren ist, zunächst von der handelsrechtlichen Behandlung ab. Würde man der oben unter Rz. 3.26 dargestellten Auffassung folgen und eine von einem Rangrücktritt erfasste Verbindlichkeit handelsrechtlich ausbuchen, würde dies wegen der Maßgeblichkeit auch unmittelbar auf die Steuerbilanz durchschlagen (vgl. § 5 Abs. 1 EStG).

3.30 Geht man hingegen weiterhin von einer grundsätzlichen Passivierungspflicht einer Rangrücktrittsverbindlichkeit aus, kann sich – abweichend von der Handelsbilanz – aus § 5 Abs. 2a EStG ein steuerrechtliches Passivierungsverbot ergeben (sog. Durchbrechung der Maßgeblichkeit).[1] § 5 Abs. 2a EStG sieht ein **Passivierungsverbot** für Verbindlichkeiten und Rückstellungen vor, die nur zu erfüllen sind, wenn zukünftige Gewinne oder Einnahmen anfallen. Die Verbindlichkeiten dürfen erst zu dem Zeitpunkt in der Steuerbilanz angesetzt werden, in dem die Einnahmen und Gewinne auch tatsächlich angefallen sind.[2] Hierbei ist jedoch zu beachten, dass ein etwaiges Passivierungsverbot aufgrund des Stichtagsprinzips (§ 242 Abs. 1 HGB) frühestens für Zeiträume nach der wirksamen Vereinbarung des Rangrücktritts greifen kann.[3]

3.31 Zur Beurteilung der Frage, ob eine Rangrücktrittsvereinbarung die Voraussetzungen des § 5 Abs. 2a EStG erfüllt, ist auf die konkrete Formulierung des Rangrückrücktritts abzustellen.[4] Der BFH geht in ständiger Rechtsprechung davon aus, dass § 5 Abs. 2a EStG zur Anwendung kommt, wenn eine **wirtschaftliche Belastung** des Steuerpflichtigen fehlt.[5] Dabei stellt der BFH nicht auf die Zahlungsfähigkeit der Schuldnergesellschaft ab, sondern auf den formalen Gehalt der Durchsetzungssperre. Die Verpflichtung, die Verbindlichkeit nur aus künftigen Gewinnen oder einem Liquidationsüberschuss bedienen zu müssen, stellt nach dem BFH keine gegenwärtige Belastung dar. Wenn der Rangrücktritt in seiner Besserungsabrede aber auch eine Tilgung aus **sonstigem freien Vermögen** vorsieht, liegt nach dem BFH eine gegenwärtige Belastung vor.[6] Ein nicht näher präzisierter Rangrücktritt kann nach Ansicht des BFH nicht dahingehend ausgelegt werden, dass eine Tilgung aus sonstigem freien Vermögen ausgeschlossen ist. § 5 Abs. 2a EStG ist demnach auch in diesen Fällen nicht anwendbar.[7] Ist ein Rangrücktritt jedoch dahingehend spezifiziert, dass er die Tilgung der Verbindlichkeit nur aus bestimmtem Vermögen vorsieht, liegt nach dem BFH ein sog. **spezifizierter Rangrücktritt** vor. Sieht dieser nur die Tilgung aus einem zukünftigen Bilanzgewinn und einem etwaigen Liquidationsüberschuss vor, liegen nach Ansicht des BFH die Voraussetzungen des § 5 Abs. 2a EStG

1 *Briese*, DStR 2017, 799 (802).
2 Bzgl. der Voraussetzungen des Passivierungsverbotes nach § 5 Abs. 2a EStG s. *Krumm* in Blümich, § 5 EStG Rz. 762 ff. (141. Erg.-Lfg. März 2018).
3 BFH v. 10.8.2016 – I R 25/15, BStBl. II 2017, 670 Rz. 11.
4 *Seppelt*, BB 2017, 1009 (1009); *Krumm* in Blümich, § 5 EStG Rz. 957a (141. Erg.-Lfg. März 2018).
5 Siehe bspw. BFH v. 14.5.2002 – VIII R 8/01, BStBl. II 2002, 532 mit Verweis auf BFH v. 10.11.1980 – GrS 1/79, BStBl. II 1981, 164.
6 BFH v. 20.10.2004 – I R 11/03, BStBl. II 2005, 581; BFH v. 16.5.2007 – I R 36/06, BFH/NV 2007, 2252; BFH v. 30.3.1993 – IV R 57/91, BStBl. II 1993, 502; BFH v. 10.11.2005 – IV R 13/04, BStBl. II 2006, 618; BFH v. 14.1.2010 – IV R 13/06, BFH/NV 2010, 1483; *Kahlert*, DStR 2015, 734 (737).
7 BFH v. 10.11.2005 – IV R 13/04, BStBl. II 2006, 618 Rz. 33.

vor.[1] Auch wenn an dieser Ansicht Zweifel gehegt werden können,[2] scheint die Entscheidung für die Praxis getroffen zu sein, da sich der BFH erneut und umfassend mit der Kritik an seiner Rechtsprechung auseinandergesetzt hat.[3]

Die Finanzverwaltung unterscheidet für die Frage der Passivierbarkeit der Rangrücktrittsverbindlichkeit in der Steuerbilanz im Rahmen des nach wie vor gültigen BMF-Schreibens vom 8.9.2006[4] noch zwischen einfachem und qualifiziertem Rangrücktritt. Dem Schreiben liegt damit das zwischenzeitlich überholte Begriffsverständnis von einfachem und qualifiziertem Rangrücktritt zugrunde.[5] Das BMF hat es bislang versäumt, ein an die neue Rechtslage angepasstes BMF-Schreiben zu veröffentlichen. Vielmehr bestätigt die OFD Frankfurt in einer Verfügung aus 2018 unter Verweis auf das BGH, Urt. vom 5.3.2015 die alten Rechtsprechungsgrundsätze des BFH zur Anwendung des § 5 Abs. 2a EStG und damit das Erfordernis einer gewinnerhöhenden Auflösung der Verbindlichkeit bei einem Fehlen der Tilgungsmöglichkeit aus freiem Vermögen.[6] Diese Verfügung ist zwar einerseits zu begrüßen, weil man ihr entnehmen kann, dass die OFD Frankfurt/M. auch unter Würdigung des BGH-Urteils vom 5.3.2015 weiterhin von einer grundsätzlichen Passivierbarkeit der Rangrücktrittsverbindlichkeit ausgeht. Andererseits ist die Verfügung aber auch missverständlich, weil suggeriert wird, dass § 5 Abs. 2a EStG erfüllt sei, wenn in der Rangrücktrittserklärung die Vereinbarung einer Tilgung aus freiem Vermögen fehle. Dies dürfte in dieser Pauschalität aber unzutreffend sein. Die Vereinbarung einer Tilgung aus freiem Vermögen sollte nach dem BFH nur dann erforderlich sein, wenn die Rangrücktrittsvereinbarung im Übrigen auf eine Erfüllung aus einem künftigen Bilanzgewinn oder einem Liquidationsüberschuss abstellt. Genau diese Formulierung wäre aber nach aktueller Rechtslage nicht mehr erforderlich, um insolvenzrechtlich einen wirksamen Rangrücktritt zu begründen. 3.32

c) Formulierungsvorschlag für Rangrücktritt

Im Ergebnis ist festzuhalten, dass Rangrücktrittsvereinbarungen steuerlich derzeit mit einer gewissen Rechtsunsicherheit verbunden sind. Während sich die insolvenzrechtliche Rechtslage fortentwickelt hat, stellt die Finanzverwaltung nach wie vor auf längst überholte Formulierungen ab. Die Praxis versucht dem dadurch gerecht zu werden, dass bei Rangrücktrittsvereinbarungen neben der Durchsetzungssperre (vgl. in der untenstehenden Formulierung unter 2.a)) zusätzlich an der herkömmlichen, 3.33

1 BFH v. 15.4.2015 – I R 44/14, BStBl. II 2015, 769; BFH v. 10.8.2016 – I R 25/15, BStBl. II 2017, 670 (Leitsatz).
2 Vgl. Vorauflage m.w.N.
3 *Seppelt*, BB 2017, 1009 (1009). Fraglich ist, ob der BFH auch im derzeit anhängigen Verfahren (Az. XI R 32/18) an seinen Grundsätzen zum Rangrücktritt festhalten wird. Hierbei geht es insbesondere um die Frage, wie sich die Einbindung des sonstigen freien Vermögens in die Rangrücktrittserklärung auswirkt, wenn der Schuldner aufgrund einer fehlenden operativen Geschäftstätigkeit aus der Sicht des Bilanzstichtages nicht in der Lage sein wird, überhaupt freies Vermögen zu schaffen.
4 BMF v. 8.9.2006 – IV B 2-S 2133-10/06, BStBl. I 2006, 497.
5 BMF v. 8.9.2006 – IV B 2-S 2133-10/06, BStBl. I 2006, 497 Tz. I.1 und Tz. I.2.
6 Vgl. OFD Frankfurt/M. v. 3.8.2018 – S 2743 A - 12 - St 525 Tz. 3.2, DStR 2019, 560.

an sich insolvenzrechtlich nicht mehr erforderlichen Besserungsabrede (vgl. in der untenstehenden Formulierung unter 2.b)) festgehalten wird. Eine entsprechende Rangrücktrittsvereinbarung kann daher beispielsweise wie folgt aussehen:

1. Zur Vermeidung einer Überschuldung (§ 19 InsO) und Zahlungsunfähigkeit (§ 17 InsO) tritt der Darlehensgeber mit den [Nachrang-Forderungen] im Insolvenzverfahren im Rang hinter sämtliche gegenwärtige und zukünftige Forderungen aller anderen gegenwärtigen und zukünftigen Gläubiger des Darlehensnehmers im Rang der §§ 38, 39 Abs. 1 Nr. 1–5 InsO zurück. Im Falle der Insolvenz der Gesellschaft sollen diese Ansprüche der Darlehensgeberin erst nach Befriedigung jener Ansprüche und zugleich mit denjenigen Forderungen befriedigt werden, hinsichtlich derer eine entsprechende Rangrücktrittserklärung abgegeben wurde.
2. Außerhalb eines Insolvenzverfahrens des Darlehensnehmers kann der Darlehensgeber die Befriedigung der vom Rangrücktritt nach Ziff. 1 erfassten Ansprüche nur insoweit verlangen,
   a) als durch die Befriedigung weder Zahlungsunfähigkeit (§ 17 InsO) noch Überschuldung (§ 19 InsO) des Darlehensnehmers entstehen, zu entstehen drohen oder verschärft werden, und
   b) der Darlehensnehmer zur Erfüllung in der Lage ist aus
      (i) einem zukünftigen Bilanzgewinn,
      (ii) einem zukünftigen Liquidationsüberschuss, oder
      (iii) dem sonstigen freien Vermögen.
3. Die vorgenannten Regelungen stellen keinen Verzicht oder Erlass der [Nachrang-Forderungen] dar.

3.34 Löst man sich von den alten (an sich überholten) Vorgaben, kann eine u.E. ebenfalls steuerunschädliche Formulierung auch wie folgt lauten:

1. Zur Vermeidung einer Überschuldung (§ 19 InsO) und Zahlungsunfähigkeit (§ 17 InsO) tritt der Darlehensgeber mit den Nachrang-Forderungen im Insolvenzverfahren im Rang hinter sämtliche gegenwärtige und zukünftige Forderungen aller anderen gegenwärtigen und zukünftigen Gläubiger des Darlehensnehmers im Rang der §§ 38, 39 Abs. 1 Nr. 1–5 InsO zurück.
2. Außerhalb eines Insolvenzverfahrens des Darlehensnehmers kann der Darlehensgeber die Befriedigung der vom Rangrücktritt erfassten Ansprüche nur aus sonstigem freien Vermögen verlangen, d.h. soweit durch die Befriedigung weder Zahlungsunfähigkeit (§ 17 InsO) noch Überschuldung (§ 19 InsO) des Darlehensnehmers entstehen, zu entstehen drohen oder verschärft werden.

2. Steuerliche Rechtsfolgen im Falle einer Ausbuchung einer Rangrücktrittsverbindlichkeit

3.35 Wenn eine Verbindlichkeit aufgrund der Rangrücktrittsvereinbarung (steuerlich) auszubuchen ist, führt dies bei der Schuldnergesellschaft vorbehaltlich der steuerlichen Einlagegrundsätze oder der Steuerbefreiung nach § 3a EStG (ggf. i.V.m. § 8 Abs. 1 Satz 1 KStG) zu einem steuerpflichtigen Gewinn.

a) Einlagegrundsätze im Fall einer auszubuchenden Rangrücktrittsvereinbarung

Eine Neutralisierung des infolge der Ausbuchung der Rangrücktrittsverbindlichkeit entstandenen Steuerbilanzgewinns auf **Ebene einer Schuldnerkapitalgesellschaft** nach den steuerlichen Einlagegrundsätzen kommt nur im Gesellschaft/Gesellschafterverhältnis in Betracht, d.h. die fragliche Rangrücktrittsvereinbarung muss eine Forderung eines Gesellschafters (oder ggf. einer nahestehenden Person) betreffen. Mit Urteil vom 30.11.2011 nahm der BFH[1] auf Ebene der Gesellschaft in diesem Fall noch eine voll ertragswirksame Ausbuchung der Verbindlichkeit unabhängig von deren Werthaltigkeit an. Dagegen hat er mit Urteil vom 15.4.2015[2] im Fall eines § 5 Abs. 2a EStG erfüllenden Rangrücktritts die Verzichtsgrundsätze (Rz. 3.47 ff.) angewendet und seine bisherige Rechtsprechung damit ausdrücklich aufgegeben. Der Ertrag durch Ausbuchung der Verbindlichkeit sei daher (bei gesellschaftsrechtlicher Veranlassung) in Höhe des werthaltigen Teils der Forderung als verdeckte Einlage auf Ebene der Schuldnergesellschaft zu neutralisieren. Selbstverständlich wird sich hier in der Praxis häufig das Problem stellen, dass es der Rangrücktrittsforderung wegen der Krise der Schuldnergesellschaft i.d.R. an einer vollen Werthaltigkeit fehlen wird. 3.36

Die dargestellte Rechtsprechungsänderung führt zu gewissen Unstimmigkeiten zwischen der Ebene der Kapitalgesellschaft (Schuldnerin) und ihrem Gesellschafter (Gläubiger), weil die Forderung auf **Ebene des Gesellschafters** weiterhin besteht und – ein Betriebsvermögen unterstellt – auch weiterhin zu aktivieren ist. Denn § 5 Abs. 2a EStG gilt nicht für Forderungen. Anders als bei einem Forderungsverzicht kommt demnach nicht ohne weiteres eine Erhöhung des Beteiligungsbuchwertes um den werthaltigen Teil der verzichteten Forderung in Betracht. In seinen Entscheidungen musste der BFH bislang nicht die Frage klären, ob der Forderungsausweis als solcher auf Ebene des Gesellschafters trotz des Rangrücktritts unangetastet bleibt[3] oder ob die Ausbuchung auf Ebene der Schuldnergesellschaft gem. § 5 Abs. 2a EStG – unter einer zeitgleichen Einlage des werthaltigen Teils der Forderung – vielmehr nicht auch beim Gläubiger zu einer Zubuchung des werthaltigen Teils der Forderung zum Beteiligungsansatz[4] führen müsste.[5] Dieser Umstand dürfte aber nicht zu nachteiligen Steuerfolgen führen. Insbesondere sollte es nicht zu einer Anwendung von § 8 Abs. 3 Satz 4 KStG und damit einer Negierung der außerbilanziellen Kürzung der verdeckten Einlage auf Ebene der Gesellschaft aus Gründen der fehlenden Korrespondenz kommen. Denn das Einkommen des Gesellschafters sollte sich infolge des Rangrücktritts mindern. Etwas anderes könnte sich wohl allenfalls im Fall einer 3.37

1 BFH v. 30.11.2011 – I R 100/10, BStBl. II 2012, 332.

2 BFH v. 15.4.2015 – I R 44/14, BStBl. II 2015, 769; bestätigt durch BFH. v. 10.8.2016 – I R 25/15, BStBl. II 2017, 670 sowie BFH v. 11.7.2017 – IX R 36/15, BStBl. II 2019, 208.

3 So jedenfalls *Rätke*, StuB 2015, 771 (775).

4 So *Lechner*, JbFSt 2016, 108 (113).

5 *Wacker*, DB 2017, 26 (30).

in diesem Zusammenhang erfolgenden Teilwertabschreibung der Rangrücktrittsforderung ergeben, soweit diese im Rahmen von § 3c Abs. 2 Satz 2 ff. EStG bzw. § 8b Abs. 3 Satz 4 KStG steuerwirksam erfolgen kann.

3.38 Der BFH hat zudem in seiner Entscheidung vom 11.7.2017 zur Nichtanerkennung von Darlehensverlusten im Rahmen von § 17 EStG klargestellt, dass der Verlust einer Rangrücktrittsforderung i.S.d. § 5 Abs. 2a EStG weiterhin zu nachträglichen Anschaffungskosten auf die Beteiligung führt, wenn die Beteiligung veräußert oder aufgegeben wird.[1]

b) Steuerbefreiung nach § 3a EStG im Fall einer auszubuchenden Rangrücktrittsvereinbarung

3.39 Kann die Betriebsvermögensmehrung durch die steuerliche Ausbuchung der Rangrücktrittsverbindlichkeit nicht über die Einlagegrundsätze neutralisiert werden, kann sich eine Steuerbefreiung nach den Grundsätzen von § 3a EStG ergeben. Dies würde neben einer unternehmensbezogenen Sanierung i.S.d. § 3a Abs. 2 EStG allen voran voraussetzen, dass die entsprechende Rangrücktrittsvereinbarung sich als ein „Schuldenerlass" i.S.d. § 3a Abs. 1 Satz 1 EStG qualifiziert. Ein Schuldenerlass zeichnet sich grundsätzlich dadurch aus, dass die Verbindlichkeit und die korrespondierende Forderung des Gläubigers erlischt. Dies wäre nach der hier vertretenen Auffassung nicht der Fall. Gleichwohl ist es u.E. konsequent, im Falle eines bilanziellen Wegfalls der Verbindlichkeit die Grundsätze von § 3a EStG entsprechend anzuwenden.[2] Es wäre schwer nachvollziehbar, warum ein sanierungsgeeigneter Rangrücktritt mit einer sanierungsbedürftigen und sanierungsfähigen Schuldnerin bei unterstellter Sanierungsabsicht steuerlich anders zu behandeln sein sollte als ein Forderungsverzicht mit Besserungsabrede. Denn die bilanzielle Rechtslage stellt sich sehr vergleichbar dar. Zu beachten ist hierbei selbstverständlich, dass die entsprechende Rangrücktrittsverbindlichkeit bei einer ggf. erfolgenden Wiedereinbuchung dem Abzugsverbot nach § 3c Abs. 4 Satz 3 EStG unterliegen würde.[3] Es ist derzeit allerdings offen, wie sich die Rechtsprechung und die Finanzverwaltung hierzu positionieren werden. Fraglich ist auch, ob die Finanzverwaltung bei einem isolierten Rangrücktritt durch einen Gesellschafter die Sanierungsabsicht nach § 3a Abs. 2 EStG bejahen würde (vgl. hierzu bereits oben unter Rz. 2.56 ff.).

V. Umsatzsteuer

3.40 Der Rangrücktritt kann auch umsatzsteuerliche Auswirkungen haben. Dies ist immer dann der Fall, wenn die subordinierte Forderung auf der Erbringung eines umsatzsteuerpflichtigen Umsatzes (Lieferung, sonstige Leistung oder innergemeinschaftlicher Erwerb) beruht.[4] Zentrale Frage ist dann, ob die Forderung als unein-

---

1 BFH v. 11.7.2017 – IX R 36/15, BStBl. II 2019, 208.

2 *Desens*, FR 2017, 981 (983); *Förster/Hechtner*, DB 2017, 1536 (1538); *Pöschke*, NZG 2017, 1408 (1419).

3 *Förster/Hechtner*, DB 2017, 1536 (1543).

4 *Wübbelsmann*, DStR 2016, 1723 (1724).

bringlich i.S.d. § 17 Abs. 2 Nr. 1 Satz 1 i.V.m. § 17 Abs. 1 Satz 1 UStG einzustufen ist. Dies hat nicht nur zur Folge, dass der leistende Unternehmer die Umsatzsteuer nach § 17 UStG zu berichtigen hat, sondern auch, dass das Finanzamt vom Leistungsempfänger die geltend gemachte Vorsteuer zurückfordern wird.[1] Der BFH nimmt eine Uneinbringlichkeit bereits dann an, wenn eine Forderung entweder rechtlich oder tatsächlich nicht durchgesetzt werden kann.[2] An einer tatsächlichen Durchsetzbarkeit fehle es, wenn die Forderung auf absehbare Zeit nicht durchsetzbar sei.[3] Wann dieses zeitliche Element erfüllt ist, wird dabei höchst unterschiedlich und kasuistisch beantwortet.[4] Generell kann festgestellt werden, dass der Rechtsprechung zum Element der Uneinbringlichkeit eine gewisse Willkür anhaftet.[5]

Unabhängig davon, ob man den Rangrücktritt als pactum de non petendo oder als verfügenden Schuldabänderungsvertrag einordnet,[6] fehlt es aufgrund des Rangrücktritts bereits an der rechtlichen Durchsetzbarkeit.[7] Darüber hinaus wird es im Sanierungsfall ohnehin häufig an der tatsächlichen Durchsetzbarkeit der Forderung mangeln, so dass auch aus diesem Grund § 17 UStG anzuwenden ist. 3.41

Um einer Anwendung von § 17 UStG zu entgehen, wird die Auffassung vertreten, dass der Verpflichtung zur Vorsteuerberichtigung durch eine Schuldumschaffung insbesondere durch **Novation** entgegengewirkt werden kann. Da in diesem Fall die Verbindlichkeit aus der Lieferung oder Leistung vor dem Rangrücktritt in ein Darlehen umgewandelt wird, gelte das Entgelt im Zeitpunkt der Novation als vereinnahmt, so dass eine Korrektur nach § 17 UStG ausscheidet.[8] Zu beachten ist jedoch, dass diese Argumentation von der Rechtsprechung tendenziell abgelehnt wird.[9] Das FG Köln sieht in der Schuldumschaffung schon generell keine Aufwendung von Entgelt, da der Schuldner hierfür das Entgelt faktisch erbringen müsse. Dies sei jedoch selbst bei einer ausdrücklichen Vereinbarung der Umwandlung an „Erfüllungs statt" nicht gegeben.[10] Der BFH geht davon aus, dass zumindest dann, wenn der Leistungs- 3.42

1 *Wübbelsmann*, DStR 2016, 1723 (1724).
2 BFH v. 10.3.1983 – V B 46/80, BStBl. II 1983, 389; BFH v. 8.12.1993 – XI R 81/90, BStBl. II 1994, 338; BFH v. 20.1.1997 – V R 5/96, BFH/NV 1997, 811.
3 BFH v. 22.4.2004 – V R 72/03, BStBl. II 2004, 684; BFH v. 20.7.2006 – V R 13/04, BStBl. II 2007, 22; BFH v. 22.10.2009 – V R 14/08, BStBl. II 2011, 988.
4 So wird beispielsweise von Uneinbringlichkeit ausgegangen, wenn a) das Zahlungsziel um das Zwei- bis Dreifache mindestens aber sechs Monate überschritten wurde (FG Berlin-Brandenburg v. 14.1.2015 – 7 K 7250/13, EFG 2015, 865 und *Janzen* in Lippross/Seibel, § 17 UStG Rz. 65 [102. Erg.-Lfg. Juni 2017]), b) bei einer 30-tägigen Zahlungsfrist soll Uneinbringlichkeit schon nach 90 Tagen vorliegen (*Korf*, UVR 2016, 222 [224]; vgl. hierzu auch Abschn. 2.4 Abs. 7 UStAE), c) wenn der Unternehmer aus Gründen, die bereits bei Leistungserbringung vorlagen das Entgelt für einen Zeitraum von zwei bis fünf Jahre nicht vereinnahmen kann (BFH v. 31.1.2006 – V B 79/04, BFH/NV 2006, 1166 f. m.w.N.).
5 *Stadie*, UR 2018, 3 (3).
6 *Stadie*, UR 2018, 3 (3).
7 *Wübbelsmann*, DStR 2016, 1723 (1724).
8 *Ebbinghaus/Hinz*, UR 2014, 249 (254).
9 Vgl. *Sonnleitner* in Sonnleitner, Insolvenzsteuerrecht, Kapitel 9 Rz. 82.
10 FG Köln v. 14.11.2013 – 15 K 2659/10, EFG 2014, 601; a.A. *Ebbinghaus/Hinz*, UR 2014, 249 (254).

empfänger die Verbindlichkeit tatsächlich nicht begleichen kann, Uneinbringlichkeit gegeben sei.[1]

VI. Vor- und Nachteile eines Rangrücktritts

3.43

Vorteile	Nachteile
– Insolvenzgrund der Überschuldung (§ 19 InsO) kann vermieden werden – Kein steuerbarer Ertrag beim Schuldner (insb. im Unterschied zum Verzicht)	– Bei der Formulierung des Rangrücktritts sind dem Parteiwillen Grenzen gesetzt, sofern die insolvenz- und steuerrechtlichen Vorteile nicht gefährdet werden sollen – Keine Entschuldung/Stärkung des Eigenkapitals

C. Verzicht

I. Grafische Darstellung

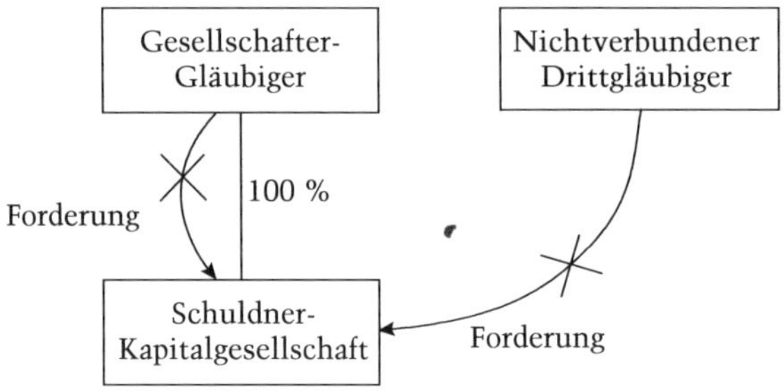

II. Allgemein

3.44 Der Forderungsverzicht ist eine häufig gewählte Methode zur finanziellen Entlastung eines in der Krise befindlichen Schuldnerunternehmens. Durch den Forderungsverzicht wird das Eigenkapital der Schuldnergesellschaft gestärkt, weil die notleidende Forderung erlischt und dementsprechend die korrespondierende Verbindlichkeit beim Schuldner auszubuchen ist. Zur Krisenbewältigung ist der Forderungsverzicht auch deshalb bedeutsam, weil hierdurch eine Überschuldung und ggf. auch eine Zahlungsunfähigkeit des Schuldners im insolvenzrechtlichen Sinne nachhaltig beseitigt werden kann. Solange noch keine akute Insolvenzgefahr besteht, werden zunächst die Gesellschafter und die konzernzugehörigen Gesellschaften auf ihre Forderungen gegenüber der Krisengesellschaft verzichten. Besteht hingegen bereits eine akute Insolvenzgefahr, werden auch Drittgläubiger eher zum Verzicht auf ihre Darlehensforderungen bereit sein, um die drohende Insolvenz abzuwenden.

---

1 BFH v. 13.1.2005 – V R 21/04 BFH/NV 2005, 928 (928 f.).

Bei einem Forderungsverzicht ist hinsichtlich der Rechtsfolgen zu unterscheiden, ob die **Gesellschafter-Gläubiger** (Rz. 3.47 ff.) oder **fremde Dritte** (Rz. 3.66) auf die Forderung gegenüber der Gesellschaft verzichten. Zudem kann der Verzicht mit der Bedingung der erfolgreichen Sanierung (Besserungsfall) verknüpft werden, sog. **Verzicht gegen Besserungsschein** (Rz. 3.67 ff.).

III. Zivilrechtliche Beurteilung

Der Forderungsverzicht erfolgt – abweichend von anderen Rechtsordnungen – nach 3.45
deutschem Recht nicht durch einseitige Erklärung des Gläubigers, sondern erfordert einen Erlassvertrags (§ 397 BGB). Rechtsfolge ist das Erlöschen der Forderung. Der Rechtsgrund (causa) des Erlasses findet sich im zugrunde liegenden Rechtsgeschäft. Hier kommen u.a. das Gesellschaftsverhältnis, Änderungsverträge und Vergleiche in Betracht. Aufgrund des Erlöschens der Forderung entfallen alle akzessorischen Sicherheiten (z.B. Bürgschaften, Hypotheken), die zur Sicherung des jeweiligen Gläubigers bestellt wurden. Nicht akzessorische Sicherheiten (z.B. Sicherungseigentum, Grundschulden) entfallen zwar nicht ohne weiteres. I.d.R. ergibt sich aber aus der Sicherungsabrede eine Rückgabeverpflichtung, weil der Sicherungszweck durch das Erlöschen der gesicherten Forderung nicht mehr besteht.[1]

Ein Forderungsverzicht kann auch zum Gegenstand des gestaltenden Teils eines In- 3.46
solvenzplans gemacht werden. Der Insolvenzschuldner wird dabei mit Rechtskraft der Planbestätigung gegenüber den Gläubigern befreit, soweit die Insolvenzforderungen die Planquote übersteigen (§ 227 Abs. 1 InsO). Die Forderungen wandeln sich hierbei in tilgungsfähige, aber nicht mehr durchsetzbare Naturalobligationen um, die Gegenstand von akzessorischen Sicherungsmitteln sein können (§ 254 Abs. 2 InsO).[2]

IV. Verzicht durch Gesellschafter

1. Forderungsverzicht gegenüber Kapitalgesellschaften

a) Steuerliche Konsequenzen auf Ebene der Gesellschaft

Der Forderungsverzicht kann erhebliche steuerliche Konsequenzen haben. Daher 3.47
sollte die Geschäftsführung der Schuldnergesellschaft vor Annahme eines Angebots auf Abschluss eines Erlassvertrags prüfen, ob mit dem Forderungsverzicht eine Steuerzahllast verbunden ist und ob diese bedient werden kann. Gleiches gilt, wenn ein Forderungsverzicht Gegenstand eines Insolvenzplans ist. Zwar erlöschen die Forderungen in diesem Fall nicht. Steuerlich ist der Entfall der Durchsetzbarkeit der Forderungen aber wie ein durch einen Erlassvertrag bewirkter Forderungsverzicht zu behandeln.[3]

1 *K. Schmidt* in K. Schmidt/Uhlenbruck, Die GmbH in der Krise, Sanierung und Insolvenz[5], Rz. 2.363; *Briese*, DStR 2017, 799 (799).

2 Vgl. hierzu *Braun/Frank* in Braun[7], § 254 InsO Rz. 5.

3 *Beutel/Sistermann* in Lüdicke/Sistermann, Unternehmensteuerrecht[2], § 18 Rz. 10.

3.48 Ein Forderungsverzicht bzw. der Entfall der Durchsetzbarkeit der Forderung führt auf Seiten der Schuldnergesellschaft zu einer Ausbuchung der Verbindlichkeit und damit zu einem Steuerbilanzgewinn.[1] Die steuerliche Behandlung des Forderungsverzichts durch den Gesellschafter hängt zum einen davon ab, ob die Forderung zum Zeitpunkt des Verzichts noch werthaltig war oder nicht, zum anderen davon, ob der Verzicht durch das Gesellschaftsverhältnis oder betrieblich veranlasst war.

3.49 Eine **gesellschaftsrechtliche Veranlassung** liegt nach Auffassung der Rechtsprechung und der Finanzverwaltung vor, wenn ein Nichtgesellschafter bei Anwendung der Sorgfalt eines ordentlichen Kaufmanns der Gesellschaft den Vermögensvorteil nicht eingeräumt hätte.[2] Nach der Rechtsprechung des BFH ist eine gesellschaftsrechtliche Veranlassung (u.E. widerleglich) zu vermuten, wenn sich an der Sanierung nur der Gesellschafter-Gläubiger und keine dritten (Haupt-)Gläubiger beteiligen (s. hingegen zum sog. Gläubigerakkord Rz. 2.57).[3] Ist der Forderungsverzicht danach durch das Gesellschaftsverhältnis veranlasst, liegt grundsätzlich eine **verdeckte Einlage** (§ 6 Abs. 6 Satz 2 EStG, § 8 Abs. 3 Satz 3 KStG) in die Kapitalgesellschaft vor. Nach ständiger Rechtsprechung des Großen Senats des BFH bestimmt sich dabei der Einlagewert unabhängig von dem Nominalwert der auszubuchenden Verbindlichkeit nach dem **Teilwert der Forderung** des Gesellschafters im Verzichtzeitpunkt.[4] Dies folgt – so der BFH – aus § 6 Abs. 1 Nr. 5 EStG (vgl. auch R 8.9 Abs. 2 KStR).[5] Die Bestimmung des Teilwerts der betreffenden Forderung ist damit von erheblicher Bedeutung und kann in der Praxis einen Reibungspunkt mit der Finanzverwaltung darstellen.[6] Der Teilwert korrespondiert mit den fiktiven Wiederbeschaffungskosten der Forderung. Diese richten sich grundsätzlich nach der Zahlungsfähigkeit und der Zahlungswilligkeit des Schuldners sowie der Verzinslichkeit der Forderung.[7] Zur **Sicherung der Werthaltigkeit** der Forderung und damit zur Vermeidung eines steuerpflichtigen Verzichtsgewinns können Sicherheiten (ggf. auch nachträglich) gestellt werden.[8] Daneben sind jedoch auch besondere **Umstände auf Seiten des Gläubigers** zu beachten. Besteht die Möglichkeit zur Aufrechnung gegenüber dem Schuldner, gibt es grundsätzlich kein Ausfallrisiko (vgl. auch §§ 94 ff. InsO), und es ist von einer vollständigen Werthaltigkeit der Forderung auszugehen.[9]

---

1 BFH v. 9.6.1997 – GrS 1/94, BStBl. II 1998, 307 = GmbH-StB 1997, 203; *Förster/Wendland*, GmbHR 2006, 169 (173); *Ostermayer/Erhard*, BB 2003, 449 (451).

2 BFH v. 29.7.1997 – VIII R 57/94, BStBl. II 1998, 652 = DB 1998, 237; BFH v. 7.5.2014 – X R 19/11, BFH/NV 2014, 1736.

3 BFH v. 29.6.1997 – VIII R 57/94, BStBl. II 1998, 652 = DB 1998, 237; BFH v. 31.7.1991 – VIII R 23/89, BStBl. II 1992, 375 = FR 1992, 16.

4 BFH v. 9.6.1997 – GrS 1/94, BStBl. II 1998, 307 = GmbH-StB 1997, 203.

5 BFH v. 9.6.1997 – GrS 1/94, BStBl. II 1998, 307 = GmbH-StB 1997, 203; für die Bewertung mit dem Buchwert dagegen jüngst *Pöschke*, NZG 2017, 1408 (1414); *Schultze-Osterloh*, NZG 2017, 641 (645).

6 *Neu/Neumann/Neumayer*, Handbuch GmbH-Besteuerung, Rz. 1264; *Förster/Wendland*, GmbHR 2006, 169, 174; *Helm/Krinninger*, DB 2005, 1989 (1993).

7 Vgl. zur Bestimmung des Teilwertes *Helm/Krinninger*, DB 2005, 1989 (1993) m.w.N.

8 Vgl. *Hoffmann*, DStR 2002, 1233 (1236); *Hierstetter*, DStR 2010, 884.

9 BFH v. 30.9.1965 – IV 215/65 U, BStBl. III 1965, 686; BFH v. 8.11.2000 – I R 10/98, BStBl. II 2001, 349 = EStB 2001, 174.

Die Problematik stellt sich sehr vergleichbar dar, wenn der Forderungsverzicht über eine offene Einlage erfolgt, d.h. im Gegenzug für den Forderungsverzicht neue Gesellschaftsrechte an der Schuldner-Gesellschaft gewährt werden. In diesen Fällen bestimmt sich die Werthaltigkeit der Forderung nach § 6 Abs. 6 Satz 1 EStG, d.h. es ist auf den gemeinen Wert der Forderung abzustellen. Diese Unterscheidung wird in der Praxis aber regelmäßig nur akademisch sein, d.h. der gemeine Wert wird sich i.d.R. nicht vom Teilwert unterscheiden. 3.50

Sofern die Forderung im Zeitpunkt des Erlasses voll werthaltig ist (d.h. der Teilwert bzw. der gemeine Wert entspricht dem Nenn- bzw. Buchwert), vollzieht sich der Forderungsverzicht auf der Ebene der Gesellschaft steuerlich neutral. Dem steuerbilanziellen Ertrag aus der Ausbuchung der Verbindlichkeit steht eine verdeckte Einlage in gleicher Höhe gegenüber, die zu einer vollen außerbilanziellen Kürzung führt.[1] Zudem erhöht sich das steuerliche Einlagekonto der Gesellschaft entsprechend (§ 27 Abs. 1 Satz 1 KStG). Vorsicht ist allerdings im Zusammenhang mit dem sog. **Korrespondenzprinzip** geboten (vgl. § 8 Abs. 3 Satz 4 f. KStG). Danach ist die verdeckte Einlage auf Ebene der Gesellschaft nur dann steuerneutral, wenn die verdeckte Einlage das Einkommen des Gesellschafters nicht gemindert hat. Dies kann insbesondere dann relevant werden, wenn ein ausländischer Gesellschafter gegenüber einer inländischen Tochter-Kapitalgesellschaft verzichtet und der Forderungsverzicht nach dem ausländischen Steuerrecht für den Gesellschafter abzugsfähig ist. In diesen Fällen wird die verdeckte Einlage auf Ebene der inländischen Tochter-Kapitalgesellschaft nicht steuerfrei gestellt (vgl. § 8 Abs. 3 Satz 4 KStG). Hier kann es sich dann in der Praxis ggf. anbieten, den Forderungsverzicht als offene Einlage (d.h. gegen Gewährung von Gesellschaftsrechten) auszugestalten, um der Regelung des § 8 Abs. 3 Satz 4 KStG zu entgehen.[2] 3.51

Soweit aufgrund der Krisensituation der Teilwert der Forderung den Nennwert der Verbindlichkeit unterschreitet, handelt es sich um eine **nicht mehr voll werthaltige Forderung**. In Höhe des Unterschiedsbetrages zwischen Teilwert und Nennwert der Forderung verbleibt ein steuerpflichtiger Gewinn, dem keine verdeckte Einlage gegenübersteht.[3] Bei fortgeschrittener Krise und somit einem auf Null gesunkenen Teilwert liegt der steuerpflichtige Gewinn mithin beim Nennwert des Darlehens, während eine den Gewinn neutralisierende Einlage gänzlich entfällt.[4] Der Forderungsverzicht führt in diesem Fall zu einem grundsätzlich steuerbaren Gewinn. Hier stellt sich die Frage, ob dieser Gewinn potentiell begünstigungsfähig ist, also eine Steuerbefreiung nach § 3a Abs. 1 EStG in Betracht kommt. 3.52

Von der Finanzverwaltung wird dies gemeinhin verneint. Zur Begründung wird vorgetragen, dass ein durch das Gesellschaftsverhältnis veranlasster Forderungsverzicht nicht – auch nicht hinsichtlich des nichtwerthaltigen Teils, der insoweit keine ver- 3.53

1 *Schwahn/Vogel* in Lüdicke/Sistermann, Unternehmensteuerrecht², § 5 Rz. 120.

2 *Beutel/Sistermann* in Lüdicke/Sistermann, Unternehmensteuerrecht², § 18 Rz. 15.

3 *Förster/Wendland*, GmbHR 2006, 169 (174); *Ostermayer/Erhard*, BB 2003, 449 (452); *Pohl*, DB 2007, 1533; *Kellersmann/Pannewig*, Ubg 2009, 848 (855).

4 *Neu/Neumann/Neumayer*, Handbuch GmbH-Besteuerung, Rz. 1262.

deckte Einlage darstellt – von der Anwendbarkeit der Steuerbefreiung nach § 3a Abs. 1 EStG erfasst wird. Die Veranlassung des Forderungsverzichts könne aufgrund der Einheitlichkeit des Einlagegegenstands (Forderung) nicht in einen teils betrieblich und teils gesellschaftlich veranlassten Teil aufgespalten werden. Diese Argumentation kann u.E. nicht überzeugen und erschwert die praktische Umsetzung von Sanierungen in diesen Fällen unnötig. Der BFH ist in seinem Urteil vom 29.7.1997 davon ausgegangen, dass eine verdeckte Einlage nur in Höhe des werthaltigen Teils der Forderungen vorliegt und der Forderungsverzicht im Übrigen *„nicht durch das Gesellschaftsverhältnis veranlasst sei"*.[1] Hieraus kann geschlussfolgert werden, dass insoweit eine Aufteilung der Einlage denkbar ist. Insgesamt erscheint fraglich, warum ein in Höhe der Nichtwerthaltigkeit der Gesellschafterforderung entstehender Gewinn nicht als begünstigter Sanierungsgewinn i.S.d. § 3a EStG qualifizieren kann. Die in § 3a EStG festgeschriebenen Voraussetzungen können in diesen Fällen ebenfalls vorliegen. Dies gilt auch für das Kriterium der Sanierungsabsicht (hinsichtlich der einzelnen Kriterien des § 3a EStG s. bereits Rz. 2.52 ff.). Nach ständiger Rechtsprechung des BFH reicht es aus, wenn die Sanierungsabsicht mitentscheidend für den Forderungsverzicht gewesen ist.[2] Dass ein Gesellschafter bei einem Forderungsverzicht gegenüber seiner in der Krise befindlichen Gesellschaft zumindest auch in Sanierungsabsicht tätig wird, dürfte naheliegen (s. bereits Rz. 2.56). Deshalb schließen sich eine Sanierungsabsicht auf der einen Seite und eine Veranlassung durch das Gesellschaftsverhältnis auf der anderen Seite nicht zwangsläufig aus, sondern können eine gemeinsame Schnittmenge haben. Schließlich spricht die in § 8b Abs. 3 Satz 4 ff. KStG zum Ausdruck kommende Gesetzeskonzeption dafür, den durch einen Gesellschafter ausgelösten Sanierungsgewinn als begünstigten Sanierungsgewinn i.S.d. § 3a EStG zu behandeln. Nach § 8b Abs. 3 Satz 4 ff. KStG wird unter bestimmten Voraussetzungen dem verzichtenden Gesellschafter der steuerliche Abzug seines Verzichtsverlustes im Hinblick auf die Forderung versagt. Wenn zusätzlich der korrespondierende Sanierungsgewinn auf Ebene der Gesellschaft steuerpflichtig wäre, würde dies zu einer asymmetrischen Besteuerung von Sanierungsmaßnahmen führen. Dies hat offenbar auch der Gesetzgeber erkannt und in diesen Fällen ausdrücklich auf den seinerseits noch geltenden Sanierungserlass verwiesen.[3]

3.54 Ein Forderungsverzicht durch Gesellschafter-Gläubiger gilt unabhängig von den vorstehenden Ausführungen als **betrieblich veranlasst**, wenn der Erlass der Sanierung des Unternehmens des Schuldners dienen soll, wobei die Vorstellung des Gläubigers genügt, dass der Erlass für die weitere Existenz des Unternehmens des Schuldners notwendig ist.[4] Hiervon gehen jedenfalls Teile der Finanzverwaltung nur dann aus, wenn neben dem Gesellschafter-Gläubiger auch Drittgläubiger im Rahmen eines konsensualen Restrukturierungskonzepts abgestimmt auf ihre Forderungen gegen-

1 BFH v. 29.7.1997 – VIII R 57/94, BStBl. II 1998, 652; vgl. auch *Drews/Götze*, DStR 2009, 945 (948).

2 Vgl. BFH v. 16.5.2002 – IV R 11/01, BStBl. II 2002, 854 = DB 2002, 2305.

3 Vgl. den Hinweis auf den Sanierungserlass in der Gesetzesbegründung zu § 8b Abs. 3 Satz 4 ff. KStG, BT-Drucks. 16/6290, 74.

4 BFH v. 29.7.1997 – VIII R 57/94, BStBl. II 1998, 652 = DStR 1997, 1965.

über der Gesellschaft verzichten (sog. **Gläubigerakkord**).[1] Der Forderungsverzicht genügt in diesem Fall regelmäßig den Sorgfaltsmaßstäben eines ordentlichen Kaufmanns.[2] In der Gesetzesbegründung zu § 3a EStG wird hierbei von der Sanierung durch die „vorhandenen Gläubiger" gesprochen.[3] Dies schließt u.E. allerdings nicht aus, dass auch bei einem Verzicht nur durch einen Gesellschafter-Gläubiger eine betriebliche Veranlassung im Einzelfall anzunehmen sein kann.[4] Es kommt stets auf die Motivation des Gesellschafter-Gläubigers an, die regelmäßig in der Sanierung des Unternehmens liegt. Wäre nur ein Verzicht mehrerer Gläubiger betrieblich veranlasst, träten z.B. dann Schwierigkeiten auf, wenn die Forderungen außenstehender Gläubiger (z.B. Banken) ausreichend besichert sind und diese keine Veranlassung haben, auf ihre Forderungen zu verzichten, da sie im Falle einer Insolvenz keinen Ausfall erleiden würden und demnach kein Interesse an der Vermeidung der Insolvenz der Krisengesellschaft haben (s. hierzu bereits das Beispiel unter Rz. 2.45). In dieser Konstellation ist ganz offensichtlich, dass der Verzicht der Gesellschafter auf ihre Forderungen die einzige Möglichkeit zur Sanierung der Gesellschaft ist. Es muss dann auch eine betriebliche Veranlassung für den Verzicht durch Gesellschafter-Gläubiger vorliegen können, da für den Gläubiger eine Vermögensminderung und damit ein Aufwand entsteht und der Erlass der Sanierung des Unternehmens des Schuldners dienen soll.[5] Aber auch in anderen Konstellationen kann eine betriebliche Veranlassung vorliegen, wenn der Verzicht durch den Gesellschafter-Gläubiger zum Zwecke der Sanierung erfolgt. Dies ist jeweils im Einzelfall zu klären.

Erfolgt der Forderungsverzicht aus betrieblichen Gründen, liegt **keine verdeckte Einlage** vor. Steuerrechtlich liegt in diesen Fällen ein steuerbarer Ertrag in Höhe der ursprünglich passivierten Forderung vor,[6] der unter den Voraussetzungen des § 3a EStG steuerfrei sein kann (vgl. hierzu unter Rz. 2.46 ff.). 3.55

b) Steuerliche Konsequenzen auf Ebene des Gesellschafters

Die steuerlichen Auswirkungen für den Gläubiger richten sich zunächst danach, ob die Forderung gegen die Krisengesellschaft **im Betriebsvermögen** oder **im Privatvermögen** des Gesellschafters gehalten wird. 3.56

Soweit die Beteiligung **im Betriebsvermögen** gehalten wird, ist die Darlehensforderung zunächst steuerwirksam aus der Bilanz auszubuchen. Sofern der Verzicht gesellschaftsrechtlich veranlasst war, sind hierzu korrespondierend die Anschaffungskosten auf die Beteiligung an der Gesellschaft in Höhe des Teilwerts der Forderung zu erhöhen (§ 6 Abs. 6 Satz 2 EStG). Sind Teilwert und Nennwert der Forderung identisch, ist die Verzichtserklärung für den Gesellschafter steuerlich neutral. Liegt 3.57

1 *Blaas/Schwahn*, DB 2013, 2350 (2353); *Kroniger/Korb*, BB 2008, 2656.
2 *Beutel/Sistermann* in Lüdicke/Sistermann, Unternehmensteuerrecht^2, § 18 Rz. 16.
3 BT-Drucks. 18/12128, 31.
4 *Beutel/Sistermann* in Lüdicke/Sistermann, Unternehmensteuerrecht^2, § 18 Rz. 16; vgl. auch *Blaas/Schwahn*, DB 2013, 2350 (2353).
5 So auch BFH v. 29.7.1997 – VIII R 57/94, BStBl. II 1998, 652 = DStR 1997, 1965.
6 Umkehrschluss aus BFH v. 9.6.1997 – GrS 1/94, BStBl. II 1998, 307; *Kellersmann/Pannewig*, Ubg 2009, 848 (855).

der Teilwert der Forderung hingegen unter dem Nennwert der Forderung, so ergibt sich für den Gesellschafter insoweit ein steuerlich relevanter Aufwand in Höhe des Differenzbetrages.[1]

3.58 Der entstandene Aufwand ist bei **körperschaftsteuerpflichtigen Gesellschaftern**, die zu mehr als 25 % unmittelbar oder mittelbar am Grund- oder Stammkapital der Krisengesellschaft beteiligt sind, aufgrund des § 8b Abs. 3 Sätze 4 ff. KStG **außerbilanziell** wieder **hinzuzurechnen**,[2] da der Gesetzgeber unter der Wendung „Gewinnminderungen im Zusammenhang mit der Darlehensforderung" auch ausdrücklich Gewinnminderungen aus dem Verzicht auf Forderungen aus einem Gesellschafterdarlehen versteht.[3] Es besteht zwar grundsätzlich die Möglichkeit der Exkulpation nach § 8b Abs. 3 Satz 6 KStG, wonach der Aufwand steuerlich beachtlich ist, wenn der Nachweis erbracht werden kann, dass auch ein fremder Dritter auf das Darlehen verzichtet hätte.[4] Der Nachweis wird in der Praxis jedoch nur selten gelingen, da ein fremder Dritter in einer sich abzeichnenden Krise der Gesellschaft kein Darlehen gewährt hätte.[5] Sofern der Forderungsverzicht des Gesellschafters betrieblich veranlasst ist, erfolgt keine Änderung der Anschaffungskosten der Beteiligung.

3.59 Bei **einkommensteuerpflichtigen Gesellschaftern** ist die Parallelregelung des § 3c Abs. 2 Satz 2 EStG zu beachten. Danach unterliegt ein Darlehen, welches der zu mehr als 25 % beteiligte Gesellschafter seiner Gesellschaft gewährt, (vorbehaltlich der Fremdüblichkeit, § 3c Abs. 2 Satz 3 EStG) dem beschränkten Verlustabzug. Aufwendungen im Zusammenhang mit dem Forderungsverzicht können daher lediglich zu 60 % berücksichtigt werden.

3.60 Sofern die Forderung des Gesellschafters **im Privatvermögen** gehalten wird, ist weiter zu unterscheiden, ob der Gesellschafter an der Gesellschaft i.S.d. § 17 EStG wesentlich beteiligt ist, also der Gesellschafter in den letzten 5 Jahren zu mindestens 1 % am Vermögen der Gesellschaft beteiligt war, oder ob keine Beteiligung i.S.d. § 17 EStG vorliegt. Liegt eine **wesentliche Beteiligung** vor, ist der **Forderungsverzicht nach Maßgabe des § 17 EStG** zu beurteilen. Wenn eine Kapitalgesellschaft aufgelöst wird und die Gesellschafter die Anschaffungskosten ihrer Beteiligung nicht zurückerhalten, können sie diesen Verlust im Rahmen des § 17 EStG steuerlich geltend machen. Der Auflösungsverlust i.S.d. § 17 Abs. 2 und 4 EStG ist der Betrag, um den die Anschaffungskosten der Beteiligung und die im Zusammenhang mit der Auflösung der Gesellschaft vom Gesellschafter persönlich getragenen Aufwendungen den gemeinen Wert des dem Gesellschafter eventuell zugeteilten oder zurückgezahlten Vermögens der Kapitalgesellschaft übersteigen.[6] Eine Berücksichtigung des Forderungs-

1 *Neufang/Kübler/Schmidt*, StB 2009, 148 (152); *Pohl*, DB 2007, 1553
2 *Altrichter Herzberg*, GmbHR 2008, 337 (338); *Hoffmann*, DStR 2008, 857 (858).
3 Vgl. Begründung zum Gesetzentwurf der Bundesregierung – Entwurf eines Jahressteuergesetz 2008, BT-Drucks. 16/6290, 73.
4 Vgl. *Neumann/Watermeyer*, Ubg 2008, 748 (749); *Hierstetter*, DStR 2010, 887.
5 Vgl. *Kellersmann/Pannewig*, Ubg 2009, 848 (857).
6 BFH v. 4.3.2008 – IX R 80/06, BStBl. II 2008, 577 = EStB 2008, 191 = GmbH-StB 2008, 163.

verzichts nach Maßgabe des § 17 EStG setzt somit voraus, dass dieser zu (nachträglichen) Anschaffungskosten führt, um den Auflösungsverlust zu erhöhen oder einen Auflösungsgewinn zu reduzieren. Der BFH hat hierzu mit Urteil vom 11.7.2017[1] – in Abkehr von den bisherigen Rechtsprechungsgrundsätzen[2] zum vormals geltenden Eigenkapitalersatzrecht nach §§ 32a, 32b GmbHG a.F. – entschieden, dass nur (noch) solche Aufwendungen zu (nachträglichen) Anschaffungskosten i.R.d. § 17 Abs. 2, 4 EStG führen, die nach allgemeinen handels- und bilanzsteuerrechtlichen Grundsätzen eine offene oder verdeckte Einlage in die Kapitalgesellschaft darstellen. Hierzu gehört insb. der gesellschaftsrechtlich veranlasste Verzicht auf eine noch werthaltige Forderung.[3] Der IX. Senat gewährt Vertrauensschutz für solche eigenkapitalersetzenden Finanzierungshilfen, die bis zum 27.9.2017 (Tag der Veröffentlichung des Urteils) geleistet wurden.

Sofern **keine Beteiligung i.S.d. § 17 EStG** vorliegt, kann der Forderungsverzicht im Rahmen der **Einkünfte aus Kapitalvermögen nach § 20 EStG** relevant sein. Nach wohl einhelliger Auffassung führt ein gesellschaftsrechtlich veranlasster Forderungsverzicht in Höhe des werthaltigen Teils der Forderung zu nachträglichen Anschaffungskosten der im Privatvermögen gehaltenen Beteiligung.[4] In Höhe des nichtwerthaltigen Teils der Forderung ist der Ausfall nach bisheriger Auffassung der Finanzverwaltung dagegen nicht zu berücksichtigen.[5] Der BFH erkennt jedoch mittlerweile an, dass der endgültige Ausfall einer Kapitalforderung zu einem Verlust i.S.d. § 20 Abs. 2 Satz 1 Nr. 7 EStG führt.[6] Steht fest, dass keine (weitere) Rückzahlung mehr erfolgen wird, könne dies im Ergebnis nicht anders beurteilt werden als ein Verlust aus der Veräußerung einer Forderung.[7] Inwieweit dies auch für den Forderungsverzicht gilt, lässt der BFH zwar weiterhin offen,[8] in Anbetracht seiner Begründung bezüglich der steuerlichen Berücksichtigungsfähigkeit des Forderungsausfalls kann jedoch für den Forderungsverzicht keine andere Beurteilung vorgenommen werden. Der Verzicht führt dazu, dass die entsprechende Zahlungsverpflichtung erlischt und eine Rückzahlung damit ebenso endgültig ausgeschlossen ist.[9] Die Finanzverwaltung hat das angesprochene Urteil des BFH bisher nicht umgesetzt und vertritt offenbar weiterhin eine restriktive Auffassung hinsichtlich der Abziehbarkeit von Verlusten bei Forderungsausfällen und Forderungsverzichten.[10] 3.61

1 BFH v. 11.7.2017 – IX R 36/15, BFH/NV 2017, 1501 = DStR 2017, 2098 = FR 2017, 1152.
2 Vgl. nur BFH v. 2.4.2008 – IX R 76/06, BStBl. II 2008, 706 = DStR 2008, 1424.
3 BFH v. 11.7.2017 – IX R 36/15, BFH/NV 2017, 1501 = DStR 2017, 2098 = FR 2017, 1152.
4 Vgl. BMF v. 18.1.2016 – IV C 1 - S 2252/08/10004 – DOK 2015/0468306, BStBl. I 2016, 85 Tz. 60 f.
5 BMF v. 18.1.2016 – IV C 1 - S 2252/08/10004 – DOK 2015/0468306, BStBl. I 2016, 85 Tz. 61.
6 BFH v. 24.10.2017 – VIII R 13/15, BFH/NV 2018, 280.
7 BFH v. 24.10.2017 – VIII R 13/15, BFH/NV 2018, 280.
8 BFH v. 24.10.2017 – VIII R 13/15, BFH/NV 2018, 280.
9 *Hahne*, BB 2018, 99 (100); a.A. FG Rheinland-Pfalz, Urt. v. 12.7.2016 – 3 K 1133/14.
10 *Hahne*, RdF 2019, 171 (172).

2. Forderungsverzicht gegenüber Personengesellschaften

3.62 Erfolgt der Forderungsverzicht nicht gegenüber einer Kapitalgesellschaft, sondern gegenüber einer Personengesellschaft (Mitunternehmerschaft) und ist der verzichtende Gläubiger Gesellschafter (Mitunternehmer) der Schuldnerpersonengesellschaft, ergeben sich Besonderheiten, wenn der Forderungsverzicht nach den Einlagegrundsätzen zu behandeln ist. Dies wird gemeinhin angenommen, wenn der Forderungsverzicht durch das Gesellschaftsverhältnis veranlasst ist.[1] Die Besonderheiten ergeben sich daraus, dass die Forderung des Gesellschafters in diesen Fällen Sonderbetriebsvermögen darstellt und damit weder auf den niedrigeren Teilwert nach § 6 Abs. 1 Nr. 2 Satz 2 EStG abgeschrieben werden kann[2] noch der Abzinsungsregelung des § 6 Abs. 1 Nr. 3 EStG unterliegt.[3] Dies folgt letztlich daraus, dass sich die Forderung im Sonderbetriebsvermögen als Kapital ein und derselben Mitunternehmerschaft qualifiziert und sich daher als Fremdkapital innerhalb der Mitunternehmerschaft nicht auf die Gewinnhöhe auswirkt, sondern nur Einfluss auf die Gewinnverteilung innerhalb der Mitunternehmerschaft hat. Aus dieser letztendlich eigenkapitalähnlichen Behandlung solcher Darlehen wird geschlussfolgert, dass die BFH-Rechtsprechung zu steuerpflichtigen Verzichtsgewinnen bei nicht (mehr) werthaltigen Forderungen nicht gilt; der Vorgang sollte unabhängig von der Frage der Werthaltigkeit der Forderung insgesamt steuerneutral sein.[4]

3.63 Die Frage ist, ob dies auch dann gilt, wenn die Forderung des Gesellschafters gegenüber der Gesellschaft (Mitunternehmerschaft) unterhalb des Nominalwertes (von einem Drittgläubiger) angeschafft wurde. In diesem Fall würde die Forderung mit einem niedrigeren Wert als dem bei der Personengesellschaft passivierten Nennwert der Verbindlichkeit in der Sonderbilanz des Gesellschafters aktiviert sein.[5] Verzichtet nun der Mitunternehmer gesellschaftlich veranlasst auf seine Forderung oder legt diese in das Gesamthandsvermögen (mit anschließender Konfusion) ein, führt dies zu einer grundsätzlich steuerpflichtigen Betriebsvermögensmehrung, die sich nicht ohne weiteres nach den Einlagegrundsätzen gem. § 4 Abs. 1 Satz 1, 8 EStG neutralisieren lässt. Teilweise wird hier vertreten, dass in Höhe der Differenz zwischen Nennwert und Anschaffungskosten der Darlehensforderung ein kompensierender

1 Vgl. z.B. *Wacker* in Schmidt[38], § 15 EStG Rz. 550; *Pyszka*, BB 1998, 1557 (1558); *Paus*, FR 2001, 113 (115); *Erhard/Zeller*, DStR 2012, 1636 (1636 f.).

2 Nach dem Gedanken, dass ein Einzelunternehmer eine solche Teilwert-AfA nicht durchführen könnte; s. BFH v. 2.12.1997 – VIII R 15/96, BStBl. II 2008, 174 = juris Rz. 18; *Wacker* in Schmidt[38], § 15 EStG Rz. 404; *Herbst/Stegemann*, DStR 2013, 176 (177).

3 BFH v. 24.1.2008 – IV R 37/06, BStBl. II 2011, 617, Juris-Rz. 41; *Wacker* in Schmidt[38], § 15 EStG Rz. 540; wohl auch BMF v. 26.5.2005 – IV B 2 - S 2175 - 7/05, BStBl. II 2005, 699 Rz. 23.

4 *Wacker* in Schmidt[38], § 15 EStG Rz. 550; *Pyszka*, BB 1998, 1557 (1558); *Paus*, FR 2001, 113 (115). So im Erg. auch *Kulosa* in Schmidt[38], § 6 EStG Rz. 699; *Erhard/Zeller*, DStR 2012, 1636 (1639 f.), jedoch mit der Begründung, der Vorgang sei nach § 6 Abs. 5 Satz 3 Nr. 2 EStG erfolgsneutral.

5 *Herbst/Stegemann*, DStR 2017, 2081 (2083 f.); *Herbst/Stegemann*, DStR 2013, 176 (179).

Ausgleichsposten zu bilden ist, der erst bei einem späteren Verkauf (oder einem ähnlichen Realisierungstatbestand) steuerwirksam aufzulösen ist.[1]

Erfolgt der Verzicht hingegen ausnahmsweise aus eigenbetrieblichen Interessen des Gesellschafters, kann in Höhe des nicht mehr werthaltigen Teils der Forderung bei der Personengesellschaft ein steuerpflichtiger Ertrag und beim Gesellschafter ein abzugsfähiger Aufwand vorliegen.[2] 3.64

3. Alternativgestaltung: Cash-Zirkel und werthaltige Forderung

In der Praxis haben sich Alternativgestaltungen zur (steuerneutralen) Eliminierung von Gesellschafterforderungen entwickelt. Zu nennen ist zum einen der sog. **Cash-Zirkel**. Hierbei leistet der Gesellschafter zunächst eine Bareinlage („Cash") in Höhe seiner notleidenden (Teil)Forderung in die Schuldnergesellschaft. Diese begleicht sodann mit dem „Cash" aus dieser Einlage die Gesellschafterforderung, welche wiederum durch Erfüllung erlischt.[3] Die geleistete Einlage selbst ist steuerneutral. Gleiches gilt für die Erfüllung der Verbindlichkeit gegenüber dem Gesellschafter-Gläubiger, weil insoweit eine sog. Bilanzverkürzung vorliegt. Zur steuerlichen Anerkennung wichtig ist hierbei, dass die Bareinlage für eine gewisse Zeitspanne zur freien Verfügung der Geschäftsführung der Schuldnergesellschaft geleistet wird und der entsprechende Geldbetrag insgesamt dem Insolvenzanfechtungsrisiko (insb. § 135 InsO) ausgesetzt wird. 3.65

Zum anderen ist denkbar, den Verzicht auf die Gesellschafterforderung so zu gestalten, dass eine voll werthaltige und damit steuerneutrale verdeckte Einlage vorliegt. Hierzu wird der notleidenden (Teil)Forderung des Gesellschafters in Abstimmung mit Drittgläubigern Vorrang gegenüber anderen (Teil)Forderungen eingeräumt. Hierdurch wird die (Teil)Forderung des Gesellschafters werthaltig und ein steuerneutraler Verzicht auf Basis der Grundsätze der verdeckten Einlage wird ermöglicht. Bestehen keine Drittforderungen, kann eine **Parzellierung** der Gesellschafterforderung in Tranchen erfolgen und sodann ein Teil mit Vorrangigkeit ausgestaltet werden. Voraussetzung dafür ist allerdings die hinreichende Zahlungsfähigkeit des Schuldnerunternehmens, so dass die mit Vorrang ausgestatteten Teile der Forderungen bedient werden können.[4] 3.66

Um dem zweifellos mit den o.g. Konstellationen einhergehenden Risiko eines Gestaltungsmissbrauchs nach § 42 AO vorzubeugen, sollten insbesondere die Einräumung eines Vorrangs der Gesellschafterforderung und die damit verbundene Wiederher- 3.67

1 *Pyszka*, BB 1998, 1557 (1560); Centrale für GmbH, GmbHR 2004, 1212 (1213).

2 D.h. Anwendung des zu KapG ergangenen Urteils des BFH v. 9.6.1997 – GrS 1/94, BStBl. II 1998, 307 auch auf PersG als Darlehnsnehmer. S. hierzu *Wacker* in Schmidt[38], § 15 EStG Rz. 550; *Pyszka*, BB 1998, 1557 (1558); *Paus*, FR 2001, 113 (115); **a.A.** (keine Anwendung der KapG-Grundsätze; dagegen stets erfolgsneutral über § 6 Abs. 5 EStG) *Kulosa* in Schmidt[38], § 6 EStG Rz. 699; *Erhard/Zeller*, DStR 2012, 1636 (1636 f.).

3 Vgl. auch *Schmidt/Mielke*, Ubg 2009, 359 (396).

4 *Sonnleitner* in Sonnleitner, Insolvenzsteuerrecht, Kapitel 9 Rz. 81; *Blaas/Schwahn*, DB 2013, 2350 (2355).

stellung ihrer Werthaltigkeit durch eine verbindliche Auskunft abgesichert werden. Eine solche konnte in der Praxis bereits erlangt werden.

4. Zinsschranke

3.68 In Bezug auf die Regelungen der Zinsschranke begründet der Verzicht auf die Rückzahlung des Darlehens keinen Zinsertrag bei der Krisengesellschaft, da es sich hierbei um eine Wertveränderung des Stammrechts handelt, die der Vermögensebene und nicht der (Zins-) Ertragsebene zuzuordnen ist.[1] Unter dem Sanierungserlass wurde teilweise diskutiert, ob der **Verzicht** eines Gläubigers **auf rechtlich bereits entstandene**, aber **noch nicht gezahlte Zinsen** beim Schuldner zu Zinserträgen führen kann bzw. ob die im Zinssaldo erfassten Zinsaufwendungen rückgängig gemacht werden können.[2] Hierbei ist zu beachten, dass im Rahmen von § 4h Abs. 3 Satz 3 EStG nur solche Zinserträge relevant sind, die als Betriebseinnahme den maßgeblichen Gewinn erhöht haben. Hingegen bleiben steuerfrei gestellte Zinserträge unberücksichtigt.[3] Wenn und soweit demnach ein Ertrag aus einer erlassenen Zinsforderung nach § 3a Abs. 1 Satz 1 EStG steuerbefreit ist oder über die Grundsätze einer offenen oder verdeckten Einlage neutralisiert wird, dürfte eine Berücksichtigung unter der Zinsschranke demnach ausscheiden. Unter der Anwendung des sog. Sanierungserlasses der Finanzverwaltung konnte dies noch anders argumentiert werden, weil die Steuerpflichtigkeit der erlassenen (Zins)Forderung unberührt blieb.

V. Verzicht durch Dritte

3.69 Bei einem Verzicht durch nicht mit der Schuldnergesellschaft verbundene Dritte (insb. Banken oder Fonds) bleibt es grundsätzlich bei den Rechtsfolgen, dass beim Schuldner ein steuerbarer und vorbehaltlich von § 3a Abs. 1 Satz 1 EStG steuerpflichtiger Ertrag und beim Gläubiger ein voll steuerwirksamer Aufwand entsteht. Besonderheiten ergeben sich, wenn Drittgläubiger auf ihre Forderungen gegen Einräumung einer Beteiligung am Schuldnerunternehmen verzichten (vgl. unter Rz. 3.80 ff.).

VI. Verzicht gegen Besserungsschein

1. Zivilrechtliche Beurteilung

3.70 Ein Forderungsverzicht gegen Besserungsschein beschreibt eine Vereinbarung zwischen Schuldner und Gläubiger, nach der sich die Parteien zunächst über den Erlass der Forderung einigen, dies aber mit der auflösenden Bedingung (§ 158 Abs. 2 BGB) verknüpfen, dass die erlassene Forderung bei Eintritt bestimmter Umstände (Besserungsfall) wieder auflebt und vom Gläubiger geltend gemacht werden kann. Technisch denkbar ist auch die Vereinbarung eines unbedingten Erlasses verbunden mit der Vereinbarung des aufschiebend bedingten (§ 158 Abs. 1 BGB) Wiederauflebens

1 Vgl. *Herzig/Liekenbrock*, Ubg 2011, 313 (316).

2 Bejahend *Schmidt-Fehrenbacher*, Ubg 2008, 472; *Förster* in Gosch[3], § 4h EStG Exkurs Rz. 136a; **a.A.** *Häuselmann*, FR 2009, 506 (508).

3 *Loschelder* in Schmidt[38], § 4h EStG Rz. 23.

der Forderung.[1] In beiden Fällen kommt es zunächst zu einem unmittelbaren und zivilrechtlich wirksamen Wegfall der Forderung. In diesem Untergang der Forderung liegt ein wesentlicher Unterschied zu einem Rangrücktritt mit Besserungsschein (vgl. hierzu unter Rz. 3.24 ff.).

Tritt die Bedingung ein, hat sich also die finanzielle Situation der Gesellschaft gebessert und die Gesellschaft die Krise entsprechend der Bedingung überwunden, **lebt die Forderung wieder auf**. Zinsen für die Zeit des Nichtbestehens der Forderung kann der Gläubiger nachträglich nur verlangen, sofern dies vereinbart wurde (§ 159 BGB). Akzessorische Sicherheiten (z.B. Hypotheken oder Pfandrechte) werden durch das Wiederaufleben der Forderung nicht wiederhergestellt.[2] 3.71

2. Steuerliche Konsequenzen

a) Ebene der Gesellschaft

Ein Forderungsverzicht gegen Besserungsschein führt zunächst zu den gleichen Rechtsfolgen wie ein unbedingter Forderungsverzicht, d.h. auf Ebene der Schuldner-Gesellschaft entsteht ein vorbehaltlich § 3a Abs. 1 Satz 1 EStG steuerpflichtiger Gewinn. Dies gilt ungeachtet der Besserungsabrede. Tritt allerdings der Besserungsfall ein und lebt die Forderung (wieder) auf, ergeben sich Besonderheiten. Denn in diesem Fall ist die auf Ebene des Schuldners im Verzichtszeitpunkt zunächst ausgebuchte Verbindlichkeit wieder einzubuchen. Hierdurch entsteht beim Schuldner spiegelbildlich zum Verzicht ein steuerlicher Aufwand. 3.72

Wurde auf den Sanierungsertrag § 3a Abs. 1 Satz 1 EStG angewendet, ist nach § 3c Abs. 4 Satz 1 EStG grundsätzlich auch der Aufwand aus der Wiedereinbuchung zu neutralisieren.[3] Gemäß § 3c Abs. 4 Satz 3 EStG fallen hierunter auch Zahlungen auf einen Besserungsschein. Das Abzugsverbot wird aber über § 3c Abs. 4 Satz 4 EStG eingeschränkt. Hiernach unterliegen Betriebsvermögensminderungen oder Betriebsausgaben in den dem Sanierungsjahr folgenden Zeiträumen nur insoweit dem Abzugsverbot, als ein verbleibender Sanierungsertrag i.S.d. § 3a Abs. 3 Satz 4 EStG noch vorhanden ist. Der verbleibende Sanierungsertrag ist der Betrag, der sich nach den Minderungen gem. § 3a Abs. 3 Sätze 1–3 EStG ergibt. 3.73

Beispiel: Eine Verbindlichkeit i.H.v. 120 wird gegen einen Besserungsschein in 01 erlassen. Gleichzeitig fallen in diesem Zusammenhang Beratungskosten i.H.v. 10 an. Die Gesellschaft verfügt über einen Verlustvortrag von 90. Im Jahr 03 tritt der Besserungsfall ein. 3.74

Der Sanierungsertrag von 120 wird nach § 3a Abs. 1 Satz 1 EStG im Jahr 01 komplett steuerfrei gestellt während die Sanierungskosten i.H.v. 10 nach § 3c Abs. 4 Satz 1 EStG nicht abzugsfähig sind; der Verlustvortrag von 90 geht nach § 3a Abs. 3 Satz 2 Nr. 10, § 3a Abs. 3 Satz 5 EStG unter. Tritt im Jahr 03 der Besserungsfall ein, entsteht ein steuerbilanzieller Aufwand von 120, der grundsätzlich dem Abzugsverbot nach § 3c Abs. 4 Sätze 1–3 EStG unterliegt. Dies gilt nach § 3a Abs. 4 Satz 4 EStG aber nur in Höhe des verbliebenden Sanierungsertrags, d.h. i.H.v. 20 (= 120 ./. 10 ./. 90).

---

1 *Schubert* in BeckBilanzkomm, § 247 HGB Rz. 233; *Briese*, DStR 2017, 799 (799).

2 *Döllerer* in FS Forster, S. 203.

3 Vgl. *Beutel/Sistermann* in Lüdicke/Sistermann, Unternehmensteuerrecht[2], § 18 Rz. 40.

3.75 Soweit der Forderungsverzicht als verdeckte Einlage behandelt wurde (d.h. eine Veranlassung durch das Gesellschaftsverhältnis angenommen wurde und die Forderung werthaltig war), ist die Behandlung des Besserungsfalles strittig.[1] Naheliegend wäre es, die verdeckte Einlage spiegelbildlich außerbilanziell rückgängig zu machen, indem das steuerliche Einlagenkonto reduziert wird.[2] Ein Direktzugriff auf das steuerliche Einlagenkonto ist gesetzlich allerdings nicht (mehr) vorgesehen. Versagt man einen Direktzugriff, wäre das Wiederaufleben der Verbindlichkeit auf Ebene der Schuldnergesellschaft keine neutrale Einlagenrückgewähr, sondern eine steuerpflichtige Gewinnausschüttung der Schuldnergesellschaft an den Gesellschafter, sofern hierfür sog. ausschüttbare Gewinne als verwendet gelten (§ 27 Abs. 1 Satz 3 KStG).[3] Im Übrigen (wertloser Teil der Forderung, d.h. keine verdeckte Einlage) entsteht im Besserungsfall abzugsfähiger Aufwand. Soweit unter der Besserungsabrede auch Zinsen nachzuzahlen sind, können diese im Rahmen der allgemeinen Regelungen als Betriebsausgaben abgezogen werden.[4]

3.76 Lag im Verzichtszeitpunkt hingegen weder ein Fall des § 3a Abs. 1 Satz 1 EStG noch ein Fall einer verdeckten Einlage vor, führt der Besserungsfall bei der Schuldnergesellschaft grundsätzlich zu steuerlich abzugsfähigem Aufwand. Der Forderungsverzicht mit Besserungsschein kann somit als „Verlusttransport" eingesetzt werden, d.h. im Jahr des Verzichtes entsteht zunächst steuerpflichtiger Ertrag, der ggf. mit laufenden Verlusten oder Verlustvorträgen (im Rahmen der Mindestbesteuerung) verrechnet werden kann, und in einem späteren Veranlagungszeitraum wird mit Eintritt des Besserungsfalls ein laufender Verlust generiert. Dies kann sich anbieten, wenn der Schuldnergesellschaft ein schädlicher Beteiligungserwerb nach § 8c KStG droht (sog. *Loss*-**Refresher**).[5] Vergleichbares ist auch im Anwendungsbereich des § 3a EStG denkbar (vgl. hierzu das Beispiel unter Rz. 3.74).

b) Ebene des Gläubigers

3.77 Der Gläubiger hat die Verbindlichkeit bei Abgabe der Verzichtserklärung zunächst auszubuchen, sofern die Darlehensforderung im Betriebsvermögen gehalten wurde. Bei Eintritt der auflösenden Bedingung ist die Forderung wieder erfolgswirksam einzubuchen.[6] Soweit zunächst eine verdeckte Einlage zu nachträglichen Anschaffungskosten geführt hat, sind diese spiegelbildlich wieder zu reduzieren.[7] Die Aktivierung der Forderung ist insoweit steuerneutral. Soweit keine verdeckte Einlage vorlag, der

1 Zum Meinungsstand: *Beutel/Sistermann* in Lüdicke/Sistermann, Unternehmensteuerrecht², § 18 Rz. 42 ff.

2 *Blaas/Schwahn*, DB 2013, 2350 (2356).

3 *Blaas/Schwahn*, DB 2013, 2350 (2356).

4 BMF v. 2.12.2003 – IV A 2 - S 2743 – 5/03, BStBl. I 2003, 648 = FR 2004, 109; *Förster/Wendland*, GmbHR 2006, 169 (175).

5 Vgl. hierzu *Beutel/Sistermann* in Lüdicke/Sistermann, Unternehmensteuerrecht², § 18 Rz. 39.

6 *Eilers/Sieger/Wienands*, Die Finanzierung der GmbH durch ihre Gesellschafter², Rz. 165, 169.

7 *Beutel/Sistermann* in Lüdicke/Sistermann, Unternehmensteuerrecht², § 18 Rz. 42.

Verzicht also zu Aufwand führte, kommt es auf Ebene des Gläubigers spiegelbildlich zu einem steuerpflichtigen Ertrag.

Sofern der Aufwand ursprünglich den Verlustabzugsbeschränkungen des § 8b Abs. 3 Satz 4 KStG oder des § 3c Abs. 2 Satz 2 EStG unterlag, ist strittig, ob der Ertrag durch Wiedereinbuchung nach § 8b Abs. 3 Satz 8 KStG bzw. § 3c Abs. 2 Satz 5 EStG analog neutralisiert werden kann.[1] U.E. sind diese Vorschriften über den Wortlaut hinaus auch im Fall des Erlasses gegen Besserungsschein (analog) anzuwenden. Es ist kein sachlicher Grund ersichtlich, warum der Fall der Wiedereinbuchung der Forderung anders als eine Wiederzuschreibung der Forderung zu behandeln sein sollte. Es wäre auch systematisch verfehlt, den Verlust bei Erlass der Forderung nicht zum Abzug zuzulassen, den Gewinn durch Wiederaufleben der Forderung aber als steuerpflichtig zu behandeln. Weder Finanzverwaltung noch Rechtsprechung haben sich bisher zu dieser Frage positioniert. 3.78

VII. Vor- und Nachteile des Verzichts

Vorteile	**Nachteile**	3.79
– Entschuldung/Stärkung des Eigenkapitals durch endgültige Beseitigung der Verbindlichkeit	– Steuerlich ist ein Forderungsverzicht bei fehlendem Verlustverrechnungspotential mit dem Risiko einer Steuerpflicht verbunden	
– Forderungsverzicht stellt steuerlich eine attraktive Lösung dar, wenn ausreichendes Verlustverrechnungspotential vorhanden ist	– Für das Vorliegen der Voraussetzungen von § 3a Abs. 1 Satz 1 EStG trägt der Steuerpflichtige die Beweislast (Einholung einer verbindlichen Auskunft i.d.R. ratsam)	
– Durch die nunmehr gesetzliche Regelung des § 3a EStG besteht kein Risiko hinsichtlich der EU-Beihilfeproblematik mehr	– Bei der Einlage von Gesellschafterforderungen ist deren Werthaltigkeit ggf. problematisch; bei isoliertem Gesellschafterverzicht wird teilweise eine Anwendbarkeit von § 3a EStG (u.E. unberechtigt) pauschal abgelehnt	

1 Dafür: *Beutel/Sistermann* in Lüdicke/Sistermann, Unternehmensteuerrecht[2], § 18 Rz. 41; *Pung* in D/P/M, § 8b KStG Rz. 242 (95. Erg.-Lfg. Februar 2019); *Frotscher* in Frotscher/Drüen, § 8b KStG Rz. 449 (130. Erg.-Lfg. September 2015); *Rengers* in Blümich, § 8b KStG Rz. 324 (148. Erg.-Lfg. Juli 2019); *Binnewies* in Streck[9], § 8b KStG Rz. 89; *Neumann/Watermeyer*, Ubg 2008, 748 (756); gegen eine analoge Anwendung, aber auf Billigkeitsmaßnahmen verweisend: *Herlinghaus* in Rödder/Herlinghaus/Neumann, § 8b KStG Rz. 358; wohl auch *Schnitger* in Schnitger/Fehrenbacher[2], § 8b KStG Rz. 519; gegen eine analoge Anwendung und Billigkeitsmaßnahmen jedoch: *Gosch* in Gosch[3], § 8b KStG Rz. 279l.

D. Debt-Equity-Swap

I. Grafische Darstellung

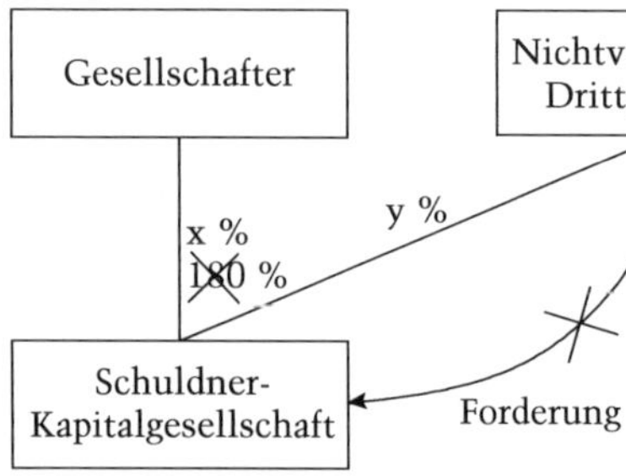

II. Allgemein

3.80 Eine Unternehmenssanierung zur Überwindung finanzieller Krisen setzt in aller Regel eine Entschuldung und die Zuführung haftenden Kapitals voraus.[1] Bei einem Debt-Equity-Swap geschieht dies im Wege der Kapitalerhöhung, bei der die Forderung des Gläubigers als Sacheinlage in die Gesellschaft eingebracht wird. Es findet also eine **Umwandlung von Fremdkapital in Eigenkapital** im Wege einer **Sachkapitalerhöhung** statt. Im Gegenzug zur Einbringung seiner Forderung erhält der Gläubiger neue Anteile am Schuldnerunternehmen. Gelingt ein Debt-Equity-Swap und die damit verbundene Unternehmenssanierung, bietet dieser im Vergleich zu den anderen Restrukturierungsmaßnahmen oder gar der Abwicklung der Gesellschaft **zahlreiche Vorteile**. Das Unternehmen bleibt als operative Einheit erhalten wobei die Liquiditäts-, Cash-flow-, Bilanzsituation sowie Bonität der Gesellschaft verbessert werden. Zudem erhält der die Umwandlung betreibende Fremdkapitalgeber aus der Beteiligung am Unternehmen eine Option auf künftige Wertsteigerungen.[2]

3.81 Gläubiger haben im Fall von notleidenden Forderungen (Distressed Debt)[3] häufig jedoch nur dann ein Interesse an einem Debt-Equity-Swap, wenn sie sich **bei** der **Fortführung** des Schuldnerunternehmens **einen höheren Mittelrückfluss** erwarten als bei dessen Zerschlagung, d.h. wenn sie das Unternehmen an sich als restrukturierungs- und überlebensfähig einstufen. Nicht selten sind jedoch der ursprüngliche Gläubiger der Forderung und der potentielle Erwerber der Beteiligung nicht identisch. Auch in Deutschland hat sich mittlerweile **ein Markt für Distressed Debt Investments** gebildet.[4] Investoren, oftmals Fonds oder Investmentbanken, kaufen Forderungen unter hohen Abschlägen auf und wandeln sie in Equity um.[5] Sofern Ban-

1 *Schmidt*, ZGR 1982, 519.

2 *Mückl*, FR 2009, 497; *Scheunemann/Hoffmann*, DB 2009, 983; *Born*, BB 2009, 1730.

3 Vgl. *Kestler/Striegel/Jesch*, NZI 2005, 417; *Kuhlwein von Rathenow/Heumann* in Buth/Hermanns, Restrukturierung, Sanierung, Insolvenz[3], § 2 Rz. 17; *Redeker*, BB 2007, 673.

4 Vgl. Finance-Magazin 11/2006, S. 22; *Kestler/Striegel/Jesch*, NZI 2005, 418; *Toth-Feher/Schick*, ZIP 2004, 491; *Himmelsbach/Achsnick*, NZI 2006, 561; *Kunz/Ehnert*, FB 2007, 397 ff.

5 *Mückl*, FR 2009, 497 (498).

ken als Kreditgeber auftreten, bietet sich ihnen außerdem die Möglichkeit, ihr Portfolio zu bereinigen und regulatorische Eigenmittel freizusetzen.[1]

Der Wechsel von einer Gläubiger- in die Eigentümerposition birgt dabei **für den Investor** gleichermaßen **Chancen** wie Risiken. Einerseits kann der Investor über die neu erworbenen Gesellschafterrechte größeren Einfluss auf das operative Geschäft der Gesellschaft nehmen und beispielsweise einen Sanierungsberater als Geschäftsführer einsetzen, der umfangreiche Sanierungsmaßnahmen in enger Absprache mit dem Investor umsetzt. Hierdurch bringt der Investor das dringend benötigte Sanierungs- und Restrukturierungswissen in die Gesellschaft ein und eröffnet der Gesellschaft dadurch die Möglichkeit, außerhalb einer Insolvenz saniert zu werden.[2] Zudem werden die bei Stellung eines Insolvenzantrages üblicherweise eintretenden Wertabschläge auf das Aktivvermögen vermieden und das Vertrauen von Kunden und Lieferanten in die Leistungsfähigkeit der Gesellschaft gestärkt.[3] Sofern die Sanierung gelingt, besteht für die Altgläubiger bzw. die Investoren insbesondere die Möglichkeit, über den Nennbetrag der früheren Forderung hinaus an den Wertsteigerungen des Unternehmens zu partizipieren.[4] Hierin liegt ein wesentlicher wirtschaftlicher Unterschied zu einem Forderungsverzicht mit Besserungsschein. 3.82

Anderseits besteht insbesondere bei Krisenunternehmen das **Risiko**, dass der Investor irgendwann feststellen muss, dass er das Turn-around-Potential der Gesellschaft falsch eingeschätzt und überschätzt hat.[5] Dann bleibt meist nur die sofortige Liquidation, um einen weiteren Verlust des Investments zu verhindern. Muss nämlich nach einem vollzogenen Debt-Equity-Swap ein Insolvenzantrag gestellt werden, befindet sich der Investor in einer schlechteren Position, als wenn er lediglich Gläubiger der Gesellschaft wäre, da er seine Kredite verloren hat und er seine Sicherheiten nicht mehr vorrangig verwerten kann.[6] Dem Investor ist daher zu raten, vor einem Debt-Equity-Swap eine sorgfältige Due Dilligence-Prüfung vorzunehmen. Er wird dann vorrangig nur in solche Unternehmen investieren, bei denen bereits durch die Entschuldung der Bilanz ein erheblicher Sanierungsbeitrag geleistet werden kann.[7] 3.83

III. Zivilrechtliche Beurteilung

Die Einbringung der notleidenden Forderung gegen Gewährung von Gesellschaftsrechten erfolgt zivilrechtlich entweder durch einen Erlassvertrag gem. § 397 BGB oder durch Abtretung der Forderung an das Schuldnerunternehmen (mit anschließender Konfusion der Forderung) gem. § 398 BGB (zur steuerlich bevorzugten Ausgestaltung vgl. Rz. 2.41 f., 3.93). 3.84

1 Vgl. *Krolop*, GmbHR 2007, 117; *Toth-Feher/Schick*, ZIP 2004, 491 (492); *Kestler/Striegel/Jesch*, NZI 2005, 417.
2 Vgl. *Redeker*, BB 2007, 673.
3 *Toth-Feher/Schick*, ZIP 2004, 491 (495); *Mückl*, FR 2009, 497 (498).
4 *Mückl*, FR 2009, 497 (498).
5 Vgl. Finance-Magazin, Sonderbeilage 5/2006, S. 13.
6 *Wittig* in FS Uhlenbruck, S. 685 (701).
7 *Paetzmann*, ZfgK 2003, 968 (969).

Regelmäßig ist der tatsächliche Wert der eingelegten Forderung niedriger als der Betrag, um den das gezeichnete Kapital notwendigerweise erhöht werden muss, um die vereinbarte Beteiligungsquote des Gläubigers zu erreichen. Um eine ungerechtfertigte Begünstigung der Altgesellschafter zu vermeiden, wird der Debt-Equity-Swap in diesen Fällen über einen sog. **Kapitalschnitt** in zwei Schritten vorgenommen. Zunächst erfolgt eine (vereinfachte) Kapitalherabsetzung und anschließend der eigentliche Debt-Equity-Swap als Kapitalerhöhung gegen Sacheinlage.[1] Soweit der sog. Equity Value des Unternehmens bei Null liegt oder sogar (rechnerisch) negativ ist, kann dies zu einer Kapitalherabsetzung auf Null führen. In diesen Fällen scheiden die Alt-Gesellschafter aus der Gesellschafterstellung aus und das Schuldnerunternehmen wird von den ihre Forderungen einbringenden (ursprünglichen) Fremdkapitalgebern komplett übernommen.

3.85 Da die vereinfachte Kapitalherabsetzung die Sanierung der Gesellschaft bezweckt,[2] ist der Gläubigerschutz eingeschränkt.[3] So entfällt die Sicherheitsleistung zugunsten der Gläubiger nach § 58 Abs. 1 Nr. 1 GmbHG. Die frei werdenden Mittel dürfen allerdings nicht an die Gesellschafter ausgeschüttet werden (§ 58b GmbHG). Die vereinfachte Kapitalherabsetzung erfordert einen Gesellschafterbeschluss von mindestens 75 % der Stimmen, soweit die Satzung nichts anderes vorschreibt.[4] Der Beschluss muss ausdrücklich die Feststellung enthalten, dass die Kapitalherabsetzung den in § 58a GmbHG aufgeführten Zwecken dient.[5] Zu ihrer Wirksamkeit bedürfen die Beschlüsse einer Eintragung ins Handelsregister.[6] Damit der Forderungsinhaber im Rahmen der Sachkapitalerhöhung die von ihm angestrebte Anteilsmehrheit erwerben kann, muss das **Bezugsrecht** der Aktionäre bzw. Gesellschafter für die neu auszugebenden Anteile **ausgeschlossen** werden. Ein solcher Ausschluss ist grundsätzlich zulässig, wenn er dem Interesse des Unternehmens dient und zur Erreichung des angestrebten Ziels geeignet, erforderlich und angemessen, insgesamt also verhältnismäßig ist. Bei der Umwandlung von Schulden in Eigenkapital wird ein Bezugsrechtsausschluss generell für zulässig erachtet, soweit die Umwandlung zu Sanierungszwecken erfolgt und die notwendigen Mittel zur Schuldentilgung nicht durch eine Barkapitalerhöhung ohne Bezugsrechtsausschluss erlangt werden können.[7] Der

---

1 Vgl. zu Debt-Equity-Swaps im Allgemeinen etwa *Bauer*, Die GmbH in der Krise[5], S. 43 ff.; *Hass/Schreiber/Tschauner* in Hommel/Knecht/Wohlenberg, Handbuch der Unternehmensrestrukturierung, S. 841 ff.; *Knecht/Drescher* in Buth/Hermanns, Restrukturierung, Sanierung, Insolvenz[3], § 20 Rz. 41 ff.; *Born*, BB 2009, 1730 ff.

2 *Lutter* in KölnKomm/AktG[3], § 229 Rz. 9; *Zöllner/Kersting* in Baumbach/Hueck[22], § 58a GmbHG Rz. 3.

3 *Zöllner/Kersting* in Baumbach/Hueck[22], § 58a GmbHG Rz. 3.

4 Für die GmbH ergibt sich dies aus § 58a Abs. 5 GmbHG, der auf § 53 GmbHG verweist, *Lutter/Hommelhoff* in Lutter/Hommelhoff[19], § 53 GmbHG Rz. 13; *Zöllner/Kersting* in Baumbach/Hueck[22], § 58a GmbHG Rz. 21.

5 *Redeker*, BB 2007, 673 (674).

6 *Redeker*, BB 2007, 673 (674); *Drouven/Nobiling*, DB 2003, 1630 (1635).

7 LG Heidelberg v. 16.3.1988 – KfH II O 6/88, AG 1989, 447; *Scheunemann/Hoffmann*, DB 2009, 983 (984); *Redeker*, BB 2007, 673 (675); *Hüffner*, § 186 AktG Rz. 35; *Servatius* in Baumbach/Hueck[22], § 55 GmbHG Rz. 27; *Lutter* in KölnKomm/AktG[3], § 229 Rz. 18.

Bezugsrechtsausschluss muss wiederum mit 75%iger Mehrheit im Gesellschafterbeschluss beschlossen werden.[1]

Im Rahmen der sich an die Kapitalherabsetzung anschließenden **Kapitalerhöhung gegen Sacheinlage** (Schuldtitel) können sich Werthaltigkeitsthemen stellen. Denn regelmäßig wird der tatsächliche Wert der einzubringenden Forderung ihren Nennwert aufgrund der Krise des Schuldnerunternehmens deutlich unterschreiten. Daher wird die Kapitalerhöhung regelmäßig ein Wertgutachten erfordern. Denn für den einbringenden Gesellschafter stellt sich hier – wie bei jeder Sachkapitalerhöhung – das Risiko einer **Differenzhaftung** im Fall der Überbewertung der eingebrachten Forderung (§ 188 Abs. 2, § 32a Abs. 2 AktG; § 56 Abs. 2, 1 GmbHG). 3.86

Der Debt-Equity Swap kann nicht nur auf einzelvertraglicher Grundlage erfolgen, 3.87 sondern seit dem ESUG auch im Rahmen eines **Insolvenzplans** (§ 225a Abs. 2 InsO) (vgl. hierzu auch unter Rz. 4.125 f.). Dies ist grundsätzlich **auch gegen den Willen der Altgesellschafter** möglich.[2] Bei Maßnahmen, die in Bezug auf die Anteils- oder Mitgliedschaftsrechte der am Unternehmen beteiligten Personen getroffen werden, werden diese als eigene Gruppe am Insolvenzplanverfahren beteiligt. Wie alle anderen Gruppen stimmen auch die Gesellschafter gem. § 243 InsO gesondert über den Insolvenzplan ab, wobei grundsätzlich das Mehrheitsprinzip gilt, § 244 InsO. Allerdings ist das Obstruktionsverbot des § 245 InsO zu beachten. Demnach darf zum Schutz der Anteilseigner durch die Annahme des Insolvenzplans keine Schlechterstellung der betroffenen Gruppe im Vergleich zum gesetzlich vorgesehenen Regelinsolvenzverfahren eintreten (§ 245 Abs. 3 InsO). Andererseits ist auch die Fiktion einer Zustimmung durch die Gesellschafter nach dem Obstruktionsverbot des § 245 Abs. 1 InsO zum Schutz der Gesellschaft denkbar. Im Hinblick auf das Risiko der oben genannten Differenzhaftung ist bei einem Debt-Equity Swap im Rahmen eines Insolvenzplans auf **§ 254 Abs. 4 InsO** zu verweisen.[3] Hiernach wird der Neugesellschafter von der Differenzhaftung im Falle eines Insolvenzplanverfahrens zumindest ab dem Zeitpunkt der gerichtlichen Bestätigung des Insolvenzplans befreit.[4] Die Notwendigkeit einer gutachterlichen Werthaltigkeitsprüfung wird jedoch weiterhin kontrovers diskutiert und ist im Zweifelsfall empfehlenswert.[5]

Keinen Dept-Equity-Swap im eigentlichen Sinne stellt die folgende zweistufige 3.88 Transaktion dar: Es werden zunächst Anteile übertragen, daran anschließend erfolgt der Forderungsverzicht gegenüber der Gesellschaft. Auch auf diesem Weg wird der gewünschte Sanierungseffekt erreicht, ohne zeitaufwendige Kapitalmaßnahmen und mögliche Risiken aus einer Differenzhaftung.[6] Allerdings kann diese Form der Gestaltung steuerlich problematisch sein (vgl. Rz. 3.47 ff.).

1 *Redeker*, BB 2007, 673 (675).
2 *Braun/Frank* in Braun[7], § 225a InsO Rz. 5.
3 Eingef. durch Art. 1 Nr. 41 lit. b G. v. 7.12.2011 mWv 1.3.2012.
4 *Bitter* in Scholz[11], Vor § 64 GmbHG Insolvenz der GmbH und GmbH & Co. KG, Rz. 168; *Römermann*, NJW 2012, 645 (651).
5 *Römermann*, GmbHR 2013, 337 (344).
6 *Born*, BB 2009, 497 (502 f.).

IV. Ertragsteuerliche Konsequenzen

1. Auswirkungen auf Ebene der Gesellschaft

3.89 Ein Debt-Equity-Swap qualifiziert sich steuerrechtlich als sog. offene Einlage. Eine offene Einlage i.S.d. Steuerrechts liegt in Abgrenzung zu einer verdeckten Einlage vor, wenn der Einbringende im Gegenzug für die Einbringung von der Gesellschaft Gesellschaftsanteile erhält.[1]

3.90 Eine offene Einlage ist grundsätzlich ertragsteuerneutral.[2] Bereits handelsbilanziell erfolgt die Erfassung einer offenen Einlage unmittelbar im gezeichneten Kapital (und ggf. zusätzlich in der Kapitalrücklage). Damit ergeben sich über die offene Einlage selbst keine Effekte in der Gewinn- und Verlustrechnung.[3] Eine außerbilanzielle Kürzung ist damit – anders als ggf. bei einer verdeckten Einlage – nicht erforderlich. Besteht die Einlage nicht in einer Barleistung, sondern – wie bei einem Debt-Equity-Swap – in einer Sachleistung, wird der Sacheinlagegegenstand gem. § 8 Abs. 1 KStG, § 6 Abs. 6 Satz 1 EStG mit dem gemeinen Wert des hingegebenen Wirtschaftsgutes bewertet und in dieser Höhe in der (Steuer)Bilanz der Gesellschaft aktiviert.[4] Die Bewertungsvorschrift des § 6 Abs. 1 Nr. 5 EStG ist – anders als bei einer verdeckten Einlage (hierzu oben unter Rz. 3.49) – nicht einschlägig, da die offene Einlage als Tauschgeschäft i.S.d. § 6 Abs. 6 Satz 1 EStG anzusehen ist.[5] Denn die Gesellschaft erwirbt den Sacheinlagegegenstand im Austausch für die Hingabe von Gesellschaftsrechten an ihr selbst. In diesem Fall findet § 6 Abs. 6 Satz 1 EStG sowohl für die Bewertung des Sacheinlagegegenstandes auf Ebene der Gesellschaft als auch für die Bewertung der gewährten Gesellschaftsrechte auf Ebene des Gesellschafters Anwendung.[6] Aus dieser Überlegung folgt, dass die Frage der Steuerneutralität eines Debt-Equity Swap – wie bei einer verdeckten Einlage – von der Werthaltigkeit der eingebrachten bzw. verzichteten Forderungen abhängt.

3.91 Ist die Werthaltigkeit nicht (vollständig) gegeben, soll der nicht werthaltige Teil handelsrechtlich erfolgsneutral durch Buchung an die Kapitalrücklage i.S.d. § 272 Abs. 2 Nr. 4 HGB zu erfassen sein.[7] Steuerrechtlich entsteht jedoch in Höhe der Differenz

---

1 *Roser* in Gosch[3], § 8 KStG Rz. 100; *Lang* in D/P/M, § 8 Abs. 3 KStG Teil B, Rz. 5 (85. Erg.-Lfg. Dezember 2015); *Frotscher* in Frotscher/Drüen, § 8 KStG Rz. 154 (146. Erg.-Lfg. November 2018).

2 *Winnefeld*, Bilanz-Handbuch, Kapitel C, Rz. 418; *Frotscher* in Frotscher/Drüen, § 8 KStG Rz. 150 (146. Erg.-Lfg. November 2018); *Rengers* in Blümich, § 8 KStG Rz. 160 (138. Erg.-Lfg. August 2017).

3 *Lang* in D/P/M, § 8 Abs. 3 KStG Teil B Rz. 4 (85. Erg.-Lfg. Dezember 2015).

4 Vgl. *Ehmcke* in Blümich, § 6 EStG Rz. 1386 (144. Erg.-Lfg. Oktober 2018); *Kulosa* in Schmidt[38], § 6 EStG Rz. 735; *Eckstein* in Herrmann/Heuer/Raupach, § 6 EStG Rz. 1711 (279. Erg.-Lfg. Mai 2017).

5 Vgl. *Herrmann* in Frotscher, § 6 EStG Rz. 525a (153. Erg.-Lfg. November 2009); *Kulosa* in Schmidt[38], § 6 EStG Rz. 735; *Ehmcke* in Blümich, § 6 EStG Rz. 1386 (144. Erg.-Lfg. Oktober 2018); *Schwenker/Fischer*, DStR 2010, 1117.

6 *Eckstein* in Herrmann/Heuer/Raupach, § 6 EStG Rz. 1720 (279. Erg.-Lfg. Mai 2017); *Ehmcke* in Blümich, § 6 EStG Rz. 1386 (144. Erg.-Lfg. Oktober 2018).

7 *Schulze-Osterloh*, NZG 2017, 641 (643 f.); *Pöschke*, NZG 2017, 1408 (1409); **a.A.** (Gewinnrealisierung i.H. des nicht werthaltigen Teils auch handelsrechtlich) BFH v. 9.6.1997 – GrS

des gemeinen Werts zum Nennwert der auszubuchenden Verbindlichkeit zwingend ein steuerbarer Ertrag.[1] Der Unterschiedsbetrag i.S.d. § 4 Abs. 1 Satz 1 EStG erhöht sich um den Nennwert der Verbindlichkeit. Der neue Kapitalanteil, die Einlage, darf dagegen nur mit dem gemeinen Wert der Forderung im Zeitpunkt des Verzichts bewertet werden (§ 6 Abs. 6 Satz 1 EStG). Aus der allgemeinen Gewinndefinition des § 4 Abs. 1 Satz 1 EStG ergibt sich daher, dass die Erhöhung des Unterschiedsbetrags lediglich in Höhe des Einlagewerts (gemeiner Wert der Forderung im Erlasszeitpunkt) neutralisiert wird; in Höhe des Restbetrags verbleibt ein steuerlicher Gewinn.[2]

In diesen Fällen stellt sich die Frage, ob sich diese Betriebsvermögensmehrung als Sanierungsertrag i.S.d. § 3a Abs. 1 Satz 1 EStG qualifiziert und damit steuerfrei gestellt werden kann. Dies ist u.E. zu bejahen und wurde von der Finanzverwaltung in der Praxis auch so im Rahmen des sog. Sanierungserlasses vertreten.[3] Hierfür spricht zunächst, dass ein Debt-Equity-Swap zu einer *„Betriebsvermögensmehrung aus einem Schuldenerlass zum Zwecke einer unternehmensbezogenen Sanierung“* führen kann. Insbesondere ist nicht ersichtlich, warum die Tatbestandsmerkmale des § 3a Abs. 2 EStG im Rahmen eines Debt-Equity-Swaps nicht erfüllbar sein sollten. Etwas anderes ergibt sich u.E. auch nicht aus dem Umstand, dass es sich bei dem Debt-Equity-Swap im Wege einer offenen Einlage um ein (teil)entgeltliches Geschäft im Sinne eines Tauschgeschäftes handelt. Denn es ist zu berücksichtigen, dass die einbringenden Gläubiger lediglich im Umfang des gemeinen Wertes ihrer Forderungen Gesellschafterrechte an der Schuldnergesellschaft bekommen und damit eine Gegenleistung erhalten. Nur insoweit handelt es sich um ein entgeltliches Geschäft. In Höhe des nichtwerthaltigen Teils der Forderungen liegt hingegen kein entgeltliches Geschäft vor, weil insoweit keine Gegenleistung gewährt wird. Daher ist es überzeugend, den Debt-Equity-Swap bei nicht vollständiger Werthaltigkeit in einen entgeltlichen Teil (Tauschgeschäft) und einen unentgeltlichen Teil (Verzichtsteil) aufzuspalten. Eine andere Auslegung des Gesetzes wäre im Übrigen nicht praxisgerecht. 3.92

Im Rahmen eines Debt-Equity-Swap können sich in der Praxis zudem die Fragen stellen, ob § 3a EStG voraussetzt, dass die Sacheinlage in Gestalt eines Schuldenerlasses (und nicht über eine Forderungseinbringung mit anschließender Konfusion) zu erfolgen hat und ob die jeweiligen Gläubiger eine wirtschaftliche Einbuße durch die Sanierungsmaßnahme (im Sinne eines wirtschaftlichen Verlustes) erleiden müssen. 3.93

Beispiel: Das mit den Gläubigern einer Kapitalgesellschaft vereinbarte Restrukturierungskonzept sieht vor, dass ein Debt-Equity-Swap durchgeführt werden soll. Die Voraussetzungen von § 3a Abs. 2 EStG liegen vor. Allerdings erfolgt der Debt-Equity-Swap dergestalt, dass die Gläubiger ihre notleidenden Forderungen in die Gesellschaft über eine Abtretung einbringen mit der Konsequenz der anschließenden Konfusion auf Ebene der Schuldnergesellschaft. Zu-

---

1/94, BStBl. II 1998, 307, Juris-Rz. 40; *Lang* in D/P/M, § 8 Abs. 3 KStG Teil B Rz. 12 (83. Erg.-Lfg. April 2015).

1 So im Erg. auch *Lang* in D/P/M, § 8 Abs. 3 KStG Teil B Rz. 13 (83. Erg.-Lfg. April 2015).

2 Zum Einfluss der Einlagenkorrektur auf den Steuerbilanzgewinn bei Erfassung über bilanzielle Kapitalkonten s. *Prinz*, DStJG Bd. 34, S. 135 (145).

3 Vgl. auch *Sistermann/Beutel*, DStR 2017, 1065 (1066); *Desens*, FR 2017, 981 (983).

dem hat einer der Gläubiger seine Forderung mit einem Nominalwert von 100 für 10 am Sekundärmarkt erworben. Die diesem Gläubiger im Zuge des Debt-Equity Swap gewährten Gesellschaftsrechte haben einen Wert von 12.

3.94 In dem vorgenannten Beispiel ist § 3a Abs. 1 Satz 1 EStG u.E. unabhängig davon erfüllt, ob die Gläubiger im Gegenzug für die Gewährung der Anteile auf ihre jeweilige Forderung verzichten oder die Forderungen durch Abtretung in die Gesellschaft einbringen (mit der Konsequenz der anschließenden Konfusion). Nach der Gesetzesbegründung, die sich auf ein Urteil des BFH[1] stützt, soll das Erlöschen von Verbindlichkeiten aufgrund von Konfusion keinen Schuldenerlass i.S.d. § 3a EStG darstellen.[2] Diese Auffassung wird in der Literatur kritisch gesehen.[3] Auch nach unserer Auffassung sollte aufgrund der wirtschaftlichen Vergleichbarkeit zum Forderungserlass der Fall der Konfusion unter § 3a EStG subsumiert werden. Wirtschaftlich führen beide Möglichkeiten zu demselben Ergebnis, so dass die zugrunde liegende Technik keinen Einfluss auf die steuerrechtliche Beurteilung haben sollte. Die Gerichte und Finanzverwaltung sollten bei der Auslegung von § 3a EStG bedenken, dass Sanierungen der Rettung von Unternehmen und Arbeitsplätzen dienen und es nicht im Interesse des Fiskus sein kann, das Steuerrecht in diesen Fällen zu formalistisch auszulegen und wirtschaftlich Vergleichbares unterschiedlich zu behandeln.

3.95 Im Beispielsfall sollte die Anwendbarkeit des § 3a Abs. 1 Satz 1 EStG auch nicht (anteilig) an dem Umstand scheitern, dass einer der Gläubiger seine Forderung unter dem Nominalwert erworben hat und infolge des Debt-Equity-Swaps keine finanziellen Einbußen erleidet. Die Finanzverwaltung hat in diesen Fällen teilweise versucht, die Sanierungsabsicht in Zweifel zu ziehen. Dies überzeugt indes nicht, weil auch diese Gläubiger in aller Regel mit Sanierungsabsicht handeln. § 3a Abs. 2 EStG setzt keinen Sanierungsbeitrag im Sinne einer Vermögenseinbuße voraus. In der Praxis würde die Anwendbarkeit des § 3a ESG bei einem abweichenden Verständnis auch von Zufälligkeiten abhängen. Schließlich ist zu bedenken, dass zahlreiche Forderungen gegen Unternehmen auf Sekundärmärkten gehandelt werden und es bei einer größeren Anzahl an Gläubigern kaum verlässlich feststellbar ist, welche Gläubiger die Forderungen sekundär erworben haben und zu welchen Anschaffungskosten dies erfolgt ist. Auch hier bleibt zu hoffen, dass Rechtsprechung und Finanzverwaltung die Regelung des § 3a EStG praxisgerecht auslegen und anwenden werden.

2. Auswirkungen auf Ebene des Gläubigers

3.96 Aus der Qualifikation einer offenen Einlage als **tauschähnlichen Vorgang** ergeben sich auch aus Sicht der (Neu-)Gesellschafter steuerliche Konsequenzen. Der ehemalige Gläubiger erwirbt durch den Debt-Equity-Swap Anteile an der Gesellschaft. Die Anschaffungskosten dieser Anteile bestimmen sich nach dem gemeinen Wert der hingegebenen Forderung (§ 6 Abs. 6 Satz 1 EStG). Gleichzeitig erlischt die ursprüngliche Forderung gegenüber der Gesellschaft. Soweit diese im Betriebsvermögen ge-

1 BFH v. 14.10.1987 – I R 381/83, BFH/NV 1989, 141.

2 BR-Drucks. 59/17, 15; in BT-Drucks. 18/12128, 30 f. fehlt ein entsprechender Hinweis.

3 *Kanzler*, NWB 2017, 2260 (2264).

halten wurde und der gemeine Wert unterhalb des Buchwertes der Forderung liegt, entsteht hierdurch grundsätzlich steuerwirksamer Aufwand.[1] § 8b Abs. 3 Satz 4 KStG sollte bei einem Debt-Equity Swap nicht anwendbar sein. Dies gilt jedenfalls dann, wenn der Gläubiger vorher nicht relevant an der Schuldnerkapitalgesellschaft beteiligt ist.

V. Sonstiges

Ein Debt-Equity-Swap kann einen schädlichen Beteiligungserwerb gem. § 8c Abs. 1 KStG begründen. In diesen Fällen können ggf. die Voraussetzungen der Sanierungsklausel nach § 8c Abs. 1a KSG vorliegen und einen schädlichen Beteiligungserwerb ausschließen. Zudem ist denkbar, dass durch die bei einem Debt-Equity-Swap entstehenden Anteilsverschiebungen Grunderwerbsteuer ausgelöst wird, wenn die relevanten Schwellenwerte überschritten werden.[2] 3.97

VI. Vor- und Nachteile des Debt-Equity-Swap

3.98

Vorteile	Nachteile
– Unternehmen bleibt als operative Einheit erhalten – Schuldner nehmen am Besserungsfall als Eigenkapitalinvestoren teil – Entschuldung/Stärkung des Eigenkapitals durch endgültige Beseitigung der Verbindlichkeit	– Anwendbarkeit von § 3a EStG, § 7b GewStG mit (weiteren) Unsicherheiten verbunden (vgl. i.Ü. zum Forderungsverzicht) – Ggf. Schwächung der Rechtsstellung der (Alt)Gesellschafter – Ggf. schädlicher Anteilseignerwechsel und/oder Grunderwerbsteuer

E. Schuldübernahme in Gestalt eines Debt-Push-up

I. Grafische Darstellung

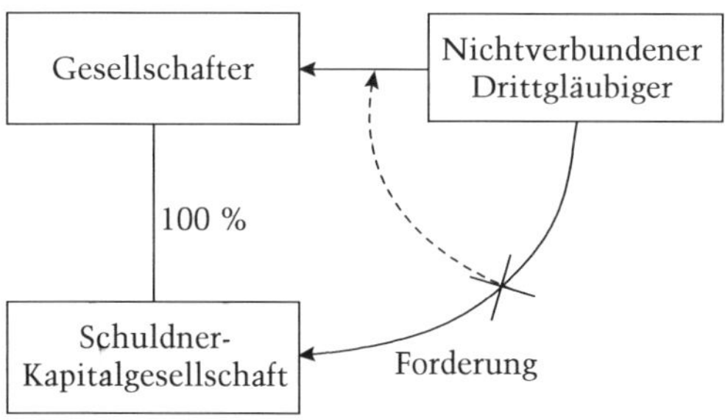

1 *Mückl*, FR 2009, 497 (503).
2 *Buth/Hermanns* in Buth/Hermanns, Restrukturierung, Sanierung, Insolvenz[3], § 35 Rz. 130.

II. Allgemein

3.99 Die Gesellschafter der Krisengesellschaft können zur Sanierung der Gesellschaft bestehende Verbindlichkeiten der Gesellschaft auch schuldbefreiend und regresslos übernehmen (sog. **Debt-Push-up** oder auch **Debt-Pull-up** oder **Debt-Hive-up**). Anders als bei einem Forderungsverzicht erlischt die Schuld nicht, sondern wird lediglich auf eine höhere (Gesellschafter)Ebene transferiert. Ein Debt Push-up ist dabei im Regelfall nur bei Strukturen mit einem Alleingesellschafter oder zumindest einem begrenzten Gesellschafterkreis umsetzbar.

3.100 Die Sanierung von Schuldnerunternehmen über einen Debt-Push-up hat insbesondere bei großen Restrukturierungen unter dem Sanierungserlass als Alternative zum Forderungsverzicht eine relativ große Rolle gespielt, weil hierüber zum einen die großen Unsicherheiten im Zusammenhang mit dem Sanierungserlass (z.B. EU-Beihilfenproblematik) vermieden werden konnten und zum anderen auch das Abstimmungserfordernis über die Billigkeitsmaßnahme betreffend die Gewerbesteuer mit einer ggf. großen Anzahl an unterschiedlichen Gemeinden entfallen konnte. Aber auch nach Einführung von § 3a EStG, § 7b GewStG kann der Debt-Push-up aus diversen Gründen für die Parteien (insbesondere das Schuldnerunternehmen und die Gläubiger) im Vergleich zu einem Forderungsverzicht oder einem Debt-Equity-Swap die präferierte Lösung sein. Bedauerlicherweise steht die Finanzverwaltung dieser Form der Gestaltung zunehmend kritisch gegenüber (vgl. hierzu unter Rz. 3.12).

III. Zivilrechtliche Beurteilung

3.101 Bei der **befreienden Schuldübernahme** gem. §§ 414 ff. BGB verpflichtet sich ein Dritter (Neuschuldner), eine Schuld inhaltlich unverändert von dem bisherigen Schuldner (Altschuldner) zu übernehmen. Der Neuschuldner tritt an die Stelle des Altschuldners; letzterer scheidet mit befreiender Wirkung aus dem Schuldverhältnis aus (rechtliche Schuldbefreiung). Um sich als Sanierungsinstrument zu qualifizieren, muss die Schuldübernahme ohne Regressanspruch des Neuschuldners gegen den Altschuldner ausgestaltet werden.

3.102 Technisch kann die Schuldübernahme durch zweiseitige Vereinbarung zwischen Gläubiger und Neuschuldner im Wege eines Vertrags zugunsten des Altschuldners (§ 414 BGB), durch Vereinbarung zwischen Alt- und Neuschuldner, der jedoch zu seiner Wirksamkeit der Genehmigung des Gläubigers bedarf (§§ 415, 329 BGB), oder im Wege einer dreiseitigen Vereinbarung zwischen Altschuldner, Neuschuldner und Gläubiger umgesetzt werden. Hieraus folgt, dass eine befreiende Schuldübernahme im Gegensatz zum Austausch des Forderungsinhabers im Rahmen einer Abtretung nur mit Zustimmung des Gläubigers möglich ist. Sofern der Gläubiger die Zustimmung nicht erteilt, kommt eine **Erfüllungsübernahme** in Betracht, die nur Rechte und Pflichten im Innenverhältnis zwischen dem Schuldner und dem Übernehmer begründet (§§ 415 Abs. 3, 329 BGB).[1]

---

1 Vgl. hierzu auch *M. Prinz*, FR 2011, 445.

Mit der Schuldübernahme **erlöschen** die für die Forderung bestellten **Bürgschaften** und **Pfandrechte, § 418 Abs. 1 Satz 1 BGB**. Besteht für die Forderung eine Hypothek, so wird der Gläubiger so gestellt, als habe er auf die Hypothek verzichtet. Sollen die bestellten Pfandrechte oder die bestellte Hypothek zur Sicherung der Forderung bestehen bleiben, muss der Sicherungsgeber einwilligen (§ 418 BGB).[1] Im Zweifel wird daher der Gläubiger der Schuldübernahme nur zustimmen, wenn der Sicherungsgeber gleichzeitig in den Fortbestand des Sicherungsmittels einwilligt. 3.103

Die Ausführungen zur Schuldübernahme gelten auch für die gesetzlich nicht geregelte **Vertragsübernahme**, d.h. für den Austausch des Vertragspartners bei inhaltlich gleichbleibenden Vertragsverhältnissen.[2] 3.104

IV. Ertragsteuerliche Konsequenzen

1. Ebene der Gesellschaft

Für die steuerlichen Konsequenzen auf Ebene der Gesellschaft ist zwischen der einstufigen (§ 414 BGB) und der zweistufigen (§ 415 BGB) Schuldübernahme zu differenzieren. Während sich der BFH noch nicht explizit zu einer einseitigen Schuldübernahme geäußert hat, so hat er mit Beschluss aus dem Jahre 2001 zu einer zweistufigen Schuldübernahme bestätigt, dass ein Debt-Push-up grundsätzlich steuerneutral strukturiert werden kann, und zwar unabhängig von der Werthaltigkeit der notleidenden Forderung.[3] 3.105

Wie der Name der zweistufigen Schuldübernahme bereits nahelegt, sind hierbei zwei Schritte zu unterscheiden: In einem ersten Schritt sollte die übernehmende Muttergesellschaft mit der Schuldnergesellschaft einen Schuldübernahmevertrag unter Ausschluss jeglicher Rückgriffsansprüche im Hinblick auf die betreffende Schuld abschließen. Erst in einem zweiten Schritt genehmigt der jeweilige Gläubiger die Schuldübernahme und verhilft dem Debt-Push-up damit zur (zivilrechtlichen) Wirksamkeit. Die Schuldnergesellschaft wird von den Verbindlichkeiten frei, ohne dass eine Regressforderung der Muttergesellschaft gegenüber der Tochtergesellschaft entsteht. 3.106

Wird der Debt-Push-up wie dargestellt strukturiert, erlangt die Tochtergesellschaft im ersten Schritt einen zivilrechtlichen Freistellungsanspruch in Höhe der Verbindlichkeit gegenüber der Muttergesellschaft. Diesen Freistellungsanspruch kann die Tochtergesellschaft in voller Höhe einbuchen. Die hierdurch eintretende Vermögensmehrung ist grundsätzlich durch das Gesellschaftsverhältnis veranlasst und damit nach den Grundsätzen der verdeckten Einlage steuerneutral. Im Unterschied zu einem Forderungsverzicht durch einen Gesellschaftergläubiger ist bei einem Debt-Push-up von einer vollständigen Werthaltigkeit der Einlage auszugehen. Denn eingelegt wird keine notleidende Forderung, sondern ein vollwerthaltiger Freistel- 3.107

1 Zu den Anforderungen an die Einwilligung des Sicherungsnehmers vgl. *Stürner* in Jauernig[17], § 418 BGB Rz. 1.

2 Vgl. *Grüneberg* in Palandt[78], § 415 BGB Rz. 398, 41 ff.

3 BFH v. 20.12.2001 – I B 74/01, BFH/NV 2002, 678.

lungsanspruch der Tochter(schuldner)gesellschaft gegen ihre Muttergesellschaft. Von einer vollen Werthaltigkeit ist u.E. auch dann auszugehen, wenn die Mutter – wie in der Praxis häufig – selbst nicht in der Lage ist, die übernommene Schuld zu erfüllen. Entscheidend ist nur, dass die Mutter in der Lage ist, ihre Verpflichtung aus der Freistellungsvereinbarung zu erfüllen. Hiervon ist zumindest dann auszugehen, wenn im Rahmen der Strukturierung eine (vorgreifliche) Verpflichtung des Gläubigers vorgesehen ist, die Schuldübernahmevereinbarung zwischen Mutter und Tochter (nachträglich) zu genehmigen. Mit der im zweiten Schritt erfolgenden Genehmigung der Schuldübernahmevereinbarung durch den Forderungsgläubiger fallen sowohl der im ersten Schritt begründete und eingebuchte Freistellungsanspruch (durch Erfüllung) als auch die korrespondierende Schuld (durch Schuldübernahme) weg. Da der Freistellungsanspruch und die entsprechende Schuld in gleicher Höhe bilanziert sind, stellt der zweite Schritt eine bilanzverkürzende und (steuer)neutrale Maßnahme dar.

3.108 Erfolgt die Schuldübernahme **einstufig nach § 414 BGB**, wird der Altschuldner mit Abschluss der Schuldübernahmevereinbarung von der Verbindlichkeit befreit. Die Verbindlichkeit ist daher unmittelbar aus der Bilanz auszubuchen, was zu einer Erhöhung des Unterschiedsbetrags i.S.d. § 4 Abs. 1 Satz 1 EStG führt. Auch hier ist es wichtig, dass die Schuldübernahme ohne Regressanspruch des übernehmenden Gesellschafters erfolgt, weil die Schuldnergesellschaft anderenfalls eine neue Verbindlichkeit gegenüber dem Gesellschafter einbuchen müsste. Steuerlich liegt auch bei dieser Form der einseitigen Schuldübernahme durch den Gesellschafter eine verdeckte Einlage vor. Anders als bei der zweistufigen Schuldübernahme wird allerdings kein Freistellungsanspruch eingelegt, sondern die Einlage ist in dem unmittelbaren Wegfall der Verbindlichkeit begründet. Auch in dieser Gestaltung liegt u.E. eine voll werthaltige Einlage vor, so dass der durch den Wegfall der Verbindlichkeit entstehende Steuerbilanzgewinn außerbilanziell vollständig zu neutralisieren ist. Insbesondere kann es für die Frage der Bewertung der Einlage nicht auf die Werthaltigkeit der Forderung ankommen. Zum einen ist die Forderung nicht der Einlagegegenstand, sondern die Entlastung der Gesellschaft durch den Wegfall der Verbindlichkeit. Zum anderen ist die Einlage aus Sicht des Schuldnerunternehmens zu bewerten, und nicht aus Sicht des (Dritt-)Gläubigers. Auch wenn die Forderung bei einer zweifelhaften Solvenz des Schuldners an Wert verlieren mag, bleibt der Schuldner vollständig zur Bedienung der Schuld verpflichtet. Demnach ist ein Schuldner auch in der Krise in voller Höhe durch eine ausstehende Schuld belastet bzw. wird durch eine Schuldübernahme entlastet.

3.109 Insgesamt ist allerdings zu beachten, dass sich die Finanzverwaltung bislang noch nicht explizit zu der Behandlung eines Debt-Push-up im Fall einer notleidenden Forderung geäußert hat. Teilweise wird hier die Auffassung vertreten, es sei – entgegen der vorstehenden Ausführungen – bei der Bewertung der Einlage stets auf den Wert der Forderung abzustellen und mangels Schuldenerlass käme auch eine Anwendung von **§ 3a Abs. 1 Satz 1 ESG** nicht in Betracht. Hier hat sich die Finanzverwaltung bereits auf Gestaltungen eingelassen, bei denen die Schuldübernahme über einen Verzicht strukturiert wurde. In diesen Fällen haben die Gläubiger gegenüber der Schuldnergesellschaft auf ihre ausstehenden Forderungen verzichtet, um den Anwendungsbereich von § 3a Abs. 1 Satz 1 EStG zu eröffnen, und zeitgleich hat der

Gesellschafter der Schuldnergesellschaft den Gläubigern über ein Schuldanerkenntnis eine Forderung in gleicher Höhe eingeräumt.

3.110 Durch den Debt-Push-Up ist es – je nach Gesellschafterstruktur – auch möglich, die Forderung auf eine Gesellschaft in einer anderen Jurisdiktion zu übertragen, in der sich ein Forderungsverzicht steuerrechtlich weniger problematisch darstellt als in Deutschland. Ein Gestaltungsmissbrauch kann in diesen Fällen regelmäßig nicht angenommen werden und ist insbesondere dann nicht überzeugend vertretbar, wenn der Debt-Push-up und ein später bei der ausländischen Muttergesellschaft erfolgender Verzicht nicht in rechtlichem und sachlichem Zusammenhang stehen.[1]

2. Ebene des Gesellschafters

3.111 Auf Ebene des (bilanzierenden) Gesellschafters ist die **übernommene Verbindlichkeit** als eigene Schuld in der Bilanz **zu passivieren.**[2] Da lediglich ein Austausch der Schuldnerschaft stattgefunden hat, der das zugrunde liegende Schuldverhältnis nicht berührt, ist die Verbindlichkeit nach denselben Vorschriften zu bilanzieren wie ursprünglich bei der Gesellschaft.[3] Überlegungen, wonach Verpflichtungen im Rahmen einer Schuldübernahme sich stets in Freistellungsverpflichtungen umwandeln sollen,[4] sind u.E. nicht zutreffend, da eine derartige Umwandlung mit dem Prinzip der rechtlichen Schuldidentität nicht vereinbar wäre.[5] Auswirkungen haben diese unterschiedlichen Ansichten jedoch nur in den Fällen, in denen die Schuldübernahme entgeltlich erfolgt, da in diesen Konstellationen eventuelle steuerliche Ansatzverbote auf Seiten der Gesellschaft zum Tragen kommen könnten.[6] Im Falle des Gesellschafters, der eine Schuldübernahme zur Sanierung seiner Gesellschaft durchführt, wird diese jedoch i.d.R. unentgeltlich erfolgen, so dass steuerliche Ansatzverbote insoweit unerheblich sind.

3.112 In gleicher Höhe liegt ferner eine **verdeckte Einlage** aus der Schuldübernahme in die Gesellschaft vor, die korrespondierend zu einer erfolgswirksamen Zuschreibung des Beteiligungswertes an der Gesellschaft führt.[7] Die Zuschreibung auf den Buchwert der Beteiligung erfolgt in Höhe der verdeckten Einlage, also in Höhe des Nennwertes der übernommenen Verbindlichkeit (§ 6 Abs. 6 Satz 2 i.V.m. § 5 Abs. 6 EStG).[8] Auf die Werthaltigkeit der Darlehensforderung kommt es nach der hier vertretenen Auffassung insoweit nicht an.[9]

---

1 Vgl. *Schmidt/Hageböcke*, DStR 2002, 2150.
2 *Schmidt/Hageböke*, DStR 2002, 2150 (2152).
3 Vgl. *M. Prinz*, FR 2011, 445 (450).
4 Vgl. *Bogenschütz*, Ubg 2008, 135 (139); *Schultz*, DB 2011, 608 (610).
5 Vgl. hierzu ausführlich *M. Prinz*, FR 2011, 445 (450).
6 Zur Anwendbarkeit steuerlicher Ansatzverbote auf entgeltliche Schuldübernahmen vgl. *M. Prinz*, FR 2011, 445 (449 ff.); *Ley*, DStR 2007, 589; *Kolbe*, StuB 2009, 237.
7 Vgl. *Düll/Fuhrmann/Eberhard*, DStR 2002, 1030; *Schmidt/Hageböke*, DStR 2002, 2150 (2153).
8 Vgl. *Schmidt/Hageböke*, DStR 2002, 1203; *Schmidt/Hageböke*, DStR 2002, 2150 (2153); *Hoffmann*, GmbHR 2002, 223; *Hoffmann*, DStR 2002, 1237.
9 Vgl. *Herzig/Liekenbrock*, Ubg 2011, 313 (321); *Düll/Fuhrmann/Eberhard*, DStR 2002, 1030; *Schmidt/Hageböke*, DStR 2002, 2153; *Töben/Lohbeck/Specker*, NWB 2009, 1492;

3.113 Teilweise kann die steuerliche Behandlung der Schuldübernahme durch die **Finanzverwaltung** jedoch von den oben genannten Grundsätzen **abweichen**. So kann z.B. in den Fällen, in denen ein Gesellschafter seine eigene Forderung gegenüber der Gesellschaft übernimmt, die Schuldübernahme eher nach den Grundsätzen des Forderungsverzichtes zu behandeln sein (Rz. 3.47 ff.) da in diesem Fall beide Rechtshandlungen einander stark angenähert und die Rechtsfolgen identisch sind.[1] Zudem kann auch in Fällen, in denen nicht der Gläubiger selbst, sondern eine ihm nahestehende Person die Schuld übernimmt, ein Missbrauch von Gestaltungsmöglichkeiten von der Finanzverwaltung angenommen werden, so dass die Schuldübernahme ebenfalls wie ein Forderungsverzicht zu behandeln wäre. Zwar dürfte die Annahme eines Gestaltungsmissbrauchs mit Blick auf den BFH-Beschluss vom 20.12.2001 in aller Regel zu verneinen sein,[2] jedoch besteht insoweit keine endgültige Rechtssicherheit.[3]

3.114 Eine **abweichende** Behandlung der Schuldübernahme von den allgemeinen Grundsätzen ist zudem auch dann vorzunehmen, wenn der Gesellschafter den **Regressverzicht** zugunsten der Gesellschaft nicht ausdrücklich und von vornherein ausspricht, sondern dieser **stillschweigend** zwischen den Parteien vereinbart oder sogar erst bei Fortschreiten der Krise gegenüber der Gesellschaft erklärt wird. In diesem Fall erwirbt der Gesellschafter zunächst durch die Schuldübernahme einen Regressanspruch gegen die Gesellschaft. Verzichtet er hierauf nachträglich, erhöhen sich die nachträglichen Anschaffungskosten seiner Beteiligung an der Gesellschaft nur in Höhe des werthaltigen Teils der Forderung (Rz. 3.48 ff.).[4]

V. Vor- und Nachteile des Debt-Push-up

3.115

Vorteile	Nachteile
– Bei Verzicht auf jegliche Regressansprüche durch den übernehmenden Gesellschafter: Entschuldung/Stärkung des Eigenkapitals durch endgültige Beseitigung der Verbindlichkeit	– Steuerneutralität muss durch verbindliche Auskunft abgesichert werden (Finanzverwaltung steht Debt-Push-up außerhalb von § 3a EStG zunehmend kritsch gegenüber)
– Grundsätzlich kein Untergang von vorhandenen, nicht genutzten Verlusten	– Verbindlichkeit wird nicht eliminiert, sondern nur verschoben

Bogenschütz, Ubg 2010, 410 f.; *Hierstetter*, DStR 2010, 882 (886); a.A. *Schmidt/Mielke*, Ubg 2009, 397; *Förster*, Ubg 2010, 763.

1 *Hierstetter*, DStR 2010, 882, 886; *Loose/Maier* in Lüdicke/Sistermann, Unternehmensteuerrecht², § 17 Fn. 166.

2 *Gosch*, StBp 2002, 117; *Hoffmann*, GmbHR 2002, 222; *Schmidt/Hageböke*, DStR 2002, 2150; *Hierstetter*, DStR 2010, 882 (886).

3 Vgl. hierzu auch BFH v. 29.8.2007 – IX R 17/07, BStBl. II 2008, 502 = EStB 2008, 90 = DStRE 2008, 313, hiernach wurde ein Gestaltungsmissbrauch bei der wechselseitigen Übernahme von Verbindlichkeiten durch nahe stehende Personen angenommen.

4 Vgl. BFH v. 31.5.2005 – X R 36/02, BStBl. II 2005, 707 = GmbH-StB 2005, 287 = EStB 2005, 316 = DStR 2005, 1389; *Schmidt/Mielke*, Ubg 2009, 395 (397); es erfolgt eine dem Forderungsverzicht identische Behandlung.

Vorteile	**Nachteile**
– Erhöhung des Beteiligungsbuchwertes und des steuerlichen Einlagenkontos	– Struktur i.d.R. nur bei 100 %-Gesellschafter oder begrenztem Gesellschafterkreis umsetzbar

F. Debt-Buy-Back

I. Grafische Darstellung

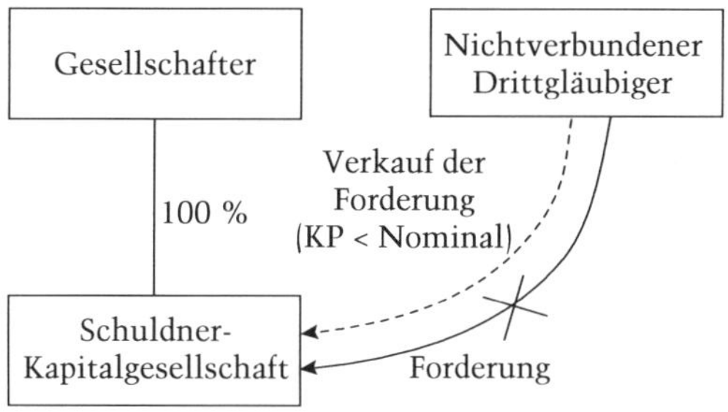

II. Allgemein

Eine Möglichkeit zur konsensualen Restrukturierung des Schuldnerunternehmens 3.116
stellt der **Debt-Buy-Back** dar. Hierbei verkauft der Gläubiger die notleidende Forderung entweder an die Schuldnergesellschaft selbst ***(Borrower-Buy-Back)*** oder alternativ an ein verbundenes Unternehmen der Schuldnergesellschaft, wie beispielsweise die Mutter- oder Tochtergesellschaft ***(Group-Buy-Back)***. Ein Debt-Buy-Back wird häufig auch deshalb in Betracht gezogen, weil die Verbindlichkeiten vieler Unternehmen am Sekundärmarkt zum Teil deutlich unter Nominalwert gehandelt werden.

Durch einen Debt-Buy-Back lässt sich die **Eigenkapitalquote** des Schuldnerunter- 3.117
nehmens wie bei einem Forderungsverzicht oder Debt-Equity-Swap **verbessern**. Dies gilt für einen Group-Buy-Back allerdings nur für den konsolidierten Abschluss (Konzernabschluss), sofern das Schuldnerunternehmen und die Gruppengesellschaft, die die notleidende Forderung erwirbt, Teil desselben Konsolidierungskreises sind.

III. Zivilrechtliche Beurteilung

Der (dingliche) Erwerb notleidender Darlehen und Finanzprodukte erfolgt in der Pra- 3.118
xis überwiegend als **Forderungsabtretung** (Zession) gem. §§ 398 ff. BGB, so dass akzessorische Nebenrechte gem. § 401 BGB automatisch mit übergehen. Nach § 399 BGB kann eine Forderung nicht abgetreten werden, wenn die Leistung an einen anderen als den ursprünglichen Gläubiger nicht ohne Veränderung ihres Inhalts erfolgen kann oder die Abtretung durch Vereinbarung mit dem Schuldner ausgeschlossen ist.

Ob ein (Rück-)Erwerb an dieser Regelung scheitert, bleibt eine Frage des Einzelfalls. 3.119
Da sich der Leistungsinhalt (Geldzahlung) nicht durch einen Gläubigerwechsel ändert, ist für die dingliche Wirksamkeit eines Debt-Buy-Back allein das Eingreifen ei-

nes ggf. vereinbarten **Abtretungsverbots** entscheidend.[1] Ein solches Abtretungsverbot soll nach der Rechtsprechung des BGH nicht aus dem gewohnheitsrechtlich anerkannten Bankgeheimnis abgeleitet werden können.[2] Liegt der abzutretenden Forderung ein beidseitiges Handelsgeschäft zugrunde, scheitert ein vereinbartes Abtretungsverbot regelmäßig an § 354a Abs. 1 HGB, der eine Wirksamkeit der Abtretung trotz des vereinbarten Abtretungsverbotes anordnet.[3] Zu beachten ist, dass dies nach § 354a Abs. 2 HGB nicht für Forderungen aus einem Darlehensvertrag gilt, deren Gläubiger ein Kreditinstitut im Sinne des Kreditwesengesetzes ist.

3.120 **Die dem Finanzierungsinstrument zugrunde liegenden Vereinbarungen** können vorsehen, dass weder der Schuldner noch ein mit ihm verbundenes Unternehmen das Finanzinstrument erwerben darf.[4] Sind in der Finanzierungsvereinbarung keine einem Debt-Buy-Back entgegenstehenden Regelungen enthalten, kann ein Debt-Buy-Back dennoch praktisch ausgeschlossen sein, wenn die Finanzierungsvereinbarungen **Beschränkungen** des Schuldnerunternehmens im Hinblick auf die **Verwendung freier Mittel** enthalten.[5] In diesen Fällen dürfte aber ein Group-Buy-Back möglich bleiben.

3.121 Im Falle eines Group-Buy-Back können sich Interessenkonflikte mit den kreditgebenden Banken ergeben, wenn das mit dem Schuldner verbundene Unternehmen als Kreditgeber Teil des Bankenkonsortiums wird. Dies dürfte insbesondere dann zutreffen, wenn es zu einer **Vereinigung der „Equity"- und „Debt"-Position** kommt; das verbundene Unternehmen also gleichzeitig direkt oder indirekt am Eigenkapital des Kreditnehmers beteiligt ist oder Interessen der Eigenkapitalgeber wahrnimmt.[6] Zur Vermeidung derartiger Interessenkollisionen können der Forderungskaufvertrag oder die Gläubigervereinbarung, der sich der Käufer des Finanzierungsinstruments regelmäßig unterwirft, Klauseln enthalten, welche die Geltendmachung bestimmter Rechte aus der Darlehensvereinbarung bzw. der Gläubigervereinbarung ausschließen.[7]

IV. Ertragsteuerliche Konsequenzen

1. Borrower-Buy-Back

3.122 Im Falle eines Forderungserwerbs durch das Schuldnerunternehmen selbst erlöschen (vorbehaltlich einer Verbriefung) Forderung und Verbindlichkeit durch Konfusion.[8] Hier kommt es regelmäßig zu einem **Konfusionsgewinn**, weil die notleidende Forderung zu einem Kaufpreis unter Nominalwert erworben wird. Der Konfusionsgewinn

1 *Reuter/Buschmann*, ZIP 2008, 1003 (1005); *Aleth/Böhle*, DStR 2010, 1186 (1187).

2 BGH v. 27.2.2007 – XI ZR 195/05, NJW 2007, 2106; BGH v. 27.11.1990 – XI ZR 308/89, NJW 1991, 693.

3 *Aleth/Böhle*, DStR 2010, 1186 (1187); *Reuter/Buschmann*, ZIP 2008, 1003 (1004); *von Ilberg/Tschesche*, BB 2010, 259 (260).

4 *Rödding/Bühring*, DStR 2009, 1933 (1935 f.).

5 *Aleth/Böhle*, DStR 2010, 1186 (1190 f.) m.w.N.

6 *Rödding/Bühring*, DStR 2009, 1933 (1935 f.); *Aleth/Böhle*, DStR 2010, 1186 (1191).

7 *Aleth/Böhle*, DStR 2010, 1186 (1191).

8 Vgl. Vorauflage, Rz. 3.144; *Häuselmann*, Ubg 2009, 225 (228).

entsteht in Höhe der Differenz aus dem Betrag, mit dem das Schuldnerunternehmen die korrespondierende Verbindlichkeit passiviert hat, was regelmäßig dem Nominalbetrag der Forderung entspricht, und dem Kaufpreis bzw. den Anschaffungskosten der notleidenden Forderung. Der Konfusionsgewinn ist grundsätzlich voll steuerpflichtig.[1] Die Rechtsfolgen stellen sich insoweit vergleichbar einem (teilweisen) Forderungsverzicht dar.

Ungeklärt ist, ob **§ 3a EStG** auf einen **Konfusionsgewinn** anzuwenden ist. Gestützt auf ein Urteil des BFH[2] soll nach der Gesetzesbegründung das Erlöschen von Verbindlichkeiten aufgrund von Konfusion keinen Schuldenerlass i.S.d. § 3a EStG darstellen.[3] Diese Auffassung wird in der Literatur u.E. zu Recht kritisiert. *Kanzler* stützt seine Kritik darauf, dass in Höhe der Differenz zwischen Kaufpreis und passiviertem Wert der Verbindlichkeit ein Ertrag entstehe, der auf einem teilweisen Verzicht des Gläubigers auf die Darlehensrückzahlung beruhe.[4] U.E. sollte aufgrund der wirtschaftlichen Vergleichbarkeit zum Forderungserlass auch im Falle eines Rückkaufs von Forderungen durch den Schuldner unter dem Nennwert (Debt Buy Back) § 3a EStG entsprechend anwendbar sein.[5] Wirtschaftlich macht es gerade keinen Unterschied, ob zunächst ein bestimmter Betrag (Tilgungsbetrag) auf die Forderung des Gläubigers geleistet wird und dieser anschließend auf den Restbetrag verzichtet oder für einen dem Tilgungsbetrag entsprechenden Kaufpreis die gesamte Forderung vom Schuldner erworben wird und diese durch Konfusion erlischt. In der Praxis kommt es durchaus vor, dass die Vereinbarung eines Forderungsverzichts mit den entsprechenden Gläubigern scheitert, da die Gläubiger entweder nur schwer greifbar sind (z.B. bei gehandelten Bonds) oder aufgrund unternehmensinterner Anweisungen einem Verzicht nicht zustimmen werden (z.B. bei Banken möglich). Das Sanierungssteuerrecht muss daher im Interesse des Sanierungserfolgs praxisgerecht ausgelegt werden (vgl. auch schon Rz. 3.94). 3.123

2. Group-Buy-Back

a) Kein Konfusionsgewinn

Im Fall eines Forderungserwerbs durch eine Gruppengesellschaft ergeben sich zunächst keine unmittelbaren steuerlichen Auswirkungen bei der Schuldnergesellschaft oder der die Forderung erwerbenden Gruppengesellschaft.[6] Insbesondere kommt es zu keiner Konfusion bzw. **keinem Konfusionsgewinn**, weil sich Gläubiger und Schuldner nicht in einer Person vereinigen. Insoweit entsteht eine gruppeninterne Darlehensbeziehung. Die Gruppengesellschaft, die die Forderung erworben hat, akti- 3.124

1 Vgl. BFH v. 9.6.1997 – GrS 1/94, BStBl. II 1998, 307 = GmbH-StB 1997, 203; *Förster*, Ubg 2010 S. 758 (762).
2 BFH v. 14.10.1987 – I R 381/83, BFH/NV 1989, 141.
3 BR-Drucks. 59/17, 5.
4 *Kanzler*, NWB 2017, 2260 (2264).
5 Vgl. *Sistermann/Beutel*, DStR 2017, 1065 (1066); ohne nähere Begründung auch *Desens*, FR 2017, 981 (983).
6 Vgl. auch *Rödding/Bühring*, DStR 2009, 1933 (1936); *von Ilberg/Tschesche*, BB 2010, 259 (262).

viert die Forderung gegen das verbundene Schuldnerunternehmen mit den (regelmäßig deutlich unter dem Nominalbetrag liegenden) Anschaffungskosten. Hierbei ist zu beachten, dass die **Rückzahlung der Forderung** bei der betreffenden Gruppengesellschaft zu einem **voll steuerpflichtigen Gewinn** führt, soweit der Rückzahlungsbetrag die Anschaffungskosten der Forderung übersteigt.

3.125 Dieser Aspekt ist bei der Auswahl der die Forderung erwerbenden Gruppengesellschaft zu berücksichtigen. Hier empfiehlt sich ggf. der Erwerb durch eine im niedrig besteuerten Ausland ansässige Gesellschaft. Sind an dieser Erwerbsgesellschaft direkt oder indirekt deutsche Anteilseigner beteiligt, kann der Gewinn aus der Darlehensrückzahlung allerdings der deutschen Hinzurechnungsbesteuerung unterliegen (vgl. §§ 7 ff. AStG).[1] Drohen entsprechende Hinzurechnungsszenarien nach deutschem (oder ausländischem) Recht, sollte der Group-Buy-Back – soweit möglich – über eine den gefährdeten Gesellschaften vorgeschaltete Gesellschaft erfolgen.

b) Verzinsung der erworbenen Forderung

3.126 Hat eine **Muttergesellschaft** des Schuldnerunternehmens die Forderung erworben (d.h. handelt es sich fortan um eine sog. Downstream Forderung), ist nach Auffassung der Finanzverwaltung eine **Niedrigverzinsung erforderlich**, aber auch ausreichend, um eine Abzinsung der Verbindlichkeit nach § 6 Abs. 1 Nr. 3 EStG zu vermeiden (vgl. zur Abzinsung als Gestaltungsoption unter Rz. 3.7 ff.). Eine angemessene Verzinsung ist zumindest nach deutschem Recht nicht erforderlich, um weitere steuerliche Nachteile zu vermeiden. Im Einzelfall kann sich jedoch – je nach Ansässigkeit der Muttergesellschaft – aus ausländischen Verrechnungspreisgrundsätzen (soweit vorhanden) das Erfordernis einer angemessenen Verzinsung ergeben.

3.127 Hat eine **inländische Tochter- oder Schwestergesellschaft** des Schuldnerunternehmens die Forderung erworben (d.h. handelt es sich fortan um eine sog. Upstream bzw. Sidestream Forderung), muss die Forderung **angemessen** (und nicht nur niedrig) **verzinst** werden, um verdeckte Gewinnausschüttungen von dem Schuldnerunternehmen an die Muttergesellschaft zu vermeiden (§ 8 Abs. 3 Satz 2 KStG). In diesen Fällen ist es im Regelfall sinnvoll, zwischen dem Schuldnerunternehmen und der betreffenden Gläubigergesellschaft eine ertragsteuerliche Organschaft zu etablieren, um eine steuerliche Verrechnung des entsprechenden Zinsertrags und Zinsaufwands zu ermöglichen.

c) Group Buy Back und verdeckte Gewinnausschüttung

3.128 Das FG München hat mit Urteil vom 18.12.2000 die Auffassung vertreten, dass ein Group-Buy-Back durch die Mutter der Schuldnergesellschaft bzw. eine nahestehende

---

1 Für Zwischeneinkünfte mit Kapitalanlagecharakter i.S.d. § 7 Abs. 6 Buchst. a AStG sind nach § 7 Abs. 6 AStG schon Beteiligungen deutscher Investoren unter 1 % schädlich. Die Ausnahme von der Hinzurechnungsbesteuerung nach § 8 Abs. 2 AStG greift hier nur in Fällen des § 7 Abs. 2 AStG. Vgl. *Lehfeldt* in Strunk/Kaminski/Köhler, § 8 AStG Rz. 182.18 (45. Erg.-Lfg. September 2016).

Person der Mutter eine **verdeckte Gewinnausschüttung** der Schuldnergesellschaft an die Muttergesellschaft begründen kann. Dies sei zumindest dann der Fall, wenn ein Ankauf einer wertlosen Forderung durch die Muttergesellschaft erfolgt und die Schuldnergesellschaft selbst über hinreichende Liquidität zum Erwerb der gegen sie gerichteten Forderung verfügt hätte. Hierin läge die Überlassung einer Geschäftschance auf Entschuldung an den Gesellschafter.[1]

Der BFH ist dem FG München mit der Begründung nicht gefolgt, dass der Forderungsverkauf und ein (zur Entschuldung führender) Forderungsverzicht weder rechtlich noch wirtschaftlich vergleichbar sind. Aus der Bereitschaft des Gläubigers, seine Forderung zu verkaufen, folge keine reelle Entscheidungsalternative, die sich bietende Geschäftschance selbst wahrzunehmen oder aber sie dem Gesellschafter zu überlassen. Diese Feststellung des BFH ist u.E. schon deshalb richtig, weil der Eigenerwerb der Forderung für die Schuldnergesellschaft aufgrund der damit verbundenen Steuerzahllast keine (vergleichbare) Geschäftschance darstellt. Im Ergebnis hat der BFH damit zu Recht auch eine missbräuchliche Gestaltung i.S.d. § 42 AO abgelehnt.[2] 3.129

3. Zinsschranke

Im Rahmen der Zinsschranke (§ 4h EStG, § 8a KStG) können sich auf Seiten des Käufers durch die mittels des Debt-Buy-Back generierten Zinseinnahmen positive Effekte im Hinblick auf die Abziehbarkeit des ihn treffenden Zinsaufwandes ergeben. Umgekehrt können sich aber auch negative Effekte einstellen, wenn der Erwerb der Darlehensforderung durch einen Anteilseigner, der zu mehr als 25 % am Grund- oder Stammkapital der Schuldnerin beteiligt ist, erfolgt. Betragen die von der Schuldnerin an den Anteilseigner gezahlten Zinsen in diesem Fall mehr als 10 Prozent der die Zinserträge übersteigenden Zinsaufwendungen der Schuldnerin, führt dies gem. § 8a Abs. 2, 3 KStG zur **Nichtanwendbarkeit der Konzernklausel** (§ 4h Abs. 2 Satz 1 lit. b EStG) bzw. der **Escape-Klausel** (§ 4h Abs. 2 Satz 1 lit. c EStG). Letzteres gilt nur, wenn die entsprechende Verbindlichkeit im voll konsolidierten Konzernabschluss ausgewiesen ist.[3] 3.130

V. Umsatzsteuerliche Konsequenzen

Umsatzsteuerlich stellt sich bzgl. einer Forderungsabtretung gegen Entgelt regelmäßig die Frage, ob neben der umsatzsteuerfreien sonstigen Leistung (§ 4 Nr. 8 lit. c UStG), also der Forderungsabtretung an sich, eine **weitere umsatzsteuerpflichtige Leistung des Erwerbers (Zessionar) an den Veräußerer (Zedenten)** vorliegt. Nach der Rechtsprechung des EuGH[4] erbringt der Erwerber einer Forderung (unter Nennwert) grundsätzlich eine (Dienst-)Leistung an den Veräußerer, die im Wesentlichen 3.131

1 FG München v. 18.12.2000 – 6 K 2809/98, EFG 2001, 457.
2 BFH v. 30.1.2002 – I R 13/01, BFH/NV 2002, 1172.
3 Vgl. dazu *Rödding/Bühring*, DStR 2009, 1933 (1936 f.); *von Ilberg/Tschesche*, BB 2010, 259 (262); *Möhlenbrock/Pung* in D/P/M, § 8a KStG Rz. 101 ff. und 162 ff. (83. Erg.-Lfg. April 2015).
4 EuGH v. 26.6.2003 – C-305/01, ECLI:EU:C:2003:377 – MKG, DStR 2003, 1253.

darin besteht, diesen von der Einziehung der Forderung und dem Risiko der Nichterfüllung zu entlasten. Dieser Ansicht haben sich die Finanzverwaltung[1] und der BFH[2] angeschlossen. Die vom Käufer erbrachte Dienstleistung an den Verkäufer der Forderung unterfällt nach Ansicht der Finanzverwaltung dem Katalog der Leistungsbeschreibung des § 3a Abs. 4 Satz 2 Nr. 6 lit. a UStG und ist von der Steuerbefreiung nach § 4 Nr. 8 lit. c UStG ausgenommen. Der Erwerber der Forderung erbringt demgemäß gegenüber dem Verkäufer grundsätzlich eine umsatzsteuerbare und umsatzsteuerpflichtige Leistung.[3]

3.132 Die Frage nach den umsatzsteuerlichen Konsequenzen einer Forderungsabtretung im Zusammenhang mit einem Debt-Buy-Back stellt sich u.E. nur im Fall des Group-Buy-Back, da im Falle des Borrower-Buy-Back die Forderung durch Konfusion erlischt und damit ersichtlich keine gesonderte Leistung (Einziehung der Forderung) vom Erwerber erbracht wird.

3.133 Auch im Fall des Group-Buy-Back dürfte u.E. regelmäßig keine umsatzsteuerbare und umsatzsteuerpflichtige Leistung des Erwerbers an den Veräußerer vorliegen, da der Debt-Buy-Back als Sanierungsmaßnahme regelmäßig zahlungsgestörte Forderungen betreffen wird. Der Erwerber einer zahlungsgestörten Forderung erbringt aber keine Leistung im Sinne des Umsatzsteuerrechts an den Verkäufer, soweit die Differenz zwischen Nennwert und Kaufpreis der Forderung den tatsächlichen wirtschaftlichen Wert der Forderung zum Übertragungszeitpunkt widerspiegelt.[4] Der EuGH hält in diesem Zusammenhang für maßgebend, dass die Differenz zwischen dem Nennwert und dem Kaufpreis der Forderungen nicht als Gegenleistung für eine Leistung angesehen werden kann, wenn die Differenz nur den tatsächlichen Wert der Forderungen zum Übertragungszeitpunkt widerspiegelt, der auf die Zahlungsstörungen und ein erhöhtes Risiko des Ausfalls der Schuldner zurückzuführen ist. Der BFH[5] und die Finanzverwaltung[6] haben sich der Ansicht des EuGH angeschlossen.

3.134 Besonderes Augenmerk sollte in diesem Zusammenhang auf den Nachweis der ordnungsgemäßen Forderungsbewertung sowie auf das Vorliegen einer „zahlungsgestörten Forderung" i.S.v. 2.4 Abs. 7 UStAE gelegt werden.[7]

1 2.4 Abs. 1 UStAE.
2 BFH v. 4.9.2003 – V R 34/99, BStBl. II 2004, 667 = DStR 2003, 1925.
3 Vgl. insgesamt zur Auffassung der Finanzverwaltung 2.4 Abs. 4 UStAE (2010).
4 EuGH v. 27.10.2011 – C-93/10, ECLI:EU:C:2011:700 – GFKL, DStR 2011, 2093.
5 BFH v. 26.1.2012 – V R 18/08, DStR 2012, 513; BFH v. 4.7.2013 – V R 8/10, DStR 2013, 1995.
6 BMF v. 2.12.2015 – III C 2 - S 7100/08/10010, DStR 2015, 2778 sowie 2.4 Abs. 8 UStAE.
7 Vgl. *Beutel/Sistermann* in Lüdicke/Sistermann, Unternehmensteuerrecht², § 18 Rz. 77.

VI. Vor- und Nachteile des Debt-Buy-Back

3.135

Vorteile	Nachteile
– Debt-Buy-Back ohne Konfusionsgewinn sollte sich mit vertretbarem Risiko auch ohne verbindliche Auskunft durchführen lassen (d.h. technisch schnell durchführbare Alternative zum Forderungsverzicht)	– Debt-Buy-Back mit Konfusionsgewinn wirft die zum Forderungsverzicht aufgezeigten Nachteile auf, wobei die Anwendbarkeit des § 3a EStG mit (weiteren) Unsicherheiten verbunden ist – Debt-Buy-Back ohne Konfusionsgewinn führt zwar nicht zu (Sanierungs)Gewinn, aber die Verbindlichkeit wird nicht dauerhaft beseitigt (latente „Steuerbombe“ im Konzern; ggf. AStG-Themen)

G. Debt-Hybrid-Swap

I. Grafische Darstellung

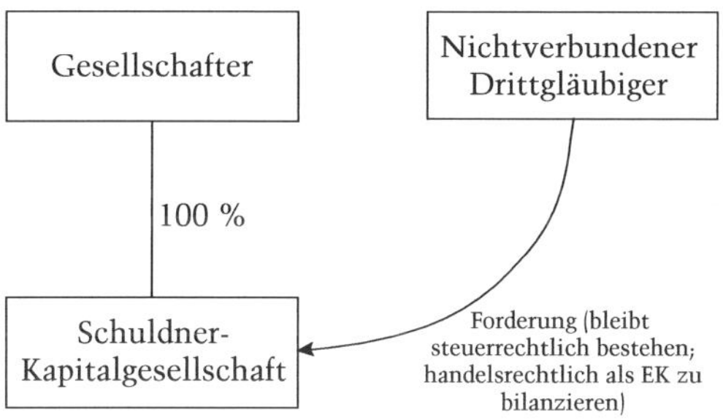

II. Allgemein

Mit dem **Debt-Hybrid-Swap** werden die notleidenden Forderungen gegen das Schuldnerunternehmen **in eine eigenkapitalähnliche(re) Beteiligung umgewandelt**. Hierdurch können sich die Fremdkapitalgeber – je nach Ausgestaltung – vergleichbar einem Debt-Equity-Swap am Erfolg der Schuldnergesellschaft wirtschaftlich beteiligen, ohne aber eine formale Gesellschafterstellung einzunehmen bzw. die (Alt) Gesellschafter aus ihrer (formalen) Gesellschafterstellung ganz oder teilweise zu verdrängen. 3.136

Eine häufig gewählte Form des Debt-Hybrid-Swap besteht darin, das eingetauschte hybride Instrument so auszugestalten, dass es **für handelsrechtliche Zwecke Eigenkapital** darstellt, für **steuerliche Zwecke** aber weiterhin als **Fremdkapital** qualifiziert wird. 3.137

Bei hybriden Instrumenten (z.B. Genussrechten) wird von einem handelsrechtlichen Eigenkapitalinstrument ausgegangen, wenn das Instrument (i) nachrangig gegenüber 3.138

Fremdkapital ist, (ii) eine vollständige Verlustteilnahme vorgesehen und die darauf zu entrichtende Vergütung erfolgsabhängig ist sowie (iii) eine längerfristige Kapitalüberlassung (mindestens fünf, ggf. zehn Jahre) vereinbart ist.[1]

3.139 Für den steuerbilanziellen Ausweis als Eigenkapital ist zumindest nach herrschender Auffassung zusätzlich erforderlich, dass der Gläubiger neben einer Gewinnteilnahme auch an einem Liquidationserlös der Schuldnergesellschaft teilnimmt.[2] Ist dies nicht der Fall, sind auf das Instrument gezahlte Vergütungen grundsätzlich steuerlich abzugsfähig (§ 8 Abs. 3 Satz 2 KStG). Aus dieser Abzugsfähigkeit schlussfolgert die h.M., dass es sich dann auch bilanziell um (steuerliches) Fremdkapital handelt.[3] Wird das hybride Instrument also so strukturiert, dass die o.g. Kriterien für handelsrechtliches Eigenkapital vorliegen, aber eine Beteiligung an einem Liquidationserlös ausgeschlossen ist, entsteht nach herrschender Auffassung ein Finanzinstrument, das handelsrechtlich Eigenkapital und steuerrechtlich Fremdkapital darstellt.

3.140 Nachdem sich die **Finanzverwaltung** zunächst gegen diese Auffassung ausgesprochen hatte und eine steuerliche Beurteilung aufgrund des Maßgeblichkeitsprinzips zwingend nach dem Ansatz in der Handelsbilanz vornehmen wollte,[4] ist sie dem Vernehmen nach von dieser Ansicht abgerückt.[5] Ausweislich des nunmehr gültigen Erlasses des FM Nordrhein-Westfalen vom 18.7.2018 betreffend den steuerbilanziellen Ausweis von Genussrechtskapital soll folgendes gelten:[6]

1. Genussrechtskapital ist nach den handelsrechtlichen Grundsätzen ordnungsgemäßer Buchführung gem. § 5 Abs. 1 Satz 1 EStG in der Steuerbilanz als Verbindlichkeit anzusetzen.
2. Vergütungen auf dieses Genussrechtskapital sind grundsätzlich als Betriebsausgaben abzugsfähig. Sie mindern, vorbehaltlich § 8 Abs. 3 Satz 2 Alt. 2 KStG, grundsätzlich das Einkommen.
3. Diese Rechtsauffassung soll im Nachgang zu den Antwortschreiben des BMF an die Verbände durch ein BMF-Schreiben kommuniziert werden.

Der Erlass weist im Weiteren darauf hin, dass den Beschlüssen die Erkenntnis zugrunde liegt, dass Genussrechte einen schuldrechtlichen Charakter haben und dass

1 IDW-Stellungnahme HFA 1/1994, Rz. 2.1.1., WPg 1994, 419.

2 Nach Ansicht der Finanzverwaltung liegt auch dann eine Beteiligung am Liquidationserlös vor, wenn (i) der Genussrechtsinhaber vor der Liquidation keine Rückzahlung verlangen kann, oder (ii) die Rückzahlung erst in ferner Zukunft verlangt werden kann und daher wirtschaftlich bedeutungslos erscheint; dies sei bei einer Laufzeit unter 30 Jahren nicht anzunehmen; vgl. BMF v. 8.12.1986 – IV B 7 - S 2742 - 26/86, BB 1987, 667; BMF v. 27.12.1995 – IV B 7 - S 2742 - 76/95, BStBl. I 1996, 49.

3 Vgl. *Lechner/Haisch*, Ubg 2012, 115; *Kroener/Momen*, DB 2012, 829 (831); *Oelke/Wöhlert/Degen*, BB 2010, 299 (301); *Krumm* in Blümich, § 5 EStG Rz. 920 (141. Erg.-Lfg. März 2018); *Häuselmann* in Kessler/Kröner/Köhler, Konzernsteuerrecht[3], § 10 Rz. 256.

4 Vgl. OFD Rheinland v. 14.12.2011, Kurzinfo KöSt Nr. 56/2011, DStR 2012, 189 und OFD Nordrhein-Westfalen v. 12.5.2016, DStR 2016, 1816.

5 OFD Nordrhein-Westfalen v. 19.7.2018 – S 2742-2016/0009 St 131.

6 FM Nordrhein-Westfalen v. 18.7.2018 – S 2133-000036-V B 1.

die Beschlüsse allein die Abgrenzung von Eigen- und Fremdkapital bei Genussrechten betreffen.

Auf der einen Seite ist es begrüßenswert, dass die Finanzverwaltung von ihrer ursprünglichen und vielfach kritisierten[1] Auffassung abgerückt ist. Auf der anderen Seite ist allerdings zu konstatieren, dass sich aus den im Erlass gewählten Formulierungen Auslegungsprobleme ergeben. Ungeklärt bleibt insbesondere, ob die Finanzverwaltung nunmehr eine vom Handelsrecht abweichende Bilanzierung von Genussrechtskapital zulassen möchte oder ob der Verweis auf die handelsrechtlichen Grundsätze ordnungsgemäßer Buchführung im Prinzip dazu führt, dass eine Verbindlichkeit in der Steuerbilanz nur angesetzt werden kann, wenn auch ein Ausweis in der Handelsbilanz als Fremdkapital erfolgt. Ebenso bleibt offen, ob die Finanzverwaltung § 8 Abs. 3 Satz 2 Alt. 2 KStG weiterhin lediglich als Regelung zur Einkommensermittlung verstehen möchte oder der Vorschrift auch eine für einen möglichen Steuerbilanzansatz maßgebende Funktion zuerkennt. Vor dem Hintergrund dieser bestehenden Unsicherheiten wäre eine Klarstellung durch die Finanzverwaltung wünschenswert. 3.141

III. Zivilrechtliche Beurteilung

Genussrechte werden schuldrechtlich vereinbart. Es handelt sich dabei nach h.M. um ein **Schuldverhältnis sui generis.**[2] Ohne starre gesetzliche Definition ist ihre Ausgestaltung sehr frei, was im Einzelfall oftmals zu Abgrenzungsschwierigkeiten zwischen Genussrechten und typischen stillen Beteiligungen führen kann.[3] 3.142

IV. Ertragsteuerliche Konsequenzen

Ein Debt-Hybrid-Swap kann **grundsätzlich steuerneutral** vollzogen werden, wenn die steuerliche Einordnung als Fremdkapital beibehalten wird und sich der Vorgang damit lediglich als **Passivtausch** von zwei Schuldposten mit dem gleichen Rückzahlungsbetrag darstellt. Ist dies gewährleistet, ist der Debt-Hybrid-Swap gerade bei Unternehmen mit mehreren Betriebsstätten im Vergleich zum Debt-Equity-Swap deutlich einfacher umzusetzen, weil der steuerlich problematische Sanierungsgewinn nicht ausgelöst wird und sich damit kein Abstimmungsbedarf mit dem Finanzamt bzgl. der Anwendbarkeit von § 3a EStG ergibt. 3.143

Sofern der Debt-Hybrid-Swap allerdings zu einer **steuerlichen Umqualifizierung** der Schuld in Eigenkapital führt, kann der Debt-Hybrid-Swap nicht ohne weiteres steuerneutral durchgeführt werden. Die Grundsätze der (verdeckten) Einlage sind selbst im Falle einer teilweisen Werthaltigkeit bei der Umwandlung eines Fremdkapital-Instruments in ein (steuerliches) Eigenkapital-Genussrecht nur anwendbar, wenn der entsprechende Gläubiger bereits Gesellschafter des Schuldnerunternehmens ist. Anderenfalls kann es nicht zu einer den Steuerbilanzgewinn neutralisierenden (verdeckten) Einlage kommen, weil Genussrechte als Forderungsrechte keine Mitgliedschaft ver- 3.144

1 Vgl. statt aller *Helios*, RdF 2018, 267 (267 f.) m.w.N.
2 *Hermanns* in Henssler/Strohn[4], § 221 AktG Rz. 8.
3 *Stegemann*, DStR 2016, 2151 (2151).

mitteln.[1] Ob die Finanzverwaltung bereit ist, § 3a EStG auf einen Debt-Hybrid-Swap (entsprechend) anzuwenden, ist nicht gesichert, weil die Vorschrift ausweislich ihres Wortlauts nur einen Schuldenerlass als Sanierungsmaßnahme begünstigt.

3.145 Im Übrigen ist bei der Umwandlung einer Verbindlichkeit in ein hybrides Finanzinstrument zu beachten, dass es im Einzelfall zu einem **Untergang von nicht genutzten Verlusten** kommen kann[2] und/oder hybride Finanzinstrumente je nach Ausgestaltung kapitalertragsteuerpflichtig sein können.

V. Vor- und Nachteile des Debt-Hybrid-Swap

3.146

Vorteile	Nachteile
– Gläubiger kann ggf. wie beim Debt-Equity-Swap an Besserungsfall teilnehmen ohne Sanierungsgewinn auszulösen	– Steuerneutralität des Debt-Hybrid-Swap durch verbindliche Auskunft abzusichern, wenn ein HGB-EK Instrument entsteht
– Debt-Hybrid-Swap bei HGB-FK Instrument kann in Eilfällen mit vertretbarem Risiko auch ohne verbindliche Auskunft durchgeführt werden (d.h. technisch schnell durchführbare Alternative zum Debt-Equity-Swap)	– Ggf. Untergang von Verlust- und Zinsvorträgen und/oder Anfall von KapESt – Keine echte Entschuldung/Stärkung des Eigenkapitals (Bilanzkosmetik)
– Verbesserung der Bilanzsituation des Unternehmens nach HGB	

H. Stille Liquidation durch Amtslöschung

I. Grafische Darstellung

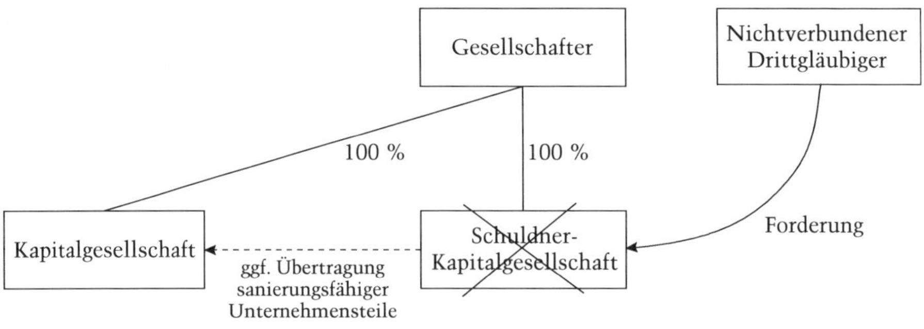

1 *Roser* in Gosch³, § 8 KStG Rz. 131; *Johannemann* in Lüdicke/Sistermann, Unternehmensteuerrecht², § 10 Rz. 25; BGH v. 5.10.1992 – II ZR 172/91, BGHZ 119, 305 (309) = DB 1992, 2383; FG Karlsruhe v. 3.12.2004 – 10 K 225/01, EFG 2005, 530; *Reiners/Haußer* in MünchKomm/HGB³, § 266 Rz. 94.

2 BMF v. 4.7.2008 – IV C 7 - S 2745 - a/08/10001, BStBl. I 2008, 736 Rz. 7 zu *„vergleichbaren Sachverhalten"*; dagegen: *Roser* in Gosch³, § 8c KStG Rz. 44, 56.

II. Allgemein

Eine völlig andere Form der Restrukturierung eröffnet die Möglichkeit zur **Amtslöschung** von vermögenslosen Gesellschaften nach § 60 Abs. 1 Nr. 7 GmbHG i.V.m. § 394 Abs. 1 FamFG. 3.147

Im Unterschied zu den übrigen Restrukturierungsoptionen zielt diese Gestaltung nicht darauf ab, den in der Krise befindlichen Unternehmensträger zu sanieren, sondern diesen steuerneutral samt Verbindlichkeiten im Wege der **Löschung aus dem Handelsregister** dauerhaft zu beseitigen. Vorab werden – soweit vorhanden – etwaige sanierungsfähige Betriebsgrundlagen bzw. Unternehmensteile mit Zustimmung der Gläubiger auf einen neuen Rechtsträger gegen Zahlung eines angemessenen Entgelts übertragen. Auf diesem Rechtsträger werden sodann die sanierungsfähigen Unternehmensteile mit einer in angemessener Höhe übernommenen Fremdfinanzierung fortgeführt. Ein durch einen solchen Abverkauf erlöster Kaufpreis wird regelmäßig – vergleichbar einer sog. übertragenden Sanierung im Rahmen eines Insolvenzverfahrens – zur Tilgung der beim alten Rechtsträger verbliebenen Schulden verwandt. 3.148

III. Zivilrechtliche Beurteilung

Das in § 394 FamFG geregelte Löschungsverfahren kann durch das Schuldnerunternehmen nur angeregt werden; die Einleitung des Verfahrens erfolgt hingegen von Amts wegen (vgl. auch § 26 FamFG).[1] Zuständig ist das AG des Sitzes der Schuldnergesellschaft.[2] Löschungsvoraussetzung ist die **Vermögenslosigkeit der Gesellschaft**. Ist die Gesellschaft vermögenslos und damit nicht mehr lebensfähig, ist das AG grundsätzlich verpflichtet, die Löschung vorzunehmen.[3] 3.149

Die Rechtsfolge der Löschung ist im Einzelnen umstritten. Nach der heute herrschenden Lehre vom Doppeltatbestand führt die Löschung einer Kapitalgesellschaft nur dann zu einer Vollbeendigung der Gesellschaft, wenn neben der Löschung der Gesellschaft die Gesellschaft auch **tatsächlich vermögenslos** ist.[4] Dies bedeutet, dass im Falle des Auftauchens von Vermögen nach der Löschung eine **Nachtragsliquidation** stattzufinden hat, für deren Zwecke die Gesellschaft wieder auflebt.[5] 3.150

---

1 *K. Schmidt/Bitter* in Scholz[11], § 60 GmbHG Rz. 52; *Harders* in Bumiller/Harders/Schwamb[12], § 394 FamFG Rz. 5; *Schemmann* in Haußleiter[2], § 394 FamFG Rz. 8.

2 *Hüffer* in Hüffer/Koch[13], Anh. § 262 AktG Rz. 8.

3 Der Wortlaut von § 394 Abs. 1 Satz 1 FamFG (*„kann"*) suggeriert grundsätzlich ein Ermessen des AG. Nach wohl herrschender Meinung hat die Verwaltungsbehörde hier jedoch nur einen Beurteilungsspielraum, vgl. *Hüffer* in Hüffer/Koch[13], Anh. § 262 AktG Rz. 9 m.w.N.

4 Siehe u.a. *Berner* in MünchKomm/GmbHG[3], § 60 Rz. 33 ff. bzw. *H.F. Müller* in MünchKomm/GmbHG[3], § 74 Rz. 32; *Altmeppen* in Roth/Altmeppen[9], GmbHG, § 65 Rz. 19; *K. Schmidt* in Scholz[11], § 74 GmbHG Rz. 14 ff.; *Nerlich* in Michalski/Heidinger/Leible/Schmidt[3], § 74 GmbHG Rz. 31 ff.; sowie ausdrücklich OLG Celle v. 3.1.2008 – 9 W 124/07, GmbHR 2008, 211; OLG Düsseldorf v. 14.11.2003 – 16 U 95/98, DStR 2004, 1188; BAG v. 4.6.2003 – 10 AZR 448/02, BAGE 106, 217.

5 Siehe *Fichtelmann*, GmbHR 2011, 913; *Seppelt*, BB 2010, 1395 (1398); *K. Schmidt* in Scholz[11], § 74 GmbHG Rz. 10 ff.; vgl. auch BFH v. 25.10.2010 – II ZR 115/09, DStR 2010, 2643 (2644 f.).

3.151 Liegt hingegen tatsächlich eine Vermögenslosigkeit vor, führt die Löschung der Schuldnergesellschaft zur **endgültigen Auflösung** des Rechtsträgers (§ 262 Abs. 1 Nr. 5 AktG, § 69 Abs. 1 Nr. 7 GmbHG, § 131 Abs. 2 Satz 1 Nr. 2 HGB, § 81a Nr. 2 GenG) und mangels Verteilungsmasse zugleich zu dessen **liquidationslosem Erlöschen**. Eine Abwicklung findet nicht statt.[1] Mit dem Erlöschen des Rechtsträgers geht der Untergang sämtlicher Rechte und Pflichten inklusive der ggf. noch bestehenden Verbindlichkeiten einher.[2]

IV. Ertragsteuerliche Konsequenzen

3.152 Die Amtslöschung stellt sich nach richtiger Auffassung **grundsätzlich als steuerneutraler Vorgang** dar. Dies sollte auch dann der Fall sein, wenn die gelöschte Gesellschaft noch über Verbindlichkeiten verfügt, die kraft der Vollbeendigung untergehen. Das Erlöschen der Forderungen führt nach überwiegender Sichtweise nicht dazu, dass bei der Gesellschaft in der logischen Sekunde ihres Erlöschens noch ein steuerpflichtiger Gewinn durch ein steuerpflichtiges Ausbuchen von stehengelassenen (Darlehens)Verbindlichkeiten entsteht. Dies ist bereits gerichtlich bestätigt worden[3] und wird auch von der Finanzverwaltung entsprechend anerkannt.[4] Als Alternative zur Amtslöschung könnten die zurückbleibenden Verbindlichkeiten auch durch einen Erlassvertrag mit den entsprechenden Gläubigern beseitigt werden. Ein solches Vorgehen sollte aber im Hinblick auf die Anwendbarkeit des § 3a EStG mit der Finanzverwaltung abgestimmt werden, s. hierzu Rz. 2.59.

3.153 Steuerlich relevant kann allerdings ein der Amtslöschung ggf. vorgeschalteter Transfer von werthaltigen Assets bzw. Vermögensteilen auf einen neuen Rechtsträger sein. Dies gilt jedenfalls dann, wenn sich in den übertragenden Assets sog. stille Reserven befinden. Diese werden durch einen Transfer grundsätzlich voll steuerpflichtig aufgedeckt. Hier ist im Einzelfall zu prüfen, ob ein solcher Gewinn im Rahmen der Mindestbesteuerung mit Verlustvorträgen verrechnet werden kann oder Verlustausgleichspotential gehoben werden kann (vgl. unter Rz. 4.56 f.).

---

1 OLG Düsseldorf v. 17.10.1994 – 3 Wx 354/94, DB 1994, 2609; *Krafka* in MünchKomm/FamFG[3], § 394 FamfG Rz. 19.

2 So explizit der BGH v. 28.1.2003 – XI ZR 243/02, BGHZ 153, 337 – DB 2003, 1323, Vgl. auch *Seppelt*, BB 2010, 1395 (1397 f.); *Berner* in MünchKomm/GmbHG[3], § 60 Rz. 33 ff., bzw. *H.F. Müller* in MünchKomm/GmbHG[3], § 74 Rz. 34; *Fichtelmann*, GmbHR 2011, 912.

3 Vgl. FG Köln v. 6.3.2012 – 13 K 3006/11, EFG 2012, 1421; Anmerkung *Farle*, DStR 2012, 1590; vgl. auch *Rödding/Scholz*, DStR 2013, 993.

4 OFD Frankfurt v. 3.8.2018 – S 2743 A - 12 - St 525, DStR 2019, 560.

V. Vor- und Nachteile der stillen Liquidation durch Amtslöschung

Vorteile	Nachteile 3.154
– Ermöglicht vollständige Beseitigung des Schuldners und seiner Verbindlichkeiten	– Steuerneutralität der Amtslöschung sollte durch verbindliche Auskunft abgesichert werden
	– Kommt nur in Betracht, wenn Rechtsträger komplett abgewickelt werden soll und über kein Vermögen (mehr) verfügt
	– (Etwaige) antizipierte Übertragung von werthaltigen Assets auf neuen Rechtsträger ggf. steuerpflichtig
	– Es besteht kein Anspruch auf Amtslöschung

I. Reverse Debt-Equity-Swap

I. Grafische Darstellung

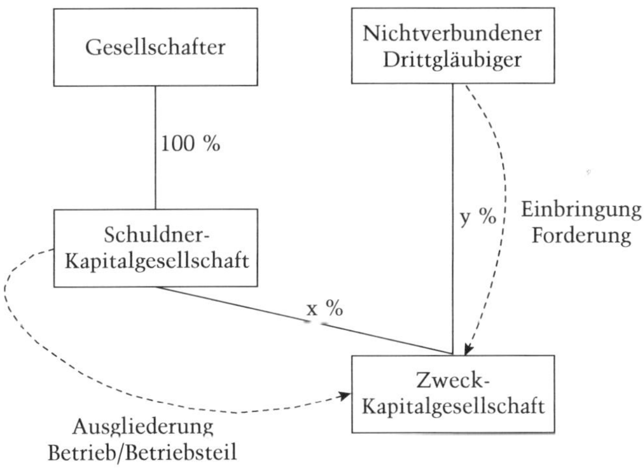

II. Allgemein

Eine in der Praxis und Literatur bisher wenig beachtete Sanierungsvariante stellt der 3.155
sog. **Reverse Debt-Equity-Swap** dar.[1] Die Umsetzung eines Reverse Debt-Equity-Swap vollzieht sich wie folgt:[2] Zunächst bringen die Gläubiger ihre gegen das Schuld-

1 Vgl. *Drouven/Nobling*, DB 2009, 1895 (1895).
2 Vgl. *Drouven*, ZIP 2009, 1052 (1052 f.); *Drouven/Nobling*, DB 2009, 1895 (1895).

nerunternehmen bestehenden Forderungen im Wege einer Sacheinlage in eine von ihnen neu gegründete Zweckgesellschaft ein und erhalten hierfür Anteile an dieser Gesellschaft. Anschließend bringt das Schuldnerunternehmen ebenfalls gegen Gewährung von Anteilen an der Zweckgesellschaft entweder den gesamten Betrieb oder einen Betriebsteil in die Zweckgesellschaft ein. Wie bei dem klassischen Debt-Equity-Swap erlöschen durch die rechtliche Vereinigung der von den Gläubigern eingebrachten Forderungen und der korrespondierenden Verbindlichkeiten des Schuldnerunternehmens die Forderungen und Verbindlichkeiten durch Konfusion.

III. Zivilrechtliche Beurteilung

3.156 Bei der Einbringung des Betriebes bzw. eines bestimmten Betriebsteils durch das Schuldnerunternehmen handelt es sich um eine **umwandlungsrechtliche Ausgliederung** i.S.d. § 123 Abs. 3 Nr. 1 UmwG. Durch die in § 131 Abs. 1 Nr. 1 UmwG angeordnete Sonderrechtsnachfolge (partielle Gesamtrechtsnachfolge) gehen Verbindlichkeiten und Rechtsverhältnisse ohne Mitwirkung der Gläubiger bzw. Vertragspartner auf die Zweckgesellschaft über.[1] Die Ausgliederung erfordert gem. § 125 UmwG i.V.m. § 50 Abs. 1 bzw. § 65 Abs. 1 UmwG einen zustimmenden Gesellschafterbeschluss des ausgliedernden Rechtsträgers.[2] Das Risiko einer Differenzhaftung (Unterbilanzhaftung wegen mangelnder Werthaltigkeit der eingebrachten Forderung) lässt sich ausschließen, indem die Zweckgesellschaft mit einem Kapital in der gesetzlich vorgeschriebenen Mindesthöhe ausgestattet wird.[3]

3.157 Um die Zweckgesellschaft von der in § 133 UmwG angeordneten fünfjährigen gemeinschuldnerischen Haftung abzuschirmen, ließe sich die Übertragung des Betriebs bzw. des Betriebsteils auf die Zweckgesellschaft grundsätzlich auch als Einzelrechtsübertragung im Wege eines Asset-Deals ausgestalten. Für die Übertragung von Rechtsverhältnissen dürften in diesem Zusammenhang regelmäßig Zustimmungserfordernisse bestehen. Soweit die den relevanten Rechtsverhältnissen zugrunde liegenden Verträge Change-of-Control-Klauseln enthalten, ergibt sich daraus aber kein beachtlicher Nachteil gegenüber der Sonderrechtsnachfolge gem. § 131 Abs. 1 Nr. 1 UmwG.

IV. Ertragsteuerliche Beurteilung

3.158 Bei einem Reverse Debt-Equity-Swap kommt es erst auf der Ebene der Zweckgesellschaft zu einer Personenidentität von Gläubiger und Schuldner. Durch die Konfusion auf Ebene der Zweckgesellschaft entsteht – im Unterschied zum klassischen Debt-Equity-Swap – **auf der Ebene des Schuldnerunternehmens kein Sanierungsgewinn**, so dass sich die Frage einer Anwendbarkeit des § 3a EStG diesbezüglich nicht stellt. Da auf Ebene des Schuldnerunternehmens kein Gesellschafterwechsel

1 Vgl. *Hörtnagl* in Schmitt/Hörtnagl/Stratz[8], § 131 UmwG Rz. 6.
2 *Drouven*, ZIP 2009, 1052 (1053).
3 Vgl. *Heckschen* in Reul/Heckschen/Wienberg, Insolvenzrecht in der Gestaltungspraxis[2], § 4 Rz. 432 und *Drouven/Nobling*, DB 2009, 1895 (1895).

stattfindet, bleiben etwaige Verlustvorträge regelmäßig erhalten.[1] Für das Schuldnerunternehmen ist daher aus steuerlicher Sicht die Behandlung bzw. Gestaltung des Ausgliederungsvorgangs von größerer Bedeutung.[2]

Die Ausgliederung des Betriebs bzw. eines Betriebsteils gegen Gewährung neuer Anteile stellt für das Schuldnerunternehmen einen tauschähnlichen Vorgang dar.[3] Voraussetzung für eine solche Ausgliederung ist gem. § 20 Abs. 1 UmwStG – soweit nicht eine Ausgliederung des gesamten Betriebes erfolgt – das Vorliegen eines Teilbetriebes.[4] Erfolgt die Ausgliederung zum gemeinen Wert (oder einem Zwischenwert), entsteht in Höhe des Unterschiedsbetrages zwischen dem Buchwert der Anteile an der Zweckgesellschaft und dem gemeinen Wert (bzw. Zwischenwert) des ausgegliederten Betriebes auf Ebene des Schuldnerunternehmens regelmäßig ein steuerpflichtiger Gewinn (Ausgliederungsgewinn). Auf Ebene der Zweckgesellschaft führt die Ausgliederung zum gemeinen Wert dazu, dass ein Step-Up erfolgt und auf diese Weise zusätzliches Abschreibungspotential generiert wird. 3.159

Ein Ausgliederungsgewinn kann auf Ebene des Schuldnerunternehmens mit den laufenden Verlusten desjenigen Veranlagungszeitraumes verrechnet werden, in dem die Einbringung erfolgt. Soweit auf der Ebene des Schuldnerunternehmens Verlustvorträge bestehen, kann ein nach der Verrechnung mit laufenden Verlusten ggf. verbleibender Gewinn nach Maßgabe der Mindestbesteuerung (vgl. Rz. 4.56 f.) mit diesen Verlustvorträgen verrechnet werden.[5] Nach dieser Verrechnung weiterhin bestehende Verlustvorträge können in den Folgejahren mit den Gewinnen des Schuldnerunternehmens verrechnet werden. Bleibt kein operatives Geschäft beim Schuldnerunternehmen zurück, wäre eine denkbare Gestaltungsmöglichkeit zur Nutzbarkeit dieser Verlustvorträge die Implementierung einer Organschaft mit der Zwischengesellschaft. In der Praxis wird dies häufig an der fehlenden finanziellen Eingliederung scheitern, da das Schuldnerunternehmen regelmäßig keine Mehrheitsbeteiligung an der Zweckgesellschaft halten wird.[6] 3.160

Nach Maßgabe der §§ 20 ff. UmwStG ist es auch möglich, die Ausgliederung des Betriebs bzw. Betriebsteils zu Buchwerten vorzunehmen. In diesem Fall bleibt der Ausgliederungsvorgang steuerlich neutral.[7] Voraussetzung für eine Ausgliederung zum Buchwert (ebenso zu einem Zwischenwert) ist nach § 20 Abs. 2 Satz 2 Nr. 2 UmwStG insbesondere, dass die Passivposten des eingebrachten Betriebsvermögens nicht die Aktivposten übersteigen (ohne Berücksichtigung des Eigenkapitals). Dies 3.161

1 Vgl. *Heckschen* in Reul/Heckschen/Wienberg, Insolvenzrecht in der Gestaltungspraxis[2], § 4 Rz. 434 und *Drouven/Nobling*, DB 2009, 1895 (1896).
2 Vgl. *Drouven/Nobling*, DB 2009, 1895 (1897).
3 Vgl. z.B. BFH v. 19.10.1998 – VIII R 69/95, BStBl. II 2000, 230 = FR 1999, 300 = DB 1999, 615.
4 Vgl. zu den Voraussetzungen im Näheren *Hörtnagl* in Schmitt/Hörtnagl/Stratz[8], § 131 UmwG Rz. 6.
5 Vgl. *Drouven/Nobling*, DB 2009, 1895 (1897).
6 Vgl. *Drouven/Nobling*, DB 2009, 1895 (1896).
7 Vgl. *Drouven/Nobling*, DB 2009, 1895 (1897 ff.); zur Ausübung des Bewertungswahlrechts nach § 20 UmwStG vgl. auch *Schmitt* in Schmitt/Hörtnagl/Stratz[8], § 20 UmwStG Rz. 91.

kann bei einem in der Krise befindlichen Unternehmen insbesondere dann problematisch werden, wenn der gesamte Betrieb (inkl. aller dazugehörigen Verbindlichkeiten) ausgegliedert werden soll und ist im jeweiligen Einzelfall zu prüfen. Weiterhin sollte in diesem Zusammenhang die siebenjährige Haltefrist nach § 22 UmwStG beachtet werden. Dies kann insbesondere beim Zutritt neuer Investoren innerhalb der siebenjährigen Frist nachteilige Auswirkungen haben, da durch die rückwirkende Besteuerung des Ausgliederungsgewinns eine zusätzliche Belastung entstünde.[1]

3.162 Durch die Vereinigung von Forderung und Verbindlichkeit erlischt die Verbindlichkeit durch Konfusion. Dies führt auf Ebene der Zweckgesellschaft zu einem steuerpflichtigen Gewinn (Einbringungsgewinn). Sofern es sich um einen Betrieb oder Teilbetrieb i.S.d. § 20 Abs. 1 UmwStG handelt, besteht die Möglichkeit, dass die Zweckgesellschaft gem. § 23 Abs. 6 UmwStG i.V.m. § 6 Abs. 3 UmwStG in Höhe des Einbringungsgewinns eine gewinnmindernde Rücklage bildet, die in den drei folgenden Wirtschaftsjahren jeweils zu einem Drittel gewinnerhöhend aufzulösen ist.[2]

3.163 Eine Anwendbarkeit von § 3a EStG auf Ebene der Zweckgesellschaft hinsichtlich des Einbringungsgewinns sollte grundsätzlich mit der Finanzverwaltung im Rahmen einer **verbindlichen Auskunft** nach § 89 Abs. 2 AO abgestimmt werden.[3] Eine Anwendbarkeit des § 3a EStG auf Ebene der Zweckgesellschaft würde nicht zu einem Untergang der Verlustvorträge bei dem Schuldnerunternehmen nach § 3a Abs. 3 EStG führen, so dass sich im Ergebnis eine doppelte Begünstigung ergeben könnte.[4] Darüber hinaus wäre zu beachten, dass die Finanzverwaltung eine Anwendbarkeit von § 3a EStG bereits aufgrund des Eintritts eines Konfusionsgewinns ablehnen könnte (vgl. dazu oben Rz. 2.41, 3.94).

V. Vor- und Nachteile des Reverse Debt-Equity-Swap

3.164

Vorteile	Nachteile
– Konfusionsgewinn kann ggf. über drei Jahre gestreckt werden – Kein Untergang bestehender Verlustvorträge auf Ebene des Schuldnerunternehmens	– Anwendbarkeit des § 3a EStG bzgl. des auf Ebene der Zweckgesellschaft entstehenden Konfusionsgewinns sollte mit Finanzverwaltung abgestimmt werden

1 *Drouven/Nobling*, DB 2009, 1895 (1898).
2 *Drouven/Nobling*, DB 2009, 1895 (1899).
3 *Drouven/Nobling*, DB 2009, 1895 (1899).
4 Vgl. *Heckschen* in Reul/Heckschen/Wienberg, Insolvenzrecht in der Gestaltungspraxis[2], § 4 Rz. 434.

Kapitel 4
Unternehmenskauf in Krise und Insolvenz

A. Allgemeine Grundlagen

I. Interessenlage

Die Veräußerung bzw. der Erwerb von Unternehmen oder Unternehmensteilen, bei denen eine Restrukturierung aufgrund ihrer Krise bzw. Insolvenz erforderlich ist, wird als **„Distressed M&A"** bezeichnet.[1] Ein solcher Unternehmenskauf in der Krise und Insolvenz birgt Chancen und Risiken. 4.1

Zum einen kann der Erwerber das in der Krise oder Insolvenz befindliche Unternehmen (verstanden als die wirtschaftliche Organisationseinheit) i.d.R. zu attraktiven Konditionen erwerben. Hierdurch kann es ihm möglich sein, seine eigene Marktposition zu verbessern, neue Absatz- und Beschaffungswege zu erhalten sowie ggf. einen etwaigen Konkurrenten zu übernehmen. Auch das Unternehmen selbst kann von einem Verkauf profitieren. Der Verkaufsprozess kann mit einer Befreiung von Verbindlichkeiten und sonstigen finanziellen Altlasten einhergehen. Gläubiger können mit dem erzielten Verkaufserlös befriedigt werden. Zudem kann der Erwerber als Teil seines Sanierungskonzepts die Zufuhr von neuem Kapital und den Austausch des Managements planen. Auch das Abstoßen von nicht notwendigen, unprofitablen Unternehmensteilen sowie die Reduzierung des Arbeitnehmerbestands können wichtige Maßnahmen darstellen, die das Unternehmen wieder überlebensfähig machen.[2] 4.2

Zum anderen dürfen jedoch auch die Risiken eines solchen Unternehmenskaufs aus der Krise oder Insolvenz nicht unterschätzt werden. Für den Verkäufer (ggf. den Insolvenzverwalter) gibt es eine Vielzahl von rechtlichen Fallstricken, die es zu beachten gilt. Von besonderer Bedeutung sind hierbei Aspekte des Steuerrechts. Daneben sind aber auch zivilrechtliche Themen wie Haftungsrisiken oder drohende (Insolvenz-)Anfechtungen beim Erwerb zu beachten. Für den Erwerber lohnt sich der Kauf eines Unternehmens aus der Krise oder Insolvenz nur, wenn das Restrukturierungs- und Sanierungskonzept erfolgreich umgesetzt werden kann. Hierbei kommt der Frage, ob die geplanten Maßnahmen (weitgehend) steuerschonend durchgeführt werden können, erhebliche Bedeutung zu. Die mit einem Restrukturierungs- und Sanierungskonzept häufig verbundenen Steuerlasten können gerade bei größeren Unternehmen einen mehrstelligen Millionenbetrag ausmachen und damit zum entscheidenden Stolperstein für jede Sanierung werden. Regelmäßig lässt sich die Sicherstellung einer steuerschonenden Sanierung nur durch komplexe und langwierige Abstimmungsprozesse mit den Steuerbehörden insbesondere über verbindliche Auskünfte (§ 89 Abs. 2–7 AO) realisieren. Diese sollten im Sinne des Erwerbers spätestens bis zum tatsächlichen Übergang des Vertragsgegenstands auf den Erwerber ***(Closing)*** eingeholt werden. 4.3

1 *Aleth/Böhle*, DStR 2010, 1186 (1191); *Rödding/Bühring*, DStR 2009, 1933 (1938).
2 *Buchta* in Hölters, Handbuch Unternehmenskauf[9], Rz. 16.4 f.

4.4 Der Kauf eines Krisenunternehmens ist daher nicht nur wegen der bestehenden wirtschaftlichen, sondern auch wegen der (steuer-)rechtlichen Risiken besonders sorgfältig zu planen. Dies ist herausfordernd, da ein Unternehmenskauf in der Krise und Insolvenz regelmäßig unter erheblichem Zeitdruck abzuwickeln ist. Es ist daher von entscheidender Bedeutung, den Prozess von Anfang an richtig aufzusetzen und eine reibungslose interdisziplinäre Zusammenarbeit zwischen den Beraterteams zu gewährleisten.

II. Erscheinungsformen

4.5 Ein Unternehmenskauf in Krise und Insolvenz kann in unterschiedlichen Konstruktionen und Mischformen durchgeführt werden.

4.6 Zum einen ist das Stadium der Krise des Zielunternehmens entscheidend, d.h. die Frage, wie weit die Krise bereits fortgeschritten ist. Mit Fortschreiten der Krise verkürzen sich die Handlungsspielräume der Geschäftsführer. Ihre Pflichten wachsen, je mehr sich das Unternehmen der Insolvenz nähert. Auch für die rechtliche Übertragung der Anteile oder Vermögensgegenstände ist der Zeitpunkt des Unternehmenskaufs bedeutend. Es macht hierbei einen wesentlichen Unterschied, ob die Übertragung vor oder nach Eröffnung des Insolvenzverfahrens erfolgt. Der Insolvenzeröffnungsbeschluss stellt eine Zäsur dar, die in erster Linie Auswirkungen auf die Verfügungsbefugnis der Organe des Zielunternehmens hat. Aber auch vor Eröffnung des Insolvenzverfahrens können Veränderungen im Zielunternehmen rechtliche Auswirkungen auf den Unternehmenskauf haben, welche vom Erwerber berücksichtigt werden sollten. Kenntnisse über die verschiedenen Stadien der Krise und Insolvenz sowie den Ablauf des Insolvenzverfahrens sind daher sowohl für den Erwerber als auch für den Veräußerer unerlässlich.

4.7 Demnach wird nachfolgend unterschieden, ob

- sich das Zielunternehmen zwar in einer wirtschaftlichen Krisensituation, aber (noch) nicht im Insolvenz(eröffnungs)verfahren befindet **(Unternehmenskauf in der Krise)**,
- ein Insolvenzverfahren zwar noch nicht eröffnet wurde, aber zumindest ein Insolvenzantrag auf Eröffnung des Insolvenzverfahrens für das Zielunternehmen gestellt wurde **(Unternehmenskauf im Insolvenzeröffnungsverfahren)** oder
- über das Vermögen des Zielunternehmens bereits das Insolvenzverfahren eröffnet wurde **(Unternehmenskauf in der Insolvenz)**.

4.8 Zum anderen sind die einzelnen Formen der Transaktionsmechanik zu unterscheiden. Hier bestehen gegenüber einem klassischen Unternehmenskauf grundsätzlich keine wesentlichen Unterschiede. Der Unternehmenserwerb kann über einen **Share Deal** oder über einen **Asset Deal** bzw. über eine Kombination beider Transaktionsformen erfolgen.[1]

---

1 *Aleth/Böhle*, DStR 2010, 1186 (1191); *Buchta* in Hölters, Handbuch Unternehmenskauf^9, Rz. 16.6.

Beim Asset Deal vollzieht sich der Kauf des Unternehmens durch den Erwerb sämtlicher Wirtschaftsgüter (**Assets**) des Unternehmens. Der Erwerber kann jedoch auch nur die sanierungsfähigen Unternehmensteile erwerben, während das übrige Vermögen einschließlich der Verbindlichkeiten beim bisherigen Rechtsträger verbleiben.[1] Bei der Übertragung der einzelnen Vermögensgegenstände und Verbindlichkeiten sind ggf. bestehende Formerfordernisse[2] zu beachten sowie insbesondere der sachenrechtliche Bestimmtheitsgrundsatz, der eine genaue Bezeichnung aller zu übertragenden Vermögensgegenstände erfordert. Dies geschieht in der Praxis durch umfangreiche Listen der Vermögensgegenstände. Verbindlichkeiten müssen regelmäßig einzeln übertragen werden. Es bedarf insoweit der Zustimmung der Gläubiger (§ 415 BGB). Die dem Betrieb zuzurechnenden Vertragsverhältnisse mit Dritten wie z.B. Mietverträge oder Liefer- und Kundenverträge gehen ebenfalls grundsätzlich nicht automatisch auf den Erwerber der Vermögensgegenstände über, so dass auch insoweit der Dritte dem Wechsel seines Vertragspartners analog § 415 BGB zustimmen muss.[3] Für den Fall, dass er dies nicht tut, wird in dem Unternehmenskaufvertrag üblicherweise vereinbart, dass der Veräußerer den Drittvertrag für Rechnung und auf Weisung des Erwerbers fortführt. 4.9

Bei einem Share Deal werden die Anteile an dem Rechtsträger (z.B. GmbH, AG oder KG) gekauft, dem das Unternehmen (verstanden als die wirtschaftlich-finanzielle Organisationseinheit) zugeordnet ist. Es handelt sich demnach um einen Rechtskauf i.S.d. § 453 BGB. Das Verfügungsgeschäft richtet sich nach dem jeweiligen zu übertragenden Anteil. Die Mitgliedschaft in einer Personengesellschaft kann grundsätzlich formfrei durch Zession (§§ 413, 398 ff. BGB) übertragen werden.[4] Voraussetzung dafür ist jedoch die Zustimmung der Gesellschafter, welche auch im Gesellschaftsvertrag antizipiert werden kann.[5] Die Abtretung von GmbH-Anteilen muss in notarieller Form erfolgen, § 15 Abs. 3 GmbHG.[6] Bei einer AG hängt die Übertragung von der Art der Aktien ab: Inhaberaktien werden grundsätzlich nach den §§ 929 ff. BGB übertragen, wohingegen Namensaktien grundsätzlich durch Indossament (§ 68 Abs. 1 Satz 1 AktG) oder Zession übertragen werden.[7] Die Abtretung von Anteilen an einer Kapitalgesellschaft kann bei entsprechender Gestaltung beschränkt oder ausgeschlossen sein (**vinkulierte Anteile**).[8] 4.10

Beim Share Deal wird der Träger des Unternehmens übernommen. Das Unternehmen wird somit mit allen bestehenden Vertragsverhältnissen immanent übertragen.[9] 4.11

1 Vgl. *Aleth/Böhle*, DStR 2010, 1186 (1192).
2 Eingehend zur Formbedürftigkeit des Asset Deals: *Heckschen*, NZG 2006, 772 (777).
3 BGH v. 20.6.1985 - IX ZR 173/84, BGHZ 95, 88.
4 Vgl. BGH v. 31.1.1983 - II ZR 288/81, BGHZ 86, 367 (370 f.).
5 Vgl. *Windbichler*, Gesellschaftsrecht, § 9 Rz. 15.
6 Vgl. *Reichert/Weller* in MünchKomm/GmbHG³, § 15 Rz. 29.
7 *Schäfer*, Gesellschaftsrecht⁵, § 43 Rz. 3.
8 Vgl. *Wilhelmi* in BeckOK, GmbHG, § 15 Rz. 149; bei Aktien ist eine Vinkulierung nur bei Namensaktien möglich, s. § 68 Abs. 2 Satz 1 AktG, dazu *Bayer* in MünchKomm/AktG⁵, § 68 Rz. 34.
9 *Beisel/Klumpp*, Der Unternehmenskauf⁷, § 9 Rz. 34 f.

Zudem bleiben etwaig vorhandene öffentlich-rechtliche Genehmigungen bestehen und die Firma kann regelmäßig fortgeführt werden. Zu beachten ist jedoch, dass häufig sog. Change-of-Control-Klauseln in den Vertragsbeziehungen zu Dritten verwendet werden. Da die ggf. hohen Verbindlichkeiten, Altlasten und unbekannten Risiken des Unternehmens ebenfalls übernommen werden, erfordert ein Share Deal i.d.R. eine umfangreiche(re) Due-Diligence-Prüfung.[1]

4.12 Als eine besondere Form des Share Deals ist in diesem Zusammenhang zudem die in der Insolvenz bestehende Möglichkeit zu erwähnen, die Anteile an dem insolventen Zielunternehmen über einen **Insolvenzplan** zu erwerben (vgl. §§ 254, 225a Abs. 2 InsO), welche durch das ESUG eingeführt worden ist (s. Rz. 2.40 f.). Vor dem ESUG war es nicht möglich, die Anteils- oder Mitgliedschaftsrechte der am insolventen Unternehmen beteiligten Personen in den Insolvenzplan miteinzubeziehen. Das Insolvenzplanverfahren hat daher für einen beabsichtigten Unternehmenskauf ganz erheblich an Attraktivität gewonnen.

4.13 Die unterschiedlichen Erscheinungsformen eines Unternehmenskaufs in Krise und Insolvenz, die nachfolgend näher dargestellt werden, lassen sich daher im Überblick wie folgt darstellen:

Übersicht zu „Distressed M&A“

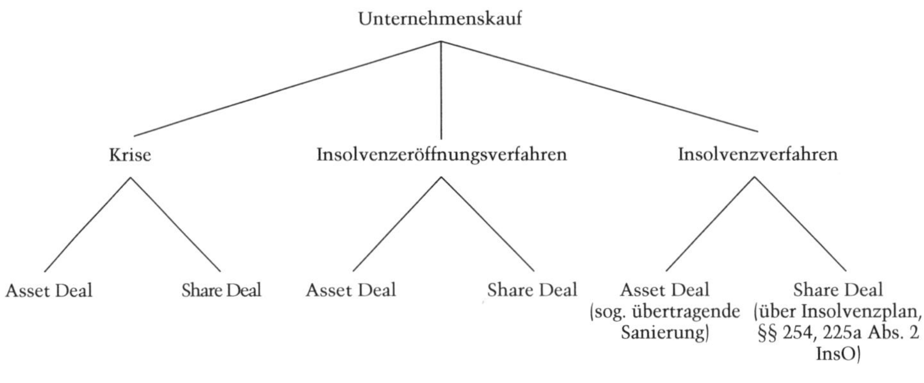

4.14 Besteht das Zielunternehmen – wie in der Praxis häufig – nicht aus einer einzigen Gesellschaft, sondern aus einer Unternehmensgruppe, kann das Krisenstadium der einzelnen Gruppengesellschaften unterschiedlich sein. Beispielsweise kann sich die Obergesellschaft bereits in der Insolvenz befinden, während über das Vermögen der restlichen Konzerngesellschaften oder über das Vermögen einzelner Konzerngesellschaften (noch) kein/e Insolvenzverfahren eröffnet wurde/n. Ebenso sind bei der Transaktionsmechanik Mischformen denkbar. So kann der Insolvenzverwalter, welcher für die Obergesellschaft eingesetzt wurde, die Anteile an den Tochtergesellschaften im Wege eines Share Deals verkaufen und zudem weitere Vermögensgegenstände der insolventen Obergesellschaft per Asset Deal veräußern. Die nachfolgenden

---

1 *Tautorus/Janner* in MAH InsO, § 20 Rz. 48.

Ausführungen sind in solchen Fällen auf die jeweiligen Einzelgesellschaften zu beziehen.

B. Unternehmenskauf in der Krise

4.15 Ein Unternehmenskauf in der Krise muss i.d.R. unter großem Zeitdruck abgewickelt werden. Dies gilt jedenfalls dann, wenn die Insolvenz aus Sicht der beteiligten Parteien (d.h. der Parteien des Kaufvertrags sowie der Gläubiger des sich in der Krise befindlichen Unternehmens) vermieden werden soll, d.h. der Verkauf gerade nicht aus der Insolvenz heraus erfolgen soll. Hierfür kann neben der Vermeidung der ggf. hohen Vergütung für den Insolvenzverwalter sprechen, dass das Unternehmen mit einem Fortschreiten der Krise weiter an Wert verlieren und aufgrund der Maßnahmen, die Lieferanten, Kunden und Gläubiger häufig zu ihrem eigenen Schutz unternehmen, u.U. irreversibel Schaden nehmen kann. Ein zügiger Unternehmensverkauf an einen neuen Investor kann daher für alle Beteiligten eine gute Lösung sein.[1] Hierbei sind allerdings zahlreiche Fallstricke zu beachten, die nachfolgend dargestellt werden.

I. Asset Deal vs. Share Deal: Außersteuerliche Erwägungen

4.16 Bei der Abwägung, ob der Erwerb eines Unternehmens in der Krise mittels eines Asset Deals oder eines Share Deals durchgeführt werden soll, müssen neben steuerlichen Aspekten auch außersteuerliche – insbesondere insolvenzrechtliche – Aspekte berücksichtigt werden.

1. Asset Deal

4.17 Bei einem Asset Deal hat der Erwerber die Möglichkeit, gezielt die sanierungsfähigen Unternehmensteile durch Übertragung der dazugehörenden Vermögensgegenstände zu erwerben, während das übrige Vermögen einschließlich der Verbindlichkeiten beim bisherigen Rechtsträger verbleibt. Die Veräußerung von einzelnen Vermögensgegenständen kann für den Erwerber den erheblichen Vorteil haben, dass er – je nach Stärke der eigenen Verhandlungsposition – nur den für ihn interessanten Teil des Krisenunternehmens erwirbt (sog. **cherry-picking**).[2] Allerdings führt dies ggf. zu einer Reihe von Folgeaspekten, die es zu bedenken und abzuwägen gilt.

a) Insolvenzrechtliche Aspekte

4.18 Bei einem Asset Deal ist zu bedenken, dass – sollte letztlich ein Insolvenzverfahren über das Vermögen des Verkäufers eröffnet werden – die Verfügungsbefugnis über das Vermögen des Verkäufers auf den Insolvenzverwalter übergeht (§ 80 Abs. 1 InsO). Es ist sodann der Insolvenzverwalter, der für die Abwicklung des Kaufvertra-

1 *Denkhaus/Ziegenhagen*, Unternehmenskauf in Krise und Insolvenz[3], Rz. 2.
2 Vgl. *Meyding/Grau*, NZG 2011, 41 (41).

ges zuständig ist. In diesem Zusammenhang bedürfen insbesondere die Möglichkeiten der **Erfüllungsverweigerung** nach § 103 InsO sowie die der **Insolvenzanfechtung** nach den §§ 129 ff. InsO der besonderen Beachtung durch den Erwerber. Diese Maßnahmen bergen das Risiko in sich, dass die Abwicklung des Unternehmenskaufs in der Krise scheitert und der Erwerber seine gegebenenfalls bereits geleistete Investition nahezu vollständig verliert.

4.19 Nach dem Wahlrecht des § 103 InsO kann der Insolvenzverwalter entweder anstelle des Verkäufers den Vertrag erfüllen und Erfüllung vom Erwerber verlangen oder die Erfüllung des Vertrages gänzlich ablehnen. Voraussetzung hierfür ist, dass im Zeitpunkt der Eröffnung des Insolvenzverfahrens der Kaufvertrag vom verkaufenden Schuldner und vom Erwerber nicht oder nicht vollständig erfüllt ist. Der Erwerber sollte im Rahmen eines Asset Deals daher insbesondere darauf achten, dass im Falle einer Leistung seinerseits die Leistung vollständig erbracht wird und der Leistungserfolg tatsächlich eintritt. Teile des Kaufpreises zurückzuhalten (bspw. zur Sicherung von Gewährleistungsansprüchen) oder Zahlungen über ein Treuhandkonto sollten unbedingt vermieden werden. Auch eine Vorleistungspflicht des Erwerber sollte nicht ausgeschlossen werden. Aus Sicht des Erwerbers kann es zudem ungewiss sein, ob und in welchem Umfang der Insolvenzverwalter überhaupt von seinem Wahlrecht gem. § 103 InsO Gebrauch macht. Diesbezüglich kann sich der Erwerber unter Umständen jedoch die Fiktion der Erfüllungsverweigerung gem. § 103 Abs. 2 Sätze 2, 3 InsO zunutze machen.[1]

4.20 Gemäß § 129 Abs. 1 InsO kann der Insolvenzverwalter Rechtshandlungen, die vor der Eröffnung des Insolvenzverfahrens vorgenommen worden sind und die Insolvenzgläubiger benachteiligen, nach Maßgabe der §§ 130–146 InsO anfechten. Im Falle einer erfolgreichen Anfechtung sind die aus dem haftenden Vermögen veräußerten, weg- oder aufgegebenen Vermögensgegenstände grundsätzlich zur Insolvenzmasse zurückzugewähren, § 143 Abs. 1 Satz 1 InsO.[2] Im Gegenzug besteht ein Anspruch auf Rückgewähr der Gegenleistung. Hierbei handelt es sich jedoch i.d.R. lediglich um eine einfache Insolvenzforderung (§ 144 Abs. 2 InsO), die regelmäßig nur zur Rückzahlung eines kleinen Bruchteils in Höhe der Insolvenzquote führt.[3]

4.21 Voraussetzungen einer jeden Insolvenzanfechtung sind die Gläubigerbenachteiligung durch eine Rechtshandlung[4] und das Vorliegen eines der speziellen Anfechtungsgründe der §§ 130 ff. InsO.[5] Außerhalb des Insolvenzverfahrens kommt auch eine Anfechtung nach dem Anfechtungsgesetz in Betracht, dessen Tatbestände mit denen der Insolvenzanfechtung vergleichbar sind.[6]

4.22 Bei der Bewertung des Risikos einer möglichen Anfechtung der Rechtshandlungen im Rahmen eines Unternehmenskaufs sollte beachtet werden, dass bei Vorliegen ei-

1 Vgl. *Meyding/Grau*, NZG 2011, 41 (44).
2 *Kirchhof* in MünchKomm/InsO[4], § 143 Rz. 21; *Aleth/Böhle*, DStR 2010, 1186 (1192).
3 *Buchta* in Hölters, Handbuch Unternehmenskauf[9], Rz. 16.83.
4 *Hirte/Ede* in Uhlenbruck[15], § 129 InsO Rz. 159.
5 *Raupach* in BeckOK, InsO, § 129 Rz. 2.
6 *De Bra* in Braun, InsO[7], § 129 Rz. 2.

nes **Bargeschäfts i.S.d. § 142 InsO** die Anfechtungsmöglichkeiten auf die Fälle der vorsätzlichen Benachteiligung i.S.d. § 133 Abs. 1–3 InsO beschränkt sind.[1] Ein solches Bargeschäft liegt vor, wenn der Schuldner für seine Leistung unmittelbar eine gleichwertige Gegenleistung erhält. „Unmittelbar" bedeutet dabei nicht, dass die Leistungen Zug-um-Zug ausgetauscht werden müssen (auch wenn dies im Unternehmensvertrag regelmäßig vorgesehen werden wird), sondern dass der Leistungsaustausch in einem engen zeitlichen Zusammenhang erfolgt (s. § 142 Abs. 2 InsO). Auch ist nicht erforderlich, dass die Gegenleistung bar gezahlt werden müsste.[2] Im Regelfall wird beim Unternehmenskauf im Rahmen eines Asset Deals daher ein Bargeschäft i.S.d. § 142 InsO vorliegen, so dass sich das Anfechtungsrisiko auf § 133 Abs. 1–3 InsO beschränkt.

Besonders problematisch ist, dass die Anfechtung nach § 133 InsO bis zu zehn Jahre vor die Stellung des Antrags auf Insolvenzeröffnung zurückreicht. Insoweit wird faktisch wohl jede Sanierungsmaßnahme vom zeitlichen Anwendungsbereich des § 133 Abs. 1 InsO erfasst sein.[3] 4.23

b) Arbeitsrechtliche Aspekte, insbesondere Betriebsübergang (§ 613a BGB)

§ 613a BGB dient dem Schutz der Arbeitnehmer durch Sicherung ihrer Arbeitsplätze bei einem sog. Betriebsübergang. Voraussetzung ist, dass ein Betrieb oder Betriebsteil durch Rechtsgeschäft auf einen anderen Inhaber übergeht. Ein solcher Übergang kann bei einem Asset Deal vorliegen.[4] Liegen die Voraussetzungen eines Betriebsübergangs vor, tritt der Erwerber in die Rechte und Pflichten aus den im Zeitpunkt des Betriebsübergangs bestehenden Arbeitsverhältnissen ein (§ 613a Abs. 1 Satz 1 BGB). Bei einem Unternehmenskauf in der Krise kann dieser Eintritt des Erwerbers in die bestehenden Arbeitsverhältnisse ein großer Nachteil sein, insbesondere wenn die Sanierung des Unternehmens einen Personalabbau erfordert. Gemäß § 613a Abs. 2 BGB haftet der Erwerber zudem neben dem Veräußerer als Gesamtschuldner für alle Ansprüche aus dem Arbeitsverhältnis, die bereits vor dem Zeitpunkt des Betriebsübergangs entstanden sind, soweit sie innerhalb eines Jahres nach dem Übergang fällig werden. Der Erwerber kann folglich auch für noch ausstehende Gehaltszahlungen und Sozialversicherungsbeiträge in Anspruch genommen werden.[5] Eine Kündigung des Arbeitsverhältnisses wegen des Betriebsübergangs ist unwirksam (§ 613a Abs. 4 Satz 1 BGB). 4.24

Die Grundsätze des § 613a BGB gelten ohne Einschränkungen auch bei einem Unternehmenskauf in der Krise. Dies gilt auch beim Kauf eines bereits insolvenzreifen Unternehmens sowie im Falle der Ablehnung des Insolvenzverfahrens mangels Masse.[6] Der Erwerber hat somit keine andere Wahl, als etwaig bestehende Verpflichtun- 4.25

1 *Nerlich* in Nerlich/Römermann, InsO, § 142 Rz. 13 (32. Erg.-Lfg. April 2017).
2 *Ganter/Weinland* in Schmidt, InsO[19], § 142 Rz. 27; *Henckel* in Jaeger, InsO, § 142 Rz. 14.
3 *Paulus*, BB 2001, 425 (427).
4 Vgl. *Holzapfel/Pöllath*, Unternehmenskauf in Recht und Praxis[15], Rz. 1515.
5 *Buchta* in Hölters, Handbuch Unternehmenskauf[9], Rz. 16.64.
6 Vgl. *Müller-Glöge* in MünchKomm/BGB[7], § 613a Rz. 180.

gen zu erfüllen und die Arbeitnehmer, soweit nicht eine Kündigung aus anderen Gründen im Einklang mit den gesetzlichen Bestimmungen in Betracht kommt, weiter zu beschäftigen. Sofern sich dieser Aspekt als besonders problematisch erweist, kann der Unternehmenskauf in der Insolvenz gewichtige Vorteile gegenüber einem Unternehmenskauf in der Krise bieten (vgl. hierzu unter Rz. 4.113 ff.).

2. Share Deal

4.26 Erfolgt der Unternehmenskauf in der Krise über einen Share Deal, übernimmt der Erwerber das gesamte Unternehmen grundsätzlich unverändert. Anders als bei einem Asset Deal bleiben die Schulden und die nicht mehr überlebensfähigen Teile des Unternehmens nicht beim Verkäufer zurück. Damit führt der Unternehmenskauf für sich genommen auch noch nicht zu einer Gesundung des Unternehmens. Ein Unternehmenskauf in der Krise über einen Share Deal kommt damit nur dann in Betracht, wenn der Erwerber das erworbene Unternehmen im Anschluss z.B. über neue Investitionen („fresh money“) oder über sich durch den neuen Unternehmensverbund ergebende Synergien saniert.

4.27 Als Sanierungsmaßnahmen kommen zudem sämtliche im 3. Kapitel dargestellten außerinsolvenzrechtlichen Restrukturierungsmaßnahmen in Betracht. Hierzu gehört auch der Debt/Equity Swap und/oder Absprachen mit den Gläubigern der Gesellschaft, den Verschuldungsgrad im Rahmen eines abgestimmten Sanierungskonzeptes zurückzufahren („deleveraging“), etwa durch Forderungsverzichte, Rangrücktritte etc. Wenn der Unternehmenskauf in der Krise über einen Share Deal in ein solches Sanierungskonzept eingebettet ist, kann dies durchaus eine attraktive Lösung darstellen, bei der sich die Vorzüge eines Share Deal (z.B. Ausschaltung eines Wettbewerbers) erreichen lassen, während dessen Nachteile weitgehend eingedämmt werden.

II. Asset Deal vs. Share Deal: Steuerliche Erwägungen

4.28 Asset Deal und Share Deal sind sowohl für den Veräußerer als auch für den Erwerber mit unterschiedlichen steuerlichen Konsequenzen verbunden. Bei der Entscheidung, ob der Erwerb eines Unternehmens in der Krise mittels eines Asset Deals oder eines Share Deals erfolgen sollte, sind daher diverse steuerliche Aspekte zu beachten und abzuwägen.

1. Asset Deal

a) Steuerliche Konsequenzen für den Erwerber

aa) Haftung für Steuern des Veräußerers

(1) Haftung nach § 75 AO

4.29 Wird ein Unternehmen oder ein in der Gliederung eines Unternehmens gesondert geführter Betrieb (Teilbetrieb) im Ganzen „übereignet“[1], haftet der Erwerber für sog. Betriebssteuern und für Steuerabzugsbeträge, vorausgesetzt, dass die Steuern seit

1 So der Wortlaut des § 75 Abs. 1 AO, zivilrechtlich ist das nicht möglich.

dem Beginn des letzten, vor der Übereignung liegenden Kalenderjahrs entstanden sind und bis zum Ablauf von einem Jahr nach Anmeldung des Betriebs durch den Erwerber festgesetzt oder angemeldet werden (§ 75 Abs. 1 AO). Anders als beim Erwerb aus der Insolvenzmasse (s. § 75 Abs. 2 AO) besteht somit eine gesetzliche Haftung für solche Steuern.

(a) Übergang eines lebenden Unternehmens im Ganzen

§ 75 Abs. 1 AO setzt tatbestandlich den Übergang eines Betriebs „im Ganzen“ voraus. 4.30 Erforderlich ist der Übergang der durch das Unternehmen repräsentierten organischen Zusammenfassung von sächlichen Einrichtungen, persönlichen Mitteln und dauernden Maßnahmen, die dem Unternehmen dienen oder seine wesentlichen Grundlagen ausmachen, so dass der Erwerber das Unternehmen ohne nennenswerten finanziellen Aufwand in der bisherigen Form fortführen kann.[1] Maßgeblicher Zeitpunkt für die Beurteilung, ob die wesentlichen Grundlagen des Unternehmens übereignet wurden, sind dabei die tatsächlichen Verhältnisse im Zeitpunkt der Übereignung. Ob es sich um die wesentlichen Grundlagen handelt, wird anhand einer Gesamtbetrachtung der Verhältnisse beurteilt. Der Begriff der Übereignung ist in diesem Zusammenhang aber weiter zu fassen als der bürgerlich-rechtliche Begriff. Entscheidend sollte vielmehr sein, wem die relevanten Wirtschaftsgüter steuerlich zuzuordnen sind.[2] Der Erwerber muss in die Lage versetzt worden sein, über das Unternehmen wirtschaftlich zu verfügen und es fortzuführen.[3] Beim Unternehmenskauf in der Krise in Form eines Asset Deals wird die Haftung aus § 75 Abs. 1 AO regelmäßig greifen, da durch den Erwerb aller wesentlichen Wirtschaftsgüter eine Fortführung des Unternehmens durch den Erwerber bezweckt wird.

Damit es sich entsprechend der vom BFH in ständiger Rechtsprechung verwendeten 4.31 Formel[4] um den Übergang eines lebenden Unternehmens handelt, muss der Erwerber das Unternehmen ohne nennenswerte finanzielle Aufwendungen fortführen können. Wird das Unternehmen nach dem Erwerb stillgelegt, ist dies ein Anzeichen dafür, dass es sich nicht um ein lebendes Unternehmen gehandelt hat, es sei denn, der Prozess diente der Ausschaltung eines Konkurrenten.[5] Die Tatsache, dass der Veräußerer das Unternehmen mit Verlust betrieben hat, schließt die Annahme, dass es sich um ein lebendes Unternehmen handelt, nicht aus.[6] Auch bei einem überschuldeten Unternehmen kann es sich grundsätzlich um ein lebendes Unternehmen handeln.[7]

1 BFH v. 7.11.2002 – VII R 11/01, BStBl. II 2003, 226; BFH v. 27.5.1986 – VII R 183/83, BStBl. II 1986, 654; BFH v. 18.9.1986 – VII R 146/81, BStBl. II 1986, 589.

2 *Boeker* in Hübschmann/Hepp/Spitaler, § 75 AO Rz. 44 (242. Erg.-Lfg. Mai 2017); *Loose* in Tipke/Kruse, § 75 AO Rz. 25 (152. Erg.-Lfg. April 2018).

3 *Rüsken* in Klein[14], § 75 AO Rz. 15a ff.

4 BFH v. 7.11.2002 – VII R 11/01, BStBl. II 2003, 226; BFH v. 27.5.1986 – VII R 183/83, BStBl. II 1986, 654; BFH v. 18.9.1986 – VII R 146/81, BStBl. II 1986, 589.

5 BFH v. 10.12.1991 – VII R 57/89, BFH/NV 1992, 712.

6 BFH v. 10.12.1991 – VII R 57/89, BFH/NV 1992, 712; *Rüsken* in Klein[14], § 75 AO Rz. 27.

7 *Rüsken* in Klein[14], § 75 AO Rz. 27 ff.

(b) Betrieblich begründete Steuern

4.32 Der Erwerber haftet nach § 75 Abs. 1 AO für „Steuern, bei denen sich die Steuerpflicht auf den Betrieb des Unternehmens gründet“ (sog. Betriebssteuern) und für Steuerabzugsbeträge. Die Steuer ist betrieblich begründet, wenn sie durch bestimmte, in den einzelnen Steuergesetzen selbst bezeichnete Tatbestände ausschließlich an den Betrieb des Unternehmens geknüpft ist, d.h. die Existenz des Unternehmens unabdingbare Voraussetzung für die Steuer ist.[1] Erfasst sind somit insbesondere die Gewerbesteuer und die Umsatzsteuer sowie sonstige Verbrauchsteuern.[2] Auch Steuerabzugsbeträge wie Lohnsteuer, Kapitalertragsteuer sowie die Abzugsbeträge bei beschränkt Steuerpflichtigen gem. § 50a EStG fallen unter die Vorschrift.[3] Den genannten Steuern stehen gem. § 75 Abs. 1 Satz 3 AO die Ansprüche des Finanzamts auf Erstattung von Steuervergütungen (etwa zu Unrecht abgezogene Vorsteuern oder zu Unrecht gezahlte Investitionszulagen, die zurückzugewähren sind) gleich. Die Haftung des Erwerbers erstreckt sich hierbei nicht nur auf die durch den Veräußerer begründeten Steuern, sondern im Falle einer dem Unternehmenskauf in der Krise vorausgehenden Unternehmensveräußerung auch auf die Betriebssteuern, die durch den früheren Eigentümer im Betrieb begründet wurden, da die Haftung an das übereignete Unternehmen und nicht an die Person des Eigentümers anknüpft.[4] Die Einkommen- und Körperschaftsteuer, die bei dem Veräußerer anfällt, sowie steuerliche Nebenleistungen sind von der Haftung nach § 75 AO nicht umfasst.[5] Ebenfalls nicht zu den betrieblichen Steuern zählen die Grundsteuer, die Kraftfahrzeugsteuer sowie Zölle und Einfuhrumsatzsteuer.[6]

4.33 Die Haftung nach § 75 AO ist unabhängig davon, ob der Erwerber Kenntnis von den Betriebssteuern und/oder Steuerabzugsbeträgen hatte.[7] Es ist daher ratsam, dass der Erwerber – vor Durchführung eines Asset Deals in der Krise – beim Finanzamt eine Auskunft über etwaig bestehende Steuerlasten einholt. Hierzu ist die Zustimmung des Verkäufers notwendig, da das Finanzamt aufgrund des Steuergeheimnisses gem. § 30 AO daran gehindert ist, eine solche Auskunft ohne Zustimmung des Steuerpflichtigen zu erteilen (vgl. § 30 Abs. 4 Nr. 3 AO).[8] Zu bedenken ist, dass die Erteilung einer solchen Auskunft durch das Finanzamt eine gewisse Zeit in Anspruch nimmt, die aufgrund des hohen Zeitdrucks, der bei der Abwicklung eines Unternehmenskauf in der Krise regelmäßig vorherrscht, gegebenenfalls nicht abgewartet werden kann und eine Auskunft somit womöglich nicht rechtzeitig erfolgt.[9] Der Erwerber kann sich auch absichern, indem er im Rahmen des Closing etwa die Kaufpreiszahlung von der Vorlage einer „Bescheinigung in Steuersachen“ abhängig

1 *Loose* in Tipke/Kruse, § 75 AO Rz. 40 (152. Erg.-Lfg. April 2018).
2 *Loose* in Tipke/Kruse, § 75 AO Rz. 41 ff. (152. Erg.-Lfg. April 2018).
3 *Holzapfel/Pöllath*, Unternehmenskauf in Recht und Praxis[15], Rz. 1026.
4 *Wutzke* in Schluck-Amend/Meyding, Der Unternehmenskauf in Krise und Insolvenz, Kapitel IV., Rz. 10; *Rüsken* in Klein[14], § 75 AO Rz. 34.
5 Tz. 4.1 des AEAO zu § 75.
6 *Intemann* in Koenig[3], § 75 AO Rz. 45.
7 BFH v. 4.2.1974 – IV R 172/70, BStBl. II 1974, 434.
8 *Boeker* in Hübschmann/Hepp/Spitaler, § 75 AO Rz. 82 (242. Erg.-Lfg. Mai 2017).
9 *Buchta* in Hölters, Handbuch Unternehmenskauf[9], Rz. 16.63.

macht.[1] Diese Bescheinigung wird von dem zuständigen Finanzamt ausgestellt und listet z.B. etwaig vorhandene Steuerrückstände oder Angaben zum Zahlungsverhalten des Steuerpflichtigen auf.

(c) Umfang der Haftung

Der Unternehmenserwerber haftet persönlich neben dem Veräußerer gem. § 44 AO als Gesamtschuldner.[2] Anders als bei der Haftung nach § 25 Abs. 1 HGB ist die Haftung des Erwerbers jedoch gem. § 75 Abs. 1 Satz 2 AO auf den Bestand des übernommenen Vermögens beschränkt. Er haftet nicht in Höhe des Wertes des übernommenen Vermögens, sondern mit dem übernommenen Vermögen selbst bzw. mit entsprechenden Surrogaten.[3] Daher muss bereits im Haftungsbescheid zum Ausdruck kommen, dass die Haftung gegenständlich beschränkt ist.[4] Um die Vollstreckung in das übernommene Vermögen abzuwenden, muss der Haftungsschuldner die Steuerschuld begleichen.[5] 4.34

I.d.R. ist die Haftung des Erwerbers gem. § 75 Abs. 1 AO subsidiär zur Primärschuld des Veräußerers. Dies ist in § 219 AO ausdrücklich für bestimmte Fälle geregelt; im Übrigen dürfte die Inanspruchnahme des Haftungsschuldners ohne vorigen Vollstreckungsversuch beim Steuerschuldner (bzw. Aussichtslosigkeit eines solchen) ermessensfehlerhaft sein (vgl. § 5 AO).[6] Allerdings wird in der Krise das Finanzamt seinen Steueranspruch beim Steuerschuldner nicht mehr liquidieren können, so dass die Haftung des Erwerbers gem. § 75 Abs. 1 AO aktuell wird. Auch ein (zivilrechtlich vereinbarter) Regressanspruch des Erwerbers gegen den Veräußerer dürfte in diesen Fällen regelmäßig wertlos sein. 4.35

In der Praxis wird der Erwerber daher beispielsweise eine Garantie der Muttergesellschaft der Zielgesellschaft fordern, wonach die Muttergesellschaft für die Haftungsschuld einsteht („Parent Guarantee"). Eine andere Möglichkeit ist der Abschluss einer sog. W&-I-Versicherung. In die Erwägungen ist auch aufzunehmen, dass § 75 Abs. 1 AO im Falle eines Share Deals – mangels Wechsels des Unternehmensträgers – sowie bei Erwerb aus der Insolvenzmasse (s. § 75 Abs. 2 AO) keine Anwendung findet. 4.36

(d) Haftungsausschluss bzw. -beschränkungen

Es besteht keine Möglichkeit entsprechend § 25 Abs. 2 HGB die Haftung des Erwerbers nach § 75 AO auszuschließen. Vertragliche Haftungsfreistellungen sind gegenüber der Finanzbehörde unwirksam.[7] Sie können lediglich zu einem vertraglichen 4.37

1 *Intemann* in Koenig³, § 75 AO Rz. 43.
2 *Drüen* in Tipke/Kruse, § 44 AO Rz. 5 (149. Erg.-Lfg. Juli 2017).
3 Vgl. BFH v. 22.11.2011 – VII R 63/10, BStBl. II 2012, 223.
4 *Boeker* in Hübschmann/Hepp/Spitaler, § 75 AO Rz. 109 (242. Erg.-Lfg. Mai 2017).
5 *Boeker* in Hübschmann/Hepp/Spitaler, § 75 AO Rz. 114 (242. Erg.-Lfg. Mai 2017).
6 Siehe *Boeker* in Hübschmann/Hepp/Spitaler, § 191 AO Rz. 35 (216. Erg.-Lfg. März 2012).
7 *Denkhaus/Ziegenhagen*, Unternehmenskauf in Krise und Insolvenz³, Rz. 74.

Anspruch des Erwerbers gegen den Veräußerer führen, welcher aufgrund der Krisensituation regelmäßig wertlos sein dürfte. Jedoch kann durch eine unverzügliche Anzeige der Erwerbstätigkeit durch den Erwerber gem. § 138 Abs. 1 AO der zeitliche Rahmen der Haftung beschränkt werden, da die Haftung des Betriebsübernehmers gem. § 75 Abs. 1 Satz 1 AO nur für Steuern eingreift, die innerhalb eines Jahres nach dieser Anmeldung festgesetzt oder angemeldet werden. Erfolgt die Anzeige bereits vor der Betriebsübernahme, beginnt die Jahresfrist erst im Zeitpunkt der tatsächlichen Übernahme zu laufen.[1]

(2) Haftung nach § 25 Abs. 1 HGB

4.38 Bei einem Asset Deal ist als weiterer Haftungstatbestand § 25 Abs. 1 HGB zu beachten. Danach haftet der Erwerber für alle im Betrieb des Unternehmens begründeten Verbindlichkeiten des früheren Inhabers, wenn die bisherige Firma fortgeführt wird. Etwaige Zusätze, die das Nachfolgeverhältnis andeuten, sind hierbei unerheblich. Es ist vielmehr entscheidend, ob der prägende Bestandteil der bisherigen Firma in der neuen Firma erhalten bleibt und der Rechtsverkehr noch von einer Kontinuität des in seinem wesentlichen Bestand fortgeführten Unternehmens ausgeht.[2] Geringfügige Änderungen der Firma sind daher nicht ausreichend, um eine Haftung abzuwenden. Auch die Fortführung von lediglich einem Unternehmensteil unter Beibehaltung der Firma löst die Haftung nach § 25 Abs. 1 HGB aus, wenn es sich nach den äußeren Umständen um den wesentlichen Kernbereich handelt, welcher den Schwerpunkt des Unternehmens bildet.[3]

4.39 Eine Haftung des Erwerbers bei Fortführung der Firma für alle im Betrieb begründeten Verbindlichkeiten des früheren Inhabers gem. § 25 Abs. 1 HGB ist auch bei einem Unternehmenserwerb im Wege eines Asset Deals denkbar, wenn zumindest ein wesentlicher Unternehmensteil übernommen wurde und der Betrieb jedenfalls im Kern beibehalten wird und/oder Teile des Personals übernommen werden.[4] Solange das Insolvenzverfahren nicht eröffnet wurde, steht es der Haftung aus § 25 Abs. 1 HGB auch nicht entgegen, wenn ein Unternehmen fortgeführt wird, das ggf. bereits zahlungsunfähig ist.[5]

4.40 Der Erwerber haftet unter den genannten Voraussetzungen auch außerhalb des § 75 AO für alle im Betrieb begründeten Steueransprüche gem. § 191 Abs. 1 Var. 1 AO.[6] Da bereits die betriebliche Begründung ausreicht,[7] wird der Anwendungsbereich von

---

1 *Wutzke* in *Schluck-Amend/Meyding*, Der Unternehmenskauf in Krise und Insolvenz, Kapitel IV., Rz. 19.

2 BGH v. 12.2.2001 – II ZR 148/99, BGHZ 146, 374; BGH v. 4.11.1991 – II ZR 85/91, NJW 1992, 911.

3 BGH v. 7.12.2009 – II ZR 229/08, DB 2010, 50.

4 *Hopt* in Baumbach/Hopt[38], § 25 HGB Rz. 6.

5 *Holzapfel/Pöllath*, Unternehmenskauf in Recht und Praxis[15], Rz. 1011.

6 Tz. 1 des AEAO zu § 191.

7 Str., a.A. *Heeg*, DStR 2012, 2159 (2161 ff.), wonach sich der Anwendungsbereich von § 25 HGB ebenfalls nur auf die von § 75 AO erfassten Steuerarten bezieht.

§ 25 HGB weiter als bei § 75 AO verstanden. Dieser soll sich damit beispielsweise auch auf Kfz-Steuern für Betriebsfahrzeuge erstrecken.[1] Wie der BFH zutreffend festgestellt hat, ist die Körperschaftsteuer jedoch nicht „im Betrieb begründet", da sie sich auf das gesamte Einkommen der Körperschaft bezieht. Folglich kommt über § 25 Abs. 1 HGB eine Haftung für Körperschaftsteuerverbindlichkeiten nicht in Betracht.[2] Auch die Einkommensteuerschuld des bisherigen Betriebsinhabers fällt nicht in den Anwendungsbereich von § 25 Abs. 1 HGB.[3] Die Haftung nach § 25 Abs. 1 HGB ist von großer Bedeutung, wenn eine Haftung des Betriebsübernehmers nach § 75 AO für die Betriebssteuern aufgrund des engeren Anwendungsbereiches der Vorschrift (beispielsweise wegen der zeitlichen Einschränkungen) nicht in Betracht kommt.[4] Darüber hinaus ist die Haftung des Erwerbers bei § 25 Abs. 1 HGB nicht wie bei § 75 AO auf das übernommene Vermögen beschränkt. Die Finanzbehörde kann einen etwaigen Haftungsbescheid über die Betriebssteuern und die Steuerabzugsbeträge neben § 75 AO auch auf § 25 Abs. 1 HGB stützen.[5] Daher ist es für einen Erwerber vor dem Unternehmenserwerb ratsam, das Haftungsrisiko für Steueransprüche jedenfalls auch anhand der Voraussetzungen des § 25 Abs. 1 HGB zu prüfen.

Gemäß § 25 Abs. 2 HGB ist es möglich, die Haftung des Erwerbers auch bei einem Unternehmenskauf in der Krise auszuschließen. Für einen solchen Haftungsausschluss ist eine entsprechende Vereinbarung zwischen Verkäufer und Erwerber erforderlich, welche ins Handelsregister eingetragen und bekannt gemacht werden oder dem Dritten durch den Erwerber oder den Veräußerer mitgeteilt werden muss (§ 25 Abs. 2 HGB a.E.). 4.41

(3) Haftung nach § 73 AO

§ 73 Satz 1 AO statuiert die Haftung einer Organgesellschaft für „solche Steuern des Organträgers, für welche die Organschaft zwischen ihnen steuerlich von Bedeutung ist". Bei einem Asset Deal wird indes nicht die Gesellschaft als solche erworben, so dass die Haftung nicht greift (s. hingegen zum Share Deal unten Rz. 4.82 ff.). Der Asset Deal kann daher im Vergleich zu einem Share Deal eine attraktive Alternative sein, um ein Risiko aus § 73 AO auszuschließen. 4.42

bb) Sonstige steuerliche Konsequenzen für den Erwerber

(1) Buchwertaufstockung/-abstockung

Der Erwerber hat regelmäßig ein großes Interesse daran, Aufwand steuerlich geltend zu machen, um einen etwaigen steuerpflichtigen Gewinn zu reduzieren. Dabei 4.43

---

1 *Boeker* in Hübschmann/Hepp/Spitaler, Vor §§ 69–77 AO Rz. 15 (212. Erg.-Lfg. März 2011).

2 BFH v. 6.4.2016 – I R 19/14, BFH/NV 2016, 1491 ff. Rz. 19.

3 *Heeg*, DStR 2012, 2159 (2164).

4 Kritisch hierzu: *Heeg*, DStR 2012, 2159 (2164).

5 *Holzapfel/Pöllath*, Unternehmenskauf in Recht und Praxis[15], Rz. 1012.

kommt insbesondere der Absetzung für Abnutzung (AfA) eine entscheidende Rolle zu.

4.44 Die AfA erfolgt von den (fortgesetzen) Anschaffungskosten abnutzbarer Wirtschaftsgüter. Je höher die Anschaffungskosten sind, desto höher das Abschreibungspotential. Dem Erwerber entstehen Anschaffungskosten in Höhe des Kaufpreises zzgl. der Anschaffungsnebenkosten und der ggf. übernommenen Verbindlichkeiten/Rückstellungen. Da i.d.R. nicht für jedes einzelne Wirtschaftsgut ein Kaufpreis vereinbart wird, sondern sich die Parteien auf einen Gesamtkaufpreis verständigen, ist eine sachgerechte Aufteilung des Kaufpreises auf die einzelnen Wirtschaftsgüter erforderlich, um den ratierlichen AfA-Betrag zu ermitteln. Übersteigen die Anschaffungskosten die Summe der Buchwerte der jeweiligen Wirtschaftsgüter, sind die Buchwerte beim Erwerber um den Mehrbetrag (anteilig) aufzustocken und die AfA in Zukunft auf Grundlage dieses höheren Wertes vorzunehmen.[1]

4.45 Bei einem Unternehmenskauf in der Krise ist es umgekehrt auch möglich, dass der Erwerber das Unternehmen für einen Kaufpreis erwerben kann, der die Summe der Buchwerte der einzelnen Wirtschaftsgüter unterschreitet. In diesem Fall bedarf es einer (anteiligen) Abstockung der Buchwerte um den Minderbetrag. Hieraus resultiert eine niedrigere AfA-Bemessungsgrundlage für die erworbenen Wirtschaftsgüter, wodurch sich beim Erwerber das Potential abzugsfähiger Betriebsausgaben in Form von Absetzungen für Abnutzung verringert.[2] In diesen Fällen kann bei Kapitalgesellschaften ein Share Deal vorteilhaft sein, weil dann eine Beibehaltung höherer steuerlicher Buchwerte möglich ist.[3]

(2) Verlustvorträge

4.46 Neben der Schaffung (neuen) Aufwands wird der Erwerber auch daran interessiert sein, in der Gesellschaft vorhandene Verluste und Verlustvorträge steuerlich nutzen zu können. Da sich das Zielunternehmen regelmäßig bereits seit längerer Zeit in der Krise befindet, dürfte das Unternehmen häufig über hohe Verlustvorträge verfügen.

4.47 Bei einem Unternehmenskauf im Wege eines Asset Deals werden jedoch nur die einzelnen Wirtschaftsgüter erworben. Etwaige bestehende Verlustvorträge bleiben daher beim Veräußerer erhalten und gehen nicht auf den Erwerber über. Mithin kann der Erwerber bei einem Unternehmenskauf in der Krise im Wege eines Asset Deals nicht von bestehenden Verlustvorträgen profitieren. Dies gilt nicht nur für die streng subjektbezogene Einkommen- und Körperschaftsteuer, sondern auch für den gewerbesteuerlichen Verlustausgleich, da dieser nach Ansicht des BFH „Unternehmens- und Unternehmeridentität"[4] voraussetzt.[5]

1 *Holzapfel/Pöllath*, Unternehmenskauf in Recht und Praxis[15], Rz. 207 f.
2 *Denkhaus/Ziegenhagen*, Unternehmenskauf in Krise und Insolvenz[3], Rz. 773 f.
3 Vgl. *Holzapfel/Pöllath*, Unternehmenskauf in Recht und Praxis[15], Rz. 308.
4 BFH v. 3.5.1993 - GrS 3/92, BStBl. II 1993, 616.
5 *Bisle*, SteuK 2016, 311 (313).

(3) Behandlung von übernommenen Verpflichtungen, die Ansatzverboten, -beschränkungen oder Bewertungsvorbehalten unterliegen

Soweit ein Erwerber im Rahmen eines Asset Deals Passivposten übernimmt, die beim ursprünglich Verpflichteten Ansatzverboten, -beschränkungen oder Bewertungsvorbehalten unterlegen haben, wird der Grundsatz der Erfolgsneutralität des Anschaffungsvorgangs durch die in § 5 Abs. 7 EStG getroffene Regelung durchbrochen. Die Vorschrift ist zusammen mit § 4f EStG (vgl. Rz. 4.58) im Rahmen des AIFM-Steuer-Anpassungsgesetzes eingeführt worden und soll sicherstellen, dass Passivierungsbeschränkungen bis zur erstmaligen Anwendung des § 4f EStG nicht leerlaufen.[1] Beide Vorschriften müssen im Zusammenhang gesehen werden, da sie jeweils denselben Erwerbsvorgang betreffen und somit je eine Regelung für die Veräußerer- und eine für die Erwerberseite eingreift. Die Regelung wird daher im Zusammenhang mit § 4f EStG dargestellt (s. unten Rz. 4.58 ff.). 4.48

(4) Umsatzsteuer

Die Übertragung von Wirtschaftsgütern unterliegt grundsätzlich der Umsatzsteuer. 4.49
Wird allerdings ein Unternehmen oder ein Teilbetrieb als Ganzes übereignet und liegt insofern eine Geschäftsveräußerung im Ganzen vor, ist diese nicht umsatzsteuerbar (§ 1 Abs. 1a UStG). Dies ist der Fall, wenn die wesentlichen Grundlagen eines Unternehmens oder eines gesondert geführten Betriebs veräußert werden, so dass die übertragenen Wirtschaftsgüter ein hinreichendes Ganzes bilden, um dem Erwerber die Fortsetzung einer bisher durch den Veräußerer ausgeübten unternehmerischen Tätigkeit zu ermöglichen, und der Erwerber diese auch tatsächlich fortsetzt.[2] Auch die Veräußerung eines einzigen Wirtschaftsguts – wie beispielsweise eines Grundstücks samt Miet- oder Pachtvertrag – kann einen nicht steuerbaren Umsatz darstellen, wenn dieses Wirtschaftsgut das ganze Unternehmen oder den Teilbetrieb funktional ausmacht (z.B. Vermietung des Grundstücks als einzige unternehmerische Tätigkeit des Unternehmens).[3]

Für die Qualifikation einer Unternehmensübertragung als nicht steuerbare Ge- 4.50
schäftsveräußerung im Ganzen ist es regelmäßig unschädlich, wenn die Verbindlichkeiten des Unternehmens vom Erwerber nicht übernommen werden, da diese keine wesentlichen Grundlagen des Betriebs darstellen.[4] Für die Fortführungsmöglichkeit eines Betriebs sind Verbindlichkeiten regelmäßig unerheblich. Vielmehr kommt es entscheidend darauf an, dass der Erwerber das Unternehmen ohne nennenswerten finanziellen Aufwand weiterführen kann, was im Rahmen einer Gesamtwürdigung zu bewerten ist.[5] In deren Rahmen werden bestehende Arbeitsverhältnisse i.d.R.

---

1 BT-Drucks. 18/68, 74.
2 Abschn. 1.5 Abs. 1. UStAE.
3 BFH v. 18.9.2008 – V R 21/07, BStBl. II 2009, 254; *Denkhaus/Ziegenhagen*, Unternehmenskauf in Krise und Insolvenz[3], Rz. 965 f.
4 *Jansen* in Birkenfeld/Wäger, Das große Umsatzsteuerhandbuch, Kap. 1 D. Rz. 222 (75. Erg.-Lfg. April 2017).
5 Abschn. 1.5 Abs. 4 Satz 1 UStAE.

nicht zu den betrieblichen Grundlagen des übertragenen (Teil-)Betriebs gehören. Etwas anderes mag bei bestimmten spezialisierten Dienstleistungsunternehmen allerdings ausnahmsweise der Fall sein.[1] Eine Übertragung (erfahrener) Mitarbeiter mag erforderlich sein, um die Fortführungsmöglichkeit des erworbenen Unternehmens zu gewährleisten; es kann jedoch auch ausreichen, die Mitarbeiter und Organisationsstruktur nicht zu übernehmen, wenn der Erwerber bereits selbst über eigene betriebliche Strukturen verfügt um die bisherige Geschäftstätigkeit ohne größere Investitionen zu übernehmen.[2] Eine Geschäftsveräußerung im Ganzen wird aber dann nicht mehr vorliegen, wenn der Erwerber nur Einzelwirtschaftsgüter (z.B. die Gewerbeimmobilie) ohne Fortführungsabsicht der ursprünglichen unternehmerischen Tätigkeit aus dem Unternehmensvermögen erwirbt.

4.51 Liegt eine Geschäftsveräußerung im Ganzen vor, tritt der erwerbende Unternehmer gem. § 1 Abs. 1a Satz 3 UStG an die Stelle des Veräußerers. Nach der Geschäftsveräußerung im Ganzen ist der Erwerber grundsätzlich nicht mehr an die vom Veräußerer vor dem Unternehmenskauf ausgeübten Wahlrechte gebunden. Es ist dann auch Aufgabe des Erwerbers, die Berichtigung des Vorsteuerabzugs gem. § 15a UStG vorzunehmen, wenn sich die für den Vorsteuerabzug maßgeblichen Verhältnisse der einzelnen Wirtschaftsgüter innerhalb von fünf/zehn Jahren ab dem Zeitpunkt der erstmaligen Verwendung des jeweiligen Wirtschaftsguts verändern. Der Erwerber tritt insoweit in laufende Berichtigungsverpflichtungen ein. Zu beachten ist in diesem Zusammenhang zudem, dass gem. § 15a Abs. 10 UStG bei einer Geschäftsveräußerung im Ganzen der für die Berichtigung des Vorsteuerabzugs nach § 15a Abs. 1 und 5 UStG maßgebliche Berichtigungszeitraum für die jeweiligen Wirtschaftsgüter nicht unterbrochen wird. Der Veräußerer ist insoweit gem. § 15a Abs. 10 Satz 2 UStG verpflichtet, dem Erwerber die für die Durchführung der Berichtigung erforderlichen Angaben zu machen.[3] Jeder Unternehmer ist insoweit gem. § 22 Abs. 4 UStG verpflichtet, die erforderlichen Berechnungen aufzuzeichnen. Möglicherweise vorzunehmende Vorsteuerkorrekturen sollten im Vorfeld im Rahmen der Due Diligence identifiziert und bei der Vereinbarung des Kaufpreises berücksichtigt werden. Ein Freistellungsanspruch betreffend etwaige zurückzuzahlende Vorsteuerbeträge, wie dies typischerweise bei Asset Deals vereinbart wird, dürfte demgegenüber dem Erwerber wegen der vorliegenden Schieflage des Veräußerers häufig nicht viel nützen.

b) Steuerliche Konsequenzen für den Veräußerer

aa) Ertragsteuern

4.52 Die Veräußerung eines ganzen Gewerbebetriebs oder eines Teilbetriebs **durch eine natürliche Person** im Wege eines Asset Deals führt gem. § 16 Abs. 1 Satz 1 Nr. 1 EStG zu Einkünften aus Gewerbebetrieb. Gleiches gilt für die Veräußerung des ge-

1 Vgl. *Jansen* in Birkenfeld/Wäger, Das große Umsatzsteuerhandbuch, Kap. 1 D. Rz. 223 (75. Erg.-Lfg. April 2017).

2 Vgl. *Jansen* in Birkenfeld/Wäger, Das große Umsatzsteuerhandbuch, Kap. 1 D. Rz. 321 (75. Erg.-Lfg. April 2017).

3 *Denkhaus/Ziegenhagen*, Unternehmenskauf in Krise und Insolvenz[3], Rz. 967.

samten Mitunternehmeranteils (§ 16 Abs. 1 Satz 1 Nr. 2 EStG), so dass die Veräußerung eines Personengesellschaftsanteils ertragsteuerlich einem Asset Deal gleichgestellt ist. Der Veräußerungsgewinn ist dabei nach § 16 Abs. 2 Satz 1 EStG der Betrag, um den der Veräußerungspreis nach Abzug der Veräußerungskosten den Wert des Betriebsvermögens übersteigt. Derartige Veräußerungsgewinne sind als außerordentliche Einkünfte i.S.d. § 34 Abs. 2 Nr. 1 EStG zu qualifizieren, so dass hierauf bei der Berechnung der Einkommensteuer die sog. Fünftelregelung gem. § 34 Abs. 1 EStG Anwendung findet. Diese Regelung zielt darauf ab, die außerordentlichen Einkünfte so zu besteuern, als seien sie nicht in einem Veranlagungszeitraum entstanden, sondern über einen Zeitraum von fünf Jahren (sog. **Tarifglättung**).[1] Dadurch soll verhindert werden, dass die laufenden Einkünfte aufgrund der von den außerordentlichen Einkünften ausgelösten Progressionswirkung entsprechend höher besteuert werden.[2]

Hat der Steuerpflichtige das 55. Lebensjahr vollendet oder ist er im sozialversiche- 4.53
rungsrechtlichen Sinne dauernd berufsunfähig, kann er auf Antrag eine Ermäßigung gem. § 34 Abs. 3 EStG in Anspruch nehmen. Anstelle der Fünftelregelung wird die Einkommensteuer in diesem Fall für den Teil der außerordentlichen Einkünfte, der den Betrag von insgesamt 5 Mio. Euro nicht übersteigt, nach einem ermäßigten Steuersatz bemessen, welcher 56 % des durchschnittlichen Steuersatzes bezogen auf das gesamte zu versteuernde Einkommen, mindestens jedoch 14 %, beträgt. Diese Ermäßigung kann der Steuerpflichtige gem. § 34 Abs. 3 Satz 4 EStG aber nur einmal in seinem Leben in Anspruch nehmen.Zudem wird dem Steuerpflichtigen auf (separaten) Antrag gem. § 16 Abs. 4 EStG ein Freibetrag i.H.v. 45.000 € gewährt. Voraussetzung für die Gewährung des Freibetrags ist ebenfalls, dass der Steuerpflichtige das 55. Lebensjahr vollendet hat oder er im sozialversicherungsrechtlichen Sinne dauernd berufsunfähig ist. Der Freibetrag wird nur einmalig gewährt und um den Betrag ermäßigt, um den der Veräußerungsgewinn 136.000 € übersteigt. Überschreitet der Veräußerungserlös somit die Schwelle von 181.000 €, schmilzt der Freibetrag vollständig ab und die Anwendung des § 16 Abs. 4 EStG läuft leer.

Gemäß § 7 Satz 2 Nr. 1 GewStG gehört der Gewinn aus der Veräußerung des Betrie- 4.54
bes oder eines Teilbetriebes einer Mitunternehmerschaft zum Gewerbeertrag, soweit er nicht auf eine natürliche Person als unmittelbar beteiligten Mitunternehmer entfällt. Folglich kann sich beim Asset Deal auch eine Gewerbesteuerbelastung für den Veräußerer ergeben.

Wird ein Betrieb oder Teilbetrieb im Wege eines Asset Deals dagegen **von einer Ka- 4.55
pitalgesellschaft** veräußert, so ist der sich hieraus ergebende Gewinn grundsätzlich voll körperschaft- und gewerbesteuerpflichtig.[3]

1 *Ziegenhagen/Thieme*, Besteuerung in Krise und Insolvenz, Rz. 228.
2 *Eilers/Schwahn* in Picot, Handbuch Mergers & Acquisitions, S. 207 f.
3 *Denkhaus/Ziegenhagen*, Unternehmenskauf in Krise und Insolvenz[3], Rz. 750.

bb) Verlustabzug

4.56 Bei einem Unternehmenskauf, der im Wege eines Asset Deals erfolgt, bleiben bestehende Verlustvorträge beim Veräußerer erhalten. Da der Verkäufer aufgrund der Krisensituation regelmäßig über hohe Verlustvorträge verfügt, können die angesammelten Verlustvorträge genutzt und die Steuerlast so auf einen etwaigen Veräußerungsgewinn reduziert werden.

4.57 Einschränkend sind dabei aber die Regelungen über die Mindestbesteuerung zu beachten, wonach nicht ausgeglichene negative Einkünfte, die nicht in den unmittelbar vorangegangenen Veranlagungszeitraum zurückgetragen wurden, nur bis zu einem Gesamtbetrag der Einkünfte von 1 Mio. Euro unbeschränkt und darüber hinaus nur zu 60 % des Gesamtbetrags der Einkünfte abziehbar sind (§ 10d Abs. 2 EStG, ggf. i.V.m. mit § 8 Abs. 1 KStG). Für die Gewerbesteuer gilt eine entsprechende Regelung (§ 10a Sätze 1, 2 GewStG), ohne dass es vorrangig zu einem Rücktrag der Fehlbeträge kommt.

cc) Übertragung von Verpflichtungen, §§ 4f, 5 Abs. 7 EStG

4.58 Übernimmt der Erwerber auch Passiva des Veräußerers, die bei diesem Ansatz- oder Bewertungsbeschränkungen unterlegen haben, stellt sich die Frage, ob der Veräußerer durch die Übertragung der Passiva stille Lasten heben kann. Diese Frage war nach der vormaligen Rechtsprechung des BFH zu bejahen.[1] Die Realisierung erfolgte dadurch, dass Verpflichtungen oder Risikopositionen, die steuerlich einem Ansatzverbot oder einem Bewertungsvorbehalt unterliegen, zum Marktwert (einzeln oder im Wege einer Unternehmenstranskation per Asset Deal) auf eine Konzerngesellschaft oder einen Dritten übertragen wurden. Dies führte beim Veräußerer zur sofortigen Realisierung der entsprechenden stillen Lasten (und somit zu abziehbarem betrieblichem Aufwand), während der Erwerber den Vorgang steuerneutral als Anschaffungsvorgang behandeln konnte.[2]

Mit der Einführung des § 4f EStG und dem in diesem Zusammenhang ebenfalls eingeführten § 5 Abs. 7 EStG reagierte der Gesetzgeber im Rahmen des AIFM-Steuer-Anpassungsgesetzes vom 18.12.2013[3] auf diese Rechtsprechung.

4.59 § 4f Abs. 1 Satz 1 EStG ordnet nunmehr an, dass bei der Übertragung von Verpflichtungen, die beim ursprünglich Verpflichteten Ansatzverboten, -beschränkungen oder Bewertungsvorbehalten unterlegen haben, eine Berücksichtigung des hieraus resultierenden Aufwandes auf 15 Jahre zu verteilen ist. Technisch ist die Vorschrift derart umzusetzen, dass im Wirtschaftsjahr der Schuldübernahme nur 1/15 des Aufwands abziehbar ist und für den restlichen Aufwand ein außerbilanzieller Korrektur-

---

1 BFH v. 12.12.2012 – I R 69/11, BFHE 240, 34; BFH v. 26.4.2012 – IV R 43/09, BFHE 237, 215; BFH v. 14.12.2011 – I R 72/10, BFHE 236, 101; BFH v. 16.12.2009 – I R 102/08, BStBl. II 2011, 566; BFH v. 17.10.2007 – I R 61/06, BStBl. II 2008, 555.

2 *Schindler* in Kirchhof[18], § 4f EStG Rz. 1.

3 Gesetz zur Anpassung des Investmentsteuergesetzes und anderer Gesetze an das AIFM-Umsetzungsgesetz, BGBl. I 2013, 4318 ff.

posten gebildet werden muss, der über die nächsten 14 Jahre i.H.v. 1/15 des Aufwands außerbilanziell aufzulösen ist.[1] Da im Rahmen des Asset Deals oftmals ein Gesamtkaufpreis vereinbart wird, ist zur Ermittlung der Aufwandshöhe darauf abzustellen, welchen Wertabschlag die Parteien für die Übernahme der Verbindlichkeit angesetzt haben. Dieser wird im Regelfall dem Teilwert der Verbindlichkeit entsprechen.[2]

§ 4f Abs. 1 Satz 2 EStG regelt den Fall, dass für eine Verpflichtung bereits ein Passivposten gebildet wurde, welcher nun aufgrund der Übertragung wieder gewinnerhöhend aufgelöst werden muss. Im Unterschied zu Satz 1 wird in diesem Fall angeordnet, dass der hieraus resultierende Aufwand bis zur Höhe des aufgelösten Passivpostens sofort und nur der den Passivposten übersteigende Teil des Aufwands entsprechend obiger Ausführungen über 15 Jahre verteilt abzuziehen ist.[3] 4.60

Die Konsequenz der Vorschrift ist, dass stille Lasten nicht mehr innerhalb des Veranlagungszeitraums der Realisierung, sondern zeitlich gestreckt über 15 Jahre gehoben werden.[4] Unerheblich ist dabei, ob eine Verpflichtung einzeln, im Rahmen eines entgeltlichen Betriebsübergangs nach § 613a BGB, bei einem Aufkauf aller Aktiva und Passiva eines Unternehmens, im Rahmen einer Schuldübernahme gem. §§ 414, 415 BGB oder nach § 123 UmwG übertragen wird.[5] 4.61

Von der grundsätzlich vorgeschriebenen zeitlichen Streckung des Aufwandes sieht § 4f Abs. 1 Satz 3 EStG allerdings Ausnahmen vor. Eine Verteilung des Aufwandes unterbleibt, wenn die Schuldübernahmen im Rahmen der Veräußerung oder Aufgabe eines ganzen Betriebs (auch im Wege des Asset Deals) oder des gesamten Mitunternehmeranteils erfolgt. Dasselbe gilt, wenn ein Arbeitnehmer unter Mitnahme erworbener Pensionsansprüche zu einem neuen Arbeitgeber wechselt oder wenn der Betrieb bestimmte Größenmerkmale nicht überschreitet. Greift eine der genannten Ausnahmen ein, ist der durch die Übertragung entstehende Aufwand sofort in voller Höhe als Betriebsausgabe abziehbar. Unabhängig von den Voraussetzungen des § 4f Abs. 1 Satz 3 EStG sollte dies auch in Fällen eines *echten* negativen Kaufpreises der Fall sein, d.h. in den Fällen, in denen negative geschäftswertbildende Faktoren zu einem „Badwill" führen.[6] Es dürfte in diesen Fällen an konkreten Ansatz- oder Bewertungsbeschränkungen fehlen. Anders stellt sich der Sachverhalt dar, wenn der negative Kaufpreis auf stille Lasten entfällt, denen Passivierungsbeschränkungen zugrunde liegen. Insoweit sollte § 4f Abs. 1 EStG Anwendung finden. 4.62

Hingegen findet § 4f Abs. 1 Satz 1 EStG nach umstrittener Auffassung im Schrifttum auch Anwendung auf die teilweise Übertragung eines Mitunternehmeranteils. Dem steuerlichen Transparenzprinzip bei der Besteuerung von Mitunternehmerschaften 4.63

1 *Schindler* in Kirchhof[18], § 4f EStG Rz. 14.
2 *Schindler* in Kirchhof[18], § 4f EStG Rz. 14.
3 *Schindler* in Kirchhof[18], § 4f EStG Rz. 15.
4 *Schindler* in Kirchhof[18], § 4f EStG Rz. 2.
5 BMF v. 24.6.2011 – IV C 6-S 2137/0-03, BStBl. I 2011, 627; *Schindler*, GmbHR 2014, 561 (564).
6 *Dannecker/Rudolf*, BB 2014, 2539 (2542).

entspräche es, auch bei der Anwendung der §§ 4f, 5 Abs. 7 EStG auf die Mitunternehmer abzustellen.[1] Eine abweichende Ansicht hält dem entgegen, dass zivilrechtlich die Zuordnung der Verpflichtung zur Gesamthandsebene durch den Gesellschafterwechsel nicht berührt werde und somit nicht von einer Übertragung gesprochen werden könne.[2] U.E. lässt sich allerdings dem Gesetz eine Aussage dahingehend, dass das Transparenzprinzip keine Anwendung finden soll, nicht entnehmen.

4.64 Die Ausnahme nach § 4f Abs. 1 Satz 3 EStG greift nicht ein, wenn ein Asset Deal lediglich als Teilbetriebsveräußerung anzusehen ist. Dies bedeutet jedoch nicht, dass der gesamte Aufwand nur zeitlich gestreckt berücksichtigt werden kann. Insoweit trifft § 4f Abs. 1 Satz 4–6 EStG Sonderregelungen. Diese führen dazu, dass eine zeitlich gestreckte Berücksichtigung nach Satz 1 der Vorschrift nur erfolgt, wenn und insoweit die Realisation einer stillen Last insgesamt einen Veräußerungsverlust begründet oder erhöht. Erfolgt die Teilbetriebsveräußerung hingegen mit einem positiven Ergebnis, ist der Aufwand aus der Hebung der stillen Lasten (bis zur Höhe des positiven Ergebnisses) als sofort abzugsfähiger betrieblicher Aufwand zu berücksichtigen.[3] Demnach kann der Frage, ob ein Teilbetrieb veräußert bzw. übertragen wird, erhebliche Bedeutung zukommen.

4.65 Spiegelbildlich zu § 4f EStG regelt § 5 Abs. 7 EStG den Umgang mit übernommenen Verpflichtungen beim Erwerber. Dem Gesetzgeber ist es allerdings nicht gelungen, ein überzeugendes Zusammenwirken der Vorschriften herzustellen. Insbesondere erfasst § 5 Abs. 7 EStG auch solche Fälle, in denen es nicht zu einer zeitlichen Streckung des Betriebsausgabenabzuges (z.B. im Rahmen der Ausnahmen nach § 4 f Abs. 1 Satz 3 EStG) kommt.[4] Lediglich für den Ansatz übernommener Pensionsverpflichtungen enthält § 5 Abs. 7 EStG in Satz 4 eine Sonderregelung.

4.66 Im Übrigen sind sämtliche übernommenen Verpflichtungen, die beim ursprünglich Verpflichteten Ansatzverboten, -beschränkungen oder Bewertungsvorbehalten unterlegen haben, nach § 5 Abs. 7 Satz 1 EStG zu den auf die Übernahme folgenden Abschlussstichtagen beim Übernehmer (und dessen Rechtsnachfolger) so zu bilanzieren, wie sie bei dem ursprünglich Verpflichteten ohne Übernahme zu bilanzieren wären. In der Steuerbilanz, die auf das Ende des Wirtschaftsjahres erstellt wird, in dem die Übertragung erfolgt ist, gelten somit wieder alle ursprünglichen Passivierungsbeschränkungen, die auch für den Übertragenden galten. Dies führt grundsätzlich zu einem sog. Erwerbsgewinn beim Erwerber. Die Sätze 2 und 3 der Vorschrift ordnen ausdrücklich an, dass dies ebenso für den Schuldbeitritt bzw. die Erfüllungs-

---

1 *Krumm* in Blümich, § 4f EStG Rz. 22 (148. Erg.-Lfg. Juli 2019); *Schober* in Herrmann/Heuer/Raupach, § 4f EStG Rz. 11 (293. Erg.-Lfg. August 2019).

2 *Dannecker/Rudolf*, BB 2014, 2539 (2540 f.); *Schindler* in Kirchhof[18], § 4f EStG Rz. 12. Siehe auch *Mundfortz*, Das Realisationsprinzip und die Aufdeckung stiller Lasten, S. 35 f., der allerdings, a.a.O., S. 41 f. annimmt, die Übertragung eines Mitunternehmeranteils sei ein Fall des gesetzlichen Schuldbeitritts und unterfalle daher § 4f Abs. 2 EStG.

3 *Krumm* in Blümich, § 4f EStG Rz. 35 (148. Erg.-Lfg. Juli 2019); *Schindler* in Kirchhof[18], § 4f EStG Rz. 3.

4 Vgl. *Schindler*, GmbHR 2014, 786 (791); *Benz/Placke*, DStR 2013, 2653 (2658).

übernahme und gleichermaßen für den Erwerb eines Mitunternehmeranteils gilt. Für die Auslegung der gesetzlich nicht näher umschriebenen Tatbestandsvoraussetzungen gelten die gleichen Grundsätze wie im Rahmen des § 4f EStG (vgl. Rz. 4.58 ff.).[1]

Es besteht für den Erwerber nach § 5 Abs. 7 Satz 5 EStG allerdings ein Wahlrecht, 4.67
den Erwerbsgewinn, der durch die Anwendung der Sätze 1 bis 3 entsteht, i.H.v. 14/15 in eine gewinnmindernde Rücklage einzustellen und diese in den folgenden 14 Wirtschaftsjahren jeweils mit mindestens einem Vierzehntel gewinnerhöhend aufzulösen (sog. Auflösungszeitraum). Dieser Auflösungszeitraum korrespondiert somit mit der betriebsgewöhnlichen Nutzungsdauer eines Geschäfts- oder Firmenwertes, der sich infolge des Erwerbs um die steuerbilanziell nicht (voll) anzusetzende Verpflichtung i.d.R. erhöht hat. Bei Wegfall der Verpflichtung bereits vor Ablauf des maßgeblichen Auflösungszeitraumes ist die (bis dahin verbliebene) Rücklage gem. § 5 Abs. 7 Satz 6 EStG zwingend gewinnwirksam aufzulösen.

Werden im Rahmen des Asset Deals zum Erwerb eines Unternehmens in der Krise 4.68
auch Verpflichtungen vom Erwerber übernommen, sollte daher eine mögliche Gewinnrealisierung durch die zwingende Anordnung der Beibehaltung der ursprünglichen Passivierungsbeschränkung im Zeitpunkt des folgenden Abschlussstichtages unbedingt beachtet werden. Ob eine Ausübung des Wahlrechts nach § 5 Abs. 7 Satz 5 EStG empfehlenswert ist, ist in jedem Einzelfall gesondert zu entscheiden und hängt maßgeblich von den übrigen Erträgen und Aufwendungen ab.

dd) Umsatzsteuer

Gemäß § 1 Abs. 1a UStG unterliegen die Umsätze im Rahmen einer Geschäftsver- 4.69
äußerung an einen anderen Unternehmer für dessen Unternehmen nicht der Umsatzsteuer. Eine solche Geschäftsveräußerung im Ganzen liegt bei einem Unternehmenserwerb im Rahmen eines Asset Deals regelmäßig vor (s. oben Rz. 4.49). Die Unternehmensveräußerung im Ganzen hat für den Veräußerer den Vorteil, dass der Vorsteuerberichtigungszeitraum i.S.d. § 15a UStG nicht beeinträchtigt wird.[2]

Sollte die Übertragung des Unternehmens keine Geschäftsveräußerung im Ganzen 4.70
darstellen, handelt es sich um ein Bündel von Leistungen, die jeweils einzeln danach beurteilt werden müssen, ob und wo sie steuerbar sind, ob ein Steuerbefreiungstatbestand vorliegt und ob ggf. trotz Steuerfreiheit zur Umsatzsteuer optiert werden kann.

Auch eine Übertragung zu einem negativen Kaufpreis sollte keine Geschäftsveräuße- 4.71
rung im Ganzen darstellen. Denn § 1 Abs. 1a UStG sollte nur auf die Frage Anwendung finden, ob der Veräußerer einen Betrieb als Ganzes überträgt, nicht aber die Qualifikation einer entgeltlichen Leistung des Erwerbers betreffen. Dies dürfte jedenfalls nach dem Wortlaut der maßgeblichen Richtlinienstelle (Art. 19 MwStSystRL)

1 *Schindler*, GmbHR 2014, 786 (787).
2 *Keller* in Beck'sches Handbuch Immobiliensteuerrecht, Teil 2 § 1 Rz. 63.

deutlich sein; § 1 Abs. 1a Satz 1 UStG spricht hingegen nur von „Umsätzen im Rahmen einer Geschäftsveräußerung".[1] Stattdessen kann im Falle eines negativen Kaufpreises eine Bewertung dieses Kaufpreises als Entgelt für eine sonstige Leistung des Übernehmers an den Verkäufer in Betracht kommen.[2] Die Finanzverwaltung hat sich allgemein zu diesem Thema nicht positioniert, aus Andeutungen im Umsatzsteuer-Anwendungserlass zur Lieferung von Strom[3] und Schrott[4] gegen einen negativen Kaufpreis ergibt sich jedoch, dass die Finanzverwaltung jedenfalls in diesen Fällen von einer sonstigen Leistung des Abnehmers ausgeht.

4.72 Ein vertraglich vereinbarter Kaufpreis versteht sich im Zweifel grundsätzlich als Bruttobetrag einschließlich Umsatzsteuer.[5] Der Veräußerer sollte daher darauf achten, dass eine etwaige vom Verkäufer geduldete Umsatzsteuer gesondert ausgewiesen und dem Erwerber in Rechnung gestellt werden kann.[6] Wird fälschlicherweise bei Vertragsschluss davon ausgegangen, dass die Unternehmensveräußerung nicht steuerbar ist, so erhöht sich der vereinbarte Kaufpreis grundsätzlich nicht nachträglich um die Umsatzsteuer. Ein im Vertrag ausgewiesener Kaufpreis gilt im Zweifel grundsätzlich als Bruttopreis einschließlich der Umsatzsteuer.[7] Nur bei einem übereinstimmenden Irrtum der Parteien über die Umsatzsteuerfreiheit soll die Vereinbarung einer ergänzenden Vertragsauslegung zugänglich sein, die jedenfalls bei Vorsteuerabzugsberechtigung des Erwerbers zur zusätzlichen Umsatzsteuer führen kann.[8] Es ist für den Veräußerer daher empfehlenswert, eine Klausel in den Vertrag aufzunehmen, wonach sich der vereinbarte Preis als Nettobetrag versteht, welcher gegebenenfalls um eine etwaig anfallende Umsatzsteuer zu erhöhen ist.[9] Schuldet hingegen der Leistungsempfänger die Umsatzsteuer („reverse charge"), wird der Kaufpreis netto ausgewiesen (mit Hinweis auf die umgekehrte Steuerschuldnerschaft) und der Leistungsempfänger muss die Umsatzsteuer an das Finanzamt abführen. In beiden Fällen ist grundsätzlich zu regeln, welche Partei das Risiko von etwaigen neben der Umsatzsteuer fälligen Zinsen, Säumnis- und Verspätungszuschlägen tragen soll. Dies ist insbesondere dann bedeutsam, wenn die Finanzverwaltung den Asset Deal erst Jahre nach dessen zivilrechtlicher Abwicklung, etwa im Rahmen einer Umsatzsteuersonderprüfung, prüft.

2. Share Deal

4.73 Bei einem Share Deal erwirbt der Erwerber den Rechtsträger des Unternehmens und damit das Unternehmen in seinem ganzen Bestand einschließlich aller Passiva. Hier-

1 *Rapp*, BB 2017, 2903, nimmt daher an, auch bei negativem Kaufpreis könne eine Geschäftsveräußerung im Ganzen vorliegen.
2 *Robisch* in Bunjes[18], § 1 UStG Rz. 58; indirekt auch *Korf*, UVR 201, 116 (117).
3 Abschn. 1.7 Abs. 1 Satz 3 UStAE.
4 Abschn. 3.16 Abs. 1 Satz 1 UStAE.
5 BGH v. 26.6.1991 – VIII ZR 198/90, BGHZ 115, 47.
6 Eingehend zu dieser Thematik: *Kahsnitz*, DStR 2017, 1272 (1276).
7 Vgl. BGH v. 28.2.2002 – I ZR 318/99, NJW 2002, 2312.
8 BGH v. 14.1.2000 – V ZR 416/97, DStR 2000, 834.
9 *Holzapfel/Pöllath*, Unternehmenskauf in Recht und Praxis[15], Rz. 970 f.

bei bleibt die Unternehmensidentität gewahrt. Da das Unternehmen somit bei einem Unternehmenskauf in der Krise im Wege eines Share Deals als Haftungsmasse vollständig bestehen bleibt und lediglich die Anteile am Unternehmensträger übertragen werden, steht der Vermögensbestand des Unternehmens weiterhin für den Zugriff der Gläubiger zur Verfügung. Einer gesonderten Haftung des Erwerbers nach § 25 Abs. 1 HGB oder nach § 75 AO, wie sie beim Asset Deal besteht, bedarf es daher nicht.[1]

a) Steuerliche Konsequenzen für den Erwerber

aa) Verlustvorträge

Da sich das Unternehmen, welches im Rahmen eines Share Deals veräußert werden soll, in einer Krise befindet, wird es häufig im Laufe der Zeit hohe Verlustvorträge angehäuft haben. Der Erwerber hat ein großes Interesse, dass diese Verlustvorträge nach dem Erwerb des Unternehmens erhalten bleiben und mit künftigen Gewinnen des Unternehmens verrechnet werden können. Jedoch sind die angesammelten Verlustvorträge nach einem Anteilseignerwechsel u.U. nicht ohne weiteres nutzbar (s. hierzu ausführlich Rz. 2.103 ff.). 4.74

Werden innerhalb von fünf Jahren mittelbar oder unmittelbar mehr als 50 % des gezeichneten Kapitals, der Mitgliedschaftsrechte, Beteiligungsrechte oder der Stimmrechte an einer Körperschaft an einen Erwerber oder eine diesem nahestehende Person übertragen **(schädlicher Beteiligungserwerb)**, kommt es gem. § 8c Abs. 1 Satz 1 KStG zu einem vollständigen Untergang der bis zum Beteiligungserwerb nicht genutzten Verluste. Die früher daneben existierende Grenze von 25 % ist durch Gesetz vom 11.12.2018 beseitigt worden. Nach der Altfassung gingen nicht genutzte Verluste bei Anteilserwerben von mehr als 25 % bis 50 % anteilig unter. Die Rechtsfolge des § 8c Abs. 1 Satz 1 KStG tritt auch ein, wenn eine Gruppe von Erwerbern zusammen mehr als 50 % innerhalb von fünf Jahren erwirbt, wenn die Erwerber gleichgerichtete Interessen verfolgen. Bei einem Unternehmenserwerb im Rahmen eines Share Deals, der darauf gerichtet ist, das gesamte Unternehmen zu übernehmen, kommt es daher grundsätzlich zu einem vollständigen Wegfall der ungenutzten Verluste. Dies gilt nicht, soweit ungenutzte Verluste durch im Inland voll steuerpflichtige stille Reserven gedeckt sind (vgl. § 8c Abs. 1 Satz 5 ff. KStG). 4.75

Da es sich um einen Unternehmenskauf in der Krise handelt, greift möglicherweise die Ausnahme des § 8c Abs. 1a KStG ein. Diese sog. Sanierungsklausel widerspricht nicht dem EU-Recht;[2] die Vorschrift findet gem. § 34 Abs. 6 Satz 3 KStG i.d.F. des 4.76

1 *Wutzke* in Schluck-Amend/Meyding, Der Unternehmenskauf in Krise und Insolvenz, Kapitel IV., Rz. 9.

2 EuGH v. 28.6.2018 – C-219/16 P, ECLI:EU:C:2018:508 – Lowell Financial Services/Kommission, sowie vom selben Tag EuGH v. 28.6.2018 – C-203/16 P, ECLI:EU:C:2018:505 – Andres/Kommission; EuGH v. 28.6.2018 – C-208/16 P, ECLI:EU:C:2018:506 – Deutschland/Kommission; EuGH v. 28.6.2018 – C-209/16 P, ECLI:EU:C:2018:507 – Deutschland/Kommission.

Gesetzes vom 11.12.2018 (wieder) auf Veranlagungszeiträume ab 2008 und auf Anteilsübertragungen ab dem 31.12.2007 Anwendung (s. Rz. 2.127).

4.77 Gemäß § 8d Abs. 1 Satz 1 KStG ist § 8c KStG auf Antrag nach einem schädlichen Beteiligungserwerb nicht anzuwenden, wenn die betreffende Körperschaft seit ihrer Gründung oder zumindest seit dem Beginn des dritten Veranlagungszeitraums, der dem Veranlagungszeitraum, in den der schädliche Beteiligungserwerb fällt, vorausgeht, ausschließlich denselben Geschäftsbetrieb unterhält und in diesem Zeitraum (Beobachtungszeitraum 1)[1] bis zum Schluss des Veranlagungszeitraums des schädlichen Beteiligungserwerbs (Beobachtungszeitraum 2)[2] insbesondere der Geschäftsbetrieb nicht eingestellt wird. Worin der relevante Geschäftsbetrieb besteht, beschreibt § 8d Abs. 1 Satz 3 f. KStG in nicht abschließender Form.[3] Der zum Schluss des Veranlagungszeitraums, in den der schädliche Beteiligungserwerb fällt, vorhandene Verlustvortrag wird als fortführungsgebundener Verlustvortrag gesondert festgestellt (§ 8d Abs. 1 Satz 6 KStG). Wird der Geschäftsbetrieb eingestellt (bzw. liegt einer der Ersatztatbestände des § 8d Abs. 2 Satz 2 KStG vor), geht der zuletzt festgestellte fortführungsgebundene Verlustvortrag unter. Vor diesem Hintergrund kommt § 8d KStG nur dann in Betracht, wenn das Sanierungskonzept es erlaubt, dass der Geschäftsbetrieb der Zielgesellschaft im Wesentlichen bis zum Schluss des Beobachtungszeitraums 2 unverändert fortgeführt wird. Insbesondere ist so keine Umstellung des Geschäftsbetriebs in Vorbereitung des Beteiligungserwerbs möglich.

4.78 Bei einem Kauf von Anteilen an einer Personengesellschaft gelten aufgrund der Transparenz der Gesellschaft für einkommensteuerliche Zwecke die Ausführungen zum Asset Deal, d.h. nicht genutzte Verluste werden den Gesellschaftern selbst zugerechnet. Mithin stehen die Verlustvorträge den Altgesellschaftern zu, so dass der Erwerber der Anteile hiervon nicht profitieren kann.[4]

4.79 Hinsichtlich der Gewerbesteuer ist bei Kapitalgesellschaften zu beachten, dass §§ 8c, 8d KStG gem. § 10a Satz 10 Halbs. 1 GewStG entsprechend Anwendung finden und somit auch hier der Gesellschafterwechsel zum Verlustuntergang führen kann.[5]

bb) Buchwertaufstockung/-abstockung

4.80 Anders als bei einem Asset Deal (s. oben Rz. 4.43 ff.) ist es bei einem Share Deal von Kapitalgesellschaftsanteilen grundsätzlich nicht möglich, zusätzlichen Aufwand durch ein erhöhtes AfA-Volumen zu generieren. Eine Abschreibung von Kapitalgesellschaftsanteilen durch den Erwerber kommt abgesehen von einer ggf. möglichen

1 *Suchanek/Rüsch* in Herrmann/Heuer/Raupach, § 8d KStG Rz. 24 (292. Erg.-Lfg. Juni 2019).
2 *Suchanek/Rüsch* in Herrmann/Heuer/Raupach, § 8d KStG Rz. 26 (292. Erg.-Lfg. Juni 2019).
3 *Suchanek/Rüsch* in Herrmann/Heuer/Raupach, § 8d KStG Rz. 34 (292. Erg.-Lfg. Juni 2019).
4 *Holzapfel/Pöllath*, Unternehmenskauf in Recht und Praxis[15], Rz. 469.
5 *Drüen* in Blümich, § 10a GewStG Rz. 87 (141. Erg.-Lfg. März 2018).

Teilwertabschreibung nicht in Betracht.[1] Etwaige stille Reserven, die im Kaufpreis für die Anteile eingepreist waren, führen auf Ebene der Gesellschaft zu keinem step-up der (steuerlichen) Buchwerte. Vielmehr wird weiterhin von den bereits zum Zeitpunkt des Anteilserwerbs bei der Kapitalgesellschaft vorhandenen Buchwerten abgeschrieben.[2]

Der Erwerb von Anteilen an einer Personengesellschaft kommt dagegen steuerrechtlich dem Kauf von Einzelwirtschaftsgütern im Rahmen eines Asset Deals gleich. Sofern der Erwerber nicht alle Anteile an der Personengesellschaft erwirbt, sind die auf- bzw. abgestockten Buchwerte der Einzelwirtschaftsgüter in einer Ergänzungsbilanz des Erwerbers zu bilanzieren, so dass die entsprechend höhere/niedrigere AfA nur für die steuerliche Gewinnermittlung des Erwerbers selbst und nicht für das handelsrechtliche Ergebnis der Personengesellschaft von Bedeutung ist. Auswirkung hat die Ergänzungsbilanz jedoch auch auf die von der Personengesellschaft zu zahlende Gewerbesteuer.[3] 4.81

cc) Haftung nach § 73 AO

Wenn es sich bei dem Unternehmen, das im Wege eines Share Deals erworben wird, um eine Organgesellschaft handelt, sollte der Erwerber die Haftung der Organgesellschaft aus § 73 AO beachten. Gemäß § 73 AO haftet eine Organgesellschaft für solche Steuern des Organträgers, für welche die Organschaft zwischen ihnen steuerlich von Bedeutung ist. Umstritten ist jedoch, wie weit der Umfang der Haftung im Einzelnen reicht: Teilweise wird im Schrifttum vertreten, dass die Organgesellschaft für die Steuern des gesamten Organkreises haftet und zwar unabhängig davon, ob die Steuern ohne Bestehen der Organschaft bei der Organträgerin, der Organgesellschaft selbst oder bei einer anderen Organgesellschaft angefallen wären.[4] Für diese weite Auslegung scheint zumindest die Gesetzesbegründung zu sprechen.[5] Nach verbreiteter Ansicht im Schrifttum soll die Haftung nach § 73 AO jedoch von vornherein auf die Steuern begrenzt sein, welche die haftende Organgesellschaft verursacht hat.[6] 4.82

1 *Eilers/Schwahn* in Picot, Handbuch Mergers & Acquisitions, S. 224.

2 *Holzapfel/Pöllath*, Unternehmenskauf in Recht und Praxis[15], Rz. 305 f.

3 *Eilers/Schwahn* in Picot, Handbuch Mergers & Acquisitions, S. 221.

4 *Boeker* in Hübschmann/Hepp/Spitaler, § 73 AO Rz. 15 f. (239. Erg.-Lfg. August 2016) m.w.N. Nach dessen Ansicht könne aber im Rahmen des auszuübenden Ermessens durch das Finanzamt zu berücksichtigen sein, dass die Organgesellschaft die Steuern nicht selbst verursacht hat.

5 BT-Drucks. VI 1982/120. So heißt es dort: *„Der österreichischen Regelung (vgl. § 13 der Österreichischen Bundesabgabenordnung), wonach die Haftung auf solche Steuern beschränkt wird, die auf den Betrieb des beherrschten Unternehmens entfallen, schließt sich der Entwurf nicht an.“*

6 Vgl. *Boeker* in Hübschmann/Hepp/Spitaler, § 73 AO Rz. 15 (239. Erg.-Lfg. August 2016) m.w.N. Der BFH scheint sich – zumindest für den Fall einer umsatzsteuerlichen Organschaft – dieser Ansicht angeschlossen zu haben; BFH v. 19.3.2014 – V B 14/14, BFHE 244, 156.

Die Haftung umfasst jedoch generell nur die Steuern, für welche überhaupt eine Organschaft besteht.[1] In Betracht kommt daher nur eine Haftung für die Körperschaft-, Gewerbe- und Umsatzsteuerlast des Organkreises.[2] Sind beispielsweise nur die Voraussetzungen für eine Umsatzsteuerorganschaft gegeben, so erstreckt sich die Haftung nur auf die Umsatzsteuer des Organkreises und nicht auf die Körperschaft- oder Gewerbesteuer.[3]

Die Haftung ist subsidiär zur Steuerschuld des Organträgers und wird daher erst dann relevant, wenn dieser – etwa infolge einer Insolvenz – nicht mehr zahlungsfähig ist. Zur Subsidiarität der Haftung und zur Inanspruchnahme durch Haftungsbescheid gelten die Ausführungen zu § 75 AO entsprechend.

dd) Haftung im Falle einer Rückforderung von EU-rechtswidrigen Beihilfen

4.83 Die Abstandnahme von der Besteuerung sog. Sanierungsgewinne (s. zur gesetzlichen Neuregelung Rz. 2.50 ff.) könnte grundsätzlich eine EU-rechtswidrige staatliche Beihilfe darstellen. Diese Überlegung galt schon für den durch den BFH verworfenen Sanierungserlass. Staatliche Beihilfen sind gem. Art. 107 Abs. 1 AEUV grundsätzlich verboten. Sie können nur ausnahmsweise von der Europäischen Kommission genehmigt werden.

4.84 Inzwischen ist durch einen sog. „Letter of Comfort" der Europäischen Kommission geklärt, dass mit Blick auf die Neuregelung in § 3a EStG keine EU-rechtswidrige staatliche Beihilfe vorliegt.[4] Insgesamt handele es sich bei den deutschen Regeln zur steuerlichen Behandlung von Sanierungsgewinnen um (erlaubte) Alt-Beihilfen, da in der Sache Sanierungsgewinne bereits vor Beitritt der Bundesrepublik als steuerfrei behandelt wurden.[5] Auch wenn der „Letter of Comfort" keinen förmlichen Beschluss der EU-Kommission darstellt, sollte sich der jeweilige Steuerpflichtige insoweit auf Vertrauensschutz berufen können, womit eine Rückforderung für die Vergangenheit ausgeschlossen wäre, würde der EuGH irgendwann entgegen der Auffassung der EU-Kommission entscheiden.

b) Steuerliche Konsequenzen für den Veräußerer

aa) Ertragsteuern

4.85 Hinsichtlich der steuerlichen Konsequenzen eines Share Deals in der Krise ist zum einen danach zu unterscheiden, ob es sich bei dem Veräußerer um eine natürliche Person oder um eine juristische Person handelt und zum anderen ob Anteile an einer Kapitalgesellschaft oder an einer Personengesellschaft veräußert werden.

---

1 *Niewerth* in Lippross/Seibel, § 73 AO Rz. 3 (96. Erg.-Lfg. Juni 2016).

2 *Schneider* in AO – eKommentar, § 73 Rz. 3.

3 *Loose* in Tipke/Kruse, § 73 AO Rz. 5 (152. Erg.-Lfg. April 2018); *Boeker* in Hübschmann/Hepp/Spitaler, § 73 AO Rz. 14 (239. Erg.-Lfg. August 2016).

4 *Völkel*, DB 2018, 2080 (2080).

5 F.A.Z. v. 13.8.2018; bestätigt durch BMF.

(1) Veräußerung durch eine natürliche Person

(a) Anteile im Privatvermögen

4.86 Wenn es sich bei dem Anteilseigner um eine natürliche Person handelt, welche die Anteile im Privatvermögen hält[1] und insgesamt zu mindestens 1 % **(wesentliche Beteiligung)** innerhalb der letzten fünf Jahren beteiligt war, zählt der Gewinn bzw. der Verlust aus der Veräußerung der **Anteile an einer Kapitalgesellschaft** gem. § 17 Abs. 1 Satz 1 EStG zu den Einkünften aus Gewerbebetrieb. Anteile, die im Betriebsvermögen gehalten werden, sind zusätzlich für die Ermittlung der Beteiligungsschwelle zu berücksichtigen.[2] Die daneben verwirklichten Besteuerungstatbestände des § 20 Abs. 2 Satz 1 Nr. 1 EStG und ggf. des § 23 Abs. 1 Satz 1 Nr. 2 EStG treten als subsidiär zurück. Daher hat ein solcher Veräußerungsgewinn bzw. -verlust auch keine gewerbesteuerlichen Konsequenzen.[3] Der Veräußerungsgewinn berechnet sich durch Abzug der Veräußerungs- und Anschaffungskosten vom Veräußerungspreis (§ 17 Abs. 2 EStG). Es gilt das Teileinkünfteverfahren, weshalb 40 % des Veräußerungspreises nach § 3 Nr. 40 lit. c EStG steuerfrei bleiben, allerdings nach § 3c Abs. 2 EStG nur 60 % der korrespondierenden Anschaffungs- und Veräußerungskosten abgezogen werden dürfen. Ggf. ist der Freibetrag nach § 17 Abs. 3 EStG anzusetzen.

Zudem sind die Regelungen des § 17 Abs. 2 Satz 6 EStG zur Verlustabzugsbeschränkung zu beachten. Gemäß lit. a der Vorschrift, ist ein Veräußerungsverlust nicht zu berücksichtigen, soweit er auf Anteile entfällt, die der Steuerpflichtige innerhalb der letzten fünf Jahre unentgeltlich erworben hat. Dies gilt nicht, soweit der Rechtsvorgänger anstelle des Steuerpflichtigen den Veräußerungsverlust hätte steuerlich berücksichtigen können. Mithin ist zu prüfen, ob der Rechtsvorgänger im Falle einer hypothetischen Anteilsveräußerung durch ihn einen etwaigen Veräußerungsverlust hätte geltend machen können. Darüber hinaus (lit. b) ist ein Verlust nicht zu berücksichtigen, soweit er auf Anteile entfällt, die zwar entgeltlich erworben wurden, aber nicht innerhalb der gesamten letzten fünf Jahre zu einer unmittelbaren oder mittelbaren Beteiligung des Steuerpflichtigen von mindestens 1 % am Kapital der Gesellschaft gehört haben. Dies gilt nicht für Anteile, die innerhalb der letzten fünf Jahre erworben wurden und deren Erwerb zur Begründung einer solchen Beteiligung des Steuerpflichtigen geführt hat oder die erst nach der Begründung einer solchen wesentlichen Beteiligung erworben wurden. Diese Vorschriften dienen dazu, Gestaltungen entgegenzuwirken, die darauf gerichtet sind, eingetretene Wertminderungen von Anteilen, die mangels Überschreiten der relevanten Beteiligungsgrenze nicht in den steuerbaren Bereich fallen, durch kurzfristigen Ankauf bzw. unentgeltliche Übertragung zu nutzen. Da die relevante Beteiligungsschwelle jedoch auf 1 % gesenkt wurde, ist der Anreiz, eine solche Aufstockung von verlustbringenden Anteilen durchzuführen, stark gesunken. Ergibt sich aus der Veräußerung der Anteile beim Veräußerer ein Verlust, so sind in diesem Falle ggf. auch die Regelungen zur Mindestbesteuerung zu beachten (s. hierzu ausführlich Rz. 2.136 ff.).

---

1 R 17 Abs. 1 EStR.

2 BFH v. 10.11.1992 – VIII R 40/89, BStBl. II 1994, 222; H 17 (2) „Anteile im Betriebsvermögen“ EStH; *Ziegenhagen/Thieme*, Besteuerung in Krise und Insolvenz, Rz. 191 f.

3 R 7.1 Abs. 3 Nr. 2 GewStR.

4.87 Ist § 17 EStG aufgrund einer geringeren Beteiligung nicht anwendbar und wird die Beteiligung nicht in einem Betriebsvermögen gehalten, handelt es sich um Kapitaleinkünfte i.S.d. § 20 Abs. 2 Satz 1 Nr. 1 EStG, die grundsätzlich der Abgeltungsteuer gem. § 32d Abs. 1 EStG unterliegen.

4.88 Darüber hinaus ist bei sog. Altanteilen, die vor dem 1.1.2009 erworben wurden, noch ein Altregime anzuwenden (s. § 52 Abs. 28 Satz 11, § 52 Abs. 31 Satz 1 EStG). Die Veräußerung einer nicht-wesentlichen Beteiligung, die vor 2009 angeschafft wurde, unterlag bei einer natürlichen Person nur der Einkommensteuer, wenn ein Spekulationsgeschäft i.S.d. § 23 Abs. 1 Satz 1 Nr. 2 EStG vorlag, zwischen Anschaffung und Veräußerung der Anteile also nicht mehr als ein Jahr lag, oder wenn es sich um einbringungsgeborene Anteile gem. § 21 UmwStG a.F. handelte.[1] Werden diese Altanteile nach Ablauf der Spekulationsfrist veräußert, ist der Veräußerungsgewinn weiterhin nicht steuerbar; die Abgeltungssteuer kommt nicht zur Anwendung.[2]

(b) Anteile im Betriebsvermögen

4.89 Werden die Anteile im Betriebsvermögen gehalten, gehört der Gewinn regelmäßig zu den Einkünften aus Gewerbebetrieb gem. § 15 Abs. 1 Satz 1 Nr. 1 Satz 1 EStG. Der Gewinn wird gem. §§ 4, 5 EStG ermittelt. Auf die Betriebseinnahmen bzw. -ausgaben findet gem. § 3 Nr. 40 lit. a, § 3c Abs. 2 Satz 1 EStG das Teileinkünfteverfahren Anwendung. Sollten die Anteile daher nur mit einem Verlust verkauft werden, sind diese nur zu 60 % steuerlich zu berücksichtigen.

(c) Betriebsveräußerung, § 16 EStG

4.90 Gemäß § 16 Abs. 1 Satz 1 Nr. 1 EStG gehören Gewinne, die bei der Veräußerung des ganzen Gewerbebetriebs oder eines Teilbetriebs erzielt werden, zu den Einkünften aus Gewerbebetrieb. Dabei gilt nach § 16 Abs. 1 Satz 1 Nr. 1 Satz 2 EStG auch eine das gesamte Nennkapital umfassende Beteiligung an einer Kapitalgesellschaft als Teilbetrieb in diesem Sinne. Nach § 3 Nr. 40 lit. b, § 3c Abs. 2 EStG gilt auch hier das Teileinkünfteverfahren, wonach 40 % des Veräußerungspreises steuerfrei bleiben, aber dementsprechend auch 40 % der korrespondierenden Ausgaben nicht abgezogen werden dürfen.

4.91 Veräußerungsgewinne i.S.d. § 16 EStG stellen grundsätzlich außerordentliche Einkünfte gem. § 34 Abs. 2 Nr. 1 EStG dar. Ausgenommen hiervon ist allerdings der steuerpflichtige Teil der Veräußerungsgewinne, welcher bereits dem Teileinkünfteverfahren unterlegen hat und folglich nur zu 60 % besteuert wurde. Hierdurch soll eine doppelte Begünstigung durch Anwendung des Teileinkünfteverfahrens und zusätzlich der Tarifbegünstigung des § 34 EStG ausgeschlossen werden.[3] Die Einkommensteuer, die auf die außerordentlichen Einkünfte aus der Veräußerung der Anteile an einer Personengesellschaft **durch natürliche Personen** im Rahmen eines Share

---

1 Vgl. *Denkhaus/Ziegenhagen*, Unternehmenskauf in Krise und Insolvenz[3], Rz. 762.
2 *Holzapfel/Pöllath*, Unternehmenskauf in Recht und Praxis[15], Rz. 248.
3 *Mellinghoff* in Kirchhof[18], § 34 EStG Rz. 21 m.w.N.

Deals entfällt, ist gem. § 34 Abs. 1 Satz 2 bis 4 EStG zu berechnen. Mithin werden solche Veräußerungsgewinne im Wege der sog. Fünftelregelung besteuert. Diese Regelung zielt darauf ab, die außerordentlichen Einkünfte so zu besteuern, als seien sie nicht in einem Veranlagungszeitraum, sondern über einen Zeitraum von fünf Jahren entstanden (sog. Tarifglättung).[1] Dadurch soll verhindert werden, dass die laufenden Einkünfte aufgrund der von den außerordentlichen Einkünften ausgelösten Progressionswirkung entsprechend höher besteuert werden.[2] Siehe hierzu ausführlich Rz. 4.52. Auch in dieser Konstellation steht dem Steuerpflichtigen auf Antrag eine Ermäßigung des Steuersatzes unter den Voraussetzungen des § 34 Abs. 3 EStG zu.

Veräußerungsgewinne i.S.d. § 16 EStG, die **bei einer Kapitalgesellschaft** anfallen, 4.92
unterliegen der üblichen Körperschaftsbesteuerung.[3]

Hinsichtlich der **Gewerbesteuer** bestimmt § 7 Satz 2 GewStG, dass auch der Gewinn 4.93
aus der Veräußerung des Betriebs oder eines Teilbetriebs der Mitunternehmerschaft, des gesamten Anteils eines Mitunternehmers oder des Anteils eines persönlich haftenden Gesellschafters einer KGaA zum Gewerbeertrag gehört, soweit er **nicht auf eine natürliche Person als unmittelbaren Mitunternehmer** entfällt. Der Gewinn bzw. der Verlust aus der Veräußerung der Anteile an einer Kapitalgesellschaft sowie Teilen eines Mitunternehmeranteils[4] gehört als laufender Gewinn ebenfalls zum Gewerbeertrag.

(2) Veräußerung durch eine juristische Person

Veräußert eine Kapitalgesellschaft ihre **Anteile an einer Kapitalgesellschaft** im Rah- 4.94
men eines Share Deals, dann ist dieser Vorgang unabhängig von der Beteiligungshöhe grundsätzlich **steuerfrei**. Gewinne, die sich aus der Veräußerung eines Anteils an einer Kapitalgesellschaft ergeben, bleiben gem. § 8b Abs. 2 Satz 1 KStG bei der Ermittlung des Einkommens außer Ansatz. Etwas anderes gilt gem. § 8b Abs. 2 Satz 4 KStG nur, soweit der Anteil, welcher veräußert wird, in früheren Jahren bereits steuerwirksam auf einen niedrigeren Teilwert abgeschrieben und die Gewinnminderung nicht durch den Ansatz eines höheren Werts ausgeglichen wurde. Der Veräußerungsgewinn ist gem. § 8b Abs. 2 Satz 2 KStG der Betrag, um den der Veräußerungspreis oder der an dessen Stelle tretende Wert nach Abzug der Veräußerungskosten den Buchwert im Zeitpunkt der Veräußerung übersteigt. Gemäß § 8b Abs. 3 Satz 1 KStG gelten 5 % von dem jeweiligen Veräußerungsgewinn als Ausgaben, die nicht als Betriebsausgaben abgezogen werden dürfen. Im Ergebnis sind also nur 95 % des Veräußerungsgewinns steuerfrei. Im Gegenzug ist aber die Regelung des § 3c Abs. 1 EStG, wonach Ausgaben, soweit sie mit steuerfreien Einnahmen in unmittelbarem wirtschaftlichen Zusammenhang stehen, nicht als Betriebsausgaben abgezogen werden dürfen, hier gem. § 8b Abs. 3 Satz 2 KStG nicht anzuwenden. Die laufenden Betriebsausgaben, die tatsächlich im Rahmen der Anteilsveräußerung angefallen sind,

1 *Ziegenhagen/Thieme*, Besteuerung in Krise und Insolvenz, Rz. 228.
2 *Eilers/Schwahn* in Picot, Handbuch Mergers & Acquisitions, S. 207 f.
3 *Eilers/Schwahn* in Picot, Handbuch Mergers & Acquisitions, S. 211.
4 BFH v. 14.12.2006 – IV R 3/05, BStBl. II 2007, 777.

sind aber regelmäßig als Veräußerungskosten zu qualifizieren, die den steuerfreien Veräußerungsgewinn gem. § 8b Abs. 2 Satz 2 KStG gemindert haben. Dementsprechend ist eine steuerwirksame Nutzung dieser Aufwendungen nicht bzw. nur zu 5 % möglich. Ebenso sind gem. § 8b Abs. 3 Satz 3 ff. KStG substanzbezogene Gewinnminderungen steuerlich nicht zu berücksichtigen. Dies betrifft insbesondere auch einen etwaigen Veräußerungsverlust. Diese Regelungen schlagen auf die Ermittlung des Gewerbeertrags gem. § 7 Satz 1 GewStG für Zwecke der Gewerbesteuer durch.[1]

4.95 Die vorgenannten Regelungen gelten gem. § 8b Abs. 6 Satz 1 KStG auch dann, wenn einer Kapitalgesellschaft Gewinne und Bezüge i.S.d. § 8b Abs. 1–5 KStG über eine zwischengeschaltete Personengesellschaft zugerechnet werden. Dabei gelten diese Absätze zum einen, wenn der Körperschaft im Rahmen des Gewinnanteils aus einer Mitunternehmerschaft die in diesen Absätzen genannten Bezüge zugerechnet werden. Zum anderen finden sie auch hinsichtlich erzielter Gewinne und Verluste Anwendung, soweit diese bei der Veräußerung oder Aufgabe des Mitunternehmeranteils, der die begünstigten Beteiligungserträge vermittelt, auf Anteile i.S.d. § 8b Abs. 2 KStG entfallen.[2] Bei einer zwischengeschalteten Personengesellschaft wird gem. § 7 Satz 4 a.E. GewStG auch auf Ebene der Personengesellschaft bei der Ermittlung des Gewerbeertrags § 8b KStG angewendet, so dass sich die Steuerfreiheit von Veräußerungsgewinnen auch insoweit auf die Gewerbesteuer erstreckt.[3]

bb) Umsatzsteuer

4.96 Sollten die Anteile an der Zielgesellschaft nicht im unternehmerischen Bereich gehalten werden, unterliegt deren Veräußerung nicht der Umsatzsteuer. Das bloße Erwerben, Halten und Veräußern von gesellschaftsrechtlichen Beteiligungen stellt nach Ansicht des EuGH und der Finanzverwaltung grundsätzlich keine unternehmerische Tätigkeit dar.[4] Sofern der Veräußerer allerdings gewerblicher Wertpapierhändler ist oder die gesellschaftsrechtliche Beteiligung im Zusammenhang mit einem unternehmerischen Grundgeschäft erworben, gehalten oder veräußert hat (also ein Hilfsgeschäft vorliegt, insb. bei strategischen Beteiligungen), kann eine unternehmerische Tätigkeit vorliegen[5] und die Veräußerung der Anteile ist grundsätzlich umsatzsteuerbar, allerdings – vorbehaltlich einer Option zur Umsatzsteuer gem. § 9 Abs. 1 UStG – gem. § 4 Nr. 8 lit. e oder f UStG nicht umsatzsteuerpflichtig.[6]

4.97 Hieraus folgt, dass gem. § 15 Abs. 2 Satz 1 Nr. 1 UStG für Aufwendungen, die in Zusammenhang mit der umsatzsteuerfreien Veräußerung getätigt werden (z.B. für

1 *Roser* in Lenski/Steinberg, § 7 GewStG Rz. 75 (123. Erg.-Lfg. Juni 2018). Ggf. Hinzurechnung gem. § 8 Nr. 5 GewStG, falls keine Schachtelbeteiligung i.S.d. § 9 Nr. 2a oder 7 GewStG.
2 *Watermeyer* in Herrmann/Heuer/Raupach, § 8b KStG, Rz. 212 (264. Erg.-Lfg. Juni 2014).
3 *Denkhaus/Ziegenhagen*, Unternehmenskauf in Krise und Insolvenz[3], Rz. 763.
4 BMF v. 26.1.2007 – IV A 5-S 7300-10/07, BStBl. I 2007, 211, Rz. 3 m.w.N.
5 BMF v. 26.1.2007 – IV A 5-S 7300-10/07, BStBl. I 2007, 211, Rz. 7 f.
6 *Zugmaier*, DStR 2009, 882 (883).

Beratung), der Vorsteuerabzug regelmäßig ausgeschlossen ist.[1] Wenn der Erwerber die Beteiligung im unternehmerischen Bereich hält und der Erwerber Unternehmer i.S.d. § 2 UStG ist und die Beteiligung für sein Unternehmen erwirbt, kann es sich aus Veräußerersicht anbieten, die Umsatzsteueroption nach § 9 Abs. 1 UStG zu erwägen. Wenn der Kaufpreis gering, die vorsteuerbelasteten Beratungskosten hingegen erheblich sind, kann sich eine Option besonders anbieten.

Die Veräußerung unterfällt auch dann nicht der Umsatzsteuer, wenn es sich bei der Veräußerung um eine Geschäftsveräußerung im Ganzen i.S.d. § 1 Abs. 1a UStG handelt (s. dazu bereits oben Rz. 4.49). Im Grundsatz dürfte dies bei der Veräußerung von Anteilen nicht der Fall sein. EuGH und Finanzverwaltung gehen davon aus, dass eine bloße Veräußerung von Anteilen ohne gleichzeitige Übertragung von Vermögenswerten keine Geschäftsveräußerung im Ganzen sein kann, weil der Erwerber nicht in die Lage versetzt wird, eine selbständige wirtschaftliche Tätigkeit als Rechtsnachfolger des Veräußerers fortzuführen. Eine Geschäftsveräußerung im Ganzen kommt danach nur in Betracht, wenn die Beteiligung als Teil einer eigenständigen unternehmerischen Einheit übertragen wird.[2] Die bisher vom BFH vertretene Auffassung,[3] dass eine Übertragung einer 100-%-Beteiligung immer und die Übertragung einer umsatzsteuerlichen Organgesellschaft selbst dann, wenn nicht 100 % der Anteile übertragen werden, der Erwerber aber seinerseits eine umsatzsteuerliche Organschaft begründen kann, als Geschäftsveräußerung im Ganzen gesehen werden kann, dürfte inzwischen überholt sein.[4] 4.98

C. Unternehmenskauf im Insolvenzeröffnungsverfahren

Im Insolvenzeröffnungsverfahren, d.h. nach Stellung des Insolvenzantrags, aber vor dem Eröffnungsbeschluss, sehen potentielle Erwerber häufig die Möglichkeit, das Unternehmen zu günstigeren Konditionen erwerben zu können als vor Antragstellung, wenn noch von einer Unternehmensfortführung ausgegangen wird. Darüber hinaus ist das Unternehmen noch aktiv am Markt tätig und das Ausmaß der finanziellen Schwierigkeiten möglicherweise noch nicht allgemein bekannt, wodurch sich eine Fortführung des Unternehmens für den Erwerber einfacher gestaltet als nach einem Kauf aus der Insolvenz. Diese Vorteile führen dazu, dass bei einem Unternehmensverkauf im Insolvenzeröffnungsverfahren dem Veräußerer teilweise bessere Angebote unterbreitet werden als nach Eröffnung des Verfahrens. Ein Unternehmensverkauf im Insolvenzeröffnungsverfahren kann daher unter Umständen auch für den Veräußerer vorteilhaft sein.[5] 4.99

1 Vorbehaltlich § 15 Abs. 3 UStG.
2 EuGH v. 30.5.2013 – C-651/11, ECLI:EU:C:2013:346 – Staatssecretaris van Financiën/X BV; Abschn. 1.5 Abs. 9 UStAE.
3 BFH v. 27.1.2011 – V R 38/09, BStBl. II 2012, 68; dazu *Wäger*, DStR 2011, 433 (435 ff.).
4 So auch *Nieskens* in Rau/Dürrwächter, § 1 UStG Rz. 1232 (180. Erg.-Lfg. Januar 2019); *Robisch* in Bunjes[18], § 1 UStG Rz. 135.
5 *Schneider* in Schluck-Amend/Meyding, Der Unternehmenskauf in Krise und Insolvenz, Kapitel X., Rz. 1.

4.100 Das Insolvenzgericht hat im Insolvenzeröffnungsverfahren gem. § 21 Abs. 1 InsO alle Maßnahmen zu treffen, die erforderlich erscheinen, um bis zur Entscheidung über den Insolvenzantrag eine den Gläubigern nachteilige Änderung der Vermögenslage des Schuldners zu verhindern. Hierzu bestellt das Insolvenzgericht gem. § 21 Abs. 2 Satz 1 Nr. 1 InsO regelmäßig einen vorläufigen Insolvenzverwalter.

4.101 Wird dem Schuldner ein allgemeines Verfügungsverbot i.S.d. § 21 Abs. 2 Satz 1 Nr. 2 InsO auferlegt, geht gem. § 22 Abs. 2 Satz 1 InsO die Verwaltungs- und Verfügungsbefugnis über das Vermögen des Schuldners auf den vorläufigen Insolvenzverwalter über. Es handelt sich dann um einen sog. starken vorläufigen Insolvenzverwalter.[1] Dem Schuldner wird so die Einwirkungsmöglichkeit auf die Haftungsmasse entzogen.[2] Der vorläufige starke Insolvenzverwalter handelt nicht im Namen des Schuldners, sondern aus eigenem Recht.[3] Wird hingegen ein vorläufiger Insolvenzverwalter bestellt, ohne dass dem Schuldner ein allgemeines Verfügungsverbot auferlegt wird, spricht man von einem sog. schwachen vorläufigen Insolvenzverwalter.[4] Das Gericht bestimmt dann gem. § 22 Abs. 2 InsO die Pflichten des Verwalters, wobei sie nicht über die Pflichten des starken vorläufigen Insolvenzverwalters hinausgehen dürfen.

I. Asset Deal vs. Share Deal: Außersteuerliche Erwägungen

1. Asset Deal

a) Insolvenzrechtliche Aspekte

aa) Veräußerung nach Bestellung eines starken vorläufigen Insolvenzverwalters

4.102 Da bei der Bestellung eines starken vorläufigen Insolvenzverwalters die Verwaltungs- und Verfügungsbefugnis über das Vermögen des Schuldners auf den vorläufigen Insolvenzverwalter übergeht, können nicht die geschäftsführenden Organe selbst für die Gesellschaft deren Wirtschaftsgüter veräußern.

4.103 Zudem hat der starke vorläufige Insolvenzverwalter gem. § 22 Abs. 1 Satz 2 Nr. 1 InsO die Pflicht, das Vermögen des Schuldners zu sichern und zu erhalten und muss gem. § 22 Abs. 1 Satz 2 Nr. 2 InsO ein Unternehmen, das der Schuldner betreibt, bis zur Entscheidung über die Eröffnung des Insolvenzverfahrens fortführen. Er hat somit in erster Linie Maßnahmen zur Sicherung des Vermögens zu unternehmen. Die Verwertung des Vermögens hat nach den §§ 156 ff. InsO grundsätzlich erst nach der Eröffnung des Insolvenzverfahrens zu erfolgen. Die Befugnis, Maßnahmen zur Verwertung vorzunehmen, steht dem vorläufigen Insolvenzverwalter daher nach der Rechtsprechung[5] und der überwiegenden Meinung in der Litera-

---

1 *Mönning* in Nerlich/Römermann, § 22 InsO Rz. 22 (27. Erg.-Lfg. August 2014).
2 *Mönning* in Nerlich/Römermann, § 22 InsO Rz. 25 (27. Erg.-Lfg. August 2014).
3 *Haarmeyer/Schildt* in MünchKomm/InsO[4], § 22 Rz. 23.
4 *Mönning* in Nerlich/Römermann, § 22 InsO Rz. 209 (27. Erg.-Lfg. August 2014).
5 BGH v. 12.1.2006 – IX ZB 127/04, ZInsO 2006, 257; BGH v. 20.2.2003 – IX ZR 81/02, BGHZ 154, 72; BGH v. 14.12.2000 – IX ZB 105/00, BGHZ 146, 165.

tur[1] im Insolvenzeröffnungsverfahren nicht zu.[2] Ein Unternehmensverkauf im Wege eines Asset Deals kommt für den starken vorläufigen Insolvenzverwalter folglich im Insolvenzeröffnungsverfahren nicht in Betracht. Etwas anderes kann ggf. dann gelten, wenn eine Verwertung bereits im Insolvenzeröffnungsverfahren zwingend erforderlich ist und ein Asset Deal vom Insolvenzgericht gestattet wurde.[3] In der Praxis ist es jedoch aufgrund der großen Unsicherheiten hinsichtlich der Wirksamkeit nicht empfehlenswert, ein Unternehmen, das sich im Insolvenzeröffnungsverfahren befindet, vom starken vorläufigen Insolvenzverwalter zu erwerben.[4]

bb) Veräußerung nach Bestellung eines schwachen vorläufigen Insolvenzverwalters

Da bei der Bestellung eines schwachen vorläufigen Insolvenzverwalters die Verwaltungs- und Verfügungsbefugnis nicht auf den Verwalter übergeht, sondern beim Schuldner verbleibt, ist es grundsätzlich möglich, dass Wirtschaftsgüter durch die Geschäftsleitung des Unternehmens veräußert werden. Ein Asset Deal ist in diesem Falle folglich auch im Insolvenzeröffnungsverfahren möglich.[5] Hierbei sind jedoch ggf. bestehende Zustimmungserfordernisse zu beachten. So bedarf die Veräußerung der Zustimmung des vorläufigen Insolvenzverwalters, wenn das Insolvenzgericht von der Möglichkeit Gebrauch gemacht hat, einen entsprechenden Zustimmungsvorbehalt gem. § 21 Abs. 2 Satz 1 Nr. 2 Alt. 2 InsO anzuordnen. 4.104

Aufgrund der Regelung des § 22 Abs. 2 Satz 1 InsO, wonach das Insolvenzgericht die Pflichten des schwachen vorläufigen Insolvenzverwalters bestimmt, ist es möglich, dass die Stellung des schwachen vorläufigen Insolvenzverwalters in Teilen der eines starken vorläufigen Insolvenzverwalters gleicht. In einem solchen Fall scheidet ein Unternehmensverkauf im Eröffnungsverfahren in Form eines Asset Deals unter Umständen ebenfalls aus. 4.105

cc) Sonstige insolvenzrechtliche Aspekte

Grundsätzlich bestehen daneben auch die insolvenzrechtlichen Risiken der Erfüllungsverweigerung und der Insolvenzanfechtung im Falle einer anschließenden Insolvenz des Veräußerers bei einem Unternehmenskauf im Insolvenzeröffnungsverfahren (s. hierzu ausführlich Rz. 4.18 ff.). Bezüglich der Insolvenzanfechtung ist zu beachten, dass diese abhängig vom Anfechtungsgrund unter erleichterten Bedingungen erfolgen kann, wenn der Anfechtungsgegner Kenntnis vom Insolvenzantrag hat- 4.106

1 *Mönning* in Nerlich/Römermann, § 22 InsO Rz. 38 (27. Erg.-Lfg. August 2014); *Haarmeyer/Schildt* in MünchKomm/InsO[4], § 22 Rz. 26.

2 *Classen*, BB 2010, 2898 (2900); *Buchta* in Hölters, Handbuch Unternehmenskauf[9], Rz. 16.109.

3 BGH v. 12.1.2006 – IX ZB 127/04, ZInsO 2006, 257.

4 *Denkhaus/Ziegenhagen*, Unternehmenskauf in Krise und Insolvenz[3], Rz. 95.

5 *Buchta* in Hölters, Handbuch Unternehmenskauf[9], Rz. 16.110; vgl. *Denkhaus/Ziegenhagen*, Unternehmenskauf in Krise und Insolvenz[3], Rz. 86.

te bzw. der Antrag gestellt worden ist (vgl. § 130 Abs. 1 Satz 1 Nr. 2 InsO; § 131 Abs. 1 Nr. 1 InsO; § 132 Abs. 1 Nr. 2 InsO).

4.107 Problematisch ist hierbei allerdings, ob einem Insolvenzverwalter, der mit dem vorläufigen Insolvenzverwalter personenidentisch ist, ein Erfüllungswahlrecht oder ein Anfechtungsrecht hinsichtlich der Verträge zusteht, die er selbst geschlossen hat bzw. die mit seiner Zustimmung geschlossen wurden. Da diesbezüglich große Unsicherheiten bestehen, sollte der Erwerber vor dem Unternehmenskauf im Insolvenzeröffnungsverfahren diese Risiken unbedingt mitberücksichtigen.[1] Grundsätzlich sind die Handlungen eines vorläufigen „starken" Insolvenzverwalters im Vergleich zu denen eines vorläufig „schwachen" Insolvenzverwalters allerdings einem deutlich geringeren Risiko ausgesetzt, da durch den „starken" Verwalter bereits Masseschulden i.S.d. § 55 Abs. 2 InsO begründet werden.[2]

b) Arbeitsrechtliche Aspekte, insbesondere Betriebsübergang (§ 613a BGB)

4.108 Darüber hinaus tritt der Erwerber auch bei einem Betriebsübergang im Insolvenzeröffnungsverfahren in die Rechte und Pflichten aus den im Zeitpunkt des Übergangs bestehenden Arbeitsverhältnissen gem. § 613a Abs. 1 BGB ein. Eine teleologische Reduktion des § 613a BGB kommt in einem solchen Falle nach der Rechtsprechung des BAG nicht in Betracht.[3] Somit haftet der Erwerber auch für alle bestehenden Entgelt- und Sozialversicherungsansprüche der Arbeitnehmer.[4]

2. Share Deal

4.109 Die Veräußerung eines Unternehmens, das sich im Insolvenzeröffnungsverfahren befindet, ist darüber hinaus grundsätzlich auch im Wege eines Share Deals möglich. Da die Anteile an dem Unternehmen durch die Anteilseigner veräußert werden, ist entscheidend, in welcher Situation sich die Anteilseigner befinden. Befindet sich der Veräußerer selbst nicht im Insolvenzeröffnungsverfahren, ist ein Verkauf der Anteile nach den üblichen Grundsätzen möglich. Für den Fall, dass sich der Veräußerer jedoch ebenfalls im Insolvenzeröffnungsverfahren befindet, ist ein Share Deal nur eingeschränkt möglich. Die Konstellation ist dann vergleichbar mit der vorgehend beschriebenen Situation eines Asset Deals. Befinden sich im Vermögen der Gesellschaft Anteile an Tochtergesellschaften, so kommt auch deren Veräußerung in Betracht. Hierbei handelt es sich dann jedoch für die veräußernde Gesellschaft, die sich im Insolvenzeröffnungsverfahren befindet, um einen Asset Deal, da die Anteile an den Tochtergesellschaften Vermögensgegenstände darstellen.[5] Folglich ist auch eine solche Veräußerung nur nach den oben beschriebenen Grundsätzen möglich.

1 Vgl. ausführlich *Buchta* in Hölters, Handbuch Unternehmenskauf[9], Rz. 16.114 ff.
2 *Reul* in Reul/Heckschen/Wienberg, Insolvenzrecht in der Gestaltungspraxis[2], § 2 Rz. 85.
3 BAG v. 20.6.2002 – 8 AZR 459/01, ZInsO 2003, 139; BAG v. 21.2.1990 – 5 AZR 160/89, BAGE 64, 196.
4 *Buchta* in Hölters, Handbuch Unternehmenskauf[9], Rz. 16.118.
5 *Wössner/Hansen* in Schluck-Amend/Meyding, Der Unternehmenskauf in Krise und Insolvenz, Kapitel II., Rz. 46.

II. Asset Deal vs. Share Deal: Steuerliche Erwägungen

Hinsichtlich der steuerlichen Behandlung von Verlusten/Gewinnen, die im Rahmen eines Unternehmenskaufs im Insolvenzeröffnungsverfahren entstehen, ergeben sich keine wesentlichen Unterschiede zu einem Unternehmenskauf in der Krise vor Stellung des Insolvenzantrags. Vergleiche daher diesbezüglich die Ausführungen unter Rz. 3.20 ff. 4.110

Bei einem Unternehmenskauf im Insolvenzeröffnungsverfahren bestehen für den Erwerber ebenfalls erhebliche Haftungsrisiken. Die Haftung des Erwerbers für alle im Betrieb begründeten Verbindlichkeiten bei Firmenfortführung gem. § 25 Abs. 1 HGB findet nach der Rechtsprechung im Falle einer Veräußerung im Insolvenzeröffnungsverfahren jedenfalls auch dann Anwendung, wenn der Veräußerung nicht die Eröffnung des Insolvenzverfahrens nachfolgt.[1] Mithin kann die Finanzbehörde die Haftung des Erwerbers für bestehende Steueransprüche auf § 25 Abs. 1 HGB stützen, was insbesondere aufgrund der etwaigen Nichtanwendbarkeit des § 75 AO im Insolvenzeröffnungsverfahren von Bedeutung ist (vgl. bereits die Ausführungen unter Rz. 4.40). Es sollte daher im Vorfeld ein Haftungsausschluss gem. § 25 Abs. 2 HGB vereinbart werden. 4.111

Für die betrieblich begründeten Steuern kommt grundsätzlich auch eine Haftung des Erwerbers nach § 75 Abs. 1 AO in Betracht. Eine solche ist gem. § 75 Abs. 2 AO ausgeschlossen, wenn es sich um einen Erwerb aus einer Insolvenzmasse handelt. Mangels Eröffnung des Insolvenzverfahrens fällt ein Unternehmenskauf im Insolvenzeröffnungsverfahren dem Wortlaut nach aber nicht unter diese Ausnahme. Etwas anderes soll jedenfalls dann gelten, wenn im Anschluss das Insolvenzverfahren eröffnet wird. Es besteht in einem solchen Fall kein wesentlicher Unterschied mehr zu einem Kauf in der Insolvenz. Sowohl das Insolvenzeröffnungsverfahren als auch das anschließende Insolvenzverfahren dienen als ineinander übergehende Prozesse dem Gläubigerinteresse.[2] Daher ist eine Haftungsfreistellung beim Erwerb im Eröffnungsverfahren ebenfalls gerechtfertigt, so dass demzufolge ein Unternehmenskauf im Insolvenzeröffnungsverfahren gegenüber einem Kauf in der Krise vorteilhaft wäre. 4.112

D. Unternehmenskauf in der Insolvenz

Schließlich kommt ein Unternehmenskauf nach Eröffnung des Insolvenzverfahrens in Betracht. Ein Unternehmenskauf in der Insolvenz kann im Vergleich zum Unternehmenskauf in der Krise oder im Insolvenzeröffnungsverfahren diverse Vorteile aber auch Risiken bieten, die nachfolgend dargestellt werden. 4.113

---

1 BGH v. 11.4.1988 – II ZR 313/87, BGHZ 104, 151; vgl. *Classen*, BB 2010, 2898 (2901).

2 *Boeker* in Hübschmann/Hepp/Spitaler, § 75 AO Rz. 66 (242. Erg.-Lfg. Mai 2017); *Loose* in Tipke/Kruse, § 75 AO Rz. 37 (152. Erg.-Lfg. April 2018); BFH v. 23.7.1998 – VII R 143/97, BStBl. II 1998, 765.

I. Asset Deal vs. Share Deal: Außersteuerliche Erwägungen

4.114 Auch ein Unternehmenskauf in der Insolvenz lässt sich in verschiedenen Gestaltungsformen durchführen. So ist er in Form eines Share Deals oder eines Asset Deals sowie in diversen Mischformen (z.B. unterschiedlichen Carve-out Gestaltungen) denkbar.

1. Asset Deal

4.115 Der Asset Deal ist die klassische Form eines Unternehmenskaufs in Krise und Insolvenz. In diesem Zusammenhang wird der Begriff der „**Übertragenden Sanierung**" verwendet. Hieruntrer wird der Verkauf der Vermögensgegenstände eines insolventen Unternehmens an eine andere juristische oder natürliche Person verstanden. Häufig wird das Erwerbsvehikel (auch als Auffanggesellschaft bezeichnet) eigens für den Erwerb gegründet.

a) Abwicklung über Insolvenzverwalter

4.116 Der Unternehmenskauf in der Insolvenz muss grundsätzlich über den Insolvenzverwalter abgewickelt werden, weil durch die Eröffnung des Insolvenzverfahrens das Recht des Schuldners, das zur Insolvenzmasse gehörende Vermögen zu verwalten und hierüber zu verfügen, auf den Insolvenzverwalter übergeht (§ 80 Abs. 1 InsO). Eine Unternehmensveräußerung im Sinne eines Asset Deal durch den insolventen Schuldner selbst ist somit nicht mehr möglich.

4.117 Der Insolvenzverwalter wird den Unternehmensverkauf in Betracht ziehen, wenn es die für die Gläubiger günstigste Variante ist.[1] Der Vorteil des Unternehmenskaufs gegenüber einer Abwicklung des Unternehmens ist es dabei, dass das Unternehmen als Verbund erhalten bleiben kann und somit i.d.R. ein über den Zerschlagungswerten liegender Erlös für die Insolvenzmasse erzielt werden kann. Der Insolvenzverwalter hat vor der Veräußerung gem. § 160 Abs. 2 Nr. 1 InsO die Zustimmung des Gläubigerausschusses einzuholen. Eine Zustimmung des Schuldners ist dagegen nicht erforderlich.

b) Keine Übernahme der Verbindlichkeiten und ggf. unerwünschter Arbeitnehmer

4.118 Bei der übertragenden Sanierung erfolgt regelmäßig keine Übernahme der Verbindlichkeiten. Vielmehr bleiben die Schulden und die nicht mehr überlebensfähigen Teile des Unternehmens beim Schuldner zurück und werden im Rahmen des Insolvenzverfahrens liquidiert. Die Auffanggesellschaft ist somit frei von Altschulden, was den Neustart ermöglichen soll. Die Gläubiger des solventen Unternehmens bzw. des Schuldners werden aus dem Kaufpreis, den der neue Unternehmensträger für die Aktiva des Unternehmens gezahlt hat, (in aller Regel nur anteilig) befriedigt.

4.119 Grundsätzlich besteht auch für den Erwerber im Rahmen eines Asset Deals aus der Insolvenz das Risiko, nach § 613a BGB in die zum Zeitpunkt des Betriebsübergangs

1 *Denkhaus/Ziegenhagen*, Unternehmenskauf in Krise und Insolvenz[3], Rz. 1018.

bestehenden Arbeitsverhältnisse einzutreten. Jedoch macht das BAG für Betriebsübergänge, die nach Eröffnung des Insolvenzverfahrens erfolgen, die Ausnahme, dass der Erwerber in einem solchen Fall nicht für die Ansprüche der Arbeitnehmer, die bereits bei Insolvenzeröffnung bestanden, einstehen muss. Um die Wirkung des § 613a BGB bei der übertragenden Sanierung zu vermeiden, werden in der Praxis häufig die Arbeitnehmer in eine Beschäftigungs- und Qualifizierungsgesellschaft (Transfergesellschaft) überführt und von dort teilweise durch den Erwerber übernommen. Auch hierdurch soll der Neustart im Sinne einer Sanierung auf neuem Rechtsträger ermöglicht werden. Die Nicht-Übernahme der Verbindlichkeiten und Altlasten ist der große Vorteil eines Asset Deal im Vergleich zu dem Erwerb des (gesamten) insolventen Unternehmens per Share Deal.

c) Grundsätzliche keine Risiken aus Erfüllungsverweigerung, Insolvenzanfechtung oder sonstiger Haftungstatbestände

Ein großer Vorteil des Unternehmenskaufs nach Eröffnung des Insolvenzverfahrens ist es, dass die insolvenzrechtlichen Risiken einer Erfüllungsverweigerung (§ 103 InsO) oder einer Insolvenzanfechtung (§§ 129 ff. InsO) hierbei anders als bei einem Kauf vor Eröffnung nicht bestehen (Ausnahme: § 147 InsO). In der Praxis kann es sich daher anbieten, unmittelbar vom Insolvenzverwalter Unternehmensteile über unterschiedliche Auffanggesellschaften zu erwerben und somit wertvolle Unternehmensteile vor (weiterhin) krisenbehafteten Unternehmensteilen anfechtungsfest zu schützen. 4.120

Dies kann dafür sprechen, die Eröffnung des Insolvenzverfahrens bei einem möglichen Erwerb abzuwarten, vorausgesetzt die Nachteile eines Insolvenzverfahrens (z.B. in Form des drohenden Verlustes von Liefer- und Kundenbeziehungen oder wichtiger Arbeitnehmer oder – aus Sicht der Gläubiger – aufgrund der hohen Vergütung des Insolvenzverwalters) überwiegen nicht. 4.121

Grundsätzlich sollte auch das Risiko einer Rückforderung von EU-rechtswidrigen Beihilfen bei einem Unternehmenskauf aus der Insolvenz deutlich besser beherrschbar sein. Speziell hinsichtlich der Rückforderung von EU-rechtswidrigen Beihilfen beim Unternehmenserwerber (vgl. Rz. 4.83 f.) hat der EuGH festgestellt, dass die Beurteilung der wirtschaftlichen Kontinuität maßgeblich nach dem Kaufpreis zu beurteilen ist und eine Rückforderung ausgeschlossen ist, wenn: 4.122

- der Staat die Beihilferückforderung zur Insolvenztabelle[1] angemeldet hat,[2]
- der Verkauf auf Initiative eines unter gerichtlicher Aufsicht stehenden Insolvenzverwalters[3] erfolgt, dessen Aufgabe die möglichst umfassende und gleichmäßige Befriedigung aller Gläubiger ist[4] und

1 In der zugrunde liegenden Entscheidung noch Konkurstabelle.
2 EuGH v. 29.4.2004 – C-277/00, ECLI:EU:C:2004:238 Rz. 85 – SMI.
3 In der zugrunde liegenden Entscheidung noch Konkursverwalter.
4 EuGH v. 29.4.2004 – C-277/00, ECLI:EU:C:2004:238 Rz. 93 – SMI.

- die Veräußerung der Vermögensgegenstände zum Marktpreis in einem offenen und transparenten Verfahren erfolgt.[1]

4.123 In Anbetracht dieser Rechtsprechung ist das Risiko einer Rückforderung praktisch deutlich reduziert und findet regelmäßig nur in Missbrauchsfällen Anwendung. Insbesondere entspricht der Insolvenzverwalter nach deutschem Recht den Anforderungen der vorgenannten Nr. 2.[2]

2. Share Deal

4.124 Bei einem Unternehmenskauf in Form eines Share Deals werden die Gesellschaftsanteile an dem Zielunternehmen verkauft. Diese stehen jedoch im Vermögen der Gesellschafter und nicht der insolventen Gesellschaft selbst. In der Insolvenz erhält der Insolvenzverwalter lediglich die Verwaltungs- und Verfügungsbefugnis über das Vermögen der insolventen Gesellschaft und kann demnach allenfalls Tochtergesellschaften, die zur Insolvenzmasse gehören, im Wege eines Share Deals veräußern. Eine Veräußerung des insolventen Unternehmens im Wege eines Share Deals aus der Insolvenz ist hingegen nicht durch den Insolvenzverwalter möglich.[3]

a) Insolvenzplanverfahren

4.125 Seit der Einführung des § 225a InsO durch das ESUG[4] ist jedoch ein Erwerb der Gesellschaftsanteile über ein Insolvenzplanverfahren möglich – gegebenenfalls auch ohne bzw. gegen den Willen der Anteilseigner.[5] Im gestaltenden Teil des Insolvenzplans kann beispielsweise ein Debt-Equity-Swap vereinbart werden, worauf § 225a Abs. 2 Satz 1 InsO explizit Bezug nimmt.

4.126 In der Praxis gewinnt das Insolvenzplanverfahren (§§ 217 ff. InsO) zunehmend an Bedeutung, um in diesem Zusammenhang einen Unternehmenskauf aus der Insolvenz durchzuführen. Die Abwicklung der Insolvenz über einen Insolvenzplan hat den entscheidenden Vorteil, dass verschiedene Gläubigerinteressen flexibel gehandhabt werden können und keine Bindung an die im Regelverfahren vorgesehene quotale Abfindung der Gläubiger besteht. Darüber hinaus bietet ein Insolvenzplan die Möglichkeit, einer differenzierteren Gestaltung gegenüber den Gläubigern, was insbesondere gegenüber einer Unternehmensveräußerung im Wege der übertragenden Sanierung vorteilhaft ist. So ist es im Insolvenzplan beispielsweise möglich, in Absonderungsrechte einzugreifen, was insbesondere dann von Bedeutung ist, wenn eine Zustimmung der Absonderungsberechtigten aufgrund der Vielzahl der Berechtigten oder aus sonstigen Gründen nicht sicher ist oder die Einholung der Zustimmung aufgrund des hohen Zeitdrucks nicht möglich erscheint.[6]

---

1 EuGH v. 29.4.2004 – C-277/00, ECLI:EU:C:2004:238 Rz. 93 f. – SMI.
2 *Undritz* in Thierhoff/Müller, Unternehmenssanierung², Kap. 9 IV. 3.3.3.5 Rz. 372.
3 Vgl. *Denkhaus/Ziegenhagen*, Unternehmenskauf in Krise und Insolvenz³, Rz. 1067 ff.
4 Gesetz zur weiteren Erleichterung der Sanierung von Unternehmen, BGBl. I 2011, 2582.
5 *Braun/Frank* in Braun⁷, § 225a InsO Rz. 1.
6 *Buchta* in Hölters, Handbuch Unternehmenskauf⁹, Rz. 16.136 f.

b) Haftungsrisiken

Problematisch ist beim Unternehmenskauf im Wege eines Share Deals grundsätzlich, dass das Unternehmen einschließlich aller Verbindlichkeiten und Risiken unvorhergesehener Belastungen übernommen wird. Gewisse Vorteile könnte hier der Erwerb des insolventen Zielunternehmens über den Insolvenzplan haben, da jedenfalls gem. § 259b InsO die Forderung eines Insolvenzgläubigers, die nicht rechtzeitig angemeldet worden ist, in einem Jahr verjährt. Siehe hierzu und zu nachträglichen Änderungsmöglichkeiten angemeldeter Forderungen Rz. 4.153 ff. 4.127

c) Arbeitsrechtliche Aspekte, insbesondere Betriebsübergang (§ 613a BGB)

Bei einem Unternehmenserwerb in der Insolvenz, welcher im Rahmen eines Share Deals erfolgt, bleibt der Unternehmensträger erhalten. Folglich ist für eine Anwendung der Regelungen des § 613a BGB zum Übergang der Arbeitsverhältnisse kein Raum. Grundsätzlich bestehen die Arbeitsverhältnisse zu dem übernommenen Rechtsträger unverändert fort. Zu beachten ist in diesem Zusammenhang jedoch, dass der Insolvenzverwalter vor der Unternehmensveräußerung Maßnahmen zum Personalabbau treffen kann. Hierzu enthalten die §§ 113, 120 ff. InsO wesentliche Erleichterungen wie z.B. eine Verkürzung der Kündigungsfristen oder einen Interessenausgleich. Muss die Veräußerung des Unternehmens nicht sofort nach Eröffnung des Insolvenzverfahrens erfolgen, sondern erscheint eine vorübergehende Unternehmensfortführung im eröffneten Insolvenzverfahren möglich, kann der Insolvenzverwalter folglich zur Steigerung der Attraktivität eines Unternehmenserwerbs das Personal reduzieren.[1] 4.128

II. Asset Deal vs. Share Deal: Steuerliche Erwägungen

Auch bei einem Erwerb aus der Insolvenzmasse wird die Entscheidung des Erwerbers für bzw. gegen einen Asset bzw. Share Deal auch von steuerlichen Parametern beeinflusst werden. 4.129

1. Asset Deal

a) Allgemeine Grundsätze

Die grundlegenden Erwägungen zur ertragsteuerlichen Behandlung, insbesondere zur Buchwertaufstockung bzw. -abstockung gelten auch für den Fall des Erwerbs aus der Insolvenzmasse. 4.130

b) Haftung für Steuern des Veräußerers

Der wesentliche Vorteil eines Asset Deals in der Insolvenz im Vergleich zu einem Unternehmenskauf in der Krise oder im Insolvenzeröffnungsverfahrens besteht darin, dass steuerliche Haftungsrisiken weitgehend ausgeschlossen werden können. 4.131

1 *Denkhaus/Ziegenhagen*, Unternehmenskauf in Krise und Insolvenz[3], Rz. 686.

4.132 Dies gilt zum einen für das Risiko der Haftung gem. § 73 AO, wenn der insolvente Unternehmensträger Teil eines Organkreises gewesen ist (vgl. hierzu ausführlich unter 4.155). Denn eine Haftung nach § 73 AO scheidet hier aus, weil im Rahmen eines Asset Deals nicht die Organgesellschaft selbst erworben wird.[1] Dies gilt zum anderen aber auch für eine Haftung nach § 75 Abs. 1 AO. Diese Haftung für die betrieblich begründeten Steuern und Steuerabzugsbeträge trifft den Unternehmenserwerber bei einem Asset Deal in der Insolvenz nicht, weil die Haftung des Betriebsübernehmers nach § 75 Abs. 1 AO gem. § 75 Abs. 2 Alt. 1 AO ausgeschlossen ist.[2]

4.133 Der Erwerber haftet im Grundsatz gem. § 25 Abs. 1 HGB bei Firmenfortführung für die im Betrieb begründeten Verbindlichkeiten des früheren Inhabers. Wurde jedoch bereits das Insolvenzverfahren über das Vermögen des Unternehmens eröffnet, wäre es nahezu unmöglich, das Unternehmen zu veräußern, wenn der Erwerber für alle vorhandenen Verbindlichkeiten haften müsste. Der Zweck des Insolvenzverfahrens besteht gerade darin, dass durch die Verwertung des Vermögens der größtmögliche Erlös zur Befriedigung der Gläubiger erzielt werden soll. Eine Haftung des Erwerbers nach § 25 Abs. 1 HGB würde diese Zielsetzung weitestgehend vereiteln. Insbesondere der Vorteil eines Unternehmenskaufs im Wege eines Asset Deals, welcher grundsätzlich die Möglichkeit bietet, das Unternehmen ohne die bestehenden Verbindlichkeiten zu übernehmen, würde entfallen. Das Risiko, dass der Erwerb des Unternehmens mit der Haftung für sämtliche bereits bestehenden Verbindlichkeiten, die zur Insolvenz des Unternehmens geführt haben, einherginge, würde einen Unternehmenserwerb gänzlich unattraktiv machen, so dass der Insolvenzverwalter letztlich auf die Zerschlagung des Unternehmens zurückgreifen müsste.[3] Es erscheint aus diesem Grund angemessen, eine Haftung nach § 25 Abs. 1 HGB für alle im Betrieb begründeten Verbindlichkeiten des früheren Inhabers bei einem Unternehmenserwerb aus der Insolvenz abzulehnen.[4] Eine Haftung des Erwerbers für bestehende Steuerverbindlichkeiten dürfte folglich regelmäßig ausgeschlossen sein. Zur Sicherheit ist es für den Erwerber dennoch auch in dieser Konstellation ratsam, stets einen Haftungsausschluss nach § 25 Abs. 2 HGB zu vereinbaren.

4.134 Zu beachten ist allerdings, dass das Risiko der Berichtigung des Vorsteuerabzugs nach § 15a UStG im Falle einer Geschäftsveräußerung im Ganzen (§ 1 Abs. 1a UStG) bestehen bleibt, § 15a Abs. 10 UStG.[5]

c) Steuer- und Vorsteuerberichtigung gem. § 17 UStG

4.135 Bei einem Unternehmenskauf aus der Insolvenzmasse im Wege eines Asset Deals sind auch umsatzsteuerliche Aspekte zu bedenken. Dabei ist zu beachten, dass durch die Eröffnung des Insolvenzverfahrens und dem damit einhergehenden Übergang

1 Vgl. *Mayer*, DStR 2011, 109 (112), der sich ebenfalls eingehend mit dem Haftungsrisiko beim Share Deal auseinandersetzt.
2 *Loose* in Tipke/Kruse, § 75 AO Rz. 35 (152. Erg.-Lfg. April 2018).
3 *Denkhaus/Ziegenhagen*, Unternehmenskauf in Krise und Insolvenz³, Rz. 132.
4 *Hopt* in Baumbach/Hopt³⁸, § 25 HGB Rz. 4; *Thiessen* in MünchKomm/HGB⁴, § 25 Rz. 36.
5 *Wagner/Gallert*, DStR 2010, 2017 (2020).

der Verfügungsbefugnis auf den Insolvenzverwalter (§ 80 Abs. 1 InsO), das Unternehmen in mehrere Teile aufgespalten wird: den vorinsolvenzrechtlichen Unternehmensteil, die Insolvenzmasse und das freigegebene Vermögen.[1] Aufgrund der Insolvenzeröffnung bedarf es regelmäßig einer Berichtigung der Umsatzsteuer bzw. des Vorsteuerabzugs gem. § 17 Abs. 1 UStG. Hierbei sind zwei Situationen zu unterscheiden:

Zum einen kann der Fall eintreten, dass der Unternehmer, über dessen Vermögen das Insolvenzverfahren eröffnet wird, **vor Verfahrenseröffnung Leistungen bezogen** hat und hierfür **noch das Entgelt schuldet**. Die gegen ihn als Leistungsempfänger bestehende Entgeltforderung, die der Umsatzsteuer unterliegt, wird spätestens mit Eröffnung des Insolvenzverfahrens uneinbringlich i.S.d. § 17 Abs. 2 Nr. 1 UStG. Denn Entgeltforderungen gegen den Unternehmer sind ab der Eröffnung des Insolvenzverfahrens über sein Vermögen von Rechts wegen gegen ihn persönlich nicht mehr durchsetzbar (**rechtliche Uneinbringlichkeit**), sondern können nur gegenüber dem Insolvenzverwalter geltend gemacht werden.[2] Hierbei ist es unerheblich, ob der Entgeltforderung bei Verfahrenseröffnung noch ein wirtschaftlicher Wert zukommt. Die Uneinbringlichkeit der Forderung ist somit selbst dann anzunehmen, wenn mit einer quotalen Befriedigung der Insolvenzforderung zu rechnen ist.[3] Spätestens bei Eröffnung des Insolvenzverfahrens ist daher die Umsatzsteuer beim leistenden Unternehmer und dementsprechend der Vorsteuerabzug beim Leistungsempfänger, über dessen Vermögen das Insolvenzverfahren eröffnet wurde, gem. § 17 Abs. 1 UStG zu berichtigen. Erfolgt nun nachträglich noch eine Zahlung auf die uneinbringlich gewordene Entgeltforderung, so ist der Umsatzsteuerbetrag bzw. der Vorsteuerabzugsbetrag gem. § 17 Abs. 2 Nr. 1 Satz 2 UStG ein zweites Mal zu berichtigen.[4] 4.136

Zum anderen ist der umgekehrte Fall denkbar, dass der insolvente Unternehmer **vor Verfahrenseröffnung eine Leistung erbracht** hat, **ohne** das geschuldete **Entgelt bis zu diesem Zeitpunkt vereinnahmt zu haben**. Auch hier wird die Entgeltforderung mit Eröffnung des Insolvenzverfahrens uneinbringlich i.S.d. § 17 Abs. 2 Nr. 1 UStG, weshalb eine Berichtigung des Steuerbetrags nach § 17 Abs. 1 UStG vorzunehmen ist. Dies resultiert daraus, dass nach Verfahrenseröffnung zwar der Grundsatz der Unternehmenseinheit fortbesteht, es jedoch zu einer Aufspaltung des Unternehmens in mehrere Unternehmensteile kommt, zwischen denen einzelne umsatzsteuerrechtliche Berechtigungen und Verpflichtungen nicht verrechnet werden können.[5] Der Unternehmer ist ab dem Zeitpunkt der Verfahrenseröffnung mangels Verwaltungs- und Verfügungsbefugnis rechtlich nicht mehr in der Lage, die Entgeltforderung wirksam für den vorinsolvenzrechtlichen Unternehmensteil zu vereinnahmen, da die Zahlungen in die Insolvenzmasse zu leisten sind (rechtliche Uneinbringlichkeit).[6] 4.137

1 Abschn. 17.1 Abs. 11 Satz 3 UStAE.
2 *Korn* in Bunjes[18], § 17 UStG Rz. 68.
3 BFH v. 9.12.2010 – V R 22/10, BStBl. II 2011, 996.
4 Abschn. 17.1 Abs. 16 UStAE.
5 Abschn. 17.1 Abs. 11 S. 3 UStAE.
6 Abschn. 17.1 Abs. 11 S. 5 UStAE.

Auch in dieser Konstellation führt eine spätere Vereinnahmung des Entgelts durch den Insolvenzverwalter zu einer „zweiten“ Berichtigung gem. § 17 Abs. 2 Nr. 1 Satz 2 UStG. Diese Berichtigung hat erst im Zeitpunkt der Vereinnahmung zu erfolgen (§ 17 Abs. 1 Satz 7 UStG). Die hieraus entstehende Steuerberichtigung begründet eine Masseverbindlichkeit i.S.d. § 55 Abs. 1 Nr. 1 InsO.[1]

4.138 Fraglich ist bei einem Unternehmenskauf aus der Insolvenz im Wege eines Asset Deals, ob das „§ 17-UStG-Korrekturpotenzial“ im Rahmen einer Geschäftsveräußerung im Ganzen (§ 1 Abs. 1a UStG) auf den Erwerber übergeht, wenn der Unternehmenskauf vor der gegebenenfalls vorzunehmenden „zweiten“ Berichtigung nach § 17 Abs. 2 Nr. 1 Satz 2 UStG erfolgt.

4.139 Der BFH hat in seinem Urteil vom 7.12.2006[2] entschieden, dass die Formulierungen „der Unternehmer, der diesen Umsatz ausgeführt hat“ bzw. „der Unternehmer, an den dieser Umsatz ausgeführt wurde“ in § 17 Abs. 1 UStG lediglich den Unternehmer auf der jeweiligen Seite der Leistungsbeziehung – sprich den ausführenden und den empfangenden Unternehmer – bezeichneten und darüber hinaus keine materielle Bedeutung hätten. Hier stellt der BFH explizit darauf ab, dass andernfalls im Falle einer Geschäftsveräußerung im Ganzen bei einer entsprechenden Berichtigung immer auf den „damals“ ausführenden oder empfangenden Unternehmer zurückgegriffen werden müsste, was sich jedoch aus dem Wortlaut des § 17 UStG nicht ableiten ließe.

4.140 Hieraus lässt sich folgern, dass die Berichtigungspflichten gem. § 17 UStG für vor dem Unternehmenserwerb ausgeführte Umsätze den Erwerber treffen, so dass dieser so zu behandeln wäre, als hätte er die Umsätze ausgeführt bzw. empfangen.[3] Anderer Auffassung sind hier *Wagner/Gallert*, die die Ansicht des BFH für unvereinbar mit dem Gesetzeswortlaut und der Systematik halten. Zudem würden hierdurch die von § 75 AO definierten zeitlichen und sachlichen Haftungsbegrenzungen ausgehöhlt. Die Frage richte sich nicht nach § 17 UStG, sondern nach § 1 Abs. 1a Satz 3 UStG. Für eine umsatzsteuerrechtliche Neutralität der Geschäftsveräußerung, worauf § 1 Abs. 1a Satz 3 UStG abziele, sei der Übergang der Berichtigungspflicht auf den Erwerber allerdings nicht erforderlich und daher abzulehnen.[4] In Anbetracht des wenig ergiebigen Gesetzeswortlauts ist dieser Ansicht unter Beachtung des Prinzips der umsatzsteuerlichen Neutralität als tragendem Grundpfeiler des Umsatzsteuerrechts zu folgen.

4.141 Insbesondere da in der Praxis häufig die Forderungen vom Insolvenzverwalter zurückgehalten und erst später eingezogen werden, besteht die Gefahr, dass den Erwerber bei einer Geschäftsveräußerung im Ganzen die „zweite“ Umsatzsteuerkorrektur trifft. Aufgrund dieser Unsicherheiten ist es ratsam, das kommerzielle Verständnis im Kaufvertrag abzusichern, indem angenommene Korrekturpotentiale festgeschrie-

1 BFH v. 9.12.2010 – V R 22/10, BStBl. II 2011, 996; Abschn. 17.1 Abs. 11 UStAE.
2 BFH v. 7.12.2006 – V R 2/05, BStBl. II 2007, 848.
3 *Jansen*, UR 2017, 409 (414) m.w.N.
4 *Wagner/Gallert*, DStR 2010, 2017 (2020).

ben werden und darüber hinaus Freistellungsansprüche (ggf. i.V.m. mit einer „Parent Guarantee") zugunsten des Erwerbers vereinbart werden.

d) Haftungsrisiken für Insolvenzverwalter aus § 61 InsO bei Verkauf von mit Absonderungsrechten belasteten Wirtschaftsgütern

Bei einem Unternehmenskauf aus der Insolvenz im Wege eines Asset Deals sind auch Haftungsrisiken des Insolvenzverwalters zu bedenken. So haftet dieser gem. § 61 InsO einem Massegläubiger auf Schadensersatz, wenn dessen Verbindlichkeit, die durch eine Rechtshandlung des Insolvenzverwalters begründet worden ist, aus der Insolvenzmasse nicht voll erfüllt werden kann. Hier ergeben sich insbesondere Unsicherheiten beim Verkauf von Wirtschaftsgütern in der Insolvenz, die mit Absonderungsrechten belastet sind. 4.142

Wenn ein Wirtschaftsgut veräußert wird, dann ist es möglich, dass erhebliche stille Reserven aufgedeckt werden. Grundsätzlich führt die Aufdeckung der stillen Reserven nach allgemeinen steuerlichen Regelungen erst im Zeitpunkt der Veräußerung des Wirtschaftsguts zu einem steuerpflichtigen Gewinn. Im Falle der Veräußerung in der Insolvenz durch den Insolvenzverwalter ist jedoch die Einordnung der hieraus entstehenden Einkommensteuer problematisch. Der Gewinn wurde nach steuerrechtlichen Grundsätzen erst nach Insolvenzeröffnung durch die vom Insolvenzverwalter vorgenommene Veräußerung des Wirtschaftsguts realisiert. Diese Betrachtungsweise, die nur auf den Realisationszeitpunkt abstellt, führt dazu, dass die Einkommensteuerschuld, die hierbei entsteht, als Masseverbindlichkeit i.S.d. § 55 Abs. 1 Nr. 1 InsO zu qualifizieren ist. Allerdings wurden die stillen Reserven, die sich aus dem Unterschiedsbetrag zwischen Buchwert und Marktwert ergeben, i.d.R. bereits vor Eröffnung des Insolvenzverfahrens generiert. Der eigentliche Vermögenszuwachs war also im Zeitpunkt der Eröffnung schon vorhanden und wird nicht durch eine Handlung des Insolvenzverwalters im Nachhinein zugeführt. Dies spricht eher für eine Einordnung der Steueransprüche als Insolvenzforderung.[1] Die im Zeitpunkt der Verfahrenseröffnung vorhandenen stillen Reserven bilden insolvenzrechtlich betrachtet einen Teil der Haftungsmasse. So betrachtet der Insolvenzverwalter nicht die Buchwerte der Wirtschaftsgüter, sondern verlässt sich darauf, zur Befriedigung der Gläubiger die Marktwerte realisieren zu können.[2] Zudem hat sich letztlich der Gesetzgeber mit der Implementierung des Realisationsprinzips dafür entschieden, den Vermögenszuwachs nicht in dem Zeitpunkt zu besteuern, in dem die Steigerung des Marktwertes tatsächlich eintritt, sondern erst dann, wenn durch die Veräußerung der Gewinn realisiert wird. Die eigentlich bereits im Zeitpunkt der Entstehung der stillen Reserven – und somit vor Insolvenzeröffnung – zu erhebende Steuer wird letztlich aufschiebend bedingt auf den Zeitpunkt der Realisation. Die Stellung des Fiskus ist folglich mit der eines Gläubigers vergleichbar, der dem späteren Insolvenzschuldner ein Darlehen gewährt hat. Die Vereinbarung von Bedingungen für die Rückzahlungsverpflichtung ändert aber nichts an dem Status der Forderung als In- 4.143

1 *Uhländer* in Waza/Uhländer/Schmittmann, Insolvenzen und Steuern[12], Rz. 1466 ff.

2 *Frotscher*, Besteuerung bei Insolvenz[8], S. 156.

solvenzforderung. Aus dem Grundsatz der Gläubigergleichbehandlung folgt daher, dass der Fiskus, soweit die Gewinne auf stille Reserven entfallen, die vor Eröffnung des Insolvenzverfahrens entstanden sind, ebenfalls als Insolvenzgläubiger zu behandeln ist.[1]

4.144 Der BFH stellt in seiner Rechtsprechung jedoch ausschließlich auf den Veräußerungszeitpunkt ab. Dies begründet er damit, dass das Halten von stillen Reserven noch kein Besteuerungsmerkmal erfülle.[2] In seinem Urteil vom 16.5.2013[3] betont der BFH noch einmal, dass die Entstehung des Wertzuwachses für die Steuerverwirklichung unmaßgeblich sei. Der Wertzuwachs unterliege erst dann der Besteuerung, wenn es durch einen steuerauslösenden Tatbestand zur Gewinnrealisation komme, was im Einklang mit den allgemeinen Maßstäben zur Abgrenzung zwischen Insolvenzforderung und (sonstiger) Masseverbindlichkeit stehe. Mithin stuft der BFH die durch die Aufdeckung der stillen Reserven entstehende Einkommensteuerschuld grundsätzlich als Masseverbindlichkeit gem. § 55 Abs. 1 Nr. 1 InsO ein.

4.145 In dem Fall, dass einem Gläubiger ein Absonderungsrecht (z.B. ein Pfandrecht) zusteht, ist der Anspruch dieses Gläubigers vorzugsweise aus dem Wert des absonderungsbefangenen Gegenstandes zu befriedigen. Der berechtigte Gläubiger hat einen Anspruch auf Befriedigung aus dem um die Kosten verminderten Verwertungserlös, soweit dies zur Befriedigung seiner Forderung erforderlich ist. Der etwaig verbleibende Mehrerlös fließt der Masse zu.[4] In seiner früheren Rechtsprechung vertrat der BFH die Auffassung, dass im Falle der Veräußerung eines mit Absonderungsrechten belasteten Wirtschaftsgutes durch den Insolvenzverwalter die hierbei durch die Aufdeckung stiller Reserven entstehende Einkommensteuerschuld nur insoweit als Masseverbindlichkeit einzustufen sei, als der Veräußerungserlös auch tatsächlich der Masse zugeflossen ist – also nur der Teil, der auf den der Masse zufließenden Mehrerlös entfällt.[5] Diese Rechtsprechung hat der BFH in seinem Urteil vom 16.5.2013 ausdrücklich aufgegeben. Vielmehr hat er hierin entschieden, dass die so entstehende Einkommensteuerschuld auch dann in voller Höhe Masseverbindlichkeit sei, wenn das verwertete Wirtschaftsgut mit Absonderungsrechten belastet war und – nach Vorwegbefriedigung der absonderungsberechtigten Gläubiger aus dem Verwertungserlös – der (tatsächlich) zur Masse gelangte Erlös nicht ausreicht, um die aus der Verwertungshandlung resultierende Einkommensteuerforderung zu befriedigen. Der im insolvenzrechtlichen Schrifttum vertretenen Auffassung, dass die aus der Aufdeckung der stillen Reserven resultierende Einkommensteuer insoweit als Insolvenzforderung und nicht als Masseverbindlichkeit zu qualifizieren sei, als die stillen Reserven bereits vor Insolvenzeröffnung entstanden seien, erteilt er eine klare Absage.[6]

---

1 *Roth*, FR 2013, 441 (444 f.); *Roth*, FR 2014, 243 (244).
2 BFH v. 29.3.1984 – IV R 271/83, BStBl. II 1984, 602.
3 BFH v. 16.5.2013 – IV R 23/11, BStBl. II 2013, 759.
4 *Uhländer* in Waza/Uhländer/Schmittmann, Insolvenzen und Steuern[12], Rz. 1483.
5 BFH v. 29.3.1984 – IV R 271/83, BStBl. II 1984, 602.
6 BFH v. 16.5.2013 – IV R 23/11, BStBl. II 2013, 759.

Aufgrund dieser neuen Rechtsprechung kann es bei einem Asset Deal zu einer erheblichen Steuerbelastung kommen, die als Masseverbindlichkeit vorab zu befriedigen ist, wenn Wirtschaftsgüter veräußert werden, bei denen erhebliche stille Reserven angehäuft wurden. Eine Befriedigung der Insolvenzgläubiger könnte hierdurch vollständig ausgeschlossen werden. Im schlimmsten Fall würde die vorhandene Insolvenzmasse nicht einmal ausreichen, um die entstehende Steuerschuld zu begleichen. Da der Insolvenzverwalter gem. § 61 InsO dem Massegläubiger auf Schadensersatz haftet, wenn dessen Masseforderung nicht befriedigt wird, besteht hier ein hohes Haftungsrisiko für den Insolvenzverwalter. Dies führt gegebenenfalls dazu, dass der Insolvenzverwalter von der Veräußerung von mit Absonderungsrechten belasteten Wirtschaftsgütern Abstand nehmen wird. Ein Unternehmenserwerb im Wege eines Asset Deals könnte unter diesen Umständen nicht durchgeführt werden. 4.146

In der Praxis wird der Insolvenzverwalter in solchen Fällen über eine Freigabe des Wirtschaftsguts nachdenken, um die Masse nicht mit den Masseverbindlichkeiten, die aus der Einkommensteuerschuld resultieren, zu belasten. Diese Möglichkeit erkennt auch der BFH in seinem Urteil vom 16.5.2013 an. Er sieht grundsätzlich die Möglichkeit eines zweiten Insolvenzverfahrens, da wegen der Freigabe des Gegenstandes verwertbare Masse vorhanden wäre.[1] Allerdings ist insbesondere bei juristischen Personen ungeklärt, ob die Freigabe im Insolvenzverfahren überhaupt ein Zweitinsolvenzverfahren ermöglicht. Selbst wenn dies zu bejahen wäre, würde ein Zweitinsolvenzverfahren zu keinem anderen Ergebnis führen, weil auch hier eine Veräußerung des Wirtschaftsguts aufgrund der dann entstehenden Steuerlast nicht in Betracht käme. Ein Zweitinsolvenzverfahren dürfte in Anbetracht der bevorstehenden Masseverbindlichkeiten voraussichtlich ohnehin nicht eröffnet werden. Folglich ist auch die Freigabe des Wirtschaftsguts keine erfolgversprechende Maßnahme.[2] 4.147

Ein potentieller Unternehmenserwerber sollte bereits im Vorfeld darauf achten, ob es mit Absonderungsrechten belastete Wirtschaftsgüter gibt, bei deren Veräußerung es zur Aufdeckung erheblicher stiller Reserven kommen könnte. 4.148

2. Share Deal

Die grundlegenden Ausführungen zur ertragsteuerlichen Behandlung eines Share Deals gelten auch im Hinblick auf den Erwerb der Anteile an der Zielgesellschaft in der Insolvenz. Gleiches gilt für den Umgang mit laufenden Verlusten und Verlustvorträgen sowie für die umsatzsteuerliche Qualifikation der Transaktion. Im Folgenden werden Besonderheiten des Erwerbs im Insolvenzverfahren erläutert. 4.149

a) Keine steuerneutrale Entschuldung

Der große Vorteil eines Unternehmenskaufs aus der Insolvenz im Wege eines Asset Deals ist, dass eine steuerneutrale Entschuldung immanent gelingt. Denn i.d.R. bleiben durch die Übertragung der Unternehmung auf einen neuen Rechtsträger die 4.150

1 BFH v. 16.5.2013 – IV R 23/11, BStBl. II 2013, 759.
2 *Roth*, FR 2014, 243 (244 f.).

(wesentlichen) Verbindlichkeiten zurück. Aus diesem Grund wird der Verkaufsprozess nicht mit dem Problem eines etwaig entstehenden Sanierungsgewinns belastet (vgl. hierzu Rz. 2.59).

4.151 Erfolgt der Erwerb des insolventen Unternehmens in Form eines Share Deals, gelingt eine Entschuldung nur, wenn im Zuge des Insolvenzplans ein (Teil)Verzicht auf Verbindlichkeiten stattfindet. Zu beachten ist, dass ein Forderungsverzicht stets – auch wenn er im Rahmen eines Insolvenzplanverfahrens erfolgt – zu einem steuerpflichtigen Gewinn führt.[1] In Höhe des bilanzierten (nominellen) Werts der Verbindlichkeit entsteht durch den Verzicht auf Ebene des Schuldners ein Gewinn (per Verbindlichkeit an Ertrag). Dieser Gewinn ist ein reiner Buchgewinn, da der Gesellschaft keine liquiden Mittel zufließen („dry income"). Handelt es sich um einen Sanierungsgewinn, kann § 3a EStG Anwendung finden (dazu ausführlich Rz. 2.38 ff.). Ein Sanierungsertrag i.S.d. § 3a Abs. 1 Satz 1 EStG ist dann steuerfrei, mindert aber – nach Kürzung um die Beträge des § 3c Abs. 4 EStG – zunächst etwaige vorhandene Verlustvorträge, laufende Verluste und negative Einkünfte etc. Entsprechendes gilt gem. § 7b GewStG für die Gewerbesteuer.

b) Übernahme von Steuerrisiken

4.152 Bei einem Share Deal übernimmt der Erwerber grundsätzlich sämtliche Steuerrisiken. In der Regel wird es bei einem Erwerb in der Insolvenz im Kaufvertrag keine Freistellung über eine Steuergarantie oder über eine Steuerklausel geben. Es ist daher aus Erwerbersicht darauf zu achten, etwaige Steuerrisiken im Rahmen eines DD-Prozesses sorgfältig zu prüfen und im Kaufpreis als Abzugsposten zu berücksichtigen. Alternativ kann sich auch eine Versicherungslösung anbieten, wobei diese i.d.R. keine umfassende Steuerfreistellung ersetzen kann.

aa) Haftung für vorinsolvenzliche Steuerforderungen

4.153 Der Erwerb eines Unternehmens aus der Insolvenz im Wege des Share Deals kann prinzipiell auch zu einer Haftung für vorinsolvenzliche Steuerforderungen führen. Hierbei werden insbesondere zwei Fragen relevant. Erstens: Inwieweit darf das Finanzamt einen ergangenen Steuerbescheid – nach der gerichtlichen Bestätigung eines Insolvenzplans i.S.d. § 178 Abs. 2, 3 InsO – nachträglich noch ändern? Und zweitens: In welchem Umfang können vorinsolvenzliche Steuerforderungen generell geltend gemacht werden gegenüber dem Erwerber?

4.154 Grundsätzlich sollten Steuerforderungen, die in die Insolvenztabelle aufgenommen und festgestellt wurden sowie solche, die bereits vor Verfahrenseröffnung bestandskräftig (d.h. nicht bloß tituliert) waren, ab der Bestätigung des Insolvenzplanes durch das Insolvenzgericht und nach Ablauf der Rechtsbehelfsfrist nicht mehr – weder zum Vorteil noch zum Nachteil des Steuerpflichtigen – geändert werden können. Der BFH hat dies jedoch ausdrücklich nur für § 164 AO entschieden.[2] Für die ande-

1 OFD NRW v. 21.11.2014, Kurzinfo Est Nr. 46/2014, DStR 2015, 699.
2 BFH v. 22.10.2014 – I R 39/13, BStBl. II 2015, 577 (Leitsatz).

ren Vorschriften in der AO, die eine nachträgliche Änderung von Steuerbescheiden erlauben, besteht insoweit ein Restrisiko, dass dies anders behandelt werden könnte. Allerdings geht selbst die Finanzverwaltung von einer Änderungssperre in Bezug auf die §§ 172 ff. AO aus, sobald ein Insolvenzplan rechtskräftig bestätigt wurde.[1]

Hinsichtlich des Umfangs, in dem vorinsolvenzliche Steuerforderungen geltend gemacht werden konnen, ist Folgendes festzuhalten: Gemäß § 201 Abs. 1 InsO können Gläubiger nach Abschluss des Regelinsolvenzverfahrens ihre Forderungen gegenüber dem Schuldner ohne Einschränkungen geltend machen. Dies kann jedoch nicht im Falle eines rechtskräftig bestätigten Insolvenzplans gelten, denn dieser bildet – wie der BFH in seiner Entscheidung vom 22.10.2014 ausdrücklich festgestellt hat – die allein maßgebliche Rechtsgrundlage für die gesamte Vermögens- und Haftungsabwicklung für sämtliche verfahrensbeteiligte Gläubiger.[2] Unabhängig davon, ob die vorinsolvenzlichen Steuerforderungen zur Tabelle angemeldet wurden oder nicht, können diese daher grundsätzlich nur in Höhe der (ggf. angepassten) Planquote durchgesetzt werden (sog. absolute Planwirkungen; §§ 254b, 254 Abs. 1 InsO).[3] 4.155

Vorinsolvenzliche Steuerforderungen, die nicht zur Tabelle angemeldet wurden, können auch nicht durch gewillkürte Präklusionsvorschriften innerhalb des Insolvenzplans ausgeschlossen werden.[4] Damit besteht im Falle eines Share Deals grundsätzlich ein – lediglich durch die Planquote beschränktes – Haftungsrisiko für vorinsolvenzliche Steuerforderungen. Dieses Risiko kann allein durch die besondere Verjährungsfrist des § 259b InsO begrenzt werden – ein weiteres Argument für einen Erwerb des insolventen Zielunternehmens über den Insolvenzplan (s. hierzu bereits oben Rz. 4.127). 4.156

bb) Haftung nach § 73 AO

Problematisch ist die Situation, wenn es sich bei dem Unternehmen, welches im Wege eines Share Deals gekauft wird, um eine **Organgesellschaft** handelt. Gemäß **§ 73 AO** haftet eine Organgesellschaft grundsätzlich für solche Steuern des Organträgers, für welche die Organschaft zwischen ihnen steuerlich von Bedeutung ist (s. hierzu ausführlich oben Rz. 4.82). Denkbar erscheint es, dass im Falle eines Erwerbs der Organgesellschaft über den Insolvenzplan der Organträgerin aufgrund der Beteiligung der Finanzbehörde am Insolvenzplanverfahren (insbesondere aufgrund einer etwaig erteilten Zustimmung der Finanzbehörde zum Insolvenzplan), in dem eine quotale Befriedigung der Gläubiger vorgesehen ist, eine Inanspruchnahme des Haftungsschuldners nach § 73 AO – sprich der Organgesellschaft – ausgeschlossen wird.[5] 4.157

1 Vgl. AEAO zu § 251 Rz. 14 Abs. 6 Sätze 1 und 2. In diese Richtung weist wohl auch das *obiter dictum* des BFH-Urteils vom 22.10.2014 (so jedenfalls *Sonnleitner* in Sonnleitner, Insolvenzsteuerrecht, Kap. 3 Rz. 261).

2 BFH v. 22.10.2014 – I R 39/13, BStBl. II 2015, 577. So auch *Sonnleitner* in Sonnleitner, Insolvenzsteuerrecht, Kapitel 3 Rz. 266.

3 *Sonnleitner* in Sonnleitner, Insolvenzsteuerrecht, Kapitel 3 Rz. 271.

4 Vgl. BGH v. 7.5.2015 – IX ZB 75/14, NZI 2015, 697 (Leitsatz).

5 So jedenfalls im Ansatz auch: *Sonnleitner* in Sonnleitner, Insolvenzsteuerrecht, Kapitel 3 Rz. 289.

Jedoch wirkt die damit vereinbarte Befreiung der Organträgerin von ihrer Steuerschuld nur zwischen den Beteiligten des Insolvenzplans. Gemäß § 254 Abs. 2 Satz 1 InsO werden die Rechte der Gläubiger gegen Mitschuldner durch den Insolvenzplan nicht berührt. Zu den Mitschuldnern zählt auch die Organgesellschaft als Haftungsschuldnerin nach § 73 AO. Die mit dem Insolvenzplan bewirkte Befreiung von der Steuerschuld stellt keinen Erlass im Sinne der Abgabenordnung dar und führt nicht zum Erlöschen der Steuerforderung i.S.d. § 47 AO. Einer Inanspruchnahme der Organgesellschaft steht daher auch nicht § 191 Abs. 5 Satz 1 Nr. 2 AO entgegen.[1] Eine Enthaftung der Organgesellschaft für die Steuern des Organkreises sollte unseres Erachtens jedoch durch eine ausdrückliche Vereinbarung im Insolvenzplan möglich sein. Eine solche Vereinbarung sollte zulässig sein, weil auch der Erlass des Haftungsbescheides im Ermessen der Finanzbehörde steht.[2]

c) Besonderheiten bei konzernintern geleisteten Kreditsicherheiten

4.158 Auch bei konzernintern geleisteten Kreditsicherheiten (i.d.R. Bürgschaften) in der Krise ergeben sich einige Problemfelder. So ist fraglich, ab wann die bürgende Konzerngesellschaft eine entsprechende Rückstellung für die potentielle Inanspruchnahme zu bilden hat. Eine Rückstellung für die potentielle Inanspruchnahme der Kreditsicherheiten könnte gem. § 8b Abs. 3 Satz 4 ff. KStG steuerlich abzugsfähig sein. Die Abzugsfähigkeit wird jedoch i.d.R. wegen fehlender Fremdüblichkeit gem. § 8b Abs. 3 Satz 6 KStG ausgeschlossen sein, da aufgrund der Krisensituation des Unternehmens der Nachweis der Fremdüblichkeit für die Sicherheitenstellung meist nicht geführt werden kann und daher von einer gesellschaftsrechtlichen Veranlassung der Sicherheitenstellung auszugehen ist.[3] Nach erfolgter Sanierung des Unternehmens wäre die Rückstellung bei der bürgenden Konzerngesellschaft wieder aufzulösen, wobei fraglich ist, ob der Gewinn aus der Rückstellungsauflösung dann steuerpflichtig wäre. Hier drängt sich die korrespondierende steuerliche Behandlung zur Rückstellungsbildung analog § 8b Abs. 3 Satz 8 KStG auf.[4] Diese Behandlung ist jedoch nicht gesichert, so dass hier große Unsicherheiten bestehen, die auf jeden Fall bei der Planung bedacht werden sollten.

E. Auswirkungen der Insolvenz auf die Organschaft

4.159 Die Einschränkung der Verwaltungs- und Verfügungsbefugnis des Schuldners im Insolvenzverfahren hat im Falle bestehender ertragsteuerlicher und/oder umsatzsteuerlicher Organschaften unmittelbar Auswirkungen auf deren tatbestandliche Voraussetzungen.

---

1 BFH v. 15.5.2013 – VII R 2/12, BFH/NV 2013, 1543.

2 *Intemann* in Koenig[3], § 191 AO Rz. 35.

3 Vgl. *Pung* in D/P/M, § 8b KStG Rz. 232 (95. Erg.-Lfg. Februar 2019).

4 Vgl. *Pung* in D/P/M, § 8b KStG Rz. 242 (95. Erg.-Lfg. Februar 2019); *Watermeyer* in Herrmann/Heuer/Raupach, § 8b KStG Rz. 120 (264. Erg.-Lfg. Juni 2014); a.A. *Herlinghaus* in Rödder/Herlinghaus/Neumann, § 8b KStG Rz. 357, der eine analoge Anwendung ablehnt, stattdessen allerdings Billigkeitsmaßnahmen in Betracht zieht.

I. Umsatzsteuerliche Organschaft

Nach Ansicht der Rechtsprechung[1] und der Finanzverwaltung[2] endet eine umsatzsteuerliche Organschaft mit der Eröffnung des Insolvenzverfahrens über das Vermögen des Organträgers und/oder der Organgesellschaft. Hintergrund dessen ist, dass es wegen des Übergangs der Verwaltungs- und Verfügungsbefugnis auf den Insolvenzverwalter (§ 80 Abs. 1 InsO) zum Wegfall der finanziellen sowie organisatorischen Eingliederung der Organgesellschaft in das Unternehmen des Organträgers kommt.[3] 4.160

In der **Insolvenz der Organgesellschaft** endet die Organschaft bereits vor Eröffnung des Insolvenzverfahrens mit der Bestellung eines vorläufigen Insolvenzverwalters, wenn dieser den maßgeblichen Einfluss auf die Organgesellschaft erhält. Denn ab diesem Zeitpunkt fehlt dem Organträger die mit der finanziellen Eingliederung verbundene Möglichkeit, die Art und Weise der Geschäftsführung der Tochtergesellschaft zu beherrschen.[4] Auch die Bestellung eines „starken" vorläufigen Insolvenzverwalters soll zum Wegfall der Organschaft führen.[5] Darüber hinaus führt nach Ansicht von BFH und Finanzverwaltung bereits die Bestellung eines „schwachen" vorläufigen Insolvenzverwalters zum Ende der umsatzsteuerlichen Organschaft, wenn ein allgemeiner Zustimmungsvorbehalt angeordnet wird (§ 21 Abs. 2 Satz 1 Nr. 2 Var. 2 InsO) und daher der Organträger seinen Willen nicht mehr in der Geschäftsführung der Organgesellschaft durchsetzen kann.[6] Die bisherige Rechtsprechung, die es als ausreichend für die organisatorische Eingliederung erachtete, dass der Organträger eine von seinem Willen abweichende Willensbildung ausschließen konnte, ist damit überholt.[7] 4.161

Auch mit der **Insolvenz des Organträgers** (und ggf. zugleich der Organgesellschaft) endet die umsatzsteuerliche Organschaft. Nach der zur früheren Konkursordnung herrschenden Ansicht blieb die organisatorische Eingliederung hingegen bestehen, wenn Organträger und Organgesellschaft denselben Insolvenzverwalter hatten.[8] Dieser Ansicht hat jedoch der V. Senat des BFH am 15.12.2016 ausdrücklich widersprochen. Dabei hielt er zugleich fest, dass die Organschaft mit der Insolvenz des Organträgers ende, und zwar unabhängig davon, ob ein Fall der Eigen- oder Fremdverwaltung vorliege.[9] 4.162

1 BFH v. 15.12.2016 – V R 14/16, BStBl. II 2017, 600.
2 Abschn. 2.8 Abs. 12 Satz 1 UStAE.
3 *Witfeld* in Sonnleitner, Insolvenzsteuerrecht, Kapitel 5 Rz. 392.
4 Zu den Anforderungen an die „organisatorische Eingliederung" s. BFH v. 7.7.2011 – V R 53/10, BStBl. II 2013, 218.
5 *Witfeld* in Sonnleitner, Insolvenzsteuerrecht, Kapitel 5 Rz. 396. So auch BFH v. 24.8.2011 – V R 53/09, BStBl. II 2012, 256.
6 Abschn. 2.8 Abs. 12 S. 4 UStAE; BFH v. 8.8.2013 – V R 18/13, BStBl. II 2017, 543; BFH v. 3.7.2014 – V R 32/13, BStBl. II 2017, 666; BFH v. 24.8.2016 – V R 36/15, BStBl. II 2017, 595.
7 So ausdrücklich BFH v. 8.8.2013 – V R 18/13, BStBl. II 2017, 543.
8 BFH v. 28.1.1999 – V R 32/98, BStBl. II 1999, 258; OFD Frankfurt/M. v. 25.11.2015 – S 7105 A-21-St 110, FMNR533310015.
9 BFH v. 15.12.2016 – V R 14/16, BStBl. II 2017, 600.

4.163 Die Beendigung der umsatzsteuerlichen Organschaft hat zur Folge, dass Organträger und Organgesellschaft ab dem Zeitpunkt der Beendigung der umsatzsteuerlichen Organschaft wieder zwei voneinander unabhängige Unternehmer i.S.d. § 2 Abs. 1 UStG sind. Ab diesem Zeitpunkt sind die Umsätze zwischen Organträger und Organgesellschaft wieder steuerbar und die Organgesellschaft muss wieder eigene Umsatzsteuervoranmeldungen und -erklärungen abgeben.

4.164 Im Sanierungsfall der Organgesellschaft kann die Beendigung der Organschaft einen Vorteil haben, wenn aus Leistungsbezug nach dem Zeitpunkt der Beendigung Vorsteuervergütungsansprüche entstehen. Diese stehen dann allein der Organgesellschaft zu.[1]

II. Ertragsteuerliche Organschaft

4.165 Die Eröffnung des Insolvenzverfahrens hat auch Auswirkungen auf ertragsteuerliche Organschaften. Dabei steht vor allem die **Insolvenz des Organträgers** im Vordergrund. Nach verbreiteter Meinung soll der Fall einer isolierten Insolvenz der Organgesellschaft nicht denkbar sein, da § 302 AktG einem solchen Fall entgegenstehe. Tatsächlich sind allerdings Fälle denkbar, in denen (unterjährig) Zahlungsunfähigkeit (§ 17 InsO) eintritt oder diese droht (§ 18 InsO), da der Organträger nicht zur laufenden Liquiditätssicherung verpflichtet ist.[2]

4.166 Nach (noch) h.M. endet mit Eröffnung des Insolvenzverfahrens der Gewinnabführungsvertrag[3] und somit liegt ab diesem Zeitpunkt keine ertragsteuerliche Organschaft mehr vor.[4] Teile der Literatur gehen indes davon aus, dass dies im Falle eines isolierten Gewinnabführungsvertrages und vor dem Hintergrund der geänderten Zielsetzung der Insolvenzordnung (Sanierung statt Zerschlagung) nicht der Fall ist, weil insoweit keine „Beherrschungskompetenz" des Organträgers in Frage stehe.[5] Die Eröffnung des Insolvenzverfahrens über das Vermögen des Organträgers stellt allerdings jedenfalls einen wichtigen Grund i.S.d. § 14 Abs. 1 Satz 1 Nr. 3 Satz 2 KStG **für die Organgesellschaft** dar, so dass eine Beendigung vor Ablauf von fünf Jahren unschädlich ist.[6] Nicht abschließend geklärt ist hingegen, ob in Anlehnung an die Rechtsprechung des BFH zur umsatzsteuerlichen Organschaft (s. oben Rz. 4.160) auch das vorläufige Insolvenzverfahren zum Ende der finanziellen Eingliederung und somit auch zum Ende der Organschaft führen kann.[7] Richtigerweise sollte dies

1 Siehe *Witfeld* in Sonnleitner, Insolvenzsteuerrecht, Kapitel 5 Rz. 410 ff.

2 Siehe *Petersen/Winkelhog* in Sonnleitner, Insolvenzsteuerrecht, Kapitel 4 Rz. 190; *Roth*, Insolvenzsteuerrecht[2], Rz. 4.305.

3 Sie etwa *Altmeppen* in MünchKomm/AktG[4], § 297 Rz. 102 ff.; *Koch* in Hüffer/Koch[13], § 297 AktG Rz. 22, mit Hinweis auf BGH v. 14.12.1987 – II ZR 170/87, NJW 1988, 1326.

4 *Kolbe* in Herrmann/Heuer/Raupach, § 14 KStG Rz. 216 (276. Erg.-Lfg. September 2016).

5 Etwa *Petersen/Winkelhog* in Sonnleitner, Insolvenzsteuerrecht, Kapitel 4 Rz. 186 ff.; *Neumann* in Gosch[3], § 14 KStG Rz. 296 f.

6 *Kolbe* in Herrmann/Heuer/Raupach, § 14 KStG Rz. 216 (276. Erg.-Lfg. September 2016); *Neumann* in Gosch[3], § 14 KStG Rz. 296.

7 Für eine Übertragung der Rechtsprechung: *Dötsch* in D/P/M, § 14 KStG Rz. 624 (96. Erg.-Lfg. Juni 2019); *Kahlert*, DStR 2014, 73 ff.

allerdings nicht der Fall sein: Zwar ist der Anspruch auf Gewinnabführung nicht mehr durchsetzbar. Dem vorläufigen Insolvenzverwalter muss aber die Möglichkeit bleiben, einen Anspruch auf Verlustausgleich geltend zu machen.[1] Eine automatische Beendigung würde diese Wahlmöglichkeit unnötig verkürzen.[2]

F. Fazit

Der Unternehmenskauf in der Krise und aus der Insolvenz ist komplex und mit zahlreichen rechtlichen und steuerlichen Risiken verbunden. Er kann jedoch eine Opportunität darstellen. 4.167

Der Erwerb außerhalb der Insolvenz hat den Vorteil, dass die wesentlichen Stakeholder (Gläubiger und ggf. Anteilseigner) das Sanierungsverfahren besser kontrollieren und die z.T. hohen Verfahrenskosten eingespart werden können. Zudem kann das Unternehmen außerhalb einer Insolvenz häufig von Kunden und großen Teilen der Belegschaft weitgehend unbemerkt saniert werden. Dies gilt freilich nur bedingt beim Asset Deal, bei dem die Vertragsverhältnisse des Unternehmens mit Zustimmung der Vertragspartner übertragen werden müssen. Der Share Deal hingegen umgeht diese Schwierigkeiten, da das in der Krise befindliche Unternehmen als Ganzes erworben wird. Wesentlicher Nachteil eines Unternehmenskaufs außerhalb der Insolvenz ist das Insolvenzanfechtungsrisiko, das sich materialisieren kann, wenn nach Umsetzung der Transaktion ein Insolvenzverfahren über die verkaufende Gesellschaft eröffnet wird. Dieses Risiko kann jedoch durch verschiedene Maßnahmen wie beispielsweise durch die Einholung einer Bewertung oder Fairness Opinion bzgl. der zu übertragenden Vermögenswerte und/oder durch eine Bestätigung, dass der übertragende Rechtsträger durchfinanziert ist, erheblich reduziert werden. Beim Share Deal übernimmt der Erwerber sämtliche Risiken und Verbindlichkeiten des Unternehmens, so dass der Erwerber entweder die Zuführung „frischen Geldes" sicherstellen und/oder zusammen mit den Gläubigern der Zielgesellschaft vorab ein Sanierungskonzept erarbeiten muss (s. zu diversen Sanierungsmaßnahmen ausführlich Kapitel 3). 4.168

Alternativ kann der Erwerb aus der Insolvenz erfolgen. Dieser kann zum einen im Wege der sog. übertragenden Sanierung erfolgen, bei dem die insolvente Gesellschaft ihre Vermögenswerte an einen Erwerber überträgt. Vorteil dieser Variante ist, dass sämtliche am insolventen Rechtsträger anknüpfende Verbindlichkeiten zurückgelassen werden können und die Vermögenswerte unbelastet übertragen werden. Zum anderen kann ein Erwerb auch im Wege eines Insolvenzplans umgesetzt werden. Neben einer Restrukturierung der Passivseite der Bilanz des insolventen Unternehmens würde der Insolvenzplan für diesen Fall Kapitalmaßnahmen vorsehen, durch die der Erwerber neuer Eigentümer des Unternehmens wird. Vorteil eines Insolvenzplans ist insbesondere, dass durch den Erhalt des Rechtsträgers die am insolventen Unterneh- 4.169

1 Siehe *Neumann* in Gosch³, § 14 KStG Rz. 297.
2 *Petersen/Winkelhog* in Sonnleitner, Insolvenzsteuerrecht, Kapitel 4 Rz. 189.

men anknüpfenden Vertragsbeziehungen bestehen bleiben und anders als beim Asset Deal keine Zustimmung der Vertragspartner zur Übernahme und Fortsetzung der Verträge erforderlich ist. Neben einer Sanierung der Passivseite im Rahmen des Insolvenzplans ermöglicht das deutsche Insolvenzrecht operative Sanierungsmaßnahmen wie beispielsweise die außerordentliche Beendigung von Vertragsbeziehungen. Darüber hinaus erleichtert es die Umsetzung von arbeitsrechtlichen Maßnahmen. Die durch die ESUG-Reform deutlich gestärkte Eigenverwaltung, die nunmehr gesetzlich den Regelfall und nicht die Ausnahme darstellt, ermöglicht es der Geschäftsführung die Kontrolle über das Unternehmen zu bewahren und einen Verkauf sowohl im Rahmen einer übertragenden Sanierung als auch im Wege eines Insolvenzplans zu begleiten.

4.170 Die mit einem Unternehmenskauf verbundenen steuerlichen Themen sind innerhalb und außerhalb der Insolvenz zu großen Teilen vergleichbar. Allerdings stellt sich der Kauf aus der Insolvenz für den Erwerber im Hinblick auf Haftungsthemen für alte Steuerforderungen sowohl beim Asset Deal (insbesondere keine Geltung von § 25 HGB und § 75 AO) als auch beim Share Deal unter einem Insolvenzplan vorteilhaft dar. Andererseits führt die Insolvenz selbst zu zahlreichen steuerlichen Problemstellungen (z.B. wie im Zusammenhang mit § 17 UStG oder auch im Hinblick auf die Abwicklung und den Bestand von Gewinnabführungsverträgen bzw. Organschaften), die idealerweise zu vermeiden sind. Im Ergebnis ist das Steuerrecht daher in den meisten Fällen nicht der ausschlaggebende Faktor bei der Frage, ob ein Unternehmenskauf innerhalb oder außerhalb der Insolvenz erfolgen sollte.

Kapitel 5
Zusammenfassung der Ergebnisse

Auch wenn es in Deutschland weiterhin kein Sanierungssteuerrecht gibt, haben sich die steuerrechtlichen Rahmenbedingungen für Unternehmen in der Krise verbessert. Der BFH hat den Sanierungserlass als Grundlage vieler Sanierungstransaktionen verworfen,[1] worauf der Gesetzgeber mit einer **gesetzlichen Steuerbefreiung für Sanierungserträge (§§ 3a, 3c Abs. 4 EStG, § 7b GewStG)** jedoch schnell reagiert hat.[2] Dass die Steuerbefreiung von Sanierungserträgen nunmehr gesetzlich geregelt ist, ist zu begrüßen. Der Comfort-Letter der EU-Kommission hat beihilferechtliche Zweifel weitgehend ausgeräumt. Durch die gesetzliche Regelung entfällt auch das verfahrensrechtliche Problem der Bindungswirkung gegenüber Gemeinden im Rahmen der Gewerbesteuer. Andere bestehende Unsicherheiten in der Rechtsanwendung werden hoffentlich im Laufe der Zeit durch Rechtsprechung und Verwaltungspraxis beseitigt werden. Ein entscheidendes Problem bleibt jedoch der **Zeitpunkt der Anwendbarkeit**. Wünschenswert wäre eine Anwendung der Steuerbegünstigung bereits in einem früheren Stadium der Unternehmenskrise. Die Praxis zeigt, dass die Anknüpfung steuerrechtlicher Privilegien an sich ändernde und u.U. nicht tatbestandsgenau abzugrenzende **Krisenbegriffe des Zivilrechts zu Unsicherheiten im Steuerrecht** führt. Hier wäre der Steuergesetzgeber gefordert, beispielsweise indem er Verzichtsmaßnahmen durch Gesellschafter – bereits im Falle von Liquiditätsengpässen – keinem steuerpflichtigen Ertrag zuordnet. Ebenso sollten die Tatbestandsmerkmale der bestehenden Regelung – vor allem in der ex post Betrachtung durch eine Betriebsprüfung – nicht künstlich verengt werden. Eine Steuerbefreiung nur dann anzunehmen, wenn es zu einem gleichwertigen Verzicht seitens aller Gläubigergruppen zugunsten des Krisenunternehmens kommt, lässt sich in der Praxis zumeist nicht realisieren, weil es schon an gleichwertigen, finanziellen Interessen von Gläubigergruppen gegenüber dem jeweiligen Unternehmen fehlt. Zudem können häufig auch nicht alle Stakeholder oder Gesellschafter von Sanierungsmaßnahmen überzeugt werden. 5.1

Auch mit Blick auf das europäische Beihilferecht ist zukünftig größere Rechts- und Planungssicherheit zu verzeichnen. Die erfolgreichen Klagen vor dem EuGH gegen die Entscheidung der EU-Kommission zur Sanierungsklausel des § 8c Abs. 1a KStG[3] erleichtern die Sanierungspraxis. Ausnahmen von Verlustvortragsbeschränkungen sind als Rückkehr zur Grundregel der Verlustvortragsmöglichkeit damit beihilferechtlich zulässig. In diesen erfreulichen Trend reihen sich die Entscheidung des EuGH zur Unionsrechtmäßigkeit der Konzernklausel in § 6a GrEStG sowie der Comfort-Letter der EU-Kommission zur gesetzlichen Neuregelung der Steuerbefrei- 5.2

1 BFH v. 28.11.2016 – GrS 1/15, BStBl. II 2017, 393.

2 Durch das Gesetz gegen schädliche Steuerpraktiken im Zusammenhang mit Rechteüberlassung v. 27.6.2017, BGBl. I 2017, 2074.

3 EuGH v. 28.6.2018 – C-219/16 P, ECLI:EU:C:2018:508 – Lowell Financial Services/Kommission.

ung für Sanierungserträge ein. Insgesamt lässt sich eine **deutliche Verbesserung der Situation für Krisenunternehmen** konstatieren.

5.3 Im Übrigen gilt es, Sanierungssituationen mit den Instrumentarien des „normalen" Steuerrechts zu bewältigen. Dabei ist insbesondere der Neueintritt von Investoren als Gesellschafter durch eine Entschärfung der Verlustabzugsbeschränkungen erleichtert worden. Durch das Urteil des BVerfG[1] ist die Verlustvortragsbeschränkung des § 8c Abs. 1 KStG insgesamt deutlich eingeschränkt worden. Der Gesetzgeber hat sich im Zuge dessen entschieden **§ 8c Abs. 1 Satz 1 KStG a.F. rückwirkend aufzuheben.**[2] Mit **§ 8d KStG** wurde eine weitere **Ausnahme** von der Verlustvortragsbeschränkung **eingeführt**. Ein zweites Normenkontrollverfahren zu § 8c Abs. 1 Satz 2 KStG a.F. (jetzt: § 8c Abs. 1 Satz 1 KStG) ist noch vor dem BVerfG anhängig.[3]

5.4 Innerhalb des Sanierungssteuerrechts bleiben insgesamt noch einige Unstimmigkeiten. Die Praxis zeigt, dass das „normale" Besteuerungssystem zu wenig Raum für die spezifischen Bedürfnisse in Sanierungssituationen lässt. Der Gesetzgeber sollte sich darum bemühen, in größerem Umfang Begünstigungen zu schaffen, z.B. durch ein **umwandlungssteuerrechtliches Sanierungsprivileg**. Es bleibt zudem die Forderung nach einer Verbesserung des Auskunftsverfahrens, insbesondere in Gestalt einer **Gebührenfreiheit in Sanierungssituationen.**[4] Die Entwicklung der letzten Jahre lässt uns jedoch abschließend feststellen, dass der steuerpolitische Gesetzgeber in Sachen Sanierungssteuerrecht insgesamt auf dem richtigen Weg ist.

1 BVerfG v. 29.3.2017 – 2 BvL 6/11, BStBl. II 2017, 1082.

2 Vgl. Art. 6 Nr. 2 des Gesetzes zur Vermeidung von Umsatzsteuerausfällen beim Handel mit Waren im Internet und zur Änderung weiterer steuerlicher Vorschriften v. 11.12.2018, BGBl. I 2018, 2338.

3 Vorlagebeschluss FG Hamburg v. 29.8.2017 – 2 K 245/17, Az. beim BVerfG: 2 BvL 19/17.

4 So *Eilers* in FS Streck, S. 305.

Stichwortverzeichnis